Post Black Metal Guidebook

まえがき

　吹雪のような、あるいは密室にこもったような邪悪で冷たいトレモロピッキング、電撃のようなブラストビートや荒々しいドラム、悪魔が乗り移ったかのような絶叫や断末魔にも似たヴォーカル。これらは、ブラックメタルと聞いた時に即座に思い浮かべる特徴である。そんなブラックメタルは、とにかくサブジャンルが多い。プリミティヴ・ブラックメタルやデプレッシヴ・ブラックメタル、シンフォニック・ブラックメタルなど枚挙に暇がない。音ではなく、地域で語られるカスカディアン・ブラックメタル、思想および主義主張で語られるトゥルー・ブラックメタル、NSBM（ナショナル・ソーシャリスト・ブラックメタル）というものもある。

　本書で扱う主人公ポスト・ブラックメタルは、言葉が形成されて比較的日の浅いサブジャンルだ。そして非常に音楽的に説明のしづらいジャンルでもある。

　「ポスト・ブラックメタルとはいったいどのような音なのか？」と問われた時、Alcest やDeafheaven のように幻想的で明るい、もしくは洗練されたお洒落な音だという漠としたイメージがあるようだ。しかしそれは、ポスト・ブラックメタルを紐解く上では誤謬を招く。

　代表的なバンドである Alcest の源流を辿ればBurzum に行き着くし、最初期のデモ作品はほとんどプリミティヴ・ブラックメタルかデプレッシヴ・ブラックメタルだ。Alcest に限らず、類するバンドのルーツには、デプレッシヴ・ブラックメタルの陰鬱さが横たわっていることも多い。だが、あくまで影響源でそれに縛られることはないようだ。ポスト・ブラックメタルという単語が存在する前から、意識的に伝統的なブラックメタルから逸脱していったバンドもいる。Ulver、Solefald、Ved Buens Ende、Blut Aus Nord らだ。彼らは早くから逸脱したブラックメタルを演奏し、様々なジャンルを貪欲に取り込み、前衛的な点を高く評価されてきた。特に、Blut Aus Nord が 2003 年に発表した『The Work Which Transforms God』は、雰囲気こそダークで陰湿、イメージする音とは異なるがシューゲイザー・ブラックメタル（ブラックゲイズ）の祖にもなっている。Ulver は、最初期の伝統的なブラックメタルのスタイルと訣別し、インダストリアルやトリップホップの素養を取り入れ、プログレッシヴ・ロックとしても評価されている。インダストリアルやトリップホップは Blut Aus Nord も積極的に導入し、彼らの代名詞である実験的なスタイルの重要な部分にもなっている。シンフォニック・ブラックメタルのカリスマ Emperor で知られる Ihsahn も、ソロプロジェクトではブラックメタルのフォーマットと距離を取るようなアプローチも多々見受けられる。日本でも、Vampillia や夢中夢といったバンドはブラックメタルがこれほど広く認知される前よりポストロックやエレクトロニカ、ドゥームやドローンといった要素にブラックメタルを注入する独自性の高いスタイルを確立していた。これらの流れに連なるように Alcest のデビュー作『Souvenirs d'un autre monde』でポスト・ブラックメタルという言葉が形として生まれ、2013年 Deafheaven の『Sunbather』によって完全に固定された。同時に、ブラックゲイズという言葉も一人歩きしはじめ、それまで存在していたシューゲイザー・ブラックメタルという言葉に成り代わり、ポスト・ブラックメタルを形成する非常に重要なスタイルとして認知されるに至っている。

　メンバー編成も自由でレコーディングをすれば即座にリリースするフットワークの軽いバンドも多い。独りバンドも多い。さらには、カバーアートの傾向やバンドロゴ、演奏スタイルも様々だ。ではポスト・ブラックメタルとは何なのか。プロデューサーの Jack Shirley によれば、「様々なジャンルを取り入れたブラックメタル」。「ポスト」と冠している以上、ポストメタルやポストロック、ポストパンクといったジャンルとも切っても切れないスタイルであり、ブラックメタルの古典的な手法や様式に囚われない自由なジャンルとも言える。あくまでブラックメタルを味つけるスパイスとしてキーボードなどが取り入れられるアトモスフェリック・ブラックメタルとも共振しているが、ポスト・ブラックメタルはブラックメタルらしい技法に拘泥しないバンドも多い。ほとんどドローンノイズやフューネラル・ドゥームなのにポスト・ブラックメタルというタグをつけているバンドもいる。メタルの要素を削ぎ落としていくバンドも多いし、不思議とそれを許容する土壌が形成されているようにも思える。ポスト・ブラックメタルとタグをつけられた作品を聴いていく上で感じられるのは、実に多様性のあるサブジャンルだということ。方向性を定めてそれを突き詰めていくメタルの中でも、自由さと冒険心を持ったサブジャンルだということ。メタルから逸脱したスタイルであっても、ブラックメタルと名乗ることを許されている寛容さが目立つサブジャンルだということだ。

このガイドブックを手に取られた方は、「このバンドがない」と思われることもあろうが、意識的にアトモスフェリック・ブラックメタルやカスカディアン・ブラックメタルは多くを除外している。音の特性上、どうしても外せないものは収録した。逆に、Jack Shirley の言葉に助けられて、異なるジャンルを取り込んでいるバンドは貪欲に取り上げていった。

ブラックメタル、ひいてはヘヴィメタルの中でも多様化の一翼を担うポスト・ブラックメタルについて、本書が一助になれば幸いだ。

アトモスフェリック・ブラックメタルと ポスト・ブラックメタル

アトモスフェリック・ブラックメタルとポスト・ブラックメタルは、音の傾向から類似していることは確かだ。

本書でも紹介している Imperium Dekadenz や Pure Wrath、Saor、Skyforest といったバンドはその狭間をいく特性を持つ。そもそもアトモスフェリック・ブラックメタルは Summoning を端とし、自然崇拝や土着性の強い歌詞や雰囲気、ミドルテンポでゆっくりとした曲調、雰囲気を増大するためのシンセサイザーによるアンビエンスを主体としたブラックメタルと言われている。だが、近年はその定義から離れているバンドも多く、ポスト・ブラックメタルと折衷した傾向も出てきた。土着的な世界観から、ヴァイキング・メタルやペイガン・メタルとの関係と深いバンドも多い。地域性を帯びた、カスカディアン・ブラックメタルも存在する。これは、アメリカ太平洋岸北西部カスカディア地方を発端とした、Alda や Wolves In The Throne Room を始めとする自然崇拝型ブラックメタルを指す。カスカディアン・ブラック勢も、時にはポスト・ブラックメタルと音の類似性を見出すことができるだろうが、多くはアトモスフェリック・ブラックメタルから分かれていったものだ。

アトモスフェリック・ブラックメタルとポスト・ブラックメタルの違いは、様式美的なものを感じるか、他ジャンルの要素を感じるか否か。意識的に Rafael Anton Irisarri などジャンルとしてのアンビエントの影響を感じられるものであれば、ポスト・ブラックメタルと定義してもいいかもしれない。ただ、多くのアトモスフェリック・ブラックメタルバンドは、世界観の補強としてキーボードによるアトモスフェリックな雰囲気を増大させていて、基本的にはブラックメタルの枠内に留まっている。そのため、ポストと言うと語弊が生じるのが実情だ。Darkspace らアンビエント・ブラックメタルと呼ばれる一派も存在するが、彼らもどちらか言えばジャンルとしてのアンビエントを取り込んでいるわけではない。そうは言っても、非常にややこしい区分であることも確かだ。

ポストメタル / ポスト・ブラックメタル

ポストメタルとポスト・ブラックメタルの近似性は、非常にややこしい。

例えば、ポスト・ブラックメタルでも存在感を放つ Tombs は、一聴するとスラッジあるいはポストメタルと見紛う。だが、Season of Mist のアーティストページを見ればわかる通り、ポスト・ブラックメタルである。逆に、ポスト・ブラックメタルと紹介されがちなドイツの A Secret Revealed は、自身では「ブラッケンド・ポストメタル」を名乗っている。あくまで軸はポストメタルと表明しているのだ。では、ポストメタルとポスト・ブラックメタルのどちらが先に隆興したのか。

それは紛れもなくポストメタルで、ヘヴィメタルにシューゲイザーやポストロックの要素を取り込んでいったのがはじまりとされる。『Terrorizer Magazine』によれば、Neurosis の『Through Silver in Blood』(1996) がポストメタルの起源とのこと。シューゲイザーの要素が濃ければ Metalgaze といった呼称が用いられたことにも、ポスト・ブラックメタルとブラックゲイズの相関関係に近いものを感じられるだろう。

また、初期のブラックメタルにも Solefald や Ved Buens Ende のようにポスト・ブラックメタルの雛形としてカテゴライズされていたバンドがいたのと同様、Helmet が 1992 年当時にはすでにポストメタルと認識されていた。Helmet には、スラッジやドゥームとの共通項は少ない。単純に、今までに類を見なかった新しいヘヴィメタルとしての呼称に過ぎなかった。

ポストメタルはジャンルの発生上スラッジやドゥームと切っても切れなく、ポスト・ブラックメタルにもその傾向がある。ポストメタルにもブラックメタルの素養があるバンドは多い。それ故、ジャンル認識の齟齬に似たものがあり、前述の Tombs や A Secret Revealed のような認識を生むのだとも考えられる。

ポスト・ブラックメタルの大別

ポスト・ブラックメタルで名付けられたサブ
ジャンルはブラックゲイズのみだが、音の指
向性で大別できる。

・オルタナティヴ型

ポストロック、シューゲイザー、エモ、グラ
ンジなどオルタナティヴ・ロックをブラック
メタルと折衷したもの。ブラックゲイズはこ
こに区分される。
Alcest、A Pregnant Light、
Deafheaven（現在）、Lantlôs、Les
Discrets、Violet Cold など

・ハードコア型

クラスト、ハードコアにブラックメタルを組
み合わせたスタイル。ネオクラストとも親和
性が高い。厳密にはブラックメタルと言い切
れるわけではないが、ブラックメタルとして
も聴けるバンドが多い。
Celeste、Downfall of Gaia、
Deafheaven、This Gift Is a Curse 、
Wiegedood、Woe など

・アヴァンギャルド / エクスペリメンタル型

難解で実験的な要素を多分に含む。ジャズや
インダストリアルに傾倒していくことが多
い。ほとんどダーク・アンビエントやノイズ
そのもののような、ブラックメタルに想像さ
れるスタイルから逸脱しているバンドもい
る。
Blut Aus Nord、Liturgy、Locrian、
Oranssi Pazuzu、Solefald、Vampillia、
Ved Buens Ende、Wreche など

・プログレッシヴ型

プログレッシヴ・ロックからの影響を隠すこ
となく演奏や自身の世界観に盛り込み、さら
にプログレッシヴ・ロックへ傾倒していった
バンドが多い。
Fen（中期〜現在）、Germ、Ihsahn 、
Ulver など

・アトモスフェリック・ブラックメタル型

アトモスフェリック・ブラックメタルそのも
のではないがキーボードやトレモロによる空
間演出表現が近似している。反面、アトモス
フェリック・ブラックメタルの祖とされる
Summoning からの影響はほとんど見られ
ない。
Aara、Fen（初期）、Imperium
Dekadenz、Saor、Sylvaine、
Unreqvited など

・デプレッシヴ・ブラックメタル型

ルーツに忠実なタイプ。粗いプロダクション
や陰鬱なメロディーといった部分を残してお
り、デプレッシヴ・ブラックメタルにかなり
近い。その上で、オルタナティヴ・ロック然
とした要素を追加したりしている。
Ghost Bath、Lantlôs（初期）など

・スラッジ / ドゥーム型

スラッジメタルやドゥームメタルをブラック
メタルに組み込んだスタイル。ドゥームメタ
ルやスラッジメタルにブラックメタルやデス
メタルが注入されるとフューネラル・ドゥー
ムやメランコリック・ドゥームなどになる。
Tombs など

近接ジャンル

・シューゲイザー

1985 年 の The Jesus & Mary Chain
『Psychocandy』 を源流とし、My Bloody
Valentine 『Loveless』 や Ride 『Nowhere』
といった評価の高い作品群を生むムーヴメント
を築き上げた。極端に歪ませたギターノイズと
ポップで甘酸っぱいメロディー、囁く脱力した
ようなヴォーカルといった特徴を持つ。名前の
由来は床に貼り付けた歌詞カードを見ながら歌
う Moose のライヴから。まるで靴を注視して
いるように見えるため『Shoegaze（靴を見
る人）』と揶揄されたことが発端である。ポッ
プで親しみやすいため、日本でも人気の高い
ジャンルだ。なお、ブラックゲイズはシューゲ
イザー・ブラックメタルと同義だが、シューゲ
イザーを真似ようとして興ったものではない。

・トリップホップ

1990 年の Massive Attack 『Blue Lines』
を起因とする説が有効なジャンル。Massive
Attack や Tricky、Portishead といった代表
格のアクトが精力的に活動していたイギリスの
ブリストルが発祥地であることから、ブリスト
ル・サウンドと形容されることもある。ヒップ
ホップをベースに、独特の陰鬱さや重厚さが特
徴的。ジャンルの中心地にいるアクトからはト
リップホップやブリストル・サウンドといった
呼び名を嫌っているため、アブストラクト・ヒッ
プホップと呼ばれることもある。ヒップホップ
から派生しているが、イギリスではアメリカの
ような政治的側面を持たないようで、ラップは
あまり聴かれない。

・ポストロック

日本でも人気のある Mogwai や Sigur Rós、
Tortoise といったバンドが有名で、ロックに
ジャズやエレクトロニカなど様々な要素を取
り込んだジャンル。ヴォーカルのないインス
トゥルメンタルのものが多い。1994 年にイ
ギリスの批評家サイモン・レイノルズが Bark
Psychosis 『Hex』 を指して評した言葉が由
来とされている。彼によれば、「ロックの楽器
をロックとは違う目的に使用し、ギターをリフ
やパワーコードのためでなく、音色や響きを作
るために使う」音楽を指しているとのこと。だ
が、元々は 1975 年頃には言葉として存在し
ており、当時はアヴァンギャルド・ロックとほ
ぼ同義だったようだ。

・インダストリアル

1942 年 に 米 音 楽 雑 誌 『The Musical
Quarterly 』 がショスタコーヴィチの交響
曲『十月革命に捧げる』を「産業音楽の高潮
("the high tide of 'industrial music'.")」と
呼称したのが始まりとされる。1970 年代に
Cabaret Voltaire や Throbbing Gristle らが
興隆、工事現場の音のような音楽性からインダ
ストリアルという名が広く知れ渡る。元々はノ
イズ・ミュージックから出発したが、80 年代
後半に出現した Ministry や Nine Inch Nails
らの成功により、ノイジーで打ち込みを多用し
たスタイルというように認識されている。

・ポストパンク

1970 年代後半に勃興したパンクの潮流を引
き継ぐ形で拡がっていったジャンル。同時期に
発生していたニュー・ウェイヴと同一視される
場合がある。それまでのロックの様式に対する
カウンターを出発点とするロンドン・パンクを
源流にしているため、レゲエやファンク、アフ
ロビート、フリー・ジャズなど他のジャンルを
貪欲に取り込んでいるバンドが多い。主なバン
ドとしては Sex Pistols の Johnny Rotten
こと John Lydon 率いる Public Image Ltd.
や Pop Group、Joy Division。インダストリ
アルやエクストリームメタル発展の一助となっ
た Killing Joke も有名。

アイコンの意味
◎ 関連バンド
◐ 活動期間
⊕ 出身地
⊗ 主要メンバー

Chapter 1
Western Europe

2000 年代、ブラックメタルから派生した
ポスト・ブラックメタルは、Alcest や Blut
Aus Nord らを輩出したフランスを中心に
徐々にヨーロッパへと広がりを見せた。イギ
リスにも Fen が、ドイツには Lantlôs が頭
角を現してしている。ブラックメタルのルーツ
であるノルウェーでも Solefald や Ulver は、
早くからブラックメタルから脱却するような
動きを見せていた。この章では、叙情的なも
のから実験的なスタイルまでを内包した西欧
諸国のバンドを取り扱う。

子どもの頃の白昼夢フェアリーランドを音楽で表現する天才

Alcest

◎ Amesoeurs、Peste Noire、Mortifera、Old Silver Key、Lantlôs
🕐 2000 ～　　　　　　　　　　　　　　　⊕ フランス
🎤 Neige、Winterhalter

Neige こと Stéphane Paut のソロプロジェクトとして 2000 年に始動。ベースの Argoth とギターの Aegnor が加入し、プリミティヴ・ブラックとして 2001 年には 4 曲入りデモ EP 『Tristesse Hivernale』 を Drakkar Productions からリリース。同年、2 人は脱退。2005 年にデビュー EP 『Le Secret』、2007 年に Prophecy Productions からデビューアルバム 『Souvenirs d'un autre monde』 をリリースし、その名を知らしめた。2009 年、Amesoeurs の Winterhalter をドラムに迎え、以後現在に至るまで 2 人で活動している。コンセプトは Neige が幼少時に夢見ていた空想世界 『Fairy Land』 への憧憬。音楽スタイルとして、シューゲイザーやポストロックへの近似を挙げられるが、『Souvenirs d'un autre monde』 制作時点では、それらを知らなかったのこと。反面、The Cure や Dead Can Dance といったニューウェイヴやポストパンクは好んでいたようだ。「ヘヴンリー・ブラックメタル」とジョークめいて言うこともある。Alcest という名前に由来は特になく、日本では長らく「アルセ」と呼ばれていたが、川嶋未来とのインタビューにおいてその呼び方を明確に否定している。正しくは「アルセスト」。また、Neige 自身は多くのプロジェクトに参加しており、2004 年から 2009 年まで Amesoeurs で活動。悪名高いプリミティヴ・ブラックメタル Peste Noire、フランスの耽美派 Mortifera、Drudkh と組んだ Old Silver Key、Lantlôs にも参加していた。2014 年には Vampillia と共に真言宗智山派圓能寺にて寺ライヴを敢行し、話題を呼んだ。

Neige バイオグラフィー

本名は Stéphane Paut。Neige はフランス語で「雪」を意味する。1999 年、14 歳で Alcest を結成。2001 年 Peste Noire のドラムで加入し、2008 年前後に脱退。ナショナリズムや差別主義をテーマに掲げる Peste Noire の思想に明確な反意を示し、若気の至りと認識しているようだ。Amesoeurs を 2004 年に始動、ほぼ全ての楽器を担当し、マルチぶりを発揮している。Amesoeurs 解散後、Alcest を本格的に動かし、今に至る。彼の活躍はジャンル問わず評価が高く、また新しい音楽のチェックも欠かさない。2022 年には、春ねむりの新作アルバムにもコメントを寄せており、アンテナの広さにも定評がある。Vampillia とも親交がある。

Alcest

Souvenirs d'un autre monde
Prophecy Productions　フランス　2010

胸をかきむしるトレモロに、甘いシューゲイザーに近い感触のメロディーが付与されたデビューアルバム。本作は、The Cure のような音楽を、ブラックメタルの表現で構築していった結果のようだ。その上で、自身が「妖精の聖歌」と表現するドリーミーなファルセットが、絵本のような断片的な詩を囁く。現実感のない、まどろみの美しさは、「Printemps émeraude」から一貫して幻想的だ。よくシューゲイザーと比較されるが、ドラムのアタックの強さや、ギターのディストーションの強度は、きっちりブラックメタルだ。軽めに疾走する「Les iris」は、中性的なクリーンヴォーカルに、適度な冷たさがマッチしている。

Alcest

Écailles de lune
Prophecy Productions　フランス

前作と打って変わって、ダークで痛切な、人魚の悲恋を題材にしたアルバム。本作品以降、Anorexia Nervosa の Neb Xort がレコーディングスタッフで携わる。ザリザリした感触のトレモロや、鋭いドラムの激しさ、壮絶な絶叫という、ブラックメタルの定石が盛り込まれた。さらに、シューゲイザーと評された前作の幻想的な美しさを付与され、ブラックゲイズ隆興の後押しとなった。「月の光」を意味する「Écailles de lune Part 1」は、リヴァーブがかかったギターが激しく疾走し、続く「Part 2」は、Darkthrone のように凶悪なブラックメタルを聴かせる。一転して穏やかな「Solar Song」のノイジーで爽やかなトレモロは、陽だまりのような温かさに満ちている。

Alcest

Le Secret
Prophecy Productions　フランス　2011

2005 年リリースの 2 曲入りデビュー EP に、再録音した同楽曲をカップリングした、4 曲入りの EP。原曲は、今では聴けない、劣悪とまでは言わないが荒い録音の凶暴なブラックメタルを演奏している。原曲の「Le secret」では終盤にうっすら差し込まれる静かなパートを、リメイクでは大幅に拡張した。「Élévation」でも、神聖なコーラスパートを全面に押し出し、原曲のパワフルな爆走を削ぐことなく、『Écailles de lune』を通過した Alcest の音として昇華している。そのため、4 曲で 54 分というボリュームでも、4 曲とも微妙に表情が違っており、聴き応え抜群。

Alcest

Les voyages de l'âme
Prophecy Productions

フランス
2012

ゆったりと流れる、穏やかで現実感が消失する幻想に貫かれた、1st と 2nd の良さを絶妙に混ぜた一枚。時折、嵐のような絶叫が轟くブラックメタルに立ち戻ったアグレッションがあり、効果的な爪痕だ。大きくうねる旅路であるアルバムの流れは、手塚治虫の「火の鳥」を思わせるジャケットにも描かれた光輝く魂の行き着く先とも言える、安心感に満ちている。「Autre Temps」は、ノスタルジーに浸るクリーントーンのギターが、ひたすらに美しい。全体的に前作の哀しさを振り切った明るさがあるが、切なくなるトレモロを、いくつも仕込んでいる。ラストを飾る「Summer's Glory」の陽だまりの暖かさは、次作への伏線か。

Alcest

Shelter
Prophecy Productions

フランス
2014

完全にメタルから脱却したのかと思わせるほど、シューゲイザー化に踏み切った。同様のスタイルとしてデビューアルバムも挙げられるが、あちらはあくまでブラックメタル然としたトレモロや荒いドラムが残っており、絶妙なバランスだった。対して、本作にその面影はない。ただ、「La nuit marche avec moi」の天に昇るギターノイズによる冷たい甘さや、「L'éveil des muses」の祈りを捧げるようなコーラスを聴けば、Alcest を形作るものが、何1つ欠けていないことがわかる。「Shelter」の甘い轟音ギターに、シューゲイザーの重鎮 Slowdive への憧憬が透けて見える微笑ましさもある。

Alcest

Kodama
Prophecy Productions

フランス
2016

前作で完全にシューゲイザーに移行したのだと思われたが、大きくメタルへと回帰した。とは言え、Alcest を形作る泣きたくも笑いたくもなる独特のメランコリーは、前作を通過したことで純度を強めている。本作はスタジオジブリ作品にインスパイアされているということで、どこか牧歌的で日本人の郷愁を誘うわかりやすさが、徹頭徹尾貫かれている。特に「Kodama」の口ずさめるメロディーは、ジブリ作品に使われていても違和感ない。基本はクリーンでゆったりと聴かせ、引き締めるようにスクリームを交え、冷たいトレモロで悲痛さを演出する構成は変わらず。幻想的な空気を壊さず、力強さを増したプロダクションはさすがのバランス。

Alcest

Spiritual Instinct
Nuclear Blast

フランス
2019

従来の Alcest と比べて、各楽器の輪郭が、驚くほど太く明瞭になった。1曲目「Les jardins de minuit」がはじまった瞬間の、ゴリッとしたベースラインとばたついたドラムの乱打に、一瞬 Alcest かわからないほど。その後に押し寄せるトレモロの悲壮感にはじまり、最終曲「Spiritual Instinct」の穏やかな多幸感が終える頃には、確かな充足感がある。本作は、彼らのアルバムで最も強靭で音圧もあるが、それにより陽射しのような美しさがいささかも揺らがないのが、特筆すべき点だ。また、一曲の中で表情を変えるスピードがこれまでよりも速いので、アルバム全体に疾走感があるのも素晴らしい。

プリミティヴに様々なジャンルを組み込んだアヴァンギャルドの覇者

Blut Aus Nord

◉ Chaos Invocation、Forhist
🕐 1994 〜 　　　　　　　　　　　　　🌐 フランス、カルヴァドス県モンドヴィル出身
👤 Vindsval、W.D. Feld、Thorns、GhÖst

フランスのカルヴァドス県モンドヴィル出身。1994 年に、Vindsval が Vlad というソロプロジェクトを発足。同年、W.D. Feld と Thorns が加入し、3 人編成となる。1995 年にドイツ語で「北方からの血」を意味する Blut Aus Nord に名前を変更し、アルバム『Ultima Thulée』で Impure Creations Records からデビュー。2003 年にベースの GhÖst が加入、以後メンバーチェンジはない。プリミティヴ・ブラックメタルやメロディック・ブラックメタルの初期作品で名を上げるが、彼らの立ち位置を確固たるものにした作品は、2003 年発表の『The Work Which Transforms God』だ。この作品で従来型のブラックメタルに留まらない実験的な要素を取り入れ、シューゲイザー・ブラックの祖の 1 つと言われる。以後、哲学的な世界観を追求し、三部作『777』(2011 〜 2012) や、この三部作の総括的な『Deus Salutis Meæ』(2017) をリリースしていく。キャッチーとは言い難いスタイルから無機質で難解というイメージがあるが、土着的でシンプルなメロディック・ブラックである『Memoria Vetusta』シリーズはメロディアスな側面も濃い。2019 年リリースの『Hallucinogen』ではこれまでの暗黒的なスタイルを脱ぎ捨て、シューゲイザー・ブラックの祖たる貫禄のブラックゲイズ風のアルバムを提示した。これは、「今後の Blut Aus Nord はよりエモーショナルでより明るい方向性にシフトしていく」という意思表明をテーマに敷いている。他のプロジェクトにも精力的で、特にドラムの Thorns は Chaos Invocation 等 20 近いバンドのメンバーでもある。Vindsval も、新たなプロジェクト Forhist でデビューしたばかり。

Blut Aus Nord

The Work Which Transforms God フランス

Appease Me Records 2003

プリミティヴ・ブラックだった前作から、一気に幅を広げたアルバム。暴虐的なブラックメタルの基盤は崩さず、インダストリアルに寄せた殺伐とした無機質さを大幅に増強。シューゲイザー・ブラックメタルと評されたが、メロディアスな甘さはほぼなく、本作の病んだ空気により「実験的」というイメージをバンドに付与した。「The Choir of the Dead」は、無感情なドラムや吹き荒ぶ邪悪なリフに乗せて、がなり声やヒキガエルの鳴き声に似たガテラルが地獄の底で喚いているようだ。「The Howling of God」は、サイレンのように妖しく揺らぐリフ、悲鳴や複雑で緻密なリズムセクションが、Mayhem に通じるブラックメタルを構築している。

Blut Aus Nord

MoRT フランス

Candlelight Records 2006

前作の邪悪さだけを抽出して濾過したような雰囲気が充満する作品。本作はスピード感のない間延びしたテンポ主体で、スラッジやダークアンビエントを咀嚼したスタイルを追求している。全体を覆う空気は宗教音楽に通じ、Deathspell Omega と共振しているものだ。蛙の鳴き声に似た独特のヴォーカルは健在で、不気味な本作にマッチしている。「Part I」は、ゆったりしたドラムの上で、妖しく揺らめくリフやノイズが邪悪なヴォーカルと戯れる宗教的なブラックメタル。「Part VII」は、荒涼としたノイズを下地に、三半規管を狂わせる奇妙なギターフレーズ、悪辣ながなり声が精緻なビートで淫靡に踊るような錯覚に陥る。

Blut Aus Nord

Odinist - The Destruction of Reason by Illumination フランス

Candlelight Records 2007

不気味なアートワークがインパクトを与える作品で、前作を順当にアップデートした印象だ。複雑怪奇なリズムセクションを軸に、エッジを立たせたソリッドな演奏で、Deathspell Omega を彷彿させるブラックメタルを表現する。悪魔の声を想像するハーシュヴォーカルが、暗黒の世界観を体現しているようだ。「Odinist」は、鬱々としたリフをこねくり回し、酩酊するようなリズムの反復を刻むドラムや囁く無機質なヴォーカルが、聴く者を地獄に引きずり込む暗さを湛える。「The Cycle of the Cycles」は、ストレートに爆走するブラストビートやうねるリフの妖しさが渦を巻く、邪悪なブラックメタルだ。

Blut Aus Nord

777 - Sect(s) フランス

Debemur Morti Productions 2011

『777』三部作の第一章「予言」となる本作は、彼らの難解なイメージを促進させたアルバムだ。人生を「失われた行為」として位置付け、「全てが死に向かう」という哲学的なコンセプトに沿う、極めてダークな、インダストリアルに近い無機質な音像を採用した。ダイナミックに跳ねるリフで鼓膜を揺らす、ヒプノスティックなブラックメタルを繰り広げている。「Epitome III」は、抜けのいいドラムのブラストビートによる機械的なアグレッションに、気の滅入るリフで神経をズタズタにするようなファスト・ブラック。「Epitome VI」は、邪悪な美しさを放つトレモロに原始的なリズムを合わせ、酩酊させるインストゥルメンタル。

Blut Aus Nord

777 - The Desanctification
Debemur Morti Productions | フランス | 2011

「孤独」を掲げた第二章で、「予言」が現実に侵食してきたというコンセプト。ブラストビートによるアグレッションや、リフの刻みで撹乱する暴虐的なブラックメタルの要素は排除された作品だ。エレクトロビートやノイズを強調した儀式的な音楽性で、呪詛めいた邪悪なヴォーカルや不穏に揺らぐトレモロが、暗黒感を増強する。「Epitome VII」は、強弱をつけ舞踊を舞うようなリズムで聴く者をトランス状態へ誘導し、読経のようなヴォーカルに、Rotting Christ を彷彿させる妖しさがある。「Epitome XII」は、耳障りな金属音に先導され、奇妙な節をつけたリフの淡々とした雰囲気の中、神聖なコーラスが響き渡る。

Blut Aus Nord

777 - Cosmosophy
Debemur Morti Productions | フランス | 2012

「美しい悲劇」を観念的に記した第三章にして『777』最終章。前作と前々作を補完する形で、美しいメロディーを主軸に、ぶわついたシンセサイザーやブラックゲイズに近い儚いトレモロが敷き詰められた。エレクトロの質感も合わさり、難解な世界観に反して、音楽性は三部作の中で最も敷居が低い。「Epitome XV」は、グリッチノイズを這わせたドラムの淡々としたリズムにスポークン・ワードを乗せ、荒涼としたトレモロが吹き荒れるインダストリアル・ブラックを表現する。「Epitome XVIII」は、悠然とした足取りのビートに、官能的なギター、うねる神秘的なキーボードが、死後の静寂を模したドローンに吸い込まれていく。

Blut Aus Nord

Deus Salutis Meæ
Debemur Morti Productions | フランス | 2017

総括するかの如く、三部作と共通する音楽性を持った作品。宗教的な題材を、哲学的な言い回しで表現する難解さに拍車をかけた。インダストリアルを基盤に採用し、ループする無機質なリフや、邪悪さと神秘性が共存した壮大なメロディーを聴かせる。神経を蝕むノイズを散らすことで、聴く者を宗教的な雰囲気にどっぷりと浸からせる中毒性がある。「Chorea Macchabeorum」は、荘厳なキーボードに鈍器のように重たいリフを乗せ、不気味に胎動するリズムが威容を強調している。「Revelatio」は、ブラストビートとノイジーなリフの機械的な演奏に名状し難きミックスヴォイスを合わせた、恐怖感を煽るブラックメタルだ。

Blut Aus Nord

Hallucinogen
Debemur Morti Productions | フランス | 2019

「幻覚剤」と名付けられた本作は、難解なイメージを払拭するに足る作品となった。インダストリアルやノイズを組み込んだ従来の閉塞的なブラックメタルから一転、心地好いドライヴ感を下地に敷いた開放的なアルバムだ。『Memoria Vetusta』シリーズの古典的なブラックメタルと異なり、シューゲイザーやポストロックの要素を大々的に含んだスタイル。コズミックなブラックゲイズに仕上がった「Nomos Nebuleam」は、軽快に疾走するドラムや幻惑的で美しいトレモロの中を、荘厳なコーラスが漂う。「Mahagma」は、物憂げなトレモロの叙情に哀愁の滲むリフや重たい刻みを挟み、幻想的なアンサンブルが堪能できる。

洞窟探検家を模したヘッドライトとストロボを組み込む激情ハードコア

Celeste

◉ Mihai Edrisch、Reka
🕓 2007 ～　　　　　　　　　　　　　　　　　🌐 フランス、リヨン
👤 Johan Girardeau、Guillaume Rieth、Antoine Royer、Sébastion Ducotte

フランスの激情ハードコアバンド Mihai Edrisch の Johan Girardeau（ベース／ヴォーカル）と Guillaume Rieth（ギター）、Antoine Moutet（ベース）、Antoine Royer（ドラム）でフランスのリヨンにて結成。EP『Pessimiste（s）』で 2007 年に Denovali Records からデビュー。激情ハードコアを下敷きにスラッジ、ドゥーム、ブラックメタル、クラストを組み合わせた重苦しく黒々とした殺傷力の高い音楽性で存在感を示す。無骨で凶悪なアグレッションだけでなく、独特の倦怠感や厭世的なメランコリーを強調した叙情的な側面も特徴だ。そのため、ネオクラストとの共通項も多い。『Nihiliste(s)』(2008 年)、『Misanthrope(s)』(2009 年)、『Morte(s) Nee(s)』(2010 年)と驚異的なペースでアルバムをリリース。コンセプトアルバムでありダブルアルバムの大作『Animale（s）』をリリース後、Antoine Moutet が脱退するが、Sébastion Ducotte（ギター）が加入し、現在のラインナップになる。Sébastion が加入して発表した『Infidèle（s）』は、Tokyo Jupiter から日本盤をリリースしている。彼らの音源タイトルに存在する「(s)」は、「単数形としても複数形としても聴ける」というような作品の印象を方向づけるギミックに過ぎないとのこと。凄まじい迫力でファンを圧倒するライヴでは、ヘッドライトとストロボを使用した視覚的にユニークな独特のパフォーマンスがトレードマークだが、これは悪ふざけから着想を得たもの。東日本大震災後の 2011 年と 2019 年には Heaven in Her Arms 招聘の下、2 度の来日ツアーを敢行、大きな反響を呼んだ。

Celeste

Pessimiste(s)
Denovali Records

フランス
2007

激情ハードコアとブラックメタル、スラッジをミックスした激烈な音楽性
を提示したデビューEP。この時点でバンドの確固とした音楽性は固まっ
ており、ネオクラストと繋がる黒々として複雑な展開を自在に聴かせる。
「Diluons nos souvenirs d'enfance」は、激しいリフの応酬と退廃的
な美しいギターフレーズ、激しさだけでなく歌心を加えたドラムを、衝動
的なヴォーカルが支配している。「Car quoi qu'il advienne, tout est a
chier」は、荒々しいディストーションの壁とメランコリックなリフワー
クを頻繁に交錯させ、幻惑的なリズムが加わり酩酊させる。

Celeste

Nihiliste(s)
Denovali Records

フランス
2008

前作EPの続編と銘打たれたデビューアルバム。基本形は前作を踏襲して
いるが、瞬発力を重視していたEPと異なり、スラッジを色濃くし、重圧
感のある音楽性にシフトしている。ギターメロディーの退廃的で独特な耽
美さは健在。バンドの持つ暗黒感が向上した。「Au feu le savoir」は、
鬱屈したリフワークの重たさ、衝動的なヴォーカルや荒々しいスネア、ハ
イハットの執拗さを淡々としたムードで聴かせる、スラッジがハードコア
と交わったような曲だ。「A jamais denudee」は、切迫感を煽るリフに
強迫観念を植えつけられそうなメロディー、空間を埋め尽くすようなドラ
ムの喧騒が、脳天に叩きつけられる。

Celeste

Misanthrope(s)
Denovali Records

フランス
2009

分厚い膜のような質感が取れたことで、ソリッドな聴き心地になった。音
楽性は変わらず、暗黒感の強い激情ハードコアとスラッジのミックス。
本作は、疾走感が加わって掴みかかるような獰猛さが色濃くなった。
「Comme pour leurrer les regards et cette odeur de cadavre」は、
根を張ったリズムによるグルーヴで大きく揺らし、鋭く刻むリフをフッ
クに用いることで、緩急を作っている。「A defaut de te jeter sur ta
progeniture」は、強靭なドラムのアグレッションやキレのあるリフから、
強烈な落差をつけるダウンパートで、聴く者を翻弄する。

Celeste

Morte(s) Nee(s)
Denovali Records

フランス
2010

体感速度を上げることで、ブラックメタル由来の攻撃性を前に出した３
作目。分厚いディストーションはより分厚くなった。執拗に反復するリ
フの影響で、デプレッシヴ・ブラックに近い陰鬱さを体得しているが、
ヴォーカルの変わらぬ絶叫で、全体的な熱量は異様に高い。「Ces belles
de reve aux verres embues」は、空間を埋め尽くすトレモロの悲壮的
な鳴り、暴虐の限りを尽くすブラストビートを響かせ、静と動のギャップ
でダイナミズムを生んでいる。「(S)」は、邪悪で気だるいリフに悲鳴を
サンプリングし、グルーヴ感のある遅いテンポで奈落の底に叩きつけ、絶
望感を抱かせるインストゥルメンタルだ。

Celeste

Animale(s) フランス
Denovali Records 2013

フランス語で「動物」を意味する4作目。整合性の取れたプロダクションになり、CDは2枚組と彼らの作品で最も長い。少年と少女の悲劇、虐待からの子の成長を描いたコンセプトアルバムだが、ブラックメタルの攻撃性を強めた演奏、スラッジとハードコアのミックスといった基盤に変化はない。「Dans ta salive, sur sa peau」は、悠然としたテンポと速いアグレッションを交互に使い、音の壁と化したリフの反復で陰鬱さを増大する、催眠性の強い曲だ。「Empreinte d'erotisme」は、寒々しいトレモロと感情的な怒声、3分に満たない時間で緩急の落差を際立たせる、衝動性が強いハードコア。

Celeste

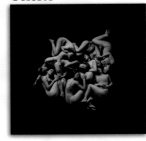

Infidèle(s) フランス
Denovali Records 2017

コンセプトアルバムだった前作と違い、収録曲全てに異なるキャラクターを持たせて多様化を図った。ジャケットに横たわる9名の女性モデルは、それを象徴している。従来のスタイルに変更点はないが、メロディーの豊潤さやドラムの複雑なリズムアプローチに、フルオーケストラに似た緻密さが加わった。「Cette chute brutale」は、凄絶なスクリームを前に出し、スケールの大きい退廃的なメロディーや不協和音リフで責め立て、Deathspell Omegaに近い聴き心地がある。「Entre deux vagues」は、倦怠感を煽るリフで厭世的な叙情性を滲ませ、グルーヴィーでドライヴ感のあるベースが、妖艶に響く。

Celeste

Assassine(s) フランス
Nuclear Blast、ワードレコーズ 2022

Nuclear Blastに移籍して発表した6作目。日本盤はワードレコーズからリリース。黒々とした洞穴の深さを思わせるブラックメタル、スラッジ、ハードコアのミックスという確固たるスタイルは不変。より叙情的なメロディーを際立たせたメジャー感の増した作品だ。ハードコアの衝動よりメタリックな整合性に重きを置いた印象。「De tes yeux bleus perlés」は、独特の浮遊感のあるディストーションギターや迫力あるヴォーカルに被さる淡く儚いトレモロが叙情を引き立てる。「Il a tant rêvé d'elles」は、グルーヴ感のあるリフに複雑に入り組むリズムや絶叫が重なるドラマチックな曲。

Celeste インタビュー

2021年3月

Q：Celeste は、フランスのリヨンで結成しています。どのような経緯で結成されましたか？ 音楽と出会ったきっかけや、バンド名の由来なども教えてください。

Royer：そもそも、僕たちはみんな仲良しなんだ。全ては Guillaume と時々ジャムっていた時に始まり、最初の元ベーシストの Antoine が加わり、最初の本格的なトラックを作り始めたんだ。その後、Johan がバンドに加わった。彼のバンド Mihai Edrisch のショーを何度か見て、試しに参加してみないかと誘ったんだよ。この時点で Celeste は本当に結成された。
僕らは、Celeste という名前が何を指して

いるのかを十分に理解した。触れることのできない、冷たくて暗い深宇宙、定義や理解ができないもの。この名前は、僕らの音楽や心理的なヴィジョンにぴったりだと思ったんだ。

Q：初期の作品、『Pessimiste（s）』から現在にいたるまで、Celesteのスタイルは一貫していると思います。黒々として、衝動的でエモーショナルな。ブラックメタル、スラッジ、ハードコアを混ぜたとよく言われますよね。このスタイルははじめから思い描いたものでしたか？

Royer：僕たちの音楽に対するヴィジョンは、当初から可能な限り、より重く、より深く、暴力的で、クレイジーなサウンドを創り出すことにあった。だから、様々なジャンルの新しい側面を試すことで、それをさらに進めようとしたんだ。僕らの目標は、常に最も暗い、または邪悪なサウンドを見つけること。そのために、メタルの他のサブジャンルからいくつかのインスピレーションを得て、自分たちの音楽のヴィジョンに沿って、それらの最高に邪悪な面だけを残したんだ。それぞれのジャンルには常に「楽しい面」がある。それはメロディックなものであったり、リズミカルなものであったりする。だから、僕らは自分たちがあまり好きではないものをすべてスキップして、自分たちのスタイルでそれらをミックスするんだ。僕たちは、一般的なバンドをそれほど見聞きしなかったから、ある意味、自分たちの雰囲気や音を作っていたのかもしれないね。

Q：Celesteの音楽は、暴力的な演奏と共に、非常に知的で哲学的な歌詞の物語に定評があります。『Animal（s）』や『Infidèle(s)』はコンセプトが明確にあったと聞きました。演奏と歌詞には相関関係があると思いますが、歌詞のテーマを決めてから曲作りをしますか？　それとも、曲に引っ張られてから歌詞が浮かびますか？

Johan：実はこの２枚のアルバムだけではないよ。コンセプトは『Morte(s) Née(s)』から始まった。

いや、曲のインストゥルメンタルな部分を作るのが先で、歌詞を書くのはその次。アルバムの全体的なコンセプトを考える時、僕はおそらく音楽そのものから影響を受けていると思うんだけど、正直なところ、メンバーはアルバムが完成するまで、このコンセプトを知らない。これは、僕が１人で作業していることと、完成したものに手を加えられることを楽しんでいるからだと考えられるね。

Q：アートワークも毎回インパクトがあって美しいですね。楽しみな要素の１つです。非常に寓話的で、物語を考察する楽しみがあります。アートワークは、毎回アルバムのカラーや歌詞とリンクしていますか？　また、どのように選んでいますか？

Johan：特に最近の３枚のアルバムとこれから発売される新しいアルバム（『Assassine(s)』のこと）では、それらは確実につながっているよ。これは、歌詞を書くことと強く結びついているプロセスだ。毎回、同じ「儀式」を自分に課しているんだ。アートワークに気を配るのは、おそらくもっと長いプロセスになると思うけど、これらの側面については、たいてい同じ期間に考え、作業するよ。

僕はいつも、前のアートワークが終わったらすぐに新しいアートワークのことを考え始めるんだ。毎回、前回の作品が自分の考えた最高のものだと感じているので、いつもチャレンジしている。僕は通常、思いついたアイデアをメモし、少し置いておいて、途中でまだ気に入っているかどうかを確認し、また、書いている歌詞に沿っているかどうかを確認する。このプロセスは、通常、アルバムの制作過程に沿って進化していく。その間、僕は一緒に仕事をしたい写真家を探して、何人かと連絡を取るようにしているよ。最終的に良い写真家が見つかったら、一緒に話し合い、アイデアを出し合い、技術的にも人間的にも可

能なことを想像して、撮影セッションを設定する。最終的には、自分が想像していた通りにはならなかったりするけど、常に前向きな姿勢で臨むんだ。

Q：Celeste のライヴパフォーマンスは、ヘッドライトとストロボを効果的に使用していて視覚的にも神秘的でユニークです。このパフォーマンスが意味するところ、また生まれた経緯について教えてください。

Guillaume：ヘッドライトのアイデアは、バンド結成時の酔っ払った夜に生まれたんだ。それは夏のある夜の出来事だった。友人が企画したパーティーに全員で参加していた。彼はキャンプの休暇から戻ってきたばかりだった。僕らはヘヴィな音楽を聴いていたんだけど、彼は休暇中に買ったヘッドライトでヘッドバンキングを始めたんだ。最初は、この「槍術師のメタルヘッド」のヴィジョンに爆笑したね。

だけど、もっと真剣に考えてみると、これは自分たちのショーのためのアイデアになるのではないかと思ったんだ。Johan は数日後に 4 つのヘッドランプを購入し、その数週間後に行われた最初のライヴで実際にテストした。その日以来、この小さな赤いヘッドライト（最初に使ったときは白だった）が僕らのそばを離れたことはない。年々、ストロボやフォグマシンを使って視覚体験を豊かにしてたよ。

バンドを結成した当初から、僕らは単なる過激な音楽のコンサート以上のものを提供したいと考えていた。神秘的で暗く、終末的な体験を創造したかったんだ。それは、僕らの音楽の直接的な延長線上にあり、観客がすべての目印を失ってしまうようなものだった。この過激な光のショーでは、僕らのステージでの姿ではなく、音楽やオーディエンス自身の気持ちに集中してもらいたいとも考えた。

『Infidèle(s)』のツアーでは、ライトショーを発展させて、視覚的な体験がより二元的にならないように（完全なストロボと完全な暗闇）、コンサートの美学がより洗練されたものになるようにしたんだ。次のアルバムでは、さらに特別なライブ体験を提供するために、他のソリューションを検討しているよ。

Q：あなたたちは様々なバンドと、ジャンル関係なく数多くの共演を果たしています。印象的なパフォーマンスについて教えて下さい。Celeste のファンと違ったリアクションのライヴの時は、どのようにオーディエンスを熱狂させますか？

Guillaume：実際、僕らのような音楽にあまり馴染みがなく、さらに Celeste 特有の視覚的なライブ体験にも馴染みのない観客に直面することがある。このような場合、観客の半分が部屋を出て行ってしまうことも珍しくないんだ。僕らにとっては不安になることもあるけど、それを気にせず、残ってくれた人たちのためにベストを尽くしてステージに立つことを心がけている。この過激な光のショーが満場一致ではないことは確かだね。それに、ライヴ中に客とコミュニケーションを取らないから、コネクションを作ったり、会場を盛り上げたりするのにも役立たないし。しかし、時には、とても良いサプライズがあるものだよ。例えば、Rosksilde Festival では、非常に主流のフェスティバルにもかかわらず、コンサートの最後まで残ってくれた観客の数に、嬉しい驚きを感じた。

Q：あなたたちは日本とも馴染みが深い印象です。日本盤が出ていますし、過去には Heaven in Her Arms とライヴもしていましたね。オーディエンスも含めて、日本での滞在や文化はどうでしたか？

Guillaume：日本に馴染みがあるというのは言い過ぎかもしれないけど、僕らにとって日本は特に好きな国だ。初めて日本に行ったのは 2011 年のことで、ちょうど福島原発事故の 1 ヵ月後だった。Heaven in Her Arms が僕らを招待し、ツアー全体を手配してくれたんだ。危機的な状況で、放射能の

影響がどうなるかわからなかったから、行くのをとても躊躇した。だけど、Kent が僕らを安心させてくれたので、最終的に参加することに決めたんだ。

実際、僕たちはこの経験、日本の文化、現地で出会った人々の優しさと寛大さをとても気に入っているよ。

この 1 回目のツアーの後、僕らは必ず戻ってくると約束した。そして 8 年後、再び Heaven in Her Arms の友人のおかげで実現した。僕らは 4 回の公演を行ったけど、そのうち 2 回は東京でソールドアウトして、特に思い出深いものとなったよ。

そして、パンデミックの直前には、彼らと一緒にヨーロッパ・ツアーを行う予定だったんだけど……。実現しなかったことは悔しいけど、いつか機会を見つけて再プログラムすることができると思う。また、次のアルバムをリリースした後に、日本に戻ってくる機会があればいいなと思っているよ。

Q：少し質問が前後して申し訳ないです。Celeste の作品には、「(S)」がついています。これはどのような意味があるのですか？

Guillaume：これは単なるギミックであり、人々が僕らの歌詞を読み、僕らの音楽を単数形でも複数形でも聴くことができるということを示すための手段なんだ。

Q：Celeste から見て、フランスのエクストリームミュージックのシーンはどう映っていますか？　また、Celeste はどういう存在になっていると思いますか？

Johan：僕はエクストリームなミュージックをあまり聴かないし、フランスのシーンで何が起こっているかをあまり意識していないよ。ただ、フランスならではの面白さや特徴があるような気がしているよ（ちなみに、日本のシーンにも同じような感覚がある）。僕は、世界中の人々がフランスの宝石を発見することにもっともっと興味を持ってくれることを願っている。世界的に注目されるべきものだと思う。僕らについては、意味のある音楽をやっている一団であることを除けば、どこに当てはまるのか、特に何であるのかは本当にわからない。ただ、将来的には、さまざまなジャンルの人たちが僕らの音楽に興味を持ってくれることを願っているよ。もちろん、主にメタルを聴いている人たちだろうけど、必ずしもブラックメタルやその他のエクストリームなサブジャンルを好む人たちでなくてもいいと思っているしね。僕は、新鮮な耳を持った人たちが初めて僕らの音楽を発見してくれることを楽しみにしているよ。

Q：メンバーそれぞれの、影響を受けた、あるいは好きなアルバムを 3 枚ずつほど教えて下さい。

Johan:
Neurosis『Times of Grace』
Deftones『Around the Fur』
Lisabö『Ezarian』
Guillaume:
Refused『A shape of Punk to Come』
Shora『Split with Merzbow』
Gojira『From Mars to Sirius』
Royer:
Meshuggah『Catch 33』
Black Sabbath『Black Sabbath』
Suicide Silence『The Cleansing』
Sébastien:
Cult of Luna『Salvation』
Breach『It's me god』
Blut Aus Nord『Deus Salutis Meae』

早々にブラックメタルから逸脱して可能性を広げたパイオニア

Les Discrets

◎ Amesoeurs、Alcest
🕐 2003 ～   🌐 フランス
👤 Fursy Teyssier、Audrey Hadorn

Amesoeurs のメンバーとしても活動していたフランスのアニメーター / イラストレーター / グラフィックデザイナー Fursy Teyssier によるバンドとして、2003 年始動。バンド名は「控えめな」や「沈黙を守るもの」といった意味がある。Amesoeurs の人脈である Alcest の Neige がライヴ時のベースを務め、同じく Alcest のドラマー Winterhalter が当初のメンバーだった。Amesoeurs の活動終了前後に活発化し、2009 年には Alcest とのスプリットをリリース。そして 2010 年、Prophecy Productions から『Septembre et Ses Dernières Pensées』でアルバムデビューした。当時はすでに Neige は離れており、Audrey Hadorn（ヴォーカル）、Winterhalter というラインナップ。Alcest の『Souvenirs d'un autre monde』と共通項を見出しやすいクリーンなブラックメタルといった風体の作品であり、シューゲイザーのフィードバックノイズに近い感触のトレモロやクリーン・ヴォーカルを主体にしたスタイルを確立していた。そのため、Alcest と並んでブラックゲイズの黎明期を支えた一枚によく挙げられる。『Ariettes oubliées…』（2012）、『Prédateurs』（2017）と 3 枚のアルバムをリリースし、寡作だが独特の存在感を放ち続けている。現在は、Fursy Teyssier と Audrey Hadorn の 2 人編成。Fursy Teyssier はイラストレーターとしても有名で、Alcest をはじめ Agalloch、Amesoeurs、Drudkh、Empyrium、Lantlôs、Morbid Angel など多くのバンドにカバーアーティストとして関わっている。

Les Discrets

Septembre et Ses Dernières Pensées
Prophecy Productions フランス 2010

本作は、ブラックメタルの名残であるディストーションギターの使い方やヴォーカルのメロディーラインに、Alcest『Souvenirs d'un autre monde』と共通項を見出せる作品だ。全体を覆う寂しげなトレモロや、ある程度のアグレッションを保持したドラムの力強さに、シューゲイザーと違う雰囲気がある。「L'échappée」は、穏やかなテンポを刻むドラムや、枯れた味わいのリフによる耽美な空気に、物憂げな声質の優しいヴォーカルが美しく映える。「Chanson D'automne」は、緩やかに刻むトレモロリフと、溶けるような轟音や儚いヴォーカルが眩い、暗鬱な叙情を湛えたブラックゲイズだ。

Les Discrets

Ariettes oubliées...
Prophecy Productions フランス 2012

前作に、ダークで耽美な深みを加えた「忘れられた叙事詩」の意味を持つ2作目。前作に引き続き投じているAlcestのWinterhalterによるドラムの力強さに、ブラックメタルの残滓を感じ取れる。女性ヴォーカルとのハーモニーを強調し、インディーロックの空気を強めているのも、本作の特徴だ。「La Traversée」は、退廃的な様相を強めたトレモロリフや、複雑なリズムアプローチを聴かせるドラム、美しいコーラスを響かせた、独特な暗さを持ったシューゲイザーを演奏している。「Les Regrets」は、寂寥としたギターのフレーズが、荒々しいブリザードを模したトレモロに飲まれていくインストゥルメンタル。

Les Discrets

Prédateurs
Prophecy Productions フランス 2017

脱ブラックメタル化が進み、キーボードや澄んだ音響を全面に出し、ポストロックの意匠を強めた3作目。AlcestのNeigeが1曲でアレンジを担当している。あからさまなブラックゲイズは鳴りを潜めたが、薄暗い叙情を弾くギターに、出自が濃く残っていることに安心感を覚える作品だ。「Vanishing Beauties」は、EDMに通じるおおらかなリズムやシンセサイザーの華やかな雰囲気に、ファルセットを多用した美しいコーラスと優しいヴォーカルが耳に残るエレクトロポップ。意味深長なタイトルの「Lyon - Paris 7h34」は、荒涼としたノイズや乾いたドラムが不穏な空気を漂わせるダークなアンビエントだ。

Les Discrets / Alcest

Les Discrets / Alcest
Prophecy Productions フランス 2009

Les Discretsが3曲、Alcestが2曲持ち寄ったスプリット。CDでも2枚組で独立しており、豪華な作品になっている。長らく廃盤だったが2018年にデジタルリイシューした。デビューアルバムをリリースする直前のLes Discretsを聴ける貴重な作品だ。Les Discretsの「Song for Mountains (demo)」は、まだまだ荒削りでブラックメタルの要素を色濃く残したトレモロを堪能できる。Alcestの「Circe Poisoning the Sea」は、深いリヴァーブを効かせたギターや漂うようなクリーン・ヴォーカルが美しく、彼らのアコースティック調の一面を覗かせる。

Alpha du Centaure

Paralysis フランス
自主制作 2020

「ブラッケンド・ポストロック」を掲げる、フランスのリヨン出身のインストバンドによるデビューアルバム。ポストロックに軸足を置いているが、意識的にブラックゲイズを取り入れており、ポストブラックと呼んでいい音楽性。「Ces jours qui disparaissent」は、暗いトーンのトレモロが、悲嘆に暮れ、怒りに激昂する感情の揺れ動きを表現している。「Saudade Insomnium」の、憂いのアルペジオがゆっくりと反射して拡散していく美しさの幻惑的な世界観。「夢幻状態で見える幻覚」をコンセプトにしており、ゴシックメタルにも通じる病んだメランコリーに、Draconian の影がちらつく。

Aluk Todolo

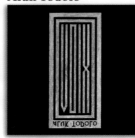

Voix フランス
自主制作 2016

Occult Rock を名乗るフランスはパリ出身のバンドで、本作は 6 作目にあたる。前作のマスロック的な空気を排し、邪悪なブラックメタルの空気を強めた。インストで、収録曲のタイトルも曲の時間のみと、素っ気ない。だが、同郷の Deathspell Omega に近い退廃的で荒涼としたリフワークと、Kraftwerk のように淡々と展開していくクラウトロックを合わせた独自性がある。「7:01」のジャジーなドラムと残響が木霊するギターに、ブラックゲイズのような美しさを感じさせる。フランス語で「声」を意味する表題に反して、無愛想な雰囲気だが、歌の入る余地がないほど、催眠術的で、雄弁なアンサンブルが楽しめる。

Amesoeurs

Ruines Humaines フランス
Northern Silence Productions 2006

Alcest の Neige、Les Discrets の Fursy T、 元 Asphodèle の Audrey S によって結成されたフランスのバンドの EP。本作は、Neige がドラムを叩いている。バンド名は「ソウルメイト」の意。Peste Noire に近い荒々しいギターの「Bonheur Amputé」で炸裂する悲鳴のような絶叫に、デプレッシヴ・ブラックに近い陰鬱さがある。Audrey S の素朴な歌声が震える「Faiblesse Des Sens」は、ほの暗いポストパンクの色を強め、アルバムへの布石を窺わせる。本作は、Alcest にも存在する繊細なディストーションギターが、うっすら主張している。

Amesoeurs

Amesoeurs フランス
Code666 Records 2009

都会の闇をテーマに、ポストパンクとブラックメタルの折衷を推し進めたデビューアルバム。Alcest でも Neige の右腕となる、Winterhalter がドラムで加入した。荒涼としたノイズギターが印象的な「Gas in Veins」を筆頭に、暗く美しい曲が並ぶ。「Heurt」は荒々しく悲壮的で、Audrey S の、凄味を増した発狂ヴォイスが脳天を貫く。クリーンとディストーションが交錯する「Amesoeurs」は、ポップなポストパンクの趣。不穏なインダストリアルで幕を下ろす「Au crépuscule de nos rêves」は、モノクロームのトレモロが、悲哀、絶叫、孤独と様々な情景を見せる。

Antagoniste

The Myth of Mankind	フランス
I. Voidhanger Records	2015

「終末論」をコンセプトにしているフランスの独りバンド。Ulcerate に似た暗黒的なプログレッシヴ・デスメタルや、閉塞感のあるニューメタルをブラックゲイズに組み込んでいるが、爽やかさといった甘めの要素は控えめだ。「The Barren Lands」は、Fear Factory を思い出させるサイバーなインダストリアルメタルに、うっすらトレモロがかった冷たいメロディーが吹き荒れている。「The Ubermensch」は、囁くようなヴォーカルやスクリームをちりばめた、Violet Cold に近い、透明感のあるアンビエントを挟み、壮大にバーストするブラックゲイズで、本作で最も明るい。

Archvile King

À la ruine	フランス
Les Acteurs de l'Ombre Productions	2022

フランスのナントで活動する Nicolas "Baurus" M. による独りバンド。アルバムタイトルは「廃墟に」の意。Bathory や初期 Sepultura からの影響を公言し、基盤にブラックスラッシュがある。粗暴に突貫する演奏に反して、Quintessence や Aorlhac らフランスのメロディック・ブラック、Aara に通じる荘厳なメロディーの奔流が持ち味だ。静寂パートではブラックゲイズに近い儚い叙情を発露しているのが印象的だ。「Celui qui vouvoie le soleil」は、軽やかに疾走するドラム、甘さを消したトレモロや苦味走った絶叫と絢爛さを撒き散らすメロディーの対比が美しい。

Asphodèle

Jours pâles	フランス
Les Acteurs de l'Ombre Productions	2019

フランスで結成され、元 Amesoeurs の Audrey S、Au Champ des Morts/Anorexia Nervosa の Stéphane Bayle が在籍していたバンドの唯一作。Amesoeurs を彷彿させる、退廃的なポストパンクを軸に据えたポストブラックを展開しており、男女ヴォーカルの掛け合いが目立つ。「Jours pâles」は、叙情的なギターやキーボードでしっとりしたパートと、荒々しく慟哭するヴォーカルやトレモロが前に出てくるパートの対比が、鮮烈なコントラストを生む。「Décembre」は、切なくかき鳴らされるトレモロがばたついたドラムと疾走し、陰鬱なヴォーカルを聴かせる。

Au Champ Des Morts

Dans la joie	フランス
Debemur Morti Productions	2017

フランスで結成されたバンドで、「死者の地で」という意。Anorexia Nervosa のギタリストである Stéphane Bayle が中心人物。Asphodèle の元メンバーも名を連ねる。Amesoeurs に近い音楽性は、ダークで透き通った空気を湛える都会的なものだ。「Nos Décombres」は、リヴァーブの利いたイントロから、悲嘆するヴォーカル、気落ちする鬱々としたメロディーを充満させたデプレッシヴ・ブラックを聴かせる。「Dans La Joie」は、メロディックなリフワークで神聖さを出し、激しくばたついたドラムが疾走する曲で、若干 Anorexia Nervosa との共通点を見出せる。

Aube

Exilés	フランス
自主制作	2017

フランスのメスを拠点にする2人組で、自然やノスタルジーをコンセプト
に活動する。バンド名はフランス語で「夜明け」、英語で「宝玉」を意味する。
軽めの荒い録音や、悲愴感のあるトレモロリフやか細い絶叫ヴォーカルと
いう、デプレッシヴ・ブラックに近い音楽性だ。メロディーの質感は淡く
郷愁を誘うタイプで、陰惨さは感じられない。「Acalmie」は、繊細なア
ルペジオの美しさにディストーションを被せ、Alcest を彷彿させるブラッ
クゲイズに変化するインストゥルメンタル。「Naissance」は、川のせせ
らぎ等の自然音をちりばめ、切なさを喚起するギターに絶叫を何重にも重
ねた口ずさみやすいメロディーを聴かせる。

Blurr Thrower

Les voûtes	フランス
Les Acteurs de l'Ombre Productions	2021

本作リリース後、Limbes に変名した、フランスのパリで活動するバンド
の1作目。メンバーの詳細は不明。マスタリングを Jack Shirley が担当。
元はアトモスフェリックなデプレッシヴ・ブラックを表現していたが、本
作で悲壮感の強いブラックゲイズの様相を強めた。絶望に脱力するヴォー
カルこそデプレッシヴ・ブラックだが、幻想的なトレモロやメリハリの利
いたリズムは適度に風通しが良い。「Cachot」は、性急なドラムに力の
抜けた絶叫を轟かせ、圧の強いトレモロが荘厳さを演出するドラマチック
な曲。「Amnios」は、神秘的なトレモロによるアンビエントから闇雲な
爆走へと雪崩れる絶望感が強いブラックゲイズだ。

BVDK

Religare	フランス
自主制作	2019

アシッド・ジャズとブラックメタルを折衷するバンドで、フランスはグラ
ン・テスト地域圏のナンシー出身。ジャケットは、ホラー漫画のキャラク
ターをコラージュしている。バンド名は、『デスパレートな妻たち』の登
場人物から。ジャジーな要素もあるが、Aborym みたいなインダストリ
アル・ブラックが色濃い。「Le Soleil pt. 2」は、チープなエレクトロや
サンプリングされた音声、高速のマシンドラムに牽引されるファスト・ブ
ラックパートが独特だ。「L'amovrevx」は、女性ヴォーカルの妖しい呪
文とハーシュヴォーカル、ブラックゲイズのトレモロを終盤に配置してい
るが、ニンテンドー・コアのような奇妙さがある。

Celestial Vault

Solar Throne	フランス
自主制作	2020

アトモスフェリックな音響とスラッジの重厚さを不協和音を強調したリフ
ワークで仕立てる、フランスはナントで活動する4人組。メンバーも名
前だけで写真もなく、神秘主義者に近い佇まいだ。Deathspell Omega
の影響は色濃いが、パワーメタルのような勇壮なフレーズのリフレイ
ンや、ガテラルヴォイスを使用したり、癖の強い一面もある。「Solar
Throne」は、ガテラルで幕を上げ、ベースの重苦しさや邪悪なメロディー
でじっくりと圧殺してくる。「Moonrise Lake」は、薄暗いクリーントー
ンのギターと、朗々としたハイトーンのヴォーカルで歌い上げ、苦味のあ
る重圧でドラマチックに聴かせる。

Cepheide

Saudade
フランス
自主制作、Mallevs Records
2017

パリで活動していた Gaetan Juif を中心に結成した 4 人組のデビュー作。2018 年にバンドは一時解散、翌年に Gaetan Juif のソロバンドとして復活した。アトモスフェリック・ブラックのような大きく間を取った雄大な雰囲気に、デプレッシヴ・ブラックに通じる悲痛なトレモロや絶叫を合わせたスタイルだ。ポストロックやシューゲイザーに通じる繊細さも当時から織り込んでいる。「Madone」は、肉感的に疾走するドラム、若干の明るさを感じるトレモロに崩壊寸前のヴォーカルが倦怠感を誘う曲。「Auréole」は、Alcest を彷彿させる儚いトレモロを中心に据え、攻撃的なリフやドラムが荒れ狂うブラックゲイズ。

Cepheide

Les Echappées
フランス
Les Acteurs de l'Ombre Productions
2021

Gaetan Juif による独りバンドになった 2 作目。マスタリングは Jack Shirley。タイトルは英語に直すと「The Escape」。フルバンドで制作した前作はアトモスフェリック・ブラックだったが、本作からスタイルも悲壮的なトレモロが目立つものへと変化し、シューゲイザーやポストロックの儚い雰囲気が増大。ヴォーカルの断末魔のような絶叫のみ前作から引き継がれている。「Le Sang」は、速いパッセージの冷ややかなトレモロと攻撃的なブラストビートで轟音の壁を構築し、邪悪なメロディーが辛味として効いている。「Les Cris」は、ばたついた衝動的なドラムが緩急を操り、壮大な世界観を構築する曲。

Contemplations

Under an Ascending Sun
フランス
自主制作
2017

フランスはパリ出身の独りバンドで、ギター・オリエンテッドな、AOR やオルタナティヴ・ロックのような趣がある音楽性だ。Deafheaven に近いブラックゲイズを軸にする一方、トリッキーな効果音を取り入れることで、スペーシーな広がりを表現する。「Under an Ascending Sun」は、トレモロリフを執拗に鳴らす暴虐的なブラックメタルが、チルアウトしてエレクトロニカに変貌するギャップを楽しめる。「Last Lights」は、しっとりしたアルペジオを 1 分 30 秒ほど聴かせる冒頭を、Krallice に近い悲壮的なトレモロリフと闇雲なドラムで切り裂き、悲しげなアンビエントをうっすら織り込んでいる。

Daughters of Sophia

(2.0°) Sœurs de sagesse
フランス
Asgard Hass Productions
2015

メロディック・デスメタル Aesmah の元ドラマー AvZs による、フランス・リヨンを拠点にする独りバンド。自身の音楽性を、「スピリチュアル・ブラックメタル」と定義付している。神秘主義や超自然といったテーマをコンセプトに敷いており、音楽スタイルに合致している。トレモロリフによる儚い陰鬱なメロディーや、心を抉るような絶叫ヴォーカルは、Burzum に近い。「Les Plaintes Agonisantes d'une Nature à l'état de Rêve」は、マイナーコードの寒々しさを反復させ、何とも言えない感情を湧かせるクリーンヴォーカルを伴って、緩やかに疾走する。

Daughters of Sophia

(3.0″) Sitra de-Smola	フランス
Tenebrae Productions	2016

前作から陰鬱さとヴォーカルを抜き、物悲しいトレモロで疾走するブラックゲイズの様相を強めた2作目。「Sitra」は「輝き」の意味で、カバラの用語に起因する。プロダクションが向上し、音圧を増したことでディストーションの粒も明瞭になり、幻想的な雰囲気が浮き彫りになっている。「Renaissance」は、儚さと哀愁を強調したトレモロリフと光を感じさせるメロディーを、心地好いテンポの疾走で聴かせる、シューゲイザー・ブラックと形容できる雰囲気だ。「Révélation」は、ノスタルジックなメロディーの裏でトレモロが緩やかに刻まれ、アトモスフェリック・ブラックと化したAlcestといった趣がある。

Decline of the I

Rebellion	フランス
Agonia	2015

フレンチ・ブラックMerrimackのギタリストA.K.を中心に、フランスはパリで結成された。本作は、Deathspell OmegaやMerrimackの影響下にある邪悪で陰湿なメロディーを中心にしており、インダストリアルやスラッジの殺伐とした重苦しさをブレンドしている。「Hexenface」は、調子の外れたような嘆きをぶつけるヴォーカル、陰鬱で気の滅入るトレモロを、変則的なストップ＆ゴーを繰り返すドラムで翻弄する。「Deus Sive Musica」は、ドラムンベースと奇妙で妖しいメロディーによるエレクトロを攪拌させ、分厚いギターで肉付けしていき、スラッジに近い重厚さを体現していく曲だ。

Déluge

Æther	フランス
Les Acteurs de l'Ombre Productions	2015

フランスのメスを拠点にするバンドで、DagobaのRichard de Melloが在籍している。ブラックゲイズと激情ハードコアを合わせたスタイルで、色調薄く幻想的な空気を織り上げるトレモロや、生々しく激烈なドラムが目立つ。整合性の取れた演奏も相俟って、叙情を際立たせる。全編を通して雨や水の音がサンプリングされており、清涼感を後押しする。「Avalanche」は、暴虐的なブラストビートとトレモロリフによる荒々しい雪崩に、急激な落差をつける、静寂の美しいギターが耳を引く。「Hypoxie」は、ギターの唸りを支える複雑で攻撃的なドラムと、ピアノと雨音の静けさのコントラストが、壮麗な雰囲気を作る。

Déluge

Ægo Templo	フランス
Metal Blade	2020

前作と基盤は変わらないが、闇雲なドラムの荒々しさは控えめになり、起伏に富んだ叙情を強調した2作目。Envyの深川哲也が客演している。また、サックスを使用することで、ふくよかで華やかな音響に変化していることも特徴的なアルバムだ。前作にあった水の音のサンプリングは本作でも健在で、波や風の音が加わる。「Gloire au silence」は、けたたましいブラストビートと悲壮感の強いトレモロによる激情が迸り、雄大なヴォーカルラインを丁寧に聴かせる。日本語詩の朗読も印象的だ。「Digue」は、抑制と暴虐のメリハリの利いたドラムに轟音を築くトレモロを乗せ、美しいメロディーや女性コーラスが余韻を残している。

Deprived of Light

Coloured Death	フランス
Hypnotic Dirge Records	2011

フランスのペルピニャンを拠点にするバンドで、The Foetal Mind の Lord Trowe により結成された。ドゥームメタルとメロディック・ブラックを折衷したスタイルだが、メロディック・デスメタルと認識されてもおかしくない明瞭なプロダクションや、哀愁あるリフワークが特徴。「D&S」は、丁寧に折り重なっていくリフによる哀愁や獰猛なグロウルはメロデスのようで、美麗なギターフレーズを、重厚なテンポに幾つも仕込んでいる。「Forgotten Minds」は、ブラックゲイズらしい淡いトレモロを序盤に据え、少し加工したヴォーカルに儚さを感じさせて、空中を疾駆するような単音リフを聴かせる。

Dreams of the Drowned

Dreams of the Drowned I	フランス
自主制作	2019

Smohalla の Camille による、フランスはエブルーの独りバンド。初期の Emperor に近いリヴァーブ強めの荒々しいトレモロに、クリーンヴォーカルを合わせるスタイルだ。声質は Killing Joke の Jaz Coleman 似で、意識的に Killing Joke に通じるリズム感を取り入れている。「Real and Sound」は、暗黒感の強いポストパンクにブラックメタルのトレモロを合わせ、キャッチーに聴かせる。Dødheimsgard のカバー「Midnattskogens Sorte Kjerne」は、原曲のノイズを増幅し、ポストパンクやインダストリアルの雰囲気を強めた解釈で構築している。

End of Mankind

Faciem Diaboli	フランス
Malleus Records	2019

「人類の終わり」を意味するフランスはパリで活動する４人組。元 Antaeus の Sagoth や Azziard の Nesh が在籍する。マスタリングに Cult of Luna の Magnus Lindberg を迎えた。本作は、儚いタッチのトレモロリフやアグレッシヴなドラムでスピーディーに展開し、Marduk や Dark Funeral に類する暴虐性が目立つ作品だ。「Howlings and Lurid Figures」は、丁寧なギターフレーズとザクザクしたリフに絶叫が絡みつく寒々しいメロディック・ブラック。「Faciem Diaboli」は、ブラストビートの苛烈さに邪悪だが淡いトレモロが重なる呪術的な曲。

Forhist

Forhist	フランス
Debemur Morti Productions	2021

Blut Aus Nord の Vindsval によるフランスの独りバンド。Debemur Morti Productions からリリースした。Blut Aus Nord よりも寒々しいトレモロを強調しているが、母体で培った無機質なドラムなどはしっかり健在。鳥の鳴き声や森の音などをサンプリングしていることから、自然崇拝型ブラックの印象もある。コンセプトは 90 年代ノルウェーのブラックメタル。そのため、初期 Darkthrone や Mayhem、Satyricon らに通じるスタイルだ。「II」は、ざらついたトレモロの冷たいメロディーとメリハリの利いたドラムを薄く覆う妖しいキーボードが荘厳なブラックメタル。

The Great Old Ones

Al Azif
フランス
Les Acteurs de l'Ombre Productions　　2012

ボルドーで結成。バンド名は「旧き神々」の意で、クトゥルフ神話をテーマにする。同神話に登場する魔道書ネクロノミコンの原典の名を冠したデビュー作。徹底したコンセプチュアルな要素はすでに完成しており、愛好家にお馴染みの地名ルルイエや、小説『尖塔の影』に出てくるトム・ジョナスといった固有名詞がちりばめられている。アトモスフェリック・ブラックに Deathspell Omega のような暗黒リフを取り入れ、粗い音質の本作は、写本され続けて劣化しているとされるアル・アジフに適した、禍々しさだ。「Al Azif」は、陰鬱なアンビエントを張り巡らし、力強いドラムや威圧的な絶叫に負けない憂いのトレモロが美しく冴える。

The Great Old Ones

Tekeli-li
フランス
Les Acteurs de l'Ombre Productions　　2014

Maa Productions から日本盤もリリースした 2 作目。奇妙な呪文に思えるタイトルは、クトゥルフ神話に登場する黒い粘液状生物ショゴスの鳴き声で、旧支配者の言葉を真似たもの。本作は、黒々としたトレモロと複雑怪奇なリズムで構成し、粘液状生物から着想を得たのか、随所にスラッジを取り入れた作品だ。「Antarctica」は、威圧的なリフとドリルのようなドラムでスラッジに寄せ、威厳に満ちた旧支配者の咆哮を模したヴォーカルが、重苦しく腹に溜まる。「Behind the Mountains」は、不協和音リフで暗黒を作り、爆走と静寂を忙しなく行き交うドラム、エキゾチックなメロディーが美しい 18 分の大曲。

The Great Old Ones

EOD: A Tale of Dark Legacy
フランス
Season of Mist　　2017

愛好家から人気の高いエピソード『インスマウスの影』をモチーフに、Season of Mist からリリースした 3 作目。交通事故で急逝した Miserable Failure のヴォーカリスト Bleu に捧げられた作品でもある。本作は、前 2 作と比較して、ストレートなアグレッションを全面に出した荘厳なアトモスフェリック・ブラックといった趣だ。凛とした静寂はポストロックの音響に近く、前作のスラッジ由来の重圧感も健在。「The Shadow over Innsmouth」は、猛烈な勢いのブラストビートを主軸に、幻想的なタッチのトレモロによる芳醇なメロディーや獰猛なヴォーカルが、不気味な世界観を構築する。

The Great Old Ones

Cosmicism
フランス
Season of Mist　　2019

ラヴクラフトの考案した文学体系そのものを冠した 4 作目。神話でも随一の人気を誇る、外なる神ニャルラトホテプがテーマ。2018 年に Gorod の Benoit Claus を含めて 2 人が加入した。従来以上に歪んだリズムや荘厳さを湛えた作品。威圧的なヴォーカルや淡いトレモロこそ不変だが、不定形にうねるベースやデスメタルの攻撃的なリフを加えている。「The Omniscient」は、もの寂しい単音リフを皮切りに、シューゲイザーに近いギターノイズが吹き荒れる、幻想的なブラックゲイズ。「Nyarlathotep」は、耳を削るような太いベースを中心に置き、冷ややかなトレモロと禍々しいリフのハーモニーが不穏な曲。

In Cauda Venenum

G.O.H.E.	フランス
Les Acteurs de l'Ombre Productions	2020

フランスのリヨンとヌベールを出身とするバンドの2作目。吹雪くトレモロピッキングや、けたたましいブラストビートは、王道のブラックメタルだ。本作は、ヴァイオリンやコントラバス、ピアノを取り入れ、優美で物悲しい聴き心地を表現している。緩急自在に様々な表情を見せることで、2曲で40分を超える本作を、退屈とは無縁のものにしている。「Malédiction」は、ブリザードのようなトレモロ、ストリングスの哀感や嘆くヴォーカルで、時に優しく時に荒々しさを聴かせる。「Délivrance」は、ディストーションの利いたリフを妖しく刻み、淡々としたリズムで気の遠くなるような、Burzum に通じる暗さがある。

Je

Architects of Void	フランス
MTAF	2018

フランスのブザンソン出身の e.Z.k. を中心とした2人組。バンド名は、フランス語で「私」を意味する。デプレッシヴ・ブラックだった前作に、ニューウェイヴやシューゲイザー、ポストロックを大々的に取り入れた音楽性だ。新たに加入したドラマーの影響で、荒々しい推進力も手にした。「The Fourth Heart」は、ピアノと鈍い響きのディストーションギターのコンビネーションに、荒っぽく繊細なヴォーカルを乗せ、グランジに近い質感のデプレッシヴ・ロックを聴かせる。「Encephalic Mass」は、物悲しいギターアルペジオや荒々しいリフ、オルガン調のキーボードの耽美な雰囲気を、ハードコアの激情が覆い隠す。

Korsakov

Погружать	フランス
Sourceatone Records	2021

フランスのリールで活動する2人組。メンバーの名前も頭文字のみで正体は不明。アルバム名はロシア語で「沈める」という意味で、カバーアートとリンクしているようだ。アトモスフェリック・ブラックに通じる大きく広がるようなトレモロで悲壮感を表現するスタイル。適度な速度によるドラムは時に爆走を織り交ぜており、アグレッションを保持。間に挟まるインストゥルメンタルは EDM のような響きだ。「I」は、無軌道に叩かれるドラムや絶叫ヴォーカルの背後で立ち昇るトレモロが不穏で冷たいメランコリックな曲。「IV」は、激しく疾走するドラムに、キーボードが煌めく悲痛なアトモスフェリック・ブラックを聴かせる。

Loth

Apocryphe	フランス
Specific Recordings, Vendetta Records	2017

フランスのメスを拠点にしている2人組の2作目。バンド名の Loth は、全ての楽器を担当するメンバー Loth をそのまま冠しているようだ。The Austrasian Goat の Julien Louvet がマスタリング。カスカディアン・ブラックメタルに影響を受けた前作にあったフォーキッシュな叙情は減退。感情面に訴えかけるエモーショナルなトレモロが全面に出た作品だ。4曲で40分程度ある大曲志向だが、起伏を作るため敷居は高くない。「Mourir à Metz」は、冷たいトレモロで凛とした感触を与え、絶叫に次ぐ絶叫や比較的速いテンポのドラムで爆走するパートと柔らかな静寂のコントラストが映える曲。

Moonaadem

Moonaadem	フランス
自主制作	2017

パリが拠点の独りバンド。レバノンのバアブダー出身という記述もあり、どちらが真実かは不明。陰鬱なトレモロによる、メランコリックでアンビエントに近いブラックメタルが信条。メタルとしての強度を、打ち込みらしきドラムで保持しており、聴き苦しくないデプレッシヴ・ブラックといった趣だ。「Malaise astral」は、単音リフや淡いトレモロで物寂しさを強調しており、噛みつくヴォーカルだけでなく、クリーンヴォーカルの淡々としたコーラスが印象に残る。「D'une existence mourante」は、ばたついたビートや陰湿なディストーションギターで感傷的なメロディーを表現し、美しさもある曲だ。

Moonaadem

Néantiste	フランス
自主制作	2019

前作よりも生々しくプリミティヴ・ブラックに近い攻撃性が出た2作目。気の滅入るメロディーの主張が増した影響で、デプレッシヴ・ブラックに近い聴き心地もある反面、幻想的な音作りは弱まった。ざらざらした質感のギターや抜けの良くなったドラムの後ろで、透き通った冷ややかなシンセサイザーが優しく寄り添う程度だ。前作にも存在したマイルドなクリーンヴォーカルが歌い上げる「Néant」の、何とも言えない物悲しい雰囲気は、微妙な節回しもあって、聴く者の不安感を煽る。「Trou noir」は、耳障りなトレモロに合わさる粗っぽく疾走するドラムに、Ephelesのような狂気を感じ取れるプリミティヴ・ブラックを聴かせる。

Morteminence

Morteminence	フランス
A Pile of Graves Records	2018

フランスのルーアンを拠点にするバンドの2018年にリリースしたEPをまとめた編集盤。Mutiara Damansaraのメンバーが在籍している。悲哀を煽るトレモロのメロディーが特徴的なブラックゲイズで、デプレッシヴ・ブラックに類した粗さが残る。本作は、資本主義社会に苦悩するキャラクターの物語というコンセプトが敷かれており、ハードコアの特性も持つ。「Eveil」は、澄んだトレモロのフレーズを反復し、緩急をつけたドラムでの凝った展開や、邪悪な絶叫を聴かせる。「Résignation Pt 2」は、爽やかな叙情を表現するリフや、唸り声や絶叫、虚脱したクリーンを駆使するヴォーカルが、陰鬱に響く。

Mur

Brutalism	フランス
Les Acteurs de l'Ombre Productions	2019

元Glorior BelliのJulien Grangerを擁する、パリで活動する6人組のデビュー作。本作は7人編成で制作、The Great Old Onesを手掛けたFrancis Casteがマスタリングを担当。Blut Aus Nordに近い無機質な感触のギターに毒々しいエレクトロを合わせ、スクリームで喚き散らすハードコアを取り入れたスタイルだ。スラッジ寄りの重心の低さも持ち味。「Nenuphar」は、薄気味悪いリフを捏ね、ざらついた絶叫や鈍重なグルーヴが狂気を強調する。「You Make I Real」は、重苦しいリフや苦い叫びを、ポストパンクのように軽快なドラムが支える前衛的な曲。

Mutiara Damansara

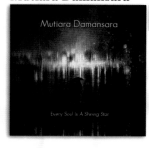

Every Soul Is a Shining Star	フランス
Seventh Crow Records	2015

フランスはノルマンディー地方カーンを拠点にしていた3人組。爽快なドリームポップをブラックメタルに取り込んだスタイルだ。辛味が少なく、クリーンヴォーカルを基盤に据えているため、少ない頻度のハーシュヴォーカルがなければ、ブラックメタルと認識されにくい。「Post Apocalyptic Lovesong」は、不穏なノイズで覆ったSF映画のサウンドトラック然とした佇まいに、線の細いヴォーカルやキーボードの澄んだ音色、ディストーションギターが壮大に弾けるドリームポップだ。「Deep Space Trip」は、丁寧に歌うヴォーカルに寄り添うようなトレモロが、華やかな叙情性を振り撒くブラックゲイズ。

Nature Morte

NM1	フランス
Argonauta Records	2018

フランスのパリで活動する3人組のデビューアルバム。プリミティヴな音質で録音されているが、生々しさと儚さが同居したブラックゲイズを演奏している。霧がかったようなプロダクションの影響で神秘的な存在感を増しており、荒々しいヴォーカルや神経を磨り潰すようなトレモロが、時に静かにタップを刻むドラムとコントラストを生む。「Till Love Do Us Part」は、柔らかなトレモロで幻想的な雰囲気を作り、ブラストビートを交えて疾走する美しいブラックゲイズ。「Black Pram」は、希望を感じるトレモロに高揚感を煽るリズムを合わせて、生々しい質感のギターや甲高くかすれた絶叫が伸びやかに歌う、壮大な曲だ。

Nature Morte

Messe basse	フランス
Source Atone Records	2021

「ひそひそ話をする」というような意味のタイトルをつけられた2作目。CDやレコードと共にTシャツなども作られている。脚本家のGary Burns が1曲でストーリーテリングとして参加しており、それを元に広げられた作品のようだ。前作よりもデプレッシヴ・ブラックメタルに近い悲愴感が増しているが、軸となるのはあくまで儚さを強調したトレモロ。「Only Shallowness」は、しゃがれた力のないヴォーカルに可憐なメロディーが乗り、圧の強いディストーションでかき消される壮大なブラックゲイズ。「Night's Silence」は、浮遊感のあるトレモロが優しく広がる現実感に乏しい世界を表現した曲だ。

Nesseria

Cette érosion de nous-mêmes	フランス
Throatruiner Records	2017

フランスのオルレアン出身。マスコアから出発してスラッジを経由し、3作目となる本作は、激情ハードコアとブラックメタルをミックスしたスタイル。アートワークをDefeated Sanity のレイアウトやSavage Messiah の『Demons』を手掛けたAlex Eckman Lawn が担当、脱退したJulien が作詞に参加する。激情をストレートにぶつけるCeleste のようなハードコアや、アコギの弾き語りにがなり声を乗せる一風変わった曲もあり、多彩な作品だ。「Les Ruines」は、性急なリズム感に反してゆったりと弾かれるトレモロが美しく残響を残す、Alcest と Celeste が重なる曲。

Opprobre

Le naufrage フランス

Endless Decrepitude Productions 2017

フランスのモンペリエやパリ出身のメンバーからなる、「抑圧的」という意味のバンドによるデビューアルバム。Mysticisme の Vincent と Clément が在籍する。淡く揺れるトレモロや、厳かな音色を弾くキーボードを合わせた荘厳なブラックメタルを信条としている。柔らかな空間演出を施すことで、Alcest のようなブラックゲイズの表情を垣間見ることができる。「Discerner」は、ゆっくりとした立ち上がりのトレモロを揺らめかせ、物憂げなクリーンヴォーカルと絶叫のミックスヴォイスが際立つ、美しい曲。「Opprobre」は、適度なテンポを保つドラムや、ゴリッとしたベースが儚いトレモロを牽引する。

Opprobre

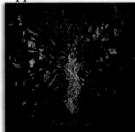

Fragments de Destinées フランス

Klonosphère、自主制作 2021

メンバーを増やし 6 人編成となって発表した 2 作目。Kalisia の Brett Caldas-Lima がマスタリングを担当。カバーアートを Anomalie や Falaise を手掛けた Irrwisch が描いている。大曲志向の傾向はあったが、本作は 9 曲 70 分の大作だ。トレモロ吹き荒れる程好く暴虐的なブラックメタルは踏襲しているが、クリーン・ヴォーカルのパートを増やし、優しい雰囲気も増大している。コントラストの濃淡を明瞭にしてメリハリを生んでいる印象だ。「Reddition」は、甲高いトレモロのハーモニーや軽快なストロークに、しゃがれ声や紳士的なクリーン・ヴォーカルが入り乱れる凝った展開を堪能できる曲。

Regarde Les Hommes Tomber

Exile フランス

Les Acteurs de l'Ombre Productions 2015

フランスのナント出身の 5 人組。短命に終わったブラックメタル Die Die Die のメンバー 3 人を中心に結成した。バンド名は 1994 年に公開された映画『天使が隣に眠る夜』から取られた。アートデザインを、Alcest の『Kodama』や『Spiritual Instinct』を手掛けた Førtifem という 2 人組が担当している。病んだ空気を発散するブラックメタルにスラッジの重苦しさをブレンドし、良好なプロダクションも手伝って全体的に透き通った印象だ。「Embrace the Flames」は、響く豪快なドラムや激情的なヴォーカルに被さる淡いトレモロの執拗なリフレインの影響で、聴く者に虚しさが去来する沈鬱なブラックメタルだ。

Smohalla

Résilience フランス

Arx Productions 2011

フランスの北部や南部地域出身のメンバーからなるバンドで、Dreams of the Drowned の Camille が在籍する。絶叫ヴォーカルや神聖さを感じさせるコーラス、トレモロの美しさを噛み合わせることで、聴く者を翻弄するカオティックで複雑怪奇な展開を聴かせる。「Au sol les toges vides」は、オーケストラを背景に、痙攣するようなリズムや絶叫とピアノ、トレモロとコーラスを対比させることで、異様なテンションの空間を構築している。「L'homme et la brume」は、ねじれたリフとがなり声で一本筋を作り、ドラムンベースやダブステップ染みたリズムが中毒性を生む。

Throane

Plus une main à mordre	フランス
Debemur Morti Productions	2017

フランスのパリを拠点にする Dehn Sora による独りバンド。彼はデザイナーとしての顔を持ち、Blut Aus Nord や Amenra のアルバム等を手掛けている。本作は、Blut Aus Nord の『777』シリーズや Deathspell Omega の影響を受けた、無機質で暗黒的なブラックメタルを表現している。トレモロやキーボードの美しさを基盤に、スラッジに近い重苦しい鬱屈した雰囲気が充満した作品だ。「Aux tirs et aux traits」は、Deathspell Omega に通じる艶かしい不協和音リフで暗黒感を撒き散らし、老爺のしゃがれ声のようなヴォーカルが呪詛を呟く不穏な曲。

Vous Autres

Sel de pierre	フランス
Season of Mist	2020

かつて流通していた通貨フランス・フランを意味するステージネーム F と β による、フランスはナントの謎めいた2人組。スラッジとブラックメタルを混ぜたスタイル。本作は、スラッジ由来の重低音を際立たせ、ブラックメタルの冷たさを注入した作品だ。重苦しさを全面に出すが、電子音で浮遊感を演出するパートに、Massive Attack らトリップホップの要素が色濃い。「Onde」は、押し潰すリフと起伏に乏しいリズムやブラストビートで作る重苦しいグルーヴに乗せて、ヴォーカルが苦悶に呻く。「Nitre」は、鳥の囀りや風のそよぐ音に混じって、清らかなキーボードや重たいベース、言葉にならない声が聴こえるトリップホップ。

ブラックメタルの中のポスト・ブラックメタル

　Pitchfork における Deafheaven『Sunbather』の高評価を皮切りに、ブラックメタルに対する潮目は明らかに変化してきた。だが、今までメタルなど聴いたことのないような人々が、本作を入口にメタルに足を踏み入れるようになったか。それは否である。また、本作の評価に対して、生粋のブラックメタルファンはいささか懐疑的な目で見ていたようだ。元々、Alcest など一部のバンドを除いて、ポスト・ブラックメタルに対してもそこまで好意的に見ていない人も多かった。理由として、ポスト・ブラックメタルは悪魔主義でもないし、コープスペイントもほとんどしない。そんなものはブラックメタルの真髄ではなく、形骸的な手法を借りているだけ、という見方もあるようだ。要は、ブラックメタルをセルアウトさせた、というような意味にも捉えられている。「トゥルーではない」ということであろう。伝統的な点を重視するヘヴィメタルに、シューゲイザーやポストロックといったメインストリームのオルタナティヴ・ロックの手法を取り入れること自体が、「軟弱」というような見られ方をもされる。Fen でさえ Deafheaven の台頭に当初はあまり好意的でなかったようで、「ヒップスター・メタル」という強烈な言葉で揶揄していた。だが、インナー・サークルが猛威をふるっていた第一世代前後とは時代が異なっているため、表立った事件や衝突は起きていない。ただ、Ihsahn が「ブラックメタルは自由」と評していたり、そもそも初期のブラックメタルであっても、バンドによってはスタイルが全く異なっていたりしていた。当のポスト・ブラックメタルのバンドたちは、そういった揶揄にもどこ吹く風のようで、今も勢力を拡げている。とは言え、Deafheaven の高評価がジャンルのメインストリーム化に繋がっているとは言えないのも事実だ。

ハードコアの激情と大自然への敬意を音に込めてスタイルを広げ続ける

Downfall of Gaia

◉ Black Table
◷ 2008 〜
◉ Dominik Goncalves dos Reis、Anton Lisovoj、Michael Kadnar、Marco Mazzola
⊕ ドイツ

Dominik Goncalves dos Reis(ギター / ヴォーカル)と Toni こと Anton Lisovoj(ベース / ヴォーカル)を中心にドイツで結成。2008 年頃、Downfall of Gaia に変名、デモ『The Downfall of Gaia』を制作。2009 年発表の EP『Salvation in Darkness』を経て、2010 年に『Epos』で Shove Records からアルバムデビュー。幾度とメンバーチェンジを繰り返し、2014 年に Michael Kadnar（ドラム）、2016 年に Marco Mazzola（ギター）が加入し、現在のラインナップになる。2012 年発表の『Suffocating in the Swarm of Cranes』から名門 Metal Blade に移籍。『Aeon Unveils the Thrones of Decay』(2014)、『Atrophy』(2016)、『Ethic of Radical Finitude』(2019)と順調にリリースを重ねていく。結成当初はもっと D-Beat/ クラストに根ざしたハードコアそのもののスタイルで、バンド名も異なっていたようだ（その名前は明かしていない）。名前は、彼らのコンセプトにある自然や暗い感情への親和性の高さから、ギリシャ神話の大地の女神ガイアを由来にしている。音楽性も、リリースを重ねる度にクラストやハードコアのみならず、ブラックメタルから吸い上げたトレモロの叙情、ドゥーム / スラッジで大地に根を張ったグルーヴを増強し、独特の壮大なスタイルを磨いている。2015 年に Tjla Fest で初来日を果たし、2018 年に Der Weg Einer Freiheit と共に敢行した来日公演も好評を博した。

Downfall of Gaia

Suffocating in the Swarm of Cranes
Metal Blade　　　　　　　　　　　　　　　　　　　　ドイツ
　　　　　　　　　　　　　　　　　　　　　　　　　　2012

名門Metal Bladeへ移籍しての2作目。激情ハードコアの衝動性は残し、気の遠くなるようなトレモロの美しさを際立たせ、ブラックメタルへ傾倒したアルバムだ。重苦しいスラッジじみた鈍重なパートが疾走感とギャップを生み、前作よりも展開がダイナミックになった。「In the Rivers Bleak」は、暗い叙情を発露するトレモロの雄大さや、緩急自在のドラムと重いリフから放たれるブレイクダウンに、ハードコアの矜持が見出だせる。「Giving Their Heir to the Masses」は、透き通った陰鬱なトレモロが曲を覆う、ブラックゲイズに近い感触を付与された、起伏の激しいドラマチックな曲。

Downfall of Gaia

Aeon Unveils the Thrones of Decay
Metal Blade　　　　　　　　　　　　　　　　　　　　ドイツ
　　　　　　　　　　　　　　　　　　　　　　　　　　2014

ミキシングに Deafheaven を手掛けた Jack Shirley、マスタリングに All Pigs Must Die 等で知られる Brad Boatright を迎えた 3 作目。その影響か、ブラックゲイズとネオクラストをミックスしたスタイルに変化した。黒々としたリフや絶叫ヴォーカルで、憎悪や慟哭渦巻くエモーショナルなハードコアの様相を呈している。「Carved into Shadows」は、鈍重なスラッジの陰鬱さと苛烈なクラストの衝動を、獣のような絶叫が牽引し、Amenra に似た暗さがある。「Excavated」は、神秘的なノイズによるアンビエントと、狂騒的な爆走を織り交ぜるインストゥルメンタル。

Downfall of Gaia

Atrophy
Metal Blade　　　　　　　　　　　　　　　　　　　　ドイツ
　　　　　　　　　　　　　　　　　　　　　　　　　　2016

引き続き、ミキシングとマスタリングを Jack Shirley が手掛けた 4 作目。前作のリリース後にドラムが Michael Kadnar に代わり、ギターの Marco Mazzola は本作から加入。淡いトレモロによる儚さを全面に押し出し、柔らかな雰囲気を持つ。「萎縮」という意味のタイトルに反して、どこまでも広がる開放感が本作の肝だ。従来のクラストやスラッジをブラックメタルに溶け込ませたスタイルは健在だが、ギタリストを交代した影響か、展開のスムーズさに重きを置いた印象だ。特に「Ephemerol」は顕著で、粗暴な絶叫をなだめるような優しいメロディーを冷たいトレモロで表現する、鐘の音も美しい曲だ。

Downfall of Gaia

Ethic of Radical Finitude
Metal Blade　　　　　　　　　　　　　　　　　　　　ドイツ
　　　　　　　　　　　　　　　　　　　　　　　　　　2019

ミキシングとマスタリングに Dark Fortress や Triptykon のギタリスト V. Santura を迎えた 5 作目。1 曲の中で自然に曲を広げて畳むプログレッシヴ・メタルに肉薄する構築力を磨き、強靭な演奏に説得力が増した。冷たいトレモロの主張が強くなり、ブラックメタルとしての表情をさらに濃くしていることも特徴的だ。「We Pursue the Serpent of Time」は、複雑なリズムの鋭いドラムに牽引され、郷愁を誘うトレモロや粗暴な絶叫が荒れ狂う。「Of Withering Violet Leaves」は、感傷的なトレモロリフで絶頂へ上り詰める美しく激しいインストゥルメンタル。

歴史、人間の闇をアトモスフェリックでメランコリックな音世界で探求

Imperium Dekadenz

- Kaminari、Kälte
- 2004 〜
- Horaz、Vespasian

⬛ ドイツ、フィリンゲンシュヴェニンゲン

ドイツのフィリンゲンシュヴェニンゲンで 2004 年に結成した、Christian Jacob こと Horaz（ヴォーカル / ギター / キーボード）と Pascal Vannier こと Vespasian（ギター / ベース / ドラム / キーボード）による 2 人組。ライヴでは編成を変え、ブラックメタルバンド Vargsheim のメンバーがサポートを勤める 5 人組になる。90 年代北欧ブラックメタルに近いスタイルで制作したアルバム『...und die Welt ward kalt und leer』を Perverted Taste からリリースし、2006 年デビュー。『Dämmerung der Szenarien』まではオーソドックスでメロディアスなブラックメタルをやっていたが、Season of Mist のアンダーグラウンド部門からリリースした 3 作目『Procella Vadens』で儚いトレモロで切ないメロディーを全面に押し出し、話題を集めた。残響を活かしたアトモスフェリックな音響効果は、『Meadows of Nostalgia』（2013）でさらに磨かれ、本作を彼らのベストに挙げる人も多い。よりアトモスフェリックな世界観を追求した『Dis Manibvs』（2016）をリリース後、Napalm Records に移籍して『When We Are Forgotten』（2019）を発表。歌詞の世界観に人間の感情や哲学を描いてデプレッシヴ・ブラックメタルに近い表現をすることが多いが、神聖ローマ帝国付近の歴史にも深い造詣がある。その時代の人間ドラマを描いて日本でも注目を集めたプレイステーション 4/X-Box One 用ゲーム『キングダムカム・デリバランス』では、かねてから彼らのファンである Warhorse Studios の社長からのラブコールで曲を提供するなど、活躍の裾野を広げている。

Imperium Dekadenz

Procella Vadens　　　　　　　　　　　　　　　　　ドイツ
Season of Mist Underground Activists　　　　　　　　　　2010

Season of Mist へ移籍し、前2作の伝統的なブラックメタルから大きく変化した3作目。プロダクションは良好で、ピアノを使った静寂パートは、まるで ECM レーベルのジャズアルバムに近い静謐さを湛えている。ディストーションギターが唸る、ブラックメタルの狂暴さや物悲しい叙情性は健在だ。「A Million Moons」は、緩やかなテンポを刻むドラムを目立たせた肉感的な演奏と、ノンビートで陰鬱さを表現するスピリチュアルな静寂を丁寧に織り上げたドラマチックな曲だ。「Procella Vadens」は、悲嘆に崩れる絶叫を主役に、寒々しいトレモロが邪悪さを一層際立たせたミドルテンポのブラックメタル。

Imperium Dekadenz

Meadows of Nostalgia　　　　　　　　　　　　　　　ドイツ
Season of Mist Underground Activists　　　　　　　　　　2013

前作から垢抜けはじめ、淡いギターワークを主軸にした、メランコリックなポスト・ブラックメタルに連なるスタイルへ移行した4作目。メロディック・ブラック然とした速度と叙情を両立する従来の演奏を、格段に向上したプロダクションが下支えしている。前作に存在した静寂パートは控えめだが、ノスタルジックで幻想的なメロディーを増強した。「Brigobannis」は、高音で喚くヴォーカルや寒々しいトレモロを淡々としたテンポで表現する、透き通った叙情が刻まれた荘厳な曲だ。「Striga」は、適度な疾走感を保って緩急を選り分けるドラムに、鬱々としたトレモロの病んだ美しさが炸裂したアトモスフェリックなブラックメタルだ。

Imperium Dekadenz

Dis Manibvs　　　　　　　　　　　　　　　　　　　ドイツ
Season of Mist Underground Activists　　　　　　　　　　2016

前作の憂鬱はそのままに、強弱をつけたダイナミックな展開に磨きがかかった。悲壮的な高音域を重視したプロダクションに、トレモロの淡い叙情や感情的なヴォーカルが映える。アンビエントを重視した深遠な音響も相俟って、ブラックゲイズの儚さ、アトモスフェリック・ブラックの幽玄さを体現する壮大な作品に仕上がった。「Only Fragments of Light」は、暴虐的なブラストビートに、細雪のようにきめ細かなトレモロが舞う、シューゲイザーの特性を持ったメロディック・ブラック。「Pure Nocturnal Rome」は、重苦しく軋むリフの陰鬱さに、淡々としたテンポで疾走する退廃的なメロディーを聴かせる。

Imperium Dekadenz

When We Are Forgotten　　　　　　　　　　　　　　ドイツ
Season of Mist Underground Activists　　　　　　　　　　2019

アトモスフェリックな意匠と90年代ブラックとの融合を促進した6作目。ロックンロールに似た感覚のリズムセクションを配置するなど、緩急のダイナミズムを効果的に聴かせることに成功した。意味深長なタイトルは内省的な歌詞に沿ったもので、ギターノイズで深遠のメロディーを補強する本作の世界観に合致している。「Bis ich bin」は、悠揚なリズムと速いパッセージを織り交ぜ、退廃的なトレモロを悲壮感たっぷりに聴かせる様に、Satyricon に通じる冷徹さがある。「Frozen in Time」は、粗っぽい粒のトレモロにプリミティヴなタッチを忍ばせ、繊細で淡いキーボードが美しく冷えきった叙情を表現している。

Imperium Dekadenz インタビュー

回答者 Horaz　2021 年 2 月

Q：Imperium Dekadenz の最初のアルバムは
『…und die Welt ward kalt und leer』で合っ
ていますか？　このアルバムは、プリミティヴ
でデプレッシヴなブラックメタルで美しいメロ
ディーがあります。バンドを結成した経緯や、
この音楽にたどり着いたこと、ブラックメタル
と出会ったきっかけを教えて下さい。

A：バンドは 2004 年に結成したけど、
Shining や Forgotten Tomb などのバン
ドは、僕たち 2 人ともが聴いていた。それ
が影響しているのかもしれないけど、バンド
結成前に作られた曲もあるので、何とも言え
ないな……。2 人とも最初は普通のメタルを
やっていたんだけど、初めてブラックメタル
を聴いた時に、これはもう自分たちの人生の
一部になるだろうなと感じたんだ。90 年代
初期から中期にかけてのノルウェーのスタイル
は、僕たちにとって非常に重要なものだっ
た。それは、自分たちで何かを作りたいとい
う願いと、情熱を持つことへの満足感だった。
インターネットで全ての情報を得ることがで
きる現在と比べて、前進することははるかに
困難だったね。

Q：音楽性が転換したのは、『Meadows of
Nostalgia』だと感じています。元々あなた
にあった、ノスタルジックな部分が強調され
て、ポスト・ブラックメタルと呼ばれてもお
かしくないものに変わりました。何らかの変
化がありましたか？

A：僕らはポスト・ブラックメタルを作った
ことはないと思っているけど、1990 年代
に強いルーツを持つ新しい要素を持っている
ね。『Procella Vadens』には、ポスト・
ブラックメタルの影響が最も顕著に表れてい
ると思う。最近のアルバムでは、ますますオー
ルドスクールなものに戻ってきているけど、
もちろん、すでに何百回もコピーされたもの
を再現したくはないね。

Q：Imperium Dekadenz はスタジオアルバ
ムとライヴパフォーマンスでは、編成が変わ
りますよね。ライヴで得たインスピレーショ
ンが、アルバムに活かされることはあります
か？　また、アルバムの度に新しい要素が加
わってきます。新しいアルバムを作る際に決
めているルールのようなものはありますか？

A：もちろん、特定の曲を演奏したときに人々
が熱狂したことも忘れてはいないよ。自分の
曲を評価するのは難しいから、確かにそれは
とても純粋で正直な発言だ。ルールはただひ
とつ、両方とも好きでなければならない。

Q：音楽性に付随して、歌詞の世界も非常に
深いですが、これらの言葉のインスピレーショ
ンは、全てあなたの経験だったり、考えてい
ることですか？

A：真実であること、本物であることは、確
かに芸術の最も重要な部分であり、それは
歌詞にとっても同様だね。しかし、僕らは歴
史も好きで、歌詞の一部にはそのような物語
を基礎構造として使用している。歴史的事実
を反映させたいわけではなく、作品をより視
覚的にするために。前作『When We Are
Forgotten』では、より個人的で哲学的なト
ピックを取り上げることを考えていたんだ。
次のアルバムでもその路線を継続していくよ。

Q：Imperium Dekadenz の曲は、英語とド
イツ語を曲によって使い分けていますが、ど
ういう意図がありますか？

A：その言語が曲にどれだけフィットするか
という判断だよ。ドイツ語は厳しくて生々し
いし、英語は壮大なものによく合う。最終的
には、直観的な判断と、歌詞のキャラクター
が曲の雰囲気にどれだけ合うかということだ。

Q：Imperium Dekadenz というバンド名は、
厳かで綺麗な印象があります。この名前は、
どのようにして思いついたのですか？

A：1970 年代に公開された映画『カリ
ギュラ』を見て、その独特の残虐性に感銘を
受けたんだ。僕たちはローマの歴史とその

退廃的なオーラが好きなので、『Imperium Dekadenz』というバンド名を見つけた。この名前は、音楽の2つの主なスタイルを表している。壮大な風景や自然、歴史、戦争、力強さを表現する一方で、絶望、メランコリー、哲学、残虐性を表現しているんだ。

Q：Imperium Dekadenz の音楽には、90年代のブラックメタルのインスピレーションと共に、音楽以外のインスピレーションもあると思います。あなたが、音楽の旅において影響を受けたものについて教えてください。例えば、映画、小説、あるいは歴史、風景など。

A：もちろん、僕らはあらゆるメディアを消費し、愛しているし、インスピレーションの重要な源でもある。今、僕が読んでいるのは『指輪物語』『Islandic Sagas』、そして黒い森（ドイツ南西部、僕らの故郷）の城跡についての本だね。2人とも大好きな映画は、『カリギュラ』『ローマ』（セリー）、『ハウス・ジャック・ビルト』『マーターズ』（フランスのオリジナル）など。僕は自然の中でのハイキングが大好きで、できる限り自然の中に行くようにしているよ。最もよく訪れる場所は、黒い森、プファルツの森、シュヴァーベン・アルプ、オーストリア・アルプスだね。

Q：ドイツのメタルシーンはメロディックなものも多くて、日本でも人気があります。Imperium Dekadenz の音楽も、メロディー志向のメタルファンから好意的に受け止められていたりします。あなたから見て、ドイツのメタルシーンはどのような場所ですか？

A：ドイツのメタルシーンの大半は、クラシックなメタルやメタルコアを強く志向しているんだ。メロディーに富んだ音楽は、一般的に世界中で人気があると思うけど、生々しくてブルータルなものに夢中になる人たちは常に少数派だよね。ブラックメタルに焦点を当てた場合、ドイツのブラックメタルにはメロディーや壮大な曲作りの傾向があるというのは正しいかもしれない。それは、リヒャルト・ワーグナーと関係があるのかもしれないね。

でも、日本でも僕らの曲を好んで聴いてくれる人がいるというのは嬉しいことだよ。

Q：ゲーム『キングダムカム・デリバランス』（※チェコの大学でも中世の歴史の講義で教材として使われるほど、ボヘミアや神聖ローマ帝国の史実に基づいて忠実に作りこんでいるようだ）に Imperium Dekadenz の曲が使われた時、凄く驚きました。このゲームは日本でも知られています。これはどのように決まったのですか？ どのようなフィーリングを、このゲームから受けましたか？

A：僕はゲームが好きで、その歴史的な信憑性のために、最初の段階からゲームを追いかけていた。だから、ゲームに曲を提供することに興味があるかというメールをもらった時、とても驚いたよ。ゲームスタジオのボスである Daniel Vavra 氏は、バンドの初期の頃から僕らのファンだったから、僕らにとってはラッキーな状況で、もちろん承諾した。このゲームは、素晴らしい雰囲気、ストーリー、そしてクールな剣戟……。いや、一般的な戦い方ができるので大好きだよ。また、あの地域、町、城を中世のように再現しているのもとても気に入っているね。

Q：パンデミックで、音楽業界も大きくダメージを受けました。ライヴはもちろんですが、制作する上で何か変わったことはありますか？ 例えば、曲作りにリモートを使用したりといった環境の変化など。

A：いや、そうでもないんだ。2019年8月下旬に『When We Are Forgotten』をリリースし、2020年1月と2月に Helrunar と短いツアーを行うチャンスがあったのは幸運だった。わずか2週間後にはすべてのコンサートがキャンセルされたからね。『Dis Manibvs』以来、僕ら（Vespasian と僕）はそれぞれがほとんどの曲のアイデアを自分で書き、それを相手に提示している。細かい部分は一緒に考えていく。だから、曲作りには大きな違いはないけど、コンサートやバンドライフがとても恋しいね。

ジャズやポストロックを取り込みエモまでをも行き来する

Lantlôs

- ◉ Alcest、Herbst
- ◑ 2005 〜
- ⦿ Markus Siegenhort、Felix Wylezik
- 🌐 ドイツ、レーダ＝ヴィーデンブリュック

ドイツのレーダ＝ヴィーデンブリュックで 2005 年から活動する Herbst こと Markus Siegenhort と Felix Wylezik の二人組。2008 年、Angrrau（ヴォーカル / ベース / ピアノ）との 2 人編成でデモカセット『Ìsern Himel』を制作。同年、アルバム『Lantlôs』で De Tenebrarum Principio からデビュー。当初はデプレッシヴ・ブラックメタルの体裁を保った陰鬱なブラックメタルを演奏していた。バンド名は、英語に訳すと「Homeless」や「Without Land」。2010 年に Angrrau が脱退し、Alcest の Neige が正式加入する。Neige 加入後、Lupus Lounge から『.neon』（2010）、『Agape』（2011）を短いインターバルでリリース。当時すでに名を知られていた Neige が在籍するバンドとして、大きく知名度を上げた。この時期の音楽スタイルは Neige が在籍しているからと Alcest と共通項を見出だせるものではなく、陰鬱なデプレッシヴ・ブラックメタルにジャズのリズムセクションを取り入れたりしており、独自性が高い。Neige が 2013 年に脱退、Cedric Holler（ギター / ヴォーカル）、Felix Wylezik（ドラム）が加入。レーベルを Prophecy Productions に移し、『Melting Sun』（2014）をリリースした。音楽性もガラリと変化し、多幸感の溢れるポストロックを強めたものにシフトしている。ただし、3 人編成も長くは続かなかったようで、実質的には Markus Siegenhort の独りバンドだ。メンバーは流動的だが、Lantlôs は Markus の人生そのもののため、編成が変わること自体に特別な意味はないという。2021 年には 6 年ぶりの新作となる『Wildhund』を発表。変わり続ける世界観を提示している。

Lantlôs

Lantlôs
De Tenebrarum Principio — ドイツ
2008

荒々しいプロダクションが印象的なデビューアルバム。この頃は陰鬱なディストーションギターや、本作で脱退する Angrrau のドスの利いたがなり声が際立つが、すでに淡い叙情を表出させていた。抽象的な歌詞は、救いを乞うニュアンスを含むが、詩的な表現も多く、彼らの世界観をロマンチックに補強する。「Þinaz Andawlitjam」は、ざらついたリフと自棄を起こしたようなドラムの乱打によるプリミティヴな質感に、ノイズ混じりの儚いメロディーが美しく映える。「Ruinen」は、明るさをほのめかすトレモロの雄大さに、嘆き哀しむヴォーカルが怒号を轟かせ、ジャジーなブレイクやシューゲイザーに近いギターが耳に残る。

Lantlôs

.neon
Lupus Lounge — ドイツ
2010

Alcest の Neige がヴォーカルで正式加入したことでも話題になった 2 作目。前作に存在していたプリミティヴな荒々しさは大きく減退し、強弱で濃淡をつけるリズムセクションや、哀切に満ちたトレモロを主体にしたスタイルに変貌した。Alcest の幻想的な雰囲気ではなく、都会の闇を切り取る Amesoeurs に近い。「These Nights Were Ours」は、穏やかなアルペジオの澄んだ空気に、雷鳴のようなトレモロと暴虐的なドラムや悲壮的なヴォーカルが、物悲しさを強調したブラックゲイズ。「Coma」は、どんよりと跳ねる分厚いリフの陰鬱さを、凝ったリズムや儚く寄り添うトレモロが、美しさで中和している。

Lantlôs

Agape
Lupus Lounge — ドイツ
2011

ドラムにジャズの感覚を色濃く映し、ダイナミックな展開で魅せる 3 作目。禍々しいリフに、遅くて重たいフューネラル・ドゥームの表情が加わり、ダークでヘヴィな作品に仕上がった。反面、タップを多用した優しい静寂や、トレモロが描く耽美な雰囲気の増幅も、本作の特徴だ。「Bliss」は、凶暴なディストーションギターと攻撃的なドラムによる疾走と、Bill Evans を想像するピアノジャズに接近した静謐なブレイクとの対比が利いた、モノトーンの美しい曲だ。「Eribo - I Collect the Stars」は、牧歌的なギターや歪んだノイズが渦巻き、淡々とした歩調に凶悪なヴォーカルが轟く、重厚なブラックゲイズ。

Lantlôs

Melting Sun
Prophecy Productions — ドイツ
2014

Neige が脱退し、メンバー編成を変えて制作された。陰鬱なブラックメタルをごっそり削ぎ落とした 4 作目。同時期の Alcest に触発された音楽性で、首魁 Markus Siegenhort が初めてヴォーカルを取った。程好い重たさに従来の凶悪さの名残を残すが、クリーンヴォーカルを主体にして、シューゲイザーの側面が一層強い。「Azure Chimes」は、ゴリッとしたベースの骨太さに負けじと、儚いトレモロを丁寧に弾くことで、大胆な変化を感じさせる。「Golden Mind」は、間を重視したリズムや、静寂を聴かせることに注視したトレモロの揺らぎが、穏やかな美しさを放射するアンビエントタッチのポストロック。

Lantlôs

Wildhund	ドイツ
Prophecy Productions	2021

７年ぶりに発表した５作目。前作からメンバーチェンジし、現在は Markus Siegenhort と Felix Wylezik がクレジットされている。限定盤は『Glitchking』と銘打たれたアルバムとの２枚組。Markus 曰く、『Glitchking』は『Wildhund』の裏側に位置する作品とのことで、２枚合わせて完全な形になるようだ。ポストロックやエモからの影響を吸い上げ、前作以上にブラックメタルの枠から離れた作品に変化している。前作よりもドライヴするドラムやトレモロに、ブラックメタルの残滓がある程度だ。「Vertigo」は、優しいヴォーカルと軽い疾走感が爽やかなメロディーを放射するエモーショナルな曲。

Lantlôs インタビュー

2021 年 7 月

Q：Lantlôs の最初のアルバムから遡りたいのですが、非常に荒々しいデプレッシヴ・ブラックメタルのベーシックな作品だという印象です。あなたとブラックメタルの出会いや Lantlôs をはじめようと思ったきっかけを教えてください。

A：僕がブラックメタルに出会ったのは高校生の時、16 歳くらいだったかな。僕は小さい頃からメタルヘッドだった。近所に年配の人がいたんだ。夕方になるといつも外で車の修理をしていて、タバコを吸ったり、ビールを飲んだりしていたのを覚えているね。彼はメタルを聴いていて、とてもクールだと思った。それで、父のラックにある LP や CD をチェックするようになったんだよ。父はメタルやハードロックの CD をほとんど持ってなくて、Tears for Fears を好んでいたね。また、僕は当時、ニューメタルの波に乗ってた。その頃、僕は音楽、特にメタルにとても興味を持ち、できる限り全てのものを手に入れようとしていた。当時はインターネットなんかない時代だったからね。その後、MTV でデスメタルを見つけて、よりヘヴィでダークなものに興味を持つようになった。それから間もなく、ブラックメタルに出会った。僕はファーストウェイヴのファンではなく、セカンドウェイヴ、特に DSBM と USBM のファンだったんだ。奇妙で洗練さ

れたものの方がずっと好きだった。また、当時はめちゃくちゃ遅くて重いドゥーム・メタルもたくさん聴いていたね。

僕が Lantlôs を始めたのは、本当に若い頃に友達と一緒だった。バンドを始めたきっかけは、学校でアコースティックギターを弾いていた Angrrau という男に出会ったことだね。彼は僕よりもはるかに上手で、とてもクールなコードを弾いていたし、歌も歌っていた。彼がギターを弾いて歌い、僕がベースとレコーディングを担当するという、アコースティック・バンドとしてスタートしたんだ。僕もすぐにギターを始めたよ。僕らは Opeth の流れを汲むデスメタルを作り始めていて、僕は曲作りに影響を与えるようになった。２人とも、ますますヘヴィでダークなサウンドに惹かれていったんだけど、ちょっとしたメロディも常に好きだったな。2005 年から 2006 年にかけて、僕らは Lantlôs の最初の曲を演奏した。僕らはレコーディング専門のバンドだったんだ。僕が育った場所にはシーンもなく、他にメタルファンもいなかったから、全て独学で学ばなければならなかった。例えば、ドラムが必要なら自分でやらなきゃいけなかったんだ。

Q：Lantlôs は「Homeless」という意味だと聞きました。この名前を思いついたのは Lantlôs のスタイルがドイツのヘヴィメ

タルの中でも特殊だったからですか？　特に2008 年当時は Lantlôs のようなダークなブラックメタルのスタイルはそこまで多くなかった印象があります。

A：違うんだ。僕がこのバンドに求めていたのは、「家にいない」という感覚だね。実はこれ、昔からあまり変わっていないんだよ。「Lantlôs」という言葉は古いドイツ語から来ていて、当時はそういう名前を持つことがちょっとクールだったんだ（ドイツ語で、古くて、知的で……というような）。英語ではあまりうまく訳せないから、なんとなく「クズ」という意味だと思われているような気がするね。でも、文字通り「故郷喪失」という意味だよ。

Q：『.neon』では、Alcest の Neige が加入しましたよね。彼とやろうと思った経緯など、差し支えなければ教えてください。『.neon』は印象が変わって、ネガティブでうちひしがれる寸前のような、ジャズっぽいフィーリングが個性的です。『Agape』にも、よりダイナミックな形で受け継がれている印象があります。この要素は、自然発生的なものでしたか？

A：当時、ポスト・ブラックメタルのバンドはあまり多くなかった。小さな工場のようなもので、本当に特別で、刺激的で、新しいものだったよ。彼（Neige）の音楽との繋がりを感じたのは、特に彼が最初にリリースした Amesoeurs というバンドだったね。最初の Lantlôs のアートワークが必要だった時、彼らのアートワークを担当した人を調べたことを覚えている。そこで、Fursy Teyssier と連絡を取り、その後、French Posse の他のメンバーとも連絡を取ったんだ。今調べたら 2009 年に Amesoeurs のデビュー作をレコーディングしていた時に、彼らのスタジオに訪ねたことがある。わあ、すごいな。随分昔のことだ。それで知り合いになって、人生や音楽の話をして、彼がヴォーカルを担当することになっ

たんだ。クレイジーでエキサイティングな時代だったよ。

Q：『Agape』と『Melting Sun』は与える印象が真逆で非常に驚いた記憶があります。この路線転換にはメンバーチェンジも影響あったとは思いますが、どういった思いつきからですか？

A：いや、それも違うんだ。2 枚目のアルバムからは、音楽も歌詞も全部自分で作っていたからね。アルバムごとにスタイルが変わるのは、僕自身が変わるからなんだ。それぞれのアルバムは、時期の思い出のようなもので、まるで写真集のようなもの。外から見ると非常に不安定に見えるかもしれないけど、僕にとっては、自分が感じたことや重要だと思ったことに自分の音楽を合わせるのは自然なことなんだ。僕がすることは全部がそうなんだ。それがコンセプトだよ。

Q：『Melting Sun』を初めて聴いた時は凄くシューゲイザーやポストロック的な要素が濃くなったと思いました。ですが、聴けば聴くほどブラックメタルのアグレッションも残されていますよね。この作品の目指すところは何だったんですか？

A：本当？　ブラックメタルにないもの、それは明るく、陽気で、力強く、ポジティヴなものだと思う。夏の暑い日のように、時間がゆっくりと流れているように感じられる。ゆっくりとしていて厚みがあり、蜂蜜のように流れていて夢のようだよね。『Melting Sun』は、暖かい毛布のようなものなんだけど、荘厳でもあるよ。もしかしたら、これが君の言う「攻撃的」という意味なのかもしれないな。とは言え、変にぼやけてしまうこともあるけど。これも僕にとっての夏の感覚の一部だよ。これは、ブドウ畑の中の小さな村に住んでいた時にインスピレーションを受けたものなんだ。僕はまだかなり迷いがあって、鬱っぽくて孤独な 10 代の若者だった。でも、そこでの生活は「人生は変わっていくものだ」と

いうことを教えてくれた。僕は常にブドウ畑にいて、太陽の強大なエネルギーを吸収し、Smashing Pumpkins を聴き、最終的に夏の究極の波動を理解したんだよ。そして実際に、これらの感情を自分の音楽に伝えることが目標となったんだ。

Q：『Wildhund』はまだ「Lake Fantasy」と「Magnolia」のみ聴いている状態ですが、より普遍的なスタイルになっていて期待感を煽られました。本書が出る頃にはアルバムも広まっていると思います。どういったポイントを重視して作られましたか？

A：このアルバムには、実は『Wildhund』と『Glitchking』という 2 枚のアルバムが収録されている。

『Wildhund』のスペシャルエディションについているボーナスディスクについて、多くの人から質問を受けた。僕はあれをボーナスとは考えていなくて、むしろスペシャル・エディションは 2 つで全体を構成していると考えているんだよね。僕がこの数年間で捉えようとしたもの、そして僕の大きなインスピレーションについての全体像だ。

『Glitchking』には『Wildhund』と同じくらいの力を注いだよ。

『Glitchking』は『Wildhund』と対をなす作品であり、『Wildhund』と同じヴィジョンを持つ別の視点であると言える。「The Zone」。究極の天国のような異世界。バブルガム・ファンタジーが滲み出た奇妙な夢のような領域で、甘さと喜びで自我を圧倒し、窒息させる。始まりも終わりもなく、すべてが「The Zone」であり、「The Zone」が全てなんだ。

一方、『Wildhund』は、「The Zone」の加速、興奮、パワー、喜び、鮮やかなインスピレーションの感覚、空気中の特別な匂い、子供のような魅力、非現実的な至福感を表現している。『Glitchking』は、「The Zone」の中で迷子になるのはとても簡単だということを示しているんだ。他のこと

を忘れさせ、日常生活でのグレーな感覚をより一層強める。だから、君たちは「The Zone」の中に、神のようなバブルの中に絡め取られ、引き込まれてしまうんだ。甘い、甘い、耐えられないほど甘い。栄光と輝きのホラー。あまりにも離れすぎていて集中できず、ただのキラキラしたタールの過負荷、過飽和の倦怠的な天国になってしまうんだよ。

Q：Lantlôs のスタイルはジャンルを問わず様々な音楽スタイルが繋がっていますよね。あなたが好きな、もしくは影響を受けたアルバムを 5 枚教えてください。

A：うーん、5 枚は少なすぎる !!　僕が影響を受けたのは間違いなく

- Nadja『Touched (2007)』　※　2002 年リリースのデビューアルバムの再録作品。
- Korn『Life is Peachy』
- Allan Holdsworth『The Sixteen Men of Tain』
- Deftones『Saturday Night Wrist』
- Smashing Pumpkins『Siamese Dream』

My Bloody Valentine『Loveless』HUM『You'd Prefer an Astronaut』でも、もっとたくさんあるよ……。今はもう定期的には聴いていないけど。でも、当時の僕にとっては本当に大きな存在で、どれも僕自身や僕の音楽に影響を与えてくれたんだ。とは言え、これらのアルバムは時々必ず戻ってくるものだね。

Q：前の質問に関連づけて、凄くパーソナルな質問なのですがあなたはどのような少年でしたか？　音楽自体に出会ったのはいつ頃でしたか？

A：そういえば、こんな質問をされたことはなかったな。子供の頃の僕はとても情熱的で、何でも知りたがり屋だったね。誰も僕と一緒に遊んでくれなかったから、かなり孤独だったよ（笑）。僕はあまりにもワイルドで、時々クレイジーだったからね。自分では

そんなつもりはなかったし、今もそうだけどね。どうしてそうなってしまったのかはわからないよ。言ってみれば、他の子供たちと仲良くしたり、自分の言いたいことを伝えたりするのが苦手だったんだ。だから、ほとんどの時間は1人でレゴをしたり、音楽を聴いたりしていた。でも、それがいいんだ。悲しくならないというか。だから、意識して音楽を聴くようになったのは、レゴをやっていた頃なんだよね。僕もまだ若かったので、図書館に行ってメタルのCDを探した記憶がある。Jason Becker、Yngwie Malmsteen、Paul Gilbert、Uli John Roth など、「クラシック」の影響を受けたシュレッダーが好きだった。それらの音楽は、僕にとって本当に生き生きとしていて、時には映画を見ているような感覚さえあったんだ。そうそう、最初に好きになったバンドは The Scorpions だったな。

Q：これは根源的な質問になるのですが、Lantlôs が表現しようとしているメッセージは何ですか？

A：僕の音楽は、全ての「どこか他の場所」についてのものであり、僕自身が世界をどのように捉えているかについてのものだね。

Q：日本のブラックメタルファンにも Lantlôs は知られている存在なのですが、日本についてどのような印象を持っていますか？ また、日本に来たことはありますか？

A：本当？ 知らなかったよ。僕は日本に行ったことはないけど、日本のことを夢見ているよ。というか、僕が思う日本かな（笑）。日本の

ロックやエモがとても好きなんだ。ここ数年、日本のロックやエモがとても大きな影響を与えているね。友人と僕は、自分たちの音楽の一部を「ジャパン・スタイル」と呼ぶことがあるんだ。それは、とてもはっきりしていて、心にまっすぐ響くアティテュードで、甘美でありながら、都会的で遠い存在でもある。バカバカしいと思うかもしれないけど、それが僕らのスタイルなんだ。その気持ちを込めて「Postcard from Japan」という未発表曲も作ったからね。正直なところ、僕は日本についてあまり知らないんだけど、日本にはある種のオーラや美学があり、それがとても魅力的だと感じているんだ。特に音楽に関しては！ それは、ニューアルバム『Wildhund』にも影響しているよ。

Q：日本のファンにメッセージをお願いいたします。

A：こんにちは！ 僕の新しいアルバム『Wildhund』を気に入ってくれると嬉しいよ。さっきも言ったように、このアルバムは日本のインディー／エモ／ロックバンドからの影響を受けているから、君たちが何を言ってくれるのか興味があるよ。

死をモチーフにした世界観と儚いメロディーをパワフルに聴かせる実力者

Harakiri for the Sky / Karg

- ◉ Karg、Seagrave、Bifröst
- 🕐 2011 ～
- 👤 J.J.、Matthias Sollak
- 🌐 オーストリア、ウィーン、ザルツブルク

オーストリアのウィーンとザルツブルク出身。J.J.（ヴォーカル）と Matthias Sollak（全ての楽器）による 2 人組で 2011 年に結成した。2012 年にアルバム『Harakiri for the Sky』で AOP Records からデビュー。ブラックメタルにポストロックを合わせるスタイルと、インパクトのあるバンド名で注目を集めた。その後も、『Aokigahara』（2014）、『III: Trauma』（2016）、『Arson』（2018）と順調にリリースを重ねていく。死にまつわる歌詞の世界観やデプレッシヴ・ブラックメタルにも通じる陰鬱で儚いトレモロのメロディーが評判だが、クリアでモダンなプロダクションによる暴虐的な演奏にも定評がある。堂々たるライヴのパフォーマンスでも評判を集めており、オーストリア国内のみならず世界的にも存在感を強め、2017 年にはオーストリアのグラミー賞とも評される Amadeus Austrian Music Awards のハード＆ヘヴィ部門にノミネートされた。切腹をモチーフにした「Harakiri for the Sky」という名前は、J.J. の見た夢が由来になっているらしい。その名の通り、彼らの世界観の根幹には「自殺」が大きく関わっているようだ。また、アルバムはパッケージまで非常に丁寧に作られ、メディアブックだったり木箱だったりと、徹底して作り込まれた収集癖をくすぐる仕様であることでも知られている。サイドプロジェクトにも精力的で、フロントマンの J.J. は Karg や Seagrave でもまた異なるポスト・ブラックの世界を追求し、Matthias はペイガン / フォークメタル Bifröst にも籍を置き、それぞれ活躍の幅を広げている。2021 年には、Alcest の Neige や Gaera が参加した 2 枚組の大作『Mære』をリリース。

Harakiri for the Sky

Harakiri for the Sky	オーストリア
AOP Records	2012

AOP Records からリリースした 1 作目。メロディック・ブラックとポストロックの特性を合わさるスタイルは、この頃から聴ける。プロダクションは良好で、陰鬱なメロディーを弾く淡いトレモロが特徴的だ。凄まじい速度のブラストビートで暴虐性を表現しているが、シューゲイザーの指向性を持った耽美さの影響で、独特の聴き心地を与える。「Lungs Filled with Water」は、雨音や雷鳴轟く中を、悲愴なトレモロ、絶望に沈むヴォーカルが、力強いドラムの緩やかなテンポで展開する。「Drown in My Nihilism」は、鬱々とした叙情を演出するリフや血管切れそうな絶叫を、適度な疾走感で聴かせる。

Harakiri for the Sky

Aokigahara	オーストリア
AOP Records	2014

世界的にも有名な、日本の自殺の名所「青木ヶ原樹海」を冠した 2 作目。Agrypnie の Torsten や Heretoir の Eklatanz らがゲスト参加している。プロダクションの良好さと相俟って演奏のフィジカル面を強化した。伸びやかなトレモロの放つ陰鬱な叙情もより鮮やかに、全体的に音楽性を底上げしている。「Homecoming: Denied!」は、神経に障るディストーションギターで物悲しいメロディーを弾き、凄まじい速さのブラストビートで肉体的な強度を感じ取れるドラマ性の高い曲。「Nailgarden」は、淡いトレモロを揺らめかせ、どっしりした力強いドラムに、流麗なギターソロを仕込む技が光る。

Harakiri for the Sky

III: Trauma	オーストリア
AOP Records	2016

Nargaroth を手掛けた Daniel Fellner をマスタリングとミキシングに迎えた 3 作目で、精神の深みやショックがテーマ。8 曲で 75 分のボリュームだが、強靭な演奏を支えるプロダクションの良好さも手伝い、聴き辛さは一切ない。アグレッションに負けない、儚い叙情性も増強され、スケールの大きい作品だ。「Funeral Dreams」は、感情を刺激する物憂げなメロディーを放射するトレモロを、ブラストビートを交えた緩急自在のドラムや狂暴な咆哮を伴い、ストレートに叩きつける。「Dry the River」は、繊細に揺らぐトレモロを、緩やかなテンポで壮大に展開していく、バラードに近い美しい曲だ。

Harakiri for the Sky

Arson	オーストリア
AOP Records	2018

Decapitated でも知られる Septicflesh の Krimh がドラムで参加した 4 作目。英語で「放火」、ラテン語で「燃える」を意味する本作は、自殺あるいは死にまつわる悲恋を描く。力強い演奏に変化はないが、文学的な歌詞に合う幻想的な雰囲気を強めたドラマチックな作品だ。「Heroin Waltz」は、ドラムの激しさや怒号を飛ばすヴォーカルの中、寂寥感を煽るトレモロがメランコリックな静けさを強調する。「Voidgazer」は、浮遊感のあるトレモロと軽いドラムの適度なスピードが心地良いが、「weren't we dying anyway?（結局みんな死ぬだろう）」のフレーズが強烈な余韻を残す。

Harakiri for the Sky

Mære	オーストリア
AOP Records	2021

Septicflesh の Krimh がドラムで参加し、Alcest の Neige や Gaerea がヴォーカルで客演した2枚組となる5作目。当初は元 Amesoeurs の Audrey Sylvain も参加予定だったが、思想面の相違から白紙になった。「Mære」とは「夜眠る人に忍び寄り不安感等を与える伝承上の存在」のこと。「Sing for the Damage We've Done」は、Neige のヴォーカル、柔らかいトレモロに反して暴虐的な爆走が耳を引く。イギリスの人気ロックバンド Placebo の曲をブラックメタルの解釈で激しさと切なさを増強した「Song to Say Goodbye」は、彼らの幅を広げた。

Karg

Malstrom	オーストリア
AOP Records	2014

Harakiri for the Sky の J.J. による独りバンドで、本作は4作目。レコードと CD でカバーアートが異なる。アンビエントやデプレッシヴ・ブラックの雰囲気が濃かった前作から、ブラックゲイズに連なる淡く美しい叙情的なスタイルに移行した作品だ。プリミティヴで荒々しいアグレッションを残しているため、長尺の曲でもメリハリがついている。「Malstrom」は、豪快なドラムと太いベースに負けじと吠えるヴォーカルを主軸に、暗いトレモロが陰鬱な美しさを表現する。「Apnoe」は、儀式的なコーラスを切り裂くディストーションや絶叫が、ジャジーなリズムや寂しげなキーボードに呑まれるドラマチックな曲。

Karg

Weltenasche	オーストリア
AOP Records	2016

AOP Records に移籍し、ブラックゲイズへと完全に移行した5作目。タイトルは「世界の灰」という意味。生々しいヴォーカルにこそデプレッシヴ・ブラックの名残を残すが、淡く寄り添うトレモロの幻想的な雰囲気が最大の特徴。加えて、The Cure や Joy Division のような暗く耽美なニューウェイヴの空気感を漂わせ、前作までと趣を異にする。「Alles wird in Flammen stehen」は、激しくかき鳴らすリフやドラムの圧の強さに反して、涼やかな聴き心地にまとめられたブラックゲイズ。「Spuren im Schnee」は、朴訥なコーラスを素朴なストロークに乗せた穏やかな弾き語り。

Karg

Dornenvögel	オーストリア
AOP Records	2018

Downfall of Gaia の Dominik Goncalves dos Reis や Ellende の Lukas Gosch、元 Lunar Aurora の Whyrhd らがヴォーカルで客演した6作目。タイトルは「ソーン・バード」というカマドドリ科の鳥の通称。オーストラリアの荒野に生息し、棘が刺さると美しい声で鳴くという伝説のような逸話を持つ。前作の流れを汲むブラックゲイズをベースにするが、淡さと力強さを併せ持ったプロダクションは、Harakiri for the Sky に近づいた。「Petrichor」は、繊細に揺らぐトレモロの美しさと絶叫ヴォーカルによる美醜のコントラストが儚い余韻を残す曲。

Karg

Traktat	オーストリア
AOP Records	2020

ドイツ語で「論文」を意味する 7 作目。Ellende でもドラムを叩く Paul Färber をゲストに迎えている。カバーアートは Steve Kirn という人物が手掛けた。近年の流れを汲む 8 曲 76 分という大作志向だが、耽美なメロディーはさらに冴えている作品だ。適度にブラストビートを取り入れ、スロウなパートと程好い対比になっている。密やかな会話を差し込むなど、作品自体のストーリー性を重視している印象だ。「Alaska」は、ばたついたドラムや厳つい絶叫と、溶けそうなほど繊細なトレモロによる耽美なメロディーとのコントラストが、約 11 分の中で緩急を行き交うブラックゲイズだ。

Seagrave

Stabwound	オーストリア
AOP Records	2015

Harakiri for the Sky や Karg の Jay Trainwreck による独りバンドの唯一作。荒々しいプリミティヴ・ブラックの風情が漂う音楽性だ。線の細いトレモロが際立つが、太く攻撃的な演奏に繊細さを加えている。声の限りに叫ぶヴォーカルや衝動的なドラムは、ハードコアに近い情動を感じさせるものだ。「Pistanthrophobia」は、透き通ったギターメロディーをアグレッシヴなドラムで転がし、柔らかなアルペジオを織り交ぜるドラマチックな曲だ。「Bonjour Tristesse」は、Karg に近い耽美なトレモロと嘆く絶叫が、曲題「悲しみよ、こんにちは」に見合った悲哀を表現する。

メタル界の「Harakiri」

　Harakiri for the Sky という名前は、とてつもないインパクトだ。音楽性が字面から読めない。面白がって興味を抱く場合もあれば、シリアスなのかコメディなのか判別がつきづらくて手を出しにくい人もいるだろう。Harakiri と言えば、つまり切腹である。切腹は、ほぼ 100％ の確率で侍が想起されるに違いない。侍は、世界的にも日本固有の職業として知られているし、忍者と並んで人気も高い。

　さぞ数も多かろうと Harakiri とついているバンドを Encyclopedia Metallum で調べてみれば、登録されている数だけで 8 バンドと、意外と少ない。うち 2 つは日本のバンドで、Asura のメンバーを擁していたハードロックバンド Harakiri、ドゥームメタル Harakiri Zombie である。

　アメリカには 3 バンドが存在し、Chainsaw Harakiri という血飛沫が容易に想像できるバンドがいた。他は、スペイン、オーストリア、チリにそれぞれ 1 バンド。

　曲は、48 曲ヒットし、一定のニーズがあるようだ。

　中でも最も日本で有名なのは、デスコアバンド Within Destruction の『Yōkai』に収録されている「Harakiri」だろうか。シングルにもなっており、スタイルの転換期にもあった Within Destruction の変化を提示した曲だ。

　アルバム／ EP は 10 枚。特に、Yagami という独りブルータル・デスメタルの EP『Harakiri』は、バンド名（夜神月か八神くんかは不明）も相俟ってインパクトがある。元々、自らの腹を捌く切腹は、日本の武士の精神文化において確かに重要だった。また、やっている所業に反してハラキリという単語のポップな輸出のされ方で親しまれているというのもあるだろう。そのため、Harakiri for the Sky という名前には、日本人としてはどこかコミカルな雰囲気を感じ取ってしまうのはある。

　Encyclopedia Metallum に登録されていないものを含めれば、もっと眠っているに違いない。

Agrypnie

- Harakiri for the Sky、Nocte Obducta、Heretoir、Thränenkind
- 2004 〜　　　　　　　　　　　　　　　　　　● ドイツ
- Torsten, der Unhold、Flo Musil、Chris、Lykanthrop

2004 年、ヘッセン州グロース＝ゲーラウで Torsten, der Unhold のソロプロジェクトとして始動。バンド名は「不眠」を意味する「Agrypnia」をもじったもの。2006 年に『F51.4』で Supreme Chaos Records からアルバムデビュー。過去には Thränenkind、Cryptic Wintermoon、Graveworm などのメンバーが在籍し、人脈も多い。Torsten, der Unhold 自身、Harakiri for the Sky、Anomalie、Heretoir のライヴサポートや Nocte Obducta に名を連ねるなど精力的な活動で知られる。2021 年には『Metamorphosis』を AOP Records から発表。

Agrypnie

16[485]	ドイツ
Supreme Chaos Records	2010

ベースが脱退し、ドラムの René Schott と 2 人編成として発表した 3 作目。作曲協力に Mathias Grassow と TW@el-culto という人物が参加。Eïs の Alboîn がヴォーカルで客演した。本作は、キーボードで柔らかさを演出し、個性が出はじめた。豪快なアグレッションも鮮烈。「Kadavergehorsam」は、ドイツらしい勇壮さに加え、プリミティヴ・ブラック影響下のリフワークも手伝い、Satyricon や Behemoth に近い。長尺だが、冷たいリフや、清涼感のあるギターソロもふんだんに盛り込まれ、くどくない。

Agrypnie

Aetas Cineris	ドイツ
Supreme Chaos Records	2013

悲壮感がギターに加わり、抽象的で悲痛な詩を囁く、亡霊のようなコーラスが目立つ 4 作目。デプレッシヴ・ブラックに接近した陰鬱さと、前作にも存在したガッチリした筋肉質な演奏が「Dezember」から楽しめる。前作以上に長尺だが、長さを感じさせないドラマチックな展開は健在。「Erwachen」は、重たく威圧的な歌に逆らうような、浮遊感のあるブラックゲイズに近いトレモロの余韻が、長く尾を引く美しい曲。全体に漂う何とも言えない物悲しさは、Sentenced を想像させるほど。12 分近いアコースティックギターによる、物憂げなインスト「Asche」は、派手に盛り上がらないが、壮大にアルバムを総括している。

Agrypnie

Grenzgænger	ドイツ
Supreme Chaos Records	2018

「境界線を越える者」というタイトル通り、従来の陰鬱さのあるポストブラックに、ブラックゲイズの柔らかさを大々的に注入した。冷やややかなエレクトロが目立つパートもある。ヴォーカルも若干ハイピッチになり、絶望感を増している。反面、「In die Tiefe」では柔らかなタッチのドラミングでブレイクを作り、「Nychthemeron」ではダンサブルなリズムパターンを組み込むなど、ドラムを際立たせる箇所が多い。物悲しいクリーントーンのギターにブラストビートが合わさる「Grenzgænger」は、Alcest に近い幻想的な雰囲気。相変わらず 70 分越える長尺の作品だが、剛柔の使い分けが匠の域に達してきた。

Agrypnie

Metamorphosis ドイツ
AOP Records 2021

前作リリース後 AOP Records に移籍、Torsten, der Unhold を除くメンバーを一新した 6 作目。The Cold Room の Marc Zobel や Molokh の Flo Musil、Asphagor の Christoph Knoll が加入。タイトルは「変態」だが、全体的には前作の延長線上にある儚いタッチのギターを聴かせるブラックメタルだ。適度な疾走感や良好なプロダクションの影響でより Harakiri for the Sky に近づいた印象を与える。「Verwüstung」は、クリアなトーンのギターと荒れ狂うドラムで甲高いトレモロを支え、悲しみに咽ぶヴォーカルが儚さを表現している。

Agrypnie インタビュー

Q：『Metamorphosis』、とても素晴らしいアルバムです。今作の手応えや反応はどうですか？

A：『Metamorphosis』の反響や反応は本当に素晴らしかった。記者やリスナーからの評価も高く、もちろん僕も喜んでいるよ。だけど、これはコインの一面に過ぎないな。まず第一に、僕は自分の作品に 100% 満足しなければならないからね。自分の作品に 100% 満足していなければ、いかなる音楽や歌詞の断片をも発表することはない。僕は自らの作品に忠実であり、それは最も重要な隠し場所だ。長くなったけど……。結論を言えば、僕のハードワークに対してポジティヴなフィードバックをもらったことに、もちろん感謝している。だけど、僕の音楽は他人を満足させるためのものじゃない。それは「自分自身を表現し、己の中の悪魔と戦い、この星での僕の時間をより深いものにすること」という意味だね。

Q：楽曲の陰鬱さや美しさは当然素晴らしいですが、音響面も優れた作品です。透き通っていて、とても重苦しいミキシングですね。どのような点をこだわりましたか？

A：賛辞をありがとう。今回、ドラム以外は全て自分たちで録音して残った作業（リアンプ、ミキシング、マスタリングなど）はスタジオで行ったんだ。ギターと鍵盤は自宅で録音し、ヴォーカルはリハーサル室で録音した。Marc（元ライヴ・ギタリスト）はベースを自宅で録音したんだ。作業を少し分割したいと思っていたからね。だから、スタジオでは録音よりも音そのものに集中できる時間があったんだ。

大きなメリットは、Phil（プロデューサー／ SU-2 スタジオ）と何年も一緒に仕事をしていることだね。何年も一緒に仕事をしていて、アルバムがどのような音になるのかというヴィジョンについて、お互いによく理解しているから。全てのことについて、何時間も何日も話し合う必要はなくて。ほとんどの場合、「議論」ではなく、全ての詳細について話し合うだけでいいんだ（もちろん、それでも膨大な作業なんだけど）。かなり早い段階で大まかに、非常に残酷で明確なものができあがり、お互いにとても満足している。前述の通り、そしてある日、Phil が「プロデューサー・ブードゥー」（基礎的でプリプロに十分な僕の制作知識のこと）を行った後、僕は「これで終わりだ、もう 1 つのノブも回すな」と思ったね。『Metamorphosis』は Agrypnie の歴史の中でも最高かつ最も残酷なアルバムだ。

Q：『Metamorphosis』には、前作『Grenzgænger』とクロスオーバーする場面もあって精神的な繋がりを感じます。これ

は、Agrypnie のスタイルが強力であるから なようにも感じられます。前作と繋がるコン セプトはありますか？

A：この２つのアルバムの間にあるもの、もっ と具体的に言うと、僕の知的世界なんだ。 Agrypnie の全てのアルバムは、僕の人生、 経験、恐れ、自分自身の怒りなどを多く扱っ ているね。アルバムを発表した後も、それら のテーマは脇に置かれることはないよ。それ らは、明らかに、あるいは微妙に、他の曲の 中で何らかの形でまだ活きていることが多い からね。

Q：前作から今作の間に、メンバーが一新 していますね。新しいメンバーとやろうと 思った決め手はありますか？　また、彼らは 『Metamorphosis』の作曲などには貢献し ていますか？

A：実を言うと、それは正確じゃないん だ。ライヴメンバーの Andreas（ライ ヴ・ベース）は長年 Agrypnie のメンバー だし、Marc（元ライヴ・ギタリスト）は 『Metamorphosis』のベースを録音して いるから。君の言う通り、Agrypnie は何 年にも渡って多くのラインナップの変更を 行ってきた。だけど、これらの変化は音楽や 歌詞には関係ない。僕は Agrypnie の唯一 のソングライターだから、メンバーチェンジ は音楽スタイルや歌詞に影響を与えないん だ。

新しいドラマーの Flo は、これまでの Agrypnie の中で最高のドラマーであり、 バンドにとてもユニークな演奏スタイルをも たらした。以前のドラマーたちは皆、僕がプ ログラムしたプリプロダクション・ドラムに 非常に近い方向性を持っていたけど、Flo は これらのガイドラインを受けて、彼自身の卓 越した演奏スタイルと組み合わせたんだ。彼 はバンドにとって大きな活力となっている ね。彼はバンドにとって大きな存在であり、 僕らは今ではとても良い友人だ。彼のドラミ ング以外に、Agrypnie の音楽や歌詞に影

響を与えたメンバーはいないよ（ゲストの作 詞家は別としてね）。

Q：デビューアルバム『F51.4』からあなた は「Oppressive Black Metal」というコ ピーがあります。Agrypnie のヘヴィネスが 由来していると思います。このスタイルにた どり着いた経緯を、ブラックメタルとの出会 いを含めて教えて下さい。

A：古き良き時代（Spotify も YouTube もなく、運良く近所の楽器店で特定のアル バムを手に入れるか、通販で未聴のものを 注文しなければならなかった）に、僕が初 めて買ったブラックメタルのアルバムの１ つ が、Emperor の『In the Nightside Eclipse』だった。それまでもメタル （Carcass、Ministry、Morbid Angel など）は聴いていたんだけど、このアルバム の雰囲気はとにかく素晴らしかった。 Emperor の冷たさは息を呑むほどで、今ま でに聴いたことのないもので、何かうまく言 えない力に蹂躙されているような気がしたん だ。この音楽を聴いたことは、僕には天啓の ようなもので、それ以来ブラックメタルにの めりこんでいるね。

僕の個人的なスタイルについては、まあ、そ んなに話すことはないんだ。僕は音楽理論や 音楽に関連するものをきちんと学んだことが ないからね（２人の先生から数年間、基本 的なギターのレッスンを受けたこと以外）。 僕がやっていること、知っていることは全て 独学だよ。2004 年に Agrypnie を始め た時、もちろんブラックメタルをやりたい と思っていた。それが実際にはたった１つ の希望だったんだ。バンド X やバンド Y を コピーするという考えや願望はなかったし、 きっとできなかっただろうね。

Q：Agrypnie の楽曲はドイツ語ですよね。 母国語だからよりエモーショナルに伝わりま す。また、力強さも感じられます。英語では なく、ドイツ語で歌うことの意味は何でしょ う？

A：君の言った通りだよ。ドイツ語は僕の母国語であり、個人的には英語よりも詩的な言語だと思っている。だけど、これは英語が母国語ではないからこそ言えることなのかもしれないね。僕は英語よりもドイツ語の方が自分自身をうまく表現できるから。ドイツ語で歌詞を書くのは自然なことだよ。もし英語で歌詞を書き始めるとしたら、まずドイツ語で書いてから適切なやり方で翻訳しなければならないね。

Q：あなたは様々なバンドに加入したり、非常に忙しい印象を持っています。それらの経験は、Agrypnie のクリエイティブな面にどんな作用を与えていますか？

A：そうだね、1996 年から僕は Nocte Obducta のリード・シンガーで、Agrypnie もすでに 17 年だ。2020 年の初めまで、僕はライヴギタリストとして3 つ目のバンド（Anomalie）に 5 年間在籍していた。僕は Agrypnie のマネジメントと作詞作曲のみをやっているけど、時々とてもストレスを感じていたんだね。でも音楽は自分の人生だから文句は言えないね。これらの経験は、Agrypnie のクリエイティヴな面に間接的な影響を与えているかな。この数年間に出会った人々、見てきた国、経験した雰囲気や印象など……。僕が関わっている（または関わっていた）他のバンドが演奏する音楽の種類よりも。

Q：Agrypnie は、様々なバンドのメンバーが在籍していましたよね。シーンとの関係も深いように感じます。ドイツのメタルシーンについて、どのような感想を持っていますか？　交流の深いバンドなどはいらっしゃいますか？

A：僕は 20 年以上前からこの仕事をしているけど、ヨーロッパの多くのミュージシャンやアーティストを知っている。その中には親しい友人もいるけど、ほとんどはショウやソーシャルメディア、メッセンジャーなどで連絡を取り合っているよ。実は、「シーン」そのものについては考えたことはないんだ。ドイツでも、世界のどの国でも。多くの素晴らしく才能のあるアーティストと知り合えたことは喜ばしいことだ。これは、僕が音楽を始めた時に夢見ていた以上のことだよ。

Q：あなたが大好きでよく聴く音楽アルバムを 5 枚ほど教えて下さい。

A：
• 『Skyrim Original Sound Track』
• Beastmilk『Climax』
• Wardruna の作品全て
• Akhlys『The Dreaming I』
• Novarupta『Marine Snow』

Q：日本のファンや Agrypnie をまだ知らない人たちへのメッセージを下さい。

A：どうもありがとう (NOTE: Hope these are the right letters for "Thank you")
日本のファンの皆、そしてこのインタビューを読んでくれた皆。また、この本に参加できたことにも感謝しているよ。ありがとう。いつの日か、僕らが君たちの国でショーを行うことを心から願っているよ。僕らにはそれがとても楽しみなんだ！

Ära Krâ

Ferne Tage
自主制作　　　　　　　　　　　　　　　　　　　　　　　ドイツ
　　　　　　　　　　　　　　　　　　　　　　　　　　　　2011

メロディック・ブラックメタルに叙情派ニュースクール・ハードコアを組み込む、ドイツ・ベルリンの4人組。メロデス並に歯切れの良いツインリードが走る悲哀に満ちたメロディーを全面に押し出しており、ハードコアのブレイクダウンをも盛り込んだ。「September」は、ツインリードによる哀愁を、急激なテンポチェンジを繰り返す激情的なハードコアに落とし込んでいる。「Verschlafene Tage」は、ゆったり鳴らされるトレモロで叙情的な雰囲気を作り、物悲しいバラードを聴かせる。「Licht」は、ジャジーなドラムで静寂を演出し、広がりのあるトレモロと絶叫するヴォーカルで緩急を行き交うブラックゲイズだ。

Ära Krâ

Ära Krà
Through Love Records　　　　　　　　　　　　　　　　　ドイツ
　　　　　　　　　　　　　　　　　　　　　　　　　　　　2015

2012年に解散していたが、2014年に大幅なメンバーチェンジを行い復活、制作されたEP。2017年に、再び解散した。メンバーを5人に増やした影響で、音に厚みが出ているが、前作の特色だったハードコア色は若干薄れている。ブラックメタル由来の物悲しいメロディータッチに、変化はない。「Strang & Schwert」は、冷たいツインリードのハーモニーで爆走するドラムに、物憂げなピアノソナタを繋げ、クールダウンを挟んでいる。「Endlos」は、Dark Funeralを思わせる邪悪で寒々しいメロディック・ブラックメタルとハードコアテイストのヴォーカルを融合し、寂しげな残響が余韻を残している。

Bonjour Tristesse

Your Ultimate Urban Nightmare
Lifeforce Records　　　　　　　　　　　　　　　　　　　ドイツ
　　　　　　　　　　　　　　　　　　　　　　　　　　　　2018

Heretoirのベーシスト Nathanael による、ドイツ・バイエルンの独りバンドの2作目。デプレッシヴ・ブラックだった前作と比較して、格段に明るくなった音が特徴だ。ふわふわと残響を残すギターが美しい「Your Ultimate Urban Nightmare」は、都会の闇を歌っており、世界観や音作りも Amesoeurs に近い。高めの叫び声で歌い上げる「Alienation」のコーラスパートは、ポスト・ハードコアに近い爽やかさもあり、独自性を高めた。作品全体に漂う爽やかな物悲しさは、Nathanael の過去のバンドである、Thränenkind や King Apathy を継承している。

Celephaïs

Monad
自主制作、Pest Productions　　　　　　　　　　　　　　ドイツ
　　　　　　　　　　　　　　　　　　　　　　　　　　　　2017

ドイツはアウクスブルク出身の独りバンド。自然崇拝を掲げたアトモスフェリック・ブラックに、ポストロックを組み合わせるインストゥルメンタルを展開する。言葉はない代わりに、丁寧なギターフレーズや切ないトレモロ、余韻を持たせた残響で、雄大なサウンドスケープを聴かせる。緩急を自在に操り、メロデスやヴァイキングメタルにも通じる叙情は、ダイナミックで扇情的だ。「Spirit」は、ブラストビートで心地好いドライヴ感を作り、Alcest に似た淡いトレモロリフを緩やかに反復を重ねて、情熱的に聴かせる。「Emptiness」は、重圧感のあるディストーションギターで徹底的に落とし込むドゥームメタルのような曲だ。

Der Weg Einer Freiheit

Stellar
Season of Mist
ドイツ
2014

ドイツのヴュルツブルクを拠点にする４人組による３作目。バンド名は
ドイツ語で「自由の道」。前作まではプログレッシヴなメロディック・ブ
ラックで構築力を磨いていたが、本作でシューゲイザーやポストロックの
要素を盛り込んだスタイルに移行した。メロディーの指向性こそ淡いもの
だが、暴虐的なブラックメタルとしての表情は濃い一枚だ。「Requiem」
は、重苦しいリフやドラムの鈍重さにスラッジを彷彿させるが、寒々し
いトレモロの爆走を織り込むドラマチックなブラックメタル。「Letzte
Sonne」は、ヒステリックなブラストビートや陰鬱なトレモロで悲しみ
を煽る美しく荘厳なメロディーの中、壮絶な絶叫が響き渡る。

Der Weg Einer Freiheit

Finisterre
Season of Mist
ドイツ
2017

オーストリアの女流作家マーレン・ハウスホーファーによる、1963 年
のディストピア小説『壁』の朗読から幕を上げる４作目。本作は、同小
説をモチーフに歌詞を書いており、壁の中に閉じ込められた主人公の孤独
感に共感したような作品だ。前作にも増して淡いタッチのトレモロが目
立つが、圧の強い演奏や絶叫ヴォーカルが作品を支配している印象だ。
「Aufbruch」は、柔らかく暗いアルペジオに邪悪で荘厳なトレモロを重
ね、爆走するドラムに乗る悪辣なヴォーカルが、険しい世界への別離と再
生の詩を歌う。「Finisterre」は、凄絶な絶叫とブラストビートに物悲し
いトレモロを重ねる、静寂と喧騒が同居した不思議な感覚の曲だ。

Der Weg Einer Freiheit

Noktvrn
Season of Mist
ドイツ
2021

The August の Nicolas Rausch をギタリストに迎え、４人編成に戻し
た５作目。レコーディングスタッフも前作と同じ布陣だ。１曲目に前作
タイトルを冠する曲を配置し、続編と捉えることができる。暴虐的なブラッ
クメタルの基盤は崩さず、ポストメタルに近い壮大な音処理を施したアル
バムだ。「Monument」は、厚みのあるリフや淡いタッチのトレモロの静
寂から急激な喧騒へと引きずり込むドラムが印象的なブルータルな曲。
「Gegen das Licht」は、クリーントーンの美しいギターと緩やかに歩
くようなリズムを主軸に爆走や無機質で淡々としたポストメタルパートを
織り交ぜ、ドラマチックに聴かせる。

Dreamshift

Seconds
STF Records
ドイツ
2017

ドイツのバンベルクを拠点にする Nemus こと、Frank Riegler の別プ
ロジェクト。アトモスフェリックな Nemus とは異なる表現で、ポスト
ブラックを追求している。本作は、ポストロックに寄せたメランコリック
なメロディーと、アンビエントな空間演出を排した、ギター主体の音楽性
だ。「Growing Up」は、２本のギターによるユニゾンや、明るくゆった
りしたトレモロを配置し、切ないブラックゲイズへと雪崩れていく。「Just
Like Rain」は、美しいハーモニクスの余韻を引き裂くディストーション
や、疾走する軽やかなリズムで、マイルドな Deafheaven といった趣の
凝った展開が楽しめる。

Farson

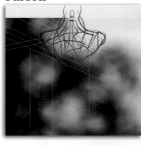

Erode
Revolvermann Records
ドイツ
2016

ドイツのゲッティンゲンで活動するバンドで、ポストメタル Ab·est のメンバーや元メンバーを中心に構成されている。プリミティヴ・ブラックのような荒々しい演奏に、アトモスフェリックな空間演出を施し、気だるさや陰鬱さを増幅した音楽性。「Contradictions, Consuming」は、激しいバスドラムや派手なディストーションギターに反して、他人事のようなハイハットの寂しげな音が、嘆くヴォーカルと相俟って倦怠感を呼び起こす。「Distance ¦ Closure」は、反復するトレモロのキャッチーな明るさや、静けさに満ちたジャズを模した中盤の素朴さが、終盤の刻むリフやドラムの疾走に集約している。

Frigoris

......in Stille
Hypnotic Dirge Records
ドイツ
2020

ドイツのエッセン出身のバンドの 4 作目。ペイガン・ブラックから出発し、本作はブラックゲイズの淡さを持つ、陰鬱なブラックメタルを演奏している。雄大なミドルテンポ主体のグルーヴは、元々存在していたものだが、シューゲイザーの要素を感じるトレモロに、変化を見て取れる。「Aurora stirbt」は、透き通ったトレモロによる物悲しいメロディーに、ストリングスの華やさや荒っぽいヴォーカルを足していく壮大な曲だ。組曲仕立ての「Die Gleise an denen wir starben II」は、悲哀を強調したトレモロやヴォーカルに、エレクトロビートを取り入れたり、叙情的に疾走したり、工夫がある。

Frostreich

Geistfahrt
自主制作、Maa Productions、Geisterasche Organisation
ドイツ
2013

現在はドイツのフランクフルトを拠点にする独りバンドのデビューアルバム。デプレッシヴ・ブラックに近い悲愴感の強い音楽性だ。投げやりなハーシュヴォーカルの裏で、脱力感のあるクリーンヴォーカルによるコーラスを合わせているのが独特。まだこなれていないが、強いディストーションのかかったリフが特徴的だ。「Der Baum (Manifest unserer Wesen)」は、ゆったりしたテンポで、哀しみに暮れて絶叫するヴォーカルとコーラスや、ゲイン高めのギターが淡々と流れる。「Geistfahrt」は、残響の美しいアルペジオから、激しく疾走するドラム、冷たいトレモロが目立つメロディック・ブラックメタルだ。

Frostreich

Stella Polaris
自主制作、Geisterasche Organisation
ドイツ
2014

前作より音質が向上し、キーボードの華やかさを加え、明るさを増したトレモロにより、アトモスフェリック・ブラックとブラックゲイズのミックスに仕上がっている。タイトルやアートワークに描かれているように、星空や宇宙をテーマにしている。「Stella Polaris」は、荒々しいヴォーカルとざらついたリフを効果的に配置し、ばたついたドラムで躍動感をつけ、メランコリックなアコースティックパートや明るいトレモロが印象的な、メロディック・ブラックだ。「Little Man's Horizon」は、穏やかなギターの浮遊感に宇宙をイメージさせ、アグレッシヴなリズムとディストーションギターが、激しく感情を揺さぶる。

Frostreich

Join the Wind ドイツ
Geisterasche Organisation 2017

アトモスフェリック・ブラック然としたキーボードを減退させ、トレモロの音圧で悲愴感を出した3作目。心電図の音など、「死」をテーマにしたギミックが作中に仕込まれ、デプレッシヴ・ブラックに通じる要素をわずかに戻したスピリチュアルな作品だ。明るいメロディーに反して、一貫して陰鬱な雰囲気が充満している。前作以前に比べ、長くても6分未満とコンパクトになった。「Anxiety」は、明瞭なバッキングに華やかなトレモロや美しいコーラスが絡み、メランコリックなメロディーと鮮やかな対比になっている。「Dear Light」は、神聖なキーボードにポストパンクの陰りを合わせて、Amesoeurs に近い雰囲気がある。

Galaktik Cancer Squad

Celestia ドイツ
Hypnotic Dirge Records 2012

ドイツ・ハンブルクを拠点にする Morphinist こと Argwohn による独りバンドの2作目。マイナー調の暗いメロディーを弾くトレモロと、攻撃的に突貫してくるドラムからなるメロディック・ブラックを下地に敷いたスタイル。明瞭で骨太なリフワークや噛みつくようなヴォーカルも加わり、メロディック・デスメタルの聴き心地がある。「Omnivore」は、プリミティヴ・ブラック並に荒々しい音質だが、叙情的で泣きを誘発するリフが映える、美しく激しい曲だ。「Genesung」は、ざらついたディストーションギターを重たく聴かせ、ほのかに明るいシュレッドやトレモロで、キャッチーさを押し出す扇情的なブラックメタルだ。

Galaktik Cancer Squad

Ghost Light ドイツ
Hypnotic Dirge Records 2013

前作の明るささえ感じるメロディック・ブラックと打って変わり、邪悪さと暴虐性を強く押し出している。冷たいトレモロによるキャッチーなメロディーや、荒々しいヴォーカルはしっかり残されているが、前作にあったポップな感触は大きく減退し、シリアスな作品になっている。「Ethanol Nebula」は、ばたついたブラストビートによる力業の突進と、叙情的なリフを組み上げるメロディックな演奏の上で、噛みつくようなハーシュヴォーカルが器用に歌い上げる。「Hypnose」は、北欧メロデスに似た力強いザクザクしたリードギターに、浮遊感のあるストロークを合わせたり起伏を設け、15分間爆走するインストゥルメンタル。

Grauzeit

Symbiose ドイツ
自主制作、Anthrazit Records 2017

ドイツのハンブルクで結成されたバンドで、Morphinist こと Argwohn が在籍する2人組。かつてはデプレッシヴ・ブラック Broken Life の Fäulnis も在籍していた。バンド名は「灰色の期間」という意味。シューゲイザーに近い音響で、王道的なメロディック・ブラックを鳴らす。叙情的なリフワークや、明瞭な乾いたドラム、楽曲を華やかに彩るシンセサイザーに、陰鬱なヴォーカルを殺さない音作りの拘りが窺える。「Faust」は、陰惨な歌詞をがなり立てるヴォーカルに寄り添うようなトレモロの美しさや、ロマンチックなフレーズを叩くドラムが、叙情的なメロディック・ブラックを表現する。「Symbiose」は、ニューウェイヴの暗さを帯びたギターの流麗なシュレッドが、目も覚めるほど鮮やかだ。

Groza

The Redemptive End ドイツ
AOP Records 2021

ドイツのミュールドルフで結成した４人組のデビューアルバム。メンバー全員がイニシャルで黒い覆面を被っており、Gaerea と共通した神秘性がある。バンド名はいくつかのスラヴ語で「雷雨」「嫌悪」「恐怖」といった意味。メロディック・ブラックメタル然とした爆走と、時折 Alcest に近い幻想的なトレモロで聴かせるスタイルだ。メンバーの奇抜なルックスに反して奇をてらった展開は少なく、ストレートな曲が並ぶ。１曲目と２曲目にまたがる「Sunken in Styx」は組曲となっており、「Part II : Descent」は、軽快なテンポで厭世的な感触を滲ませるトレモロが寒々しく壮大なメランコリーを聴かせる。

Heretoir

The Circle ドイツ
Northern Silence Productions 2017

ドイツはアウクスブルク出身の４人組の２作目。Thränenkind のメンバーで構成されている。元々は Eklatanz の独りバンドで、前作はデプレッシヴ・ブラックを表現していた。メンバーの集結にあたり、近年の Lantlôs に近い明るいトレモロを陰鬱なブラックメタルと合わせ、Thränenkind とも異なるブラックゲイズのスタイルに移行している。「The White」は、高音域のトレモロによる爽やかなメロディーを軽快なドラムに乗せ、優しいクリーンと厳ついグロウルのハーモニーが耳を引く。「Eclipse」は、ソリッドなリズムでダイナミズムを生む前半から、無音に近い静寂を挟むドラマチックな曲。

Immorior

Herbstmär ドイツ
Narbentage Produktionen 2014

ドイツ・ノインキルヒェンのバンドで、フォーク・ブラックメタル Nelandhir のメンバー２人で結成した。穏やかなテンポで大きく間を取る、アトモスフェリック・ブラックに近い世界観と、ブラックゲイズの淡い繊細さを併せ持つ。音質はそこまでいいわけではないが、大自然への崇敬を形にしたメロディーは、癒し系と呼ぶに相応しい。「Illusionist」は、切ない泣きのギターで幕を上げ、ゆっくりと力強いドラムの推進力、華やかなキーボードで、しっとり壮大に聴かせる。「Herbstmär」は、叙情的なアルペジオと物悲しいストリングス風のキーボード、透明感のあるコーラスパートに、フォーキッシュなメロディーが映える。

Immorior

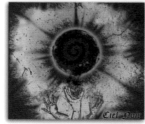

Ciel Noir ドイツ
自主制作 2019

フランス語で「黒い空」と名付けられた本作は、前作よりも冷たく叙情性を増している。Agalloch のようなアトモスフェリック・ブラックの要素を残しているが、新たに導入された紳士的な優しいクリーンヴォーカルに、Katatonia に近いフィーリングがある。「Underneath a broken sky」は、物憂げなトーンのトレモロを淡々と流し、穏やかなクリーンヴォーカルとうっすらハーシュヴォーカルとのミックスヴォイスで、雄大な大自然を描いているようだ。「Dim the light」は、木訥としたタッチのギターフレーズと息遣いから、軽やかな疾走感と重々しいディストーションギターに繋げている。

Infesting Swarm

Desolation Road
AOP Records
ドイツ
2015

ドイツのドルトムンドとパーダーボルン出身の５人組で、Frigoris の
Dominik Winter が在籍している。本作は、Downfall of Gaia に通じる
暗い叙情のリフや攻撃的なドラムのアグレッションに、デプレッシヴ・ブ
ラックに寄せた沈鬱な雰囲気が合わさる。線の細さよりも獰猛さが前に出
たヴォーカルが、暴虐性に拍車をかけている。「Ending」は、北欧ブラッ
クのように邪悪なメロディーに、絶望感を演出する淡いトレモロや威圧的
なグロウルが、じりじりと切迫感を煽る。「Horizon on Fire」は、静か
で澄んだ暗いギターに、淡々とディストーションをかけたリフを乗せ、軽
い疾走感が映える。

Kanonenfieber

Menschenmühle
Noisebringer Records
ドイツ
2021

バンベルクで活動する独りバンドのデビューアルバム。バンド名は「砲撃
戦（銃撃戦）時の熱狂」、アルバムは「人間工場」というような意味。コ
ンセプトとして「第一次世界大戦の犠牲者」があり、戦争をテーマにして
いる。それに沿った豪放磊落なデスメタルに近いアグレッションが主軸だ
が、ブラックゲイズにも似た儚さを増強するトレモロも随所で聴けるスタ
イルだ。「Die Feuertaufe」は、ラジオ放送の音声を背景にメランコリッ
クなトレモロや攻撃的なドラムで寒々しいブラックメタルを聴かせる。
「Unterstandsangst」は、柔らかなフレージングと緩やかなテンポと
急激な加速との落差が耳を引くドラマチックな曲。

King Apathy

Wounds
Lifeforce Records
ドイツ
2019

Thränenkind が ア ル バ ム 『King Apathy』 を バ ン ド 名 に 冠 し、
Lifeforce Records から発表した１作目。音楽性は Thränenkind と地
続きで、『King Apathy』の路線をよりメランコリックにしたもの。疾走
パートはあるが、ミドルテンポの重厚さとブラックゲイズに接近した淡い
叙情がメインのアルバムだ。「The Scars of the Land」は、物憂げなト
レモロにばたついたドラムを組み込み、うっすらと明るいメロディーの中
激情ヴォーカルが歌い上げる、儚いブラックメタル。「Wounds」は、フィー
ドバックノイズが噴き上げ、バラード調の壮大さを穏やかに聴かせる。

Kultist

Aurora
自主制作
ドイツ
2018

ドイツ・ミュンヘンの５人組によるデビューアルバム。力強い疾走感を
演出するブラストビートや、甲高く絶叫するヴォーカル、耽美な色合いの
ギターフレーズが特色のブラックゲイズを聴かせる。歌詞は太陽や中性子
星といった天体について書かれており、全体でアルバムのタイトル通り、
オーロラをテーマにしているようだ。「Pulsar」は、マイナーコードの切
ないメロディーに激しいドラムのアグレッション、悲鳴のようなヴォーカ
ルを、爆走と静寂を織り交ぜて聴かせる、10 分間の旅路だ。「Meteor」
は、単音の素朴なフレーズを幕開けに添え、悲痛なヴォーカルと壮麗なリ
フで美しく展開させる、清涼感溢れるシューゲイザー・ブラック。

Melatonyn

Syzygy ドイツ
自主制作 2021

ドイツ出身ということ以外詳細不明のバンドによる唯一の音源。
Facebook ではギタリストがギター動画をアップしているが、独りバン
ドかそうでないかは不明。本作は 3 曲入りの EP だが、「月の満ち欠けに
代表される誕生、生、死の三位一体、永遠に繰り返される無限の儚さ」を
描いたコンセプト作品。Unreqvited や Violet Cold に影響を受けた幻想
的な美しさをトレモロで表現するスタイル。アグレッションもしっかりあ
り、適度な爆走や悲観的な絶叫などブラックメタルらしいパートも多い。
「Zy」は、雷撃のようなブラストビートや小気味のいいドラム、儚さを
強調したトレモロが悲壮感たっぷりなヴォーカルと合わさる曲。

Morphinist

Morphinist ドイツ
自主制作 2013

ドイツのハンブルクを拠点にする、Galaktik Cancer Squad や
Grauzeit をはじめとする様々なバンドで知られる Argwohn による独り
バンド。本作は、重苦しいリフを際立たせたプリミティヴ・ブラックと、
軽妙なドラムで疾走するポストロックを交錯させたスタイル。威圧的だ
が歯切れのいいヴォーカルや、叙情的なトレモロリフに、Dissection や
Watain を彷彿させる王道的なメロディック・ブラックの気風も見出だせ
る。「Abuser's Path」は、神経を逆撫でするような金属質のリフから吹
雪のようなトレモロへと変貌させ、邪悪に気を吐くヴォーカルが、荒々し
いドラムに乗って駆け抜ける。

Morphinist

Nihil ドイツ
自主制作 2016

『Morphinist』の路線に近いアルバム。ストレートな疾走感を主軸に、
トレモロリフを乗せるメロディック・ブラックを演奏している。反面、吹
雪のような冷たさよりも内面を抉るデプレッシヴ・ブラックに近い、厭世
的なメロディーが特徴的だ。『Morphinist』ほどアトモスフェリックな意
匠が施されていない分、荒々しく生々しい。「Girlanden」は、シューゲ
イザー・ブラックを思わせる淡いトレモロを弾く序盤から、加速度的に速
度を増すドラムに乗る扇情的なメロディーが、鮮烈な印象を残す。「Blauer
Glimmer」は、鬱々とした感触のリフをゆったり反復させ、気の滅入る
雰囲気で淡々と聴かせる。

Morphinist

Follow the Grain ドイツ
自主制作 2017

Cathedral や Candlemass への愛情を感じる作品で、ドゥームメタル
をブラックメタルに組み込んだ意欲作。大自然への崇拝を封じ込めたよ
うな美しいカバーアートは、Yurasuki という女性によるもの。ヴォーカ
ルなしのインストゥルメンタルで 3 曲 40 分という長さを誇るが、適度
に爆走を挟み、一定の聴きやすさに配慮している。あくまでブラックメ
タルに軸足を置いているため、そこまで鈍重な印象は受けない。「Battle
Wounds」は、ざらついた重たいリフをゆっくりとこねくり回し、豪快
なドラムによる心地良い体感速度のドゥームメタルに異様なスピードの爆
走を織り込む、18 分超のドラマチックな曲。

Morphinist

Lust ドイツ
自主制作 2017

『Follow the Grain』にあったドゥームメタルを若干残し、悲壮感を強めたトレモロが主張するブラックゲイズに近い作品。アートワークも含め、Argwohn が全てを手掛ける。徹底してアグレッションを強めた疾走パートと、ドゥーミーなブレイクとの対比が利いた作品だ。「Promising Pleasure (but Offering None)」は、獣のようなヴォーカルを主役に、小気味よく爆走するドラムや、陰鬱なメロディーを放射するトレモロが彩りを添える。「A Bizarre Sensation」は、寒々しく疾駆するリフとドラムのコンビネーションを、約 10 分堪能できるメロディック・ブラックだ。

Nemus

See - Mensch ドイツ
Naturmacht Productions 2018

ドイツ・バンベルクの Dreamshift こと Frank Riegler による独りバンド。アトモスフェリック・ブラックをベースに、アルバムごとに毛色が変わる。本作は、儚く冷たいトレモロを強調したブラックゲイズに近いスタイル。Dreamshift に色濃かったポストロックの要素は感じられない。「In Die Tiefe」は、爽快感のあるドラムのドライヴ感に、単音のトレモロリフを反復することで、ただ激しいだけではない寂しさを感じさせる。「Tiefengesang」は、しっとりと叙情的なピアノソナタに、シンセサイザーやディストーションギターの荒々しさを高速で刻むリフに転化する、スラッシーな快感がある。

No Sun Rises

Ascent / Decay ドイツ
Alerta Antifascista Records 2019

ドイツのミュンスターで活動する 5 人組で、ファシズムやレイシズムに反対し、NSBM に対して明確に NO を突きつけるスタンスのようだ。90 年代のブラックメタルに影響を受けた苛烈な演奏だが、トレモロが放射する淡いメロディーに、Alcest に連なるブラックゲイズの要素を感じさせるスタイル。「Reproduktionismus」は、ざらついたリフを重々しく刻む生々しさに叙情的なトレモロが冷たく広がる、メランコリックなブラックメタルを表現する。「Maschinist」は、乾いたスネアの軽やかな疾走に物悲しいディストーションギターを乗せて、静寂と激情を行き交うエモーショナルなヴォーカルを重視した 15 分の旅だ。

Pursued

Decay ドイツ
自主制作 2020

ドイツはアウクスブルク出身の 4 人組によるデビューアルバム。Djent バンド Nothing in White が音楽性の変更に伴い、改名した。本作は、立ち上がりの速いドラムに Djent の名残があるが、ブラックゲイズとポスト・ハードコアを折衷したスタイルの作品だ。ノイジーで、スラッジに通じる重厚さもあり、Tombs を彷彿させる箇所もある。「Fear」は、弦の軋むベースに寂しげな単音フレーズを乗せ、暴虐的なドラムが猛威を振るうカオティック・ハードコアのような聴き心地の曲だ。「Departure」は、千変万化するリズムに Djent のようなアプローチを一瞬噛ますことで、モダンな印象を与えるブラックメタル。

Secrets of the Moon

Sun ドイツ
Lupus Lounge | 2015

ドイツのオスナブリュックで活動する、Dark Fortress や The Ruins of Beverast のライヴメンバー Michael Zech、Thulcandra の Alessandro Delastik が在籍するバンド。元々は純然としたブラックメタルを演奏していたが、ゴシック・メタルの素養を表出しはじめた。本作は、その過渡期に当たる作品で、耽美な叙情を表現する。特に、Joy Division のような、暗いポストパンクを組み込んでいるのが特徴的だ。「No More Colours」は、繊細に揺らぐトレモロで物悲しさを描き、ばたついたドラムで下支えする演奏に、絶望したヴォーカルが歌い上げる。

The Soulscape Project

Liberation ドイツ
自主制作 | 2016

ライプツィヒで活動する 4 人組。Thulcandra の M. Delastik、Human Prey のメンバーが在籍。本作はほぼセルフプロデュースで制作、マスタリングは M. Knappe という人物。トレモロの淡さを全面に押し出し、時にピアノジャズを思わせる洒脱な静寂を設けるスタイル。脱力して崩れ落ちるヴォーカルは、デプレッシヴ・ブラックに通じる悲壮的なものだ。「Departer」は、絶叫やスポークン・ワードを交え、トレモロの轟音が感情を喚起するエモーショナルな曲。「Whitehaven」は、寒々しいトレモロやブラストビートの爆走、丁寧なベースラインや滑らかなギターメロディーなど聴きどころが多い。

Thränenkind

The Elk ドイツ
Lifeforce Records | 2013

ドイツのミュンヘンで活動していたバンドで、Agrypnie の元ベーシスト Nathanael を中心に結成された。本作は、デスメタルで有名なドイツの名門 Lifeforce Records からリリースしている。トレードマークの哀愁漂うトレモロを、筋肉質で精緻なドラムがしっかり下支えするスタイルを聴かせるアルバムだ。「The King Is Dead」は、郷愁を喚起するギターを主軸に、疾走こそしないもののソリッドなリズムと絶叫ヴォーカルが見事なコンビネーションで魅せる。「The Elk」は、暗く沈み込むアルペジオに淡いトレモロを合わせて、枯れた声色のポエトリーリーディングが静寂に花を添える美しい曲だ。

Thränenkind

King Apathy ドイツ
Lifeforce Records | 2016

トレモロによる悲哀を強めた 2 作目で、Thränenkind 名義ではラストアルバム。メロディック・ブラックに接近する激しい疾走パートや、ハードコアテイストの腹の据わった絶叫ヴォーカルが根幹に存在し、透き通ったメランコリックな叙情を聴かせる。プロダクションの影響か、前作よりも生々しさを強調しており、叙情派ハードコアに近い質感を体得しているのが特徴的だ。「King Apathy」は、ミドルテンポの力強いリズムに、激情ヴォーカルや淡いトレモロを這わせたキャッチーな曲だ。「Vanishing Youth」は、哀しみに揺らぐトレモロの淡々とした前半から、前のめりの疾走に雪崩れるブラッケンド・ハードコアだ。

Toadeater

Codex
ドイツ
自主制作、Fucking Kill Records、Kellerassel Records
2018

ドイツのオスナブリュックを拠点にする3人組。メンバーは頭文字で正体を秘匿する匿名性の高いバンドだ。デジタル以外にレコードとカセットが存在。厭世的なカバーアートは Kluizenaer での活動でも知られる F. こと Hagiophobic。デプレッシヴ・ブラックメタルから吸い上げた陰鬱な質感だが、浮遊感のあるトレモロで幻想的な雰囲気を強める作品だ。「The Disarmed Gaze」は、引っ掻くようなディストーションや分厚いギターの圧に、衝動的な絶叫や前のめりのドラムが合わさるブラッケンド・ハードコア。「Sleep」は、重苦しいリフによる暴虐的なアグレッシヴな爆走と幻惑的な静寂との対比が映える曲。

Todtgelichter

Angst
ドイツ
Code666 Records
2010

ドイツのハンブルク出身の6人組。Omega Infinity の Tentakel Parkinson、彼の妻でポストメタル Vyre の Marta が在籍する。本作は、Gamma Ray や Deadlock を手掛けた Dark Age の Eike Freese がミキシングとマスタリングを担当。不安や恐怖をテーマにした本作は、柔らかいトレモロに反して、ドラムや絶叫ヴォーカルが焦燥感を煽る作品だ。また、70年代クラシックロックを思わせるクリーンヴォーカル、暴虐的な演奏との対比が鮮烈だ。「Neon」は、ポストパンクの影響を受けた耽美なメロディーや、空間を埋め尽くす煌めくトレモロの中、優しいヴォーカルが丁寧に歌う。

Träumen von Aurora

Rekonvaleszenz
ドイツ
Trollzorn Records
2013

ドイツのビーレフェルトで活動する5人組で、「夢見るオーロラ」の意味。本作は2作目で、前作のプリミティヴで陰鬱なブラックメタルと趣を異にしており、ブラックゲイズに接近した。プリミティヴなプロダクションではなくなったが、暗く溶けるトレモロや断末魔の絶叫にデプレッシヴな感性を残す作品だ。「Phönix und Asche」は、ばたついたドラムの変則的なリズムに翻弄されるトレモロの中、しゃくり上げる絶叫や寒々しいメロディーが北欧のブラックメタルへの憧れを表現する。「Orion 2.1」は、透き通ったトレモロの落ち着いたフレーズやキーボードの美しさが、スムーズなドラムの展開に乗るインストゥルメンタル。

Trautonist

Trautonist
ドイツ
Pest Productions
2016

ドイツのコブレンツで活動する3人組。本作はデビューアルバムで、まだ男女2人組だった。レコードは Wolves and Vibrancy Records から、CD は Pest Productions からリリースしている。ミックスとマスタリングは Lantlôs の Markus Siegenhort が手掛けた。Lantlôs の『.neon』に近い儚いトレモロを主役にした陰鬱なブラックゲイズを表現するスタイルだ。絶望感に満ちたヴォーカルは、デプレッシヴ・ブラックのような無気力さを感じられるもの。「Stay」は、明るいトレモロと無軌道な絶叫をばたついた疾走感に乗せ、シューゲイザーの爽やかさを感じさせる曲だ。

Trautonist

Ember	ドイツ
Pest Productions	2018

前作と同様のフォーマットで Pest Productions と Wolves and
Vibrancy Records からリリースした 2 作目。マスタリングも Markus
Siegenhort が担当した。本作リリース後にドラムの Hendrik が加入し
ている。前作と路線は変わらないが、現実感の乏しいトレモロの美しさや
グルーヴィーな疾走感が増した作品だ。「Vanish」は、力強いビートを叩
くドラムに儚いトレモロや絶叫を乗せ、疾走と静寂が微睡むように行き交
うブラックゲイズ。「Sunwalk」は、緩やかなテンポとフィードバックノ
イズの轟音の中、エフェクトをかけたコーラスが幻想的な空気を調律する
壮大な曲。

Vargnatt

Grausammler	ドイツ
Eisenwald	

Trautonist の Evae を中心に結成したドイツのノイヴィートで活動する
3 人組。本作は Evae のみのクレジットだが、本作に参加したヴィオラと
ドラムが正式加入したようだ。バンド名は Ulver の初期デモテープと同
じだが、由来は不明。アートワークを Lantlôs の『Melting Sun』を手
掛けた Pascal Hauer が担当。本作は、やや重たいリフに反して明るく
爽やかなトレモロや軽やかなドラムが主体の作品だ。北欧ブラックの冷た
さを模したメロディーも聴けるが、一辺倒ではない。「Weltverloren」は、
明るいタッチのトレモロで幕を上げ、程好い疾走感と悲壮的な絶叫が耳を
引くブラックゲイズ。

Ylva de Lune

I(One)	ドイツ
Soundage Productions	2021

ドイツのシュトゥットガルトで活動する 2 人組。シンガーの Ylva de
Lune とギターやベース、ドラムを担当する Alpha からなる。暴虐的な
アトモスフェリック・ブラックメタルとクリーン・ヴォーカルを主題に据
え、Sylvaine に近い音楽性だ。アートワークから想像できるように、土
着性と幻想的な雰囲気がある美しいトレモロを随所で聴ける。「Grâ ulv」
は、柔らかく弾くギターと木霊する声の美しさが荒れ狂うトレモロに翻弄
される緩急自在のブラックメタル。「The Purpose of Light」は、勇壮
なドラムと力強いリフによるキャッチーな疾走感がフックになったヴァイ
キングメタルを彷彿させる曲。

Anomalie

Between the Light	オーストリア
AOP Records	2014

Harakiri for the Sky や Agrypnie のライヴに帯同した経験を持つ、オー
ストリアのマルチインストゥルメンタリスト、Marrok を中心に結成され
た。本作は、メロディアスなブラックメタルをベースに敷き、ポストパン
クの暗さや四つ打ちのビートといった、Amesoeurs に近い要素もフッ
クとして取り入れている。「Blinded」は、冷たい叙情的なギターを明瞭
にかき鳴らし、薄いトレモロの絨毯を敷く、アトモスフェリック・ブラッ
クの聴き心地だ。「Hurt」は、Nine Inch Nails のカバーで、原曲の空虚
なメロディーを、メタリックなコーティングとハーシュヴォーカルで、音
の壁を築き上げる。

Anomalie

Refugium
AOP Records
オーストリア
2015

前作の、暗く無常な雰囲気のメロディータッチを増強した印象の2作目。Alcest に通じる、儚く甲高いトレモロリフが顔を出し、ブラックゲイズの様相を濃くしている。「In Fear of Tomorrow」は、悲哀を強く感じるトレモロと、ハーシュとクリーンを交えて悲嘆に暮れるヴォーカルが、感情を高ぶらせる。「Untouched Walls」は、工事現場に似た無機質なノイズや、ソロも織り込んだダークな質感のリフワークは、Insomnium のような哀愁を漂わせる。「Refugium」は、ゴリゴリとした肌触りのベースラインで支える叙情的なトレモロや、抑揚をつけるヴォーカルやドラムに、ドラマ性がある。

Anomalie

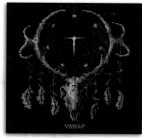

Visions
AOP Records
オーストリア
2017

アメリカ北部の少数部族オジブワの魔除け、ドリームキャッチャーをモチーフにしたアートワークや、曲の配置に明確なストーリーを感じるコンセプチュアルな3作目。カスカディアン・ブラックにも通じる、壮大でアトモスフェリックな音響を特徴としている。「Vision II: The Wanderer」は、一気呵成と爆走するブラストビートや、トレモロリフの悲哀に単音リフを這わせ、彼らの黄金律を確立したメロディック・ブラックを聴かせる。「Vision VI: White Forest」は、単音リフで叙情性を作り上げ、アコースティックギターも交えて重厚なグルーヴで揺らせ、ギターワークを全面に押し出している。

Anomalie

Tranceformation
AOP Records
オーストリア
2021

Dark Fortress や Triptykon の V.Santura がレコーディングスタッフとして参加している4作目。Rotting Christ の Sakis Tolis が客演。前作から本作の間に Thomas Dornig が脱退して2人組になった。新味としてダークなトーンのギターや読経じみたヴォーカルを取り入れ、Rotting Christ を彷彿させる宗教的な雰囲気が充満する作品に仕上がっている。「Trance II: Relics」は、抑制されたリズムを叩くドラムに厭世的な気分に陥るトレモロや淡々としたクリーン・ヴォーカルを合わせることで、聴く者を酩酊させるサイケデリックなブラックメタル。

Ellende

Todbringer
Talheim Records
オーストリア
2016

オーストリアはグラーツで活動する L.G. こと Lukas Gosch による独りバンド。バンド名は、中高ドイツ語で「亡命」を意味する「alja-landja」にちなむ。本作は、Harakiri for the Sky のライヴメンバー Paul Färber によるドラムの客演を除き、アートワークも含めて L.G. が全て担当した。デプレッシヴ・ブラックをベースに、トレモロで儚さを強調した表現を聴かせる。「Ballade auf den Tod」は、物悲しいトレモロやメロディアスなフレーズを織り混ぜるギターに、悲しみをぶつける絶叫ヴォーカルが壮絶に歌い上げ、時に爆走するドラムも迫力あるドラマチックな曲だ。

Frust

The Advent of Adhara	オーストリア
自主制作	2020

オーバーエスターライヒ州のクレムスミュンスター出身、Mario Steiner
による独りバンドで、「Frustmetal」を標榜している。荒いプロダクショ
ンや抑揚に欠ける展開で、欲求不満を募らせる意図の音楽性だ。だが、時
にリフの刻みで緩急をつけたり、瞑想的な女性ヴォーカルを取り入れた
り、一定以上の聴きやすさに配慮は感じる。「The Advent of Adhara」
は、美しい女性ヴォーカルや邪悪な囁きに、モダンなリフを交え、ラウ
ドロックに近しい重厚さを付与している。「Forever in my mind」は、
退廃的なダウンテンポに重たいディストーション、声質からも Marilyn
Manson を想像する。

Joyless Euphoria

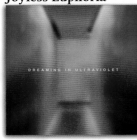

Dreaming in Ultraviolet	オーストリア
Boersma Records	2019

デプレッシヴ色が消え、欧州の湿り気を控えめにした、オーストリア・
ウィーンの３人組の２作目。サイケデリックなジャケットは、メタルで
はなくインディーロックのよう。ロゴもないし素っ気ない。その実、激し
くブラックメタルを演奏している。声の限りを尽くし叫ぶヴォーカルと、
前作よりも甘く溶けるギターの対比が噛み合い、ブラックゲイズとして完
成形に近づいた。そのため、最初は、Deafheaven の『Sunbather』が
オルタナティブロック化した印象を受ける。ブラックメタルらしい疾走感
に満ちた「The Rotary」でも聴ける、甘いクリーンとがなり声のミック
スボイスは個性的で、三半規管を狂わせる危険性がある。

Aara

So fallen alle Tempel	スイス
Naturmacht Productions	2019

真っ赤なローブを着込み、仰々しい仮面を被るスイス出身の３人組のデ
ビュー作。「全ての寺院は落ちた」という意味のタイトルの本作は、シン
フォニック・ブラックと、ブラックゲイズを合体させた音楽性で、荘厳で
邪悪。「歴史の暗部を暴く」というバンドコンセプトだが、歌詞は明らか
にしないスタイルのようだ。「Was bleibt ist der Regen」は、高音域
のトレモロによる神聖さのあるメロディーを全面に出し、ドラムの軽さも
手伝い、ブラックメタル化した My Bloody Valentine のような聴き心
地。「Aare」で、クラシカルなメロディーの優美さと、とことん歪めた叫
び声の饗宴に、厳かな気持ちを抱く。

Aara

En Ergô Einai	スイス
Debemur Morti Productions	2020

Blut Aus Nord の Vindsval が客演した２作目。18 世紀ヨーロッパに
おける啓蒙主義時代に着想を得た作品だ。「完璧を追求する人間の二面性
と無益さへの賛辞」をテーマにしている。前作の全てを洗い流すような過
剰さは抑えられているが、霧がかかったようなプロダクションで神秘的な
雰囲気を増強している。絶叫ヴォーカルやブラストビート主体の激烈さは
健在だが、テーマに沿ったダークなメロディーや暖かみがあるのが特徴。
「Stein auf Stein」は、絶えず踏まれるブラストビートと明るいメロ
ディーの影響で、血反吐を吐く絶叫があってもメロディック・スピードメ
タルに近い爽やかな曲。

Aara

Triade I: Eos
Debemur Morti Productions
スイス
2021

前作から 11 ヵ月のスパンでリリースした 3 作目。19 世紀の作家チャールズ・ロバート・マチューリンの代表作『放浪者メルモス』をモチーフにした作品。タイトル通り、三部作の 1 作目。少しマイルドになった前作に、1st の過剰さを揺り戻した。フルブラストによる常軌を逸したスピードは健在、メロディーを取り払った残忍な爆走パートを設けるなど、メリハリのついた展開で魅せる。「Tantalusqual」は、爆走するドラムのけたたましさに呼応するように哀愁あるトレモロが炸裂するメロディアスな曲。「Das Wunder」は、マイナーコードの陰鬱なメロディーとつんざく絶叫のコンビネーションがヒステリックな印象を与える。

Blutmond

Thirteen Urban Ways 4 Groovy Bohemian Days
Code666 Records
スイス
2010

スイスのオルテンで結成された 3 人組で、Schammasch の J.B. と M.A. が在籍している。アヴァンギャルド・ブラックの予測不能な曲展開に加えて、ロックンロールのドライヴ感があり、エレクトロを効果的に使うことで、享楽的な音楽性になっている。「Working poor, yuppie yeah!」は、厭世的な気分になるディストーションギターや、とっちらかったリズム感のドラムに、酔っ払ったようなヴォーカルでくだを巻いている。「Martini Midnight Madness」は、精神を引っ掻くようなリフと、けたたましいブラストビートで空間を埋め尽くし、執拗な反復を繰り返すことで脳を狂わせる。

Euclidean

Quod Erat Faciendum
自主制作
スイス
2017

スイスはヌーシャテル出身、Behemoth に類する威圧的なブラックメタルと、遅く重厚なスラッジのグルーヴを組み合わせている。抑制されているが、フューネラル・ドゥームほどではない。「Numbers Hold Sovereignty」は、冷たいトレモロの荘厳さと、淡々と表情を変化させる幻惑的なドラムに、中毒性がある。「As He Reached the Divine Yearning」は 14 分と長く、乱反射するギターリフを丁寧に聴かせ、アンビエントで神聖さを持たせている。「Obstinatio」は、精神を摩耗するディストーションの執拗な反復と、Behemoth の Nergal に似た咆哮を轟かせる。

Yrre

Luhlae x the Witch
Hummus Records
スイス
2022

スイスのラ・ショー・ド・フォンで活動する 5 人組。2015 年公開の映画『The VVitch（邦題は『ウィッチ』）』に合わせて作曲されたものにブラックメタルのアレンジを施した作品だ。元は企画だったが、バンド名を Yrre に変えて存続するようだ。タイトルは元々のプロジェクト名。本作は、トレモロやノイズの残響を活かした不穏さ、ドラムの圧の強さ、凄絶なヴォーカルのおぞましさを煮詰めた Blut Aus Nord にも通じるインダストリアルとブラックメタルの邂逅を聴かせる。「Aglaeca」は、テンションの高いドラムに冷徹な鳴りのトレモロを乗せ、邪教の儀式みたいなメロディーが荘厳なインダストリアル・ブラック。

ドゥームとデスメタルから着想得たミステリアスなメロディーメイカー

An Autumn for Crippled Children

◎
🌑 2009 〜　　　　　　　　　　　　　　　🌐 オランダ
👤 MXM、CXC、TXT

2009 年頃オランダのフリースラントで結成し、2010 年にアルバム『Lost』で A Sad Sadness Song からデビュー。MXM（ギター / キーボード / ヴォーカル）、CXC（ドラム）、TXT（ベース / キーボード）からなる 3 人組。メンバーの本名や遍歴などは一切明かさない徹底した秘密主義だ。これは、「先入観なく音楽のみで判断してほしい」というバンドの強い意志によるもの。アーティスト写真ですら近影を使用しない徹底ぶりで、顔を判別できない遠景の写真しか存在せず、街の誰もが彼らがバンドをしていることを知らないほどだそう。Burzum や My Dying Bride から影響を受け、デプレッシヴ・ブラックメタルとデス / ドゥームメタルをミックスしたスタイルが基盤だ。儚いメロディーや適度に疾走する演奏から、ブラックゲイズに認識されることが多い。2010 年以降ほぼ毎年アルバムや何かしらの音源をリリースするほど多作ぶりで、2022 年現在のフルアルバムは 9 枚。『Lost』から『Only the Ocean Knows』までは A Sad Sadness Song、Aeternitas Tenebrarum Musicae Fundamentum や Wickerman Recordings 等を経て、現在は Prosthetic Records に在籍している。バンド名は、イギリスのアヴァンギャルドなドゥーム / ブラックメタル Ebonylake のアルバム『On the Eve of the Grimly Inventive』に収録されている「An Autumn to Cripple Children」という短いインスト曲が由来。メンバー曰く、「かっこいいと思った」から。ライヴを一切行わないことでも知られている。ライヴをやること自体は不可能ではないが、新しいメンバーを入れるなどが煩雑でやりたくはないとのこと。

An Autumn for Crippled Children

Lost
A Sad Sadness Song
オランダ
2010

The Jesus & Mary Chain の『Psychocandy』を想起する、極限まで歪んだギターノイズが、哀感の強いメロディーと悲痛な絶叫を彩る、デプレッシヴ・ブラックのようなデビューアルバム。現在の、甘くメランコリックな要素は、この頃から顔を覗かせている。「To Set Sail to the Ends of the Earth」は、Alcest によく似た繊細なメロディーを、おおらかなテンポで聴かせる。「An Autumn for Crippled Children」は、軽やかなリズム感に反して、重苦しく悲愴感の滲んだトレモロをバーストさせる、美麗なインストゥルメンタル。

An Autumn for Crippled Children

Everything
A Sad Sadness Song
オランダ
2011

前作の路線を順当に受け継ぎ、音割れ寸前のトレモロが炸裂する 2 作目。目一杯歪んだギターノイズは、さらにシューゲイザーへと近づき、軽妙なテンポ感になった。本作は、My Bloody Valentine の『Loveless』を意識したような甘ったるい轟音に変化しているが、陰鬱さはしっかり残された。「Forever Never Fails」は、甘く切ないギターがフィードバックノイズを撒き散らし、軽めに叩かれる速いドラムに首を揺らされる。「Cold Spring」は、世を儚む絶叫と低体温症を起こしそうなディストーションギターの陰惨とした聴き心地に、シューゲイザーの甘美な口当たりを付与している。

An Autumn for Crippled Children

Only the Ocean Knows
A Sad Sadness Song
オランダ
2012

過剰なフィードバックノイズを若干控えめにしたことにより、輪郭をはっきりさせたメロディータッチは、さらにドリーミーになった。キーボードによる耽美さも増した。ヴォーカルは変わらず、血反吐を吐きかねない高音絶叫で、ブラックメタルとしての体裁を保っている。「This Garden, These Trees」は、物憂げなコード感のキーボードに、ぐずぐずに崩れたギターノイズが混ざり合い、境界線を曖昧にしている。「The First Snow This Year」は、タイトル通り冷たく美しいトレモロや、加工してさらに凶暴になったハーシュヴォーカルの生々しい絶望感は、芯から凍りつきそうな陰鬱さを湛えている。

An Autumn for Crippled Children

Try Not to Destroy Everything You Love
Aeternitas Tenebrarum Musicae Fundamentum
オランダ
2013

キーボードの耽美な音色で幕を開ける、彼らの音楽性を完全に確立した 4 作目。ダウナーな雰囲気は幾分和らぎ、祝福のような清廉な空気が滲んできた。ヴォーカルの変化に抗うように絞り上げるスクリームは健在。「Autumn Again」は、Duran Duran を思わせる清らかで耽美なキーボードを、適度な疾走感が牽引していき、心地よい。「Sepia Mountains for Her Lament」は、ピアノのリフレインによる清楚なタッチと、切ないフィードバックノイズにハーシュヴォーカルが融和して、爽やかに溶けていく。「Closer」は、甘いシンセサイザーの軽やかさに、アートワークの華やかさを見出せる。

An Autumn for Crippled Children

The Long Goodbye	オランダ
Wickerman Recordings	2015

毎年リリースしていく中で緩やかにマイナーチェンジを繰り返してきたが、本作も他聞に漏れず、路線を引き継いでいる。グラスゴーのポストロック勢を横切る、ノスタルジックで切ないメロディーを主軸にし、初期の鬱蒼とした佇まいは払拭された。「The Long Goodbye」は、歪んだキーボードに合わせて、怒りの叫びを上げ続けているヴォーカルの切迫感が、胸に迫る。「When Night Leaves Again」は、壮大なフレーズを紡ぐキーボードの音色の乱反射と、奥へ引っ込み、風にかき消されそうなハーシュヴォーカルが印象的で、Ulrich Schnauss を彷彿とさせるエレクトロ・シューゲイザーのようだ。

An Autumn for Crippled Children

Eternal	オランダ
Wickerman Recordings	2016

「別離」をテーマにした前作の対になるような、「永遠」を冠したアルバム。少し音のタッチに変化が見られ、際限なくバーストするノイズは、本作で減退している。ヴォーカルは初期から一貫しており、ブラックメタルの名残がある。「Eternal Youth」は、明るさを押し出したメロディーの反復と、劣悪な録音の絶叫に、光属性の Burzum といった趣。「Swallowed by Night's Despair」は、陽だまりの暖かさを放射するシンセサイザーや、軽快なエレクトロポップ調のビートで疾走している。「Cloud Mood」は、ロマンチックなバラード風の穏やかさに、ハーシュヴォーカルの苦味が残る。

An Autumn for Crippled Children

The Light of September	オランダ
Consouling Sounds	2018

ぶわついたシンセサイザーの比重が高くなり、エレクトロ・シューゲイザーとしての表情を色濃くしている7作目。前作よりも、さらに曲の輪郭が明瞭になり、ディストーションギターとの親和性も良い。ギターノイズの過剰さを抑えることで、スネアの鳴りが際立っている印象だ。「New Hope」は、ほろ苦さと甘さを同居させたリフに、相変わらずの発狂ヴォーカルを炸裂させていて、胸を焦がす希望を感じさせるメロディーが、詩情を感じさせる。「Fragility」は、程好いテンポのピアノの連弾から、激しいノイズの爆発にブラックメタルらしい凶暴性を復活させているが、光をイメージさせ、シンセウェイヴのように軽やかに聴かせる。

An Autumn for Crippled Children

All Fell Silent, Everything Went Quiet	オランダ
Prosthetic Records	2020

大きい路線変更はなく、本作はエレクトロ・シューゲイザーとしてこなれてきており、安定期に入っている。耽美なキーボードのフレーズは、時折スケールの大きい美しさを差し込んでいて、全体的にアップテンポになったような感覚がある。「I Became You」は、Alcest の『Shelter』に近い陽性のシューゲイザーに、従来のギターノイズをバーストさせ、ポップな感触をハーシュヴォーカルで中和している。「Craving Silence」は、アトモスフェリック・ブラックを想像させる邪悪さをほのかに付与され、悠然とした刻みのリフが支えている。白々とした明るさの中で、相変わらずヴォーカルが狂っている作品だ。

An Autumn for Crippled Children

As the Morning Dawns We Close Our Eyes	オランダ
Prosthetic Records、自主制作	2021

前作からおよそ 1 年のスパンで発表した 9 作目。デジタルは自主制作だが、CD と LP は Prosthetic Records からリリースしている。エレクトロ・シューゲイザーの要素は若干減退し、分厚いトレモロを主軸にしたオーガニックな作品だ。シンセサイザーはトレモロに寄り添う煌びやかさの補助的役割で、がなるヴォーカルとの美醜のコントラストが引き立つ。「Of Your Light」は、優しくリフレインするキーボードの親しみやすいメロディーに、ノイジーなトレモロが厭世感を与えるブラックゲイズ。「Melancholia」は、ほのかに明るいギターフレーズに絡む眩いシンセサイザーが、感傷的なムードを際立たせる。

An Autumn for Crippled Children インタビュー

回答者 MCHL　2021 年 2 月

Q：答えてくれてありがとうございます。あなたはバンドのどなたですか？

A：ギター、シンセサイザー、ボーカルの MCHL だよ。

Q：あなたたちは日本でも人気がありますが、情報が少ないミステリアスなバンドですよね。簡単なバイオグラフィーとして教えてください。どのようにしてバンドは結成されたのでしょうか？　ブラックメタルに出会ったきっかけも教えてください。

A：僕らは皆、以前にバンド活動をしていた古い友人なんだ。皆、90 年代初頭のブラックメタルで育った。でも、インディー・ミュージックやドゥームメタルやデスメタルなど、他の音楽も聴いていた。僕たちは匿名でいたいと思っている。なぜなら、バンドの誰が誰なのか、あるいは他のどんなバンドで演奏していたのかではなく、音楽で判断されたいからさ。

Q：バンドの名前を Ebonylake から取っているのはよく知られています。これは！というような閃きがあったのですか？　あの曲はとても短いインストで驚きました。

A：この名前がかっこいいと思ったんだ。曲がきっかけではなく、タイトルがきっかけだね。でも、Ebonylake のアルバムはとても気に入っている。僕らは、注目を集めるような名前を探していたんだよ。そして、その通りになった。特別な意味はない。ほとんどの人がこの名前を見て、「えっ？」って驚く。そうなればミッション達成だ。

Q：あなたたちの音は、ブラックゲイズやシューゲイザー・ブラックメタルと呼ばれる音の、イメージそのものです。ノイジー、ハーシュ、甘さやポップさを同時に感じることができます。例えば、Burzum と My Bloody Valentine の出会いのような。これらを同じ位相で表現しているバンドは他にありません。この発明を思いついたのは、意図的な狙いがあったのでしょうか？　それとも、単なる偶然でしょうか？

A：正直なところ、自分たちのことを（自分たちで）そう呼んでいるわけではないよ。他の人がつけてくれた名前だからね。サウンドは今のように進化してきた。それは決して意図的なものではなかったんだ。最初はメロディック・ブラックメタルにドゥーム / デスを混ぜたものだったよ。

Q：『The Light of September』や『All Fell Silent, Everything Went Quiet』は、エレクトロの要素を強めてよりポップになった素晴らしいアルバムだと思います。メタリックな攻撃性も忘れていません。この 2 枚のアルバムは相関関係にあると思いました。An

Autumn for Crippled Children のアルバム
は、そういう要素を感じますが、意図的なも
のでしょうか？

A：何も意図していないよ。ただ、このよう
に成長していくんだ。僕らは毎回、最高のア
ルバムを作ろうとしているからね。プロダク
ションは少し綺麗になったと思う。また、エ
レクトロニクスの使用が増えているけど、今
回のアルバムではそれほど多くはないな。

Q：あなたのアルバムは、毎回新しい要素を
持っています。これは制作中に思いつくので
しょうか？　それとも、制作前にある程度の
ヴィジョンを決めておくのでしょうか？

A：まず、ベース、ドラム、リズムギターな
どの基本的なトラックを録音するんだ。後の
工程で、良いと思ったものをオーバーダブし

ていく。これは、かなり自然な流れだね。使っ
ている機材が少しずつ変わっていく中で、サ
ウンドも同じように変化していったんだ。

Q：An Autumn for Crippled Children は
非常にミステリアスなバンドであり、その世
界観はあまり開示されていません。しかし、
曲のタイトルから想像して楽しむ余地はあり
ます。また、それを受けて、アートワークも
リアルでとても美しいものになっています。
歌詞とアートワークはつながっていますか？

A：ありがとう。何の計画もなかったんだけ
ど、自分たちに合ったタイプのアルバムス
リーブを見つけることができたようなんだ。
そうだな、歌詞も、アルバムのアートワーク
の雰囲気も、死、愛、希望、絶望、腐敗、誕
生……すべてが音楽にマッチしている。

Q：あなた方はライブをしないことでも有名です。ライブを楽しみにしているファンの方も多いと思いますが、なぜでしょうか？ An Autumn for Crippled Children の作品は単独で完結していて、ライブに組み込むのは難しいというイメージがあります。

A：できるとは思うんだけど、僕らの生活が邪魔をしているね。ライヴには追加のミュージシャンが必要なんだよ。僕らがそれをやるとは思えないし。この３人はとてもユニークに繋がっているんだ。余分な人を入れてもうまくいかないと思う。でも、絶対にやらないとは言い切れないよ。

Q：あなたたちは、ペースが速く、コンスタントにアルバムをリリースすることでも知られています。アルバムリリースのスパンは１年から２年です。フルサイズだけでなく、EP もコンスタントにリリースしています。この驚異的なモチベーションはどこから来るのでしょうか？ アルバムを作ろうと決めてから曲を作るのでしょうか？ それとも、曲がたまってきたからリリースするという形なのでしょうか？

A：どっちもさ！ アイデアが溜まってきて、もう一度レコーディングしようと思うこともあるよ。他にも、アルバムのための作曲を始めることもある。幸いなことに、曲作りは簡単で速く進むんだ。まだ創作意欲は枯渇していないね。新しいソングライティングを見つけるのに苦労することもあるけど、最終的にはいつもうまくいくんだよね。

Q：曲作りのルールはありますか？ 例えば、同じリフを２回使わないこと、とか。

あるいは、いくつかのルーティンをこなしてからでないと、気分が乗らないとか。

A：ルールはないよ。大切なのは「フィーリング」だけ。その時の気分や聴いている曲に左右されるだけなんだ。ポップな曲を作りたい気分の時もあれば、ブラックメタル的なものを作りたい時もある。もっとブラックメタルっぽいものを作りたい時もある。結局、それらが僕らのルーツだからね。

Q：An Autumn for Crippled Children のメロディーは、儚さと明るさを併せ持つ美しいものです。これまでに影響を受けたものはありますか？ 音楽だけでなく、映画や小説なども。また、最近よく聴いている音楽についても教えてください。

A：ありがとう。僕らのメロディー感覚は、おそらく初期のドゥームメタルやデスメタルから来ているんだね。他にも、90 年代のインディーズ音楽やクラシック音楽からも学んでいるよ。また、僕らの個性と音楽制作のブレンドも影響していると思う。最高の雰囲気とフィーリングを作り出すことが全てだよ。

Q：影響を受けたプレイヤーはいますか？（ギタリスト、ベーシスト、ボーカリストなど）。

A：いないよ、本当に。

Q：日本の音楽ファンは、こんな想像で遊ぶことがあります。無人島に音楽アルバムを３枚だけ持っていけるとしたら、何を持っていきますか？ その無人島では、不思議と音楽を聴くことができます。

A：とても難しいんだけど、My Dying Bride の『Turn Loose the Swans』、Darkthrone の『Ablaze in the Northern Sky』、Slowdive の『Just for a Day』かな。

Q：最後にメッセージをお願いします。

A：ありがとう。今年発売予定のニューアルバムもぜひチェックしてみてくれ。

※メールインタビューは 2021 年 2 月に行われたものなので、ニューアルバムは 2021 年 4 月にリリース済。

Déhà

◉ DunkelNacht、Silver Knife、Lykta
🕐 2018 〜
👤 Déhà

🌐 ベルギー

ベルギーのモンス在住の Olmo Lipani による独りバンド。40 以上のバンドに関わる。Merda Mundi で 2006 年前後にはシーンにいたようだ。2009 年から 2011 年までフランスの DunkelNacht にヴォーカルで在籍。Déhà として、2018 年に『Halo』でデビュー。同年、『４５６』をリリースし、多い年では 1 年に 10 枚ほど発表し、驚異的なペースでリスナーを驚かせた。また、同郷の友人らと結成した Silver Knife や、Lykta、Déhà 以前から活動する Yhdarl なども精力的である。Déhà の音源はフィジカルを除けば全て投げ銭方式で、これは彼からリスナーへの挑戦とのこと。

Déhà

４５６	ベルギー
	2017

ベルギーのブリュッセルを拠点にする独りバンドで、Silver Knife や Wolvennest など様々なバンドを同時に動かし、フランスの DunkelNacht に在籍していたことでも知られる。音楽スタイルが膨大に枝分かれしていて、ブラックメタルのみではないが、名義で分けているわけではないようだ。本作は、1 曲 37 分という長尺のアルバムに仕上がっており、淡いトレモロやざらついた録音のドラム、がなるヴォーカルを山あり谷ありの構成で演奏している。重厚だが、淡々とした美しさや、終盤に差し掛かるにつれて顔を出す透明度の高いギターメロディー、明るさを感じさせるコーラスパートと、聴きどころが多いアルバムだ。

Déhà

Cruel Words	ベルギー
自主制作	2019

「残酷な言葉」と名付けられているが、表現するメロディーは繊細で優しい、ブラックゲイズとポストメタルを融合したようなアルバム。分厚いトレモロと、力強く緩やかなテンポを叩くドラムが印象的だ。朗々としたクリーンヴォーカルと酷薄な絶叫を交錯させ、叙情的な演奏と対比にしている。「I Am Mine to Break」は、澄んだギターの物憂げなタッチと、優しいクリーンヴォーカルが漂い、オープニングの期待感を作り上げている。「Cruel Words」は、じくじくと血が滲むような暗いトレモロの厚い壁に、壮絶な絶叫を聴かせるヴォーカル、キーボードによる美しい残響と悲鳴のようなギターが渦巻いている。

Déhà

IDONTWANNABESURROUNDED	ベルギー
自主制作	2019

デプレッシヴ・ロックのスタイルで制作されたアルバムで、トレモロリフの耳障りな暗さを除けば、エモやグランジ・ロックのような音楽性だ。前作などで聴けたハーシュヴォーカルではないが、絞り上げるスクリームで、悲壮感を表現している。タイトルが全て大文字なことも作為的で、彼の従来の作風と距離を置いているのがわかる。「NOTHINGOUTLOUD」は、パンクの真っ直ぐなビートにブラックメタル由来の鬱っぽいリフを乗せ、悲痛な叫びで熱っぽく歌うグランジ・ロックのフィーリングがある。「ISITRIGHT」は、丁寧なアルペジオと、力強く輪郭のはっきりしたドラムに、よく通るヴォーカルが凛とした歌声を聴かせる。

Déhà

How to Despise Humanity in 7 Lessons and a Half	ベルギー
自主制作	2020

荒々しい録音と闇雲に突っ走る本作は、プリミティヴ・ブラックメタルとハードコアをミックスした音楽性に仕上がった。デスコアにも似たブレイクダウンを挿入するし、ニューメタルのようなラップパートもある。スクリームやグロウル、クリーンと自在に行き交うヴォーカルのスタイルは、異様なテンションに満ちている。「Forbidden Patterns」は、暗いトレモロの反復に、乾いた疾走感と伸びやかなクリーンヴォーカルを足し、ブラックメタルらしい絶叫とブラストビートを混ぜて駆け抜ける。「Just Stay at Home」は、邪悪で叙情的なキーボードがスラッシーに刻むリフやトレモロに絡んで、心地好い激しさを作る。

Déhà

Contrasts II	ベルギー
自主制作	2020

メタルに限らず、様々なジャンルの作品を異様な早さでリリースしているが、本作はベーシックなブラックゲイズを表現している。繊細なトーンのトレモロや、悲愴感に溢れたヴォーカルの絶叫は、デプレッシヴ・ブラックに近い。Austere のカバーを含めた 4 曲で 60 分と大曲志向だが、豪快なドラムのアグレッションで、長さを感じさせない。「Hole」は、悲嘆に暮れるトレモロを荒々しく踏み続けるドラムに乗せ、陰鬱なメロディーや悲痛な絶叫ヴォーカルを聴かせる、約 20 分の黒々とした旅路だ。「Bliss」は、寂しげなアルペジオ、Silencer を彷彿させる発狂ヴォーカルや、沈み込む叙情を弾くギターと、聴きどころが多い。

Déhà

Obstruct	ベルギー
自主制作	2020

ブラックメタルの要素をギターに残しているのは『IDONTWANNABESURROUNDED』と同じだが、こちらはポストパンクに思い切り寄せている。四つ打ちを基調とする踊れるドラムや、抑制された低音ヴォーカルは、Bauhaus や Depeche Mode のようだ。「In darkness submerged」は、ゆっくり揺らめくトレモロアームや、淡々としたリズムで作る退廃的な雰囲気の中、Peter Murphy になりきったヴォーカルが、淡白に歌い上げる。「Cause of it all」は、リズミカルに刻まれるリフに被さる不穏なディストーションに、陰鬱なブラックメタルを感じさせるポップな曲だ。

Déhà

A Luminous Constant	ベルギー
自主制作	2021

ポストパンクに寄せた前作とも、従来の彼の作品とも異なり、ポストロックに連なる作品。彼曰く、「最もハッピーなアルバム」とのこと。ハーシュヴォーカルではなくクリーンヴォーカル主体、激しさよりも美しさを追求した演奏で Sigur Rós に近い雰囲気。ドラムやギターはメタルの強度を保持しているため、Moonsorrow を参照した雄々しさもある。これまで以上に光を感じさせるメロディーは開放的で風通しが良く、3 曲で 40 分を超える収録時間でも聴き疲れない。「Let the sun go down」は、柔らかなメロディーを圧のあるトレモロで美しく響かせ、朗々とした歌声と悲壮なスクリームが映えるドラマチックな曲。

Déhà

Summer Time MMXXI	ベルギー
自主制作	2021

スタジオの運営費を賄うため 2021 年の夏に制作した 6 枚のアルバムを
まとめた 3 時間に及ぶコンピレーション作品だが、投げ銭方式。6 枚で
1 つの作品で、それぞれ独立したカラーを持つ。デプレッシヴ・ブラッ
クメタルを貫く『Summertime Depression』、絶望的で荒々しさを描
いた『Introspection』だけでも 70 分に迫る収録時間。VaathV という
人物とコラボレーションしたフューネラル・ドゥーム風の『Saraph』、
Norwald の Patri Grief と制作した『Apocalepse』でメロデスに近い
モダンな攻撃性でキャッチーにまとめるなど、変わらぬレンジの広さを見
せつける大作だ。

Déhà & Marla Van Horn

Earth and Her Decay	ベルギー
Burning World Records	2022

シンガーでマルチに活動する Marla Van Horn とのコラボレーションア
ルバム。Burning World Records からリリースした。フューネラル・
ドゥームやポストメタルを軸に、シューゲイザーやアンビエントから抽
出した美麗なメロディーを聴かせる作品だ。ゆったりしたテンポや重厚
なギターは、Déhà と Marla のデュエットをより美しく映えさせる。
「Nowhere」は、音数を減らしたドラムの隙間を漂うようなヴォーカル、
ブラックゲイズに通じるトレモロが悲哀に寄り添うように響く。「White
Blood」は、静謐で優美なトレモロや優しい歌声の隙間から、荘厳なギター
の高揚感や壮絶な絶叫が轟く曲。

Déhà インタビュー

Q：あなたはかつては DunkelNacht や
Silver Knife など、非常に多くのプロジェ
クトに携わっていますが、メインに動かして
いるのは Déhà ですか？

A：ある意味ではそうだね。音楽的にもスタ
イル的にも限界がないと決めたのが Déhà
なんだ。音楽に必要な全ての自由を与えてく
れているよ。

Q：そもそも音楽、そしてブラックメタルと
はどのようにして出会い、Déhà を始めよう
と思ったのですか？

A：ブラックメタルには、15 歳の少し前に
Marduk で出会ったんだ。黒い神の賛美。
それは僕にとって完璧なものだったよ。暴力
的で、激しくて……でも、メロディーの舞踏
と切迫した運命を感じさせるものだった。僕
はそれが大好きだったよ。

Déhà は……、それは 2018 年のことだ
ね。僕はバンドに悩まされてたんだ。新しい
音楽のために新しいバンドを作る。または異
なるスタイル……。とても悩んだ。だから、
これは僕がやりたいことをやる「僕の」バン
ドだと決めたのさ。

Q：2018 年に『Halo』、そして『４５６』
をリリースしていますよね。最初の段階から
幅の広さに驚きましたが、元々 1 年に 2 枚
は出すと決めていたのですか？

A：そうではなくて。単に自分自身を解放し
ただけなんだよ。振り返ってみると、『４５
６』のようにフィジカル・リリースに値する
アルバムもあって、将来的にはそうなるかも
しれないね。僕はこれらのアルバムを完成さ
せ、リリースすることで区切りをつける必要
があるんだ。デジタルの時代はこの問題に役

立つからね。

Q：日本でも、あなたの存在は知られはじめています。驚異的なペースで驚異的なクオリティの作品を作る奴がいる、というような。確かにあなたのペースは凄まじく早いですが、作品を作る際はざっくり方向性を決めてから曲を書くのですか？　それとも今まで溜めたマテリアルから発掘する感じですか？

A：日本のみんなが僕のことを少しでも知ってくれていると思うと、本当に嬉しいな。僕はこれまで、日本文化を本当によく理解してきたよ。日本文化は本当に不思議なものだね。何かを始めようとする時……。僕はあまり知らないんだよね。何事も、あっという間にスタイルが変わってしまうもので。僕はただ流れに身を任せているだけで、時には過去のデモの蓄積に戻ることもある、うん、そんな時もあるね。

Q：あなたの作品には、凄く長い旅路の1曲のみのアルバムも多々ありますよね。このようなアルバムは、あなたの精神的なジャムセッションのように広がっていくのですか？

A：グラインドコアやパワー・ヴァイオレンスの超高速曲が短い曲であることは明らかだし、ポップスやメインストリームの音楽でもそうだけど、僕は挑戦を求めているんだ。喜ばせるために音楽を作っているのではなくて、ほとんどの場合、感情的なラインを旅するようなものなので、リスナーに挑戦しているんだよ。

Q：私が興味深く感じたのは、カバーアルバム『Pandechristmas』で、様々なカバーが実にカラフルかつグロテスクで興奮しました。選曲は結構意外なものが多かったのですが、これはあなたが実際に聴いてきたものですか？

A：その曲に親近感を持てるかどうかで評価は変わるけど、古い曲の持つ力を忘れたり否定したりすることはできないし、「踊れる」ということがいかに素晴らしいことかということもわかるよね。全てが悲観的なものでは

ないよ。

Q：あなたは Silver Knife にも在籍していますよね。プロデューサーとしても携わっていますが、どのような経緯でこのバンドになったのですか？

A：Silver Knife は「友情」をテーマにしているよ。Hans、Nicky、Pierre と僕は何年も同じサークルにいて、一緒に何かを作ろうと決めたのはその頃だね。僕らはこの「超越的なメランコリー」が大好きなので、ベストを尽くしたんだ。そして、僕はできる限りすべてをプロデュースする傾向にあるんだけど、僕らのファーストアルバムをマスタリングしてくれた Mare Cognitum の Jake を忘れることはできないね。

Q：さて、あなたは素晴らしいプロジェクトをいくつも抱えて、さらに Déhà でも膨大な数をリリースしています。Déhà の自由さは他に類を見ないものですが、あなたに影響を与えた、または好きな音楽アルバムを5枚ほど教えてください。

A：
・Pink Floyd『Wish You Were Here』
・Dr.Dre『The Chronic & Chronic 2001』
・Burzum『Hvis Lyset Tar Odd』
・Shape of Despair『Shades of... 』
・Dissection『Storm of the Light's Bane』
何十枚もの素晴らしいアルバムの中から……（僕はヒップホップの大ファンなんだ。何年も前からお気に入りのスタイルだよ）。

Q：Déhà のアルバムの数は非常に膨大で、ジャンルも多岐にわたります。仮にあなたの作品から3枚のマスターピースを選ぶならば、どれになりますか？

A：うーん、どうしても選ばないといけないのなら、『Cruel Words』『How to Despise Humanity in 7 Lessons and a Half』『Of Fire and Infinity』と言いたいところだけど『４５６』と

『Contrasts II』も加えさせてほしい。

Q：Déha でライヴパフォーマンスを行うことや、予定はありますか？

A：そうしたいとは思っているんだ。問題は、完璧なラインナップを見つけなければならないことと、アルバムによっては演奏するにはサンプルが多すぎるということだよね。僕は、家でヘッドフォンを使って演奏するのと同じような素晴らしい体験をしたいと思っているんだ。だから、アルバムの中には、ライヴで演奏するのが難しいものもある。だけど、僕はそうしたいし、そうしようと思っているよ。

Q：音楽性は非常に自由な Déha ですが、歌詞や表現しようとしている世界観はどのようなものですか？　内省的なもの？　もしくはポリティカルなもの？

A：間違いなく内省的だよ。僕は自分の音楽が人々を助けたり、癒したり（！）できるこ

とを学んだんだ。そして、子供の頃から自分の中にある奇妙な「痛みの博物館」を通して、僕はただ音楽を通して話しているんだ。行間を読むことができれば、間違いなくポジティブなものになる。その中には、僕の人生における最悪の瞬間に由来するものもあるんだけどね。僕は音楽が助けになるべきだと信じている。そして、暴力、超越、利己主義を通して、それは可能だ。

Q：では、最後になりますが日本のファンにメッセージをお願いいたします。

A：ソーシャルメディアは全てを最悪にし、最良の解決策を無知と心の大量破壊の武器として利用している。だから、僕はどのようにしても死に向かって進むよ。もし僕が苦しまなければならないなら、それには正当な理由が必要だけど、僕はもう人のために苦しむことはない。僕らはこの世界を代表しているけど、それは良いわけじゃない。僕は自分と人々を幸せにするために、存在するかどうかに関わらず、全ての神々に最善を尽くすつもりだよ。できるかもしれないね。もしかしたら、僕はバカで怠け者なのかもしれない。何でもいいんだ。

日本のみんな：みんなはファンではなく、もっと仲良くなるための友達だ。もし僕に話しかけたいのであれば、ぜひ来てくれ。いつの日か君たちの国を訪れ、みんなの前で演奏し、ただそこにいて、その瞬間を生き、別の場所の空気を吸い、いつもいつも僕を驚かせてくれた別の「世界」を体験したいと思っている。僕はみんなのことをあまり知らないけど、ただ知りたいと思っているよ。僕は君たちの幸せを願っている。そして、君たちが幸せになり、幸福感に満たされ、最悪の存在を通しての経験が君たちを助け、君たちをますます良くしてくれることを、心から願っている。知識が全てだ。音楽を聴き、スタイルや感覚にこだわらない。心を開いて、目を開いて、もう片方の目を開いて。存在していることに感謝しよう。

Cold Body Radiation

The Great White Emptiness
Dusktone オランダ
2010

オランダの M. という人物がやっていること以外、情報が乏しい独りバンドによるデビューアルバムで、Dusktone からリリースしている。コンセプトは「過酷な世界のための心地好い音」というもの。テーマに違わず、美しく壮大なメロディーを放射するブラックゲイズで、絶叫するヴォーカルが埋没するほどのトレモロを炸裂させている。「Loss」は、バウンドするようなリズムに、コンプを上げすぎて音割れ寸前のトレモロリフと、アトモスフェリックなキーボードが、ヴォーカルと渾然一体に押し寄せてくる。「The Great White Emptiness」は、緩やかなテンポに、甘ったるい轟音を合わせた壮大なブラックゲイズだ。

Cold Body Radiation

Deer Twilight
Dusktone オランダ
2011

「鹿の夜明け」というアルバムタイトルから、自然や生物への敬意を感じられる 2 作目。前作の音圧を若干控えめにし、丁寧に奏でられるキーボードの浮遊感や、大々的に取り入れられたクリーンヴォーカルといった柔の部分が表面化している。ヴォーカルをノイズに埋没させる手法はこなれてきており、シューゲイザーへ移行してきているかのようだ。「Make Believe」は、神秘的なハーモニクスの隙間からトレモロを覗かせ、轟音とクリーンヴォーカルが混ざり合い、甘やかなシューゲイザーを聴かせる。「Concept of Forever」は、軽めのドラムで疾走し、ハーシュヴォーカルとクリーンのコーラスが際立っている。

Cold Body Radiation

I Fell into the Unknown Light
自主制作 オランダ
2019

前作や前々作でシューゲイザーへ完全に移行していたが、本作はほんの少しアトモスフェリック・ブラックの要素を戻している。クリーンヴォーカル主体だが、荒さのある疾走感は、An Autumn for Crippled Children に寄せている。「Storm」は、透き通ったキーボードで作り出すアンビエントに、音割れしそうな音圧のトレモロリフという、アトモスフェリック・ブラックに近い演奏をバックに、クリーンヴォーカルが揺らめいている。「Into Nothing」は、ほぼノンビートでたゆたう淡いメロディーやヴォーカルを、浮遊感のあるキーボードとギターノイズで築いたドリーミーな轟音で、覆い隠している。

Desolate Fields

Past Apocalyptic Dates
自主制作 オランダ
2016

オランダのヘンゲローで活動する 5 人組の唯一作。In the Woods... のライヴメンバーでもある Alex Weisbeek がギターとヴォーカルで在籍する。カバーアートは Frevarometalpics というメタル専門の写真家によるもの。本作は、陰鬱なシューゲイザーといった趣のトレモロに、輪郭のはっきりしたリフやストップ & ゴーを繰り返すドラムによるアグレッションを混ぜたスタイルだ。「Enviro」は、暗いアルペジオの叙情的な幕開けに反して、厳つい咆哮やフレットレスベースのようによく動くベースといった要素が攻撃的に迫る、ブラックゲイズとプログレッシヴ・デスメタルをミックスしたような曲だ。

Fluisteraars

Bloem	オランダ
Eisenwald	2020

オランダのヘルターランド出身の2人組で、元は、黒々としたプリミティヴ・ブラックを演奏していた。本作は、粗野なブラックメタルとしての体裁を保っているが、荒々しさよりも寂寞とした感触のトレモロによるメロディックな側面を強調している。「Tere muur」は、寒々しいリフの淡々とした反復や、テンポを変えずに疾走するドラムに、Darkthrone の遺伝子を感じさせ、従来の彼らを引きずっている。「Maanruïne」は、寂しげなコードストロークで悠然としたテンポのブラックメタルだが、管楽器が合間に差し込まれ、気の遠くなるようなコーラスも含め、「月の廃墟」の意味を持つ表題に沿った荒廃した雰囲気が漂う。

Grey Aura

2: De bezwijkende deugd	オランダ
Tartarus Records、自主制作	2019

オランダのユトレヒトを拠点にするバンドで、現在は2人組。粗暴なプリミティヴ・ブラックを演奏していた前作から一転、ジャズやフュージョンの要素を組み込んだスタイルに変化した。本作はアルバムではなく、発表予定の2作目のデモという位置付けだが、デモ特有のチープさは皆無だ。荒っぽいヴォーカルや、ざらついたトレモロによる粗野な側面を残していることも特色。「De drenkeling」は、ダンサブルなリズムに乾いたディストーションギターが唸りを上げる躍動感のある曲。「Sierlijke schaduwmond」は、絶叫と語りを駆使し、ジャジーなドラムの静寂や爆走を演出に使った、寸劇のようなブラックメタルだ。

Grey Aura

Zwart Vierkant	オランダ
Onism Productions、Kunstlicht	2021

デモアルバム『2: De bezwijkende deugd』の正式な作品としてリリースした2作目。大半は曲名が異なる上、趣が変わっている曲もあり、どこまでデモの素材を使用しているのかは不明。Terzij de Horde の Joost Vervoort がヴォーカルで参加している他、カスタネットやトランペット奏者が客演。ジャズやシャンソンのような雰囲気、リズムを駆使した独特の音楽性に昇華している作品だ。「Maria Segovia」は、艶かしい管楽器や忙しないカスタネットで織り成す独創的な空気に鬱々としたトレモロや振り絞ったスクリーム・ヴォーカルを乗せ、動と静を頻繁に行き交うドラマチックな曲。

Håpløshet

Håpløshet	オランダ
自主制作	2020

デスコアバンドみたいなロゴが目を引くオランダのグラテム出身の独りバンド。デジタルのみのリリースだが Bandcamp ではなく Spotify や Apple Music などサブスク限定配信。本作は1時間32分という大ボリュームで、ブラックメタルとドゥームメタル、ポストロックをミックスした作品だ。数曲を除いて大半の楽曲がインストゥルメンタル。デプレッシヴ・ブラックよりも Korn 周辺のニューメタルに近い太いグルーヴで聴かせる陰鬱な曲が並ぶ。「Dem, den fridløse」は、重苦しいギターとやけに生々しく速いドラムを際立たせて、くぐもった苦鳴のようなヴォーカルが淡々と響くブルータルなブラック。

Laster

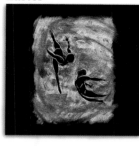

Ons vrije fatum	オランダ
Dunkelheit Produktionen	2017

オランダのユトレヒト出身で、Silver Knife や Vuur & Zijde のメンバーを擁する、不気味な仮面を被ったバンド。元は大曲志向のデプレッシヴ・ブラックだった。本作は陰鬱さを残し、前衛的なギターフレーズや、ポストパンクに通じる耽美さ、ジャジーなリズムセクションで、独特な個性を持つ。「Ons vrije fatum」は、悲愴なトレモロを暴虐的に掻き鳴らし、変則的なドラムや、悪鬼のようなヴォーカルとコーラスが、爽やかな疾走感で駆け抜ける。「De roes na」は、繊細なリズムアプローチと豪快なドラムに悲鳴と儚い叙情性を織るリフや、艶かしいギターソロも相俟って、恍惚とした雰囲気がある。

Laster

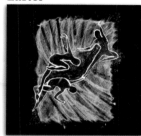

Het wassen oog	オランダ
Prophecy Productions	2019

前作以上に凝ったリズムアプローチ、よりメランコリックになった叙情性、躁鬱激しい妖艶なリフワークを盛り込み、前衛的な要素を強めた。タイトルは「洗眼」を意味する。複雑に入り組むドラムと退廃的なメロディーは、酷薄な叫び声や不気味な呪詛、無機質で堂々とした歌を駆使するヴォーカルを際立たせる。「Zomersneeuw」は、朗々として濁りのない歌声の民謡みたいな節回し、詩情を感じる澄んだトレモロリフを四つ打ちのポストパンクで展開し、暴虐的な爆走に雪崩れ込む。「Zinsbetovering」は、ゴリっとしたベースラインやブラストビートで不協和音リフを牽引し、クワイアにも似たトレモロの壮大さが、耳を引く。

Noctambulist

Noctambulist I: Elegieën	オランダ
Northern Silence Productions	2021

オランダのティルブルフで結成した5人組のデビューアルバム。Northern Silence Productions から発表した。アメリカの同名バンドが近い時期にアルバムを出しているため、混同しやすい。表題はオランダ語で「エレジー」の意。Laster の Wessel Damiaen がミキシングで参加。緩急をつけたドラムでダイナミックに展開し、残響美しいトレモロで切なさを強調する Harakiri for the Sky に通じるスタイルだ。「Vreugd」は、神経を障るようなトレモロでデプレッシヴ・ブラックに似た陰鬱さを漂わせるが、疾走と共にほのかな明るさを見出せるブラックゲイズを表現している。

Sky's Pavilion

Summers Incantations	オランダ
自主制作	2014

オランダのスキーダムで活動していた3人組による唯一作。既に解散している。デジタルのみリリース。EP サイズだが、フルレングス扱いのようだ。Deafheaven、Ghost Bath、Liturgy からの影響を公言しており、音量のバランスを無視した激情ハードコアをベースにトレモロの哀愁や衝動的なドラムが前に出たスタイル。お世辞にも良いとは言えないプロダクションだが、差し込まれる静寂パートには、ジャズやポストロックを参照した雰囲気がある。「Goldenrod」は、ノイジーなギターや前のめるドラムに負けじと激情的な絶叫が迸り、メランコリックなメロディーで鬱々とした感情を表現した荒々しいブラックゲイズ。

Terzij de Horde

Self	オランダ
Consouling Sounds	2015

オランダのユトレヒト出身で、Liar Liar Cross on Fire から改名した。Vuur & Zijde の Richard Japenga が在籍する。バンド名は「大群を阻止する」という意味で、オランダの詩人 Hendrik Marsman の『Einde』という詩に由来する。ハードコア由来の衝動的な咆哮や、高音域のトレモロで儚く冷たいメロディーを放射するブラックメタルを演奏する。ドゥームメタルに由来する重厚なブレイクを挟むなど、Tombs を彷彿させる音楽性だ。「Averoas」は、ミドルテンポの重苦しいグルーヴに、透き通ったトレモロ、激情と威圧を切り替えるヴォーカルが混沌とした表情を加える。

Ande

Bos	ベルギー
Naturmacht Productions	2021

ベルギーのビルゼンで活動する Jimmy Christiaens による独りバンドの4作目。通常版とトールサイズの限定仕様の2種類のCDが存在する。瑞々しいカバーアートは Hester という写真家によるもの。表題はフラマン語で「林・木立」。プリミティヴ・ブラックとしてスタートし、徐々にアトモスフェリックな雰囲気を増大、ブラックゲイズに連なる淡さが際立つスタイルへ移行した作品だ。「Vogelvlucht」は、強靭なドラムとノイジーなギターに夜の森の音をサンプリングし、優しいトレモロが広がる曲。「Mijn Hart」は、丁寧なアルペジオから暴力的な疾走を織り込み、透明なメロディーが美しいブラックメタル。

Ande

Vehemence	ベルギー
Naturmacht Productions	2022

Ultha の Andy Rosczyk がミックスを手掛けている5作目。テーマは「人生を取り巻く環境や感情、美しさと知識の獲得」というパーソナルなもの。前作より荒々しいプロダクションで録られており、初期のプリミティヴ・ブラックメタルの素地が顔を出している。粗暴さに相克するように、冷ややかなメランコリーを付与しているアトモスフェリックな雰囲気が強い作品だ。「Coherence」は、ばたついたドラムとがなり声でブラックメタルらしい粗暴さを出し、悲哀の滲んだトレモロの美しさがコントラストを作る12分の大作。「Density」は、吐き捨てるヴォーカルと分厚いトレモロがアグレッションと叙情性を交錯させる曲。

Deuil

Shock / Deny	ベルギー
Consouling Sounds	2015

ベルギーのリエージュ出身のバンドで、バンド名はフランス語で「喪に服す」という意味。本作は、アトモスフェリック・ブラックの壮大なサウンドスケープに、ひしゃげたトレモロやヴォーカルの邪悪さをブレンドする音楽性。2曲で30分と大曲主義だが、ノイズやヴォーカルの器用な歌唱法で、飽きさせない工夫が見られる。「Shock」は、不気味な息遣いやがなりたてるヴォーカルに、冷たいトレモロと疾走するドラムを取り入れ、静寂と激情を行き交う。「Deny...」は、無機質でノイジーなリフを中心に置き、陰鬱でスロウなパートと、Deafheaven に近いトレモロの華やかさを放射するブラックゲイズのスイッチで、起伏を作っている。

Drawn into Descent

The Endless Endeavour
Avantgarde Music　ベルギー　2019

ベルギー・アントワープで活動するバンドで、絶望感の強い陰鬱なブラックメタルを聴かせる。悲鳴のような甲高い絶叫は、デプレッシヴ・ブラックによくあるスタイル。ギターの残響でアトモスフェリックな空間を作り出す演奏は、良好なプロダクションの影響で澄んだ闇のようだ。長尺志向だが、巧みなリズムチェンジで起伏を作るため、垂れ流しになっていない。「Dystopia」は、タイトル通り退廃的で、分厚いトレモロによるハーモニーと心地好い疾走感がある。「The Endless Endeavour」は、美しくメランコリックなスローパートと、メロディックな爆走をスイッチさせることで、暗く倒錯的な雰囲気を練り上げている。

Emptiness

Nothing but the Whole
Dark Descent Records　ベルギー　2014

Enthroned の Olve Lomer-Wilbers を中心に結成され、ベルギーのブリュッセルを拠点に活動している。初期は Enthroned に近いメロディック・ブラックだった。本作から、インダストリアルやニューウェイヴを取り入れ、Blut Aus Nord を思わせる作風へと大胆な変化を遂げた。「Nothing but the Whole」は、暗黒的な雰囲気でソリッドなリフをこねくり回し、暴走しないドラムによるグルーヴが、じわじわと迫る。「Lowland」は、複雑さを極めたドラムのアグレッションや、ダークで浮遊感のあるギターと怒れるヴォーカルが混ざり合い、幻惑的なブラックメタルを聴かせる。

Emptiness

Not for Music
Season of Mist　ベルギー　2017

前作の暗黒的なブラックメタルをさらに追求した5作目。元 Marilyn Manson の Jeordie White がプロデュースし、Guns'N'Roses や Nine Inch Nails で知られる Sean Beavan がミックスを手掛けている。彼らの影響か、メタル然とした演奏から距離を置き、より前衛的で、よりニューウェイヴに近くなった。「Meat Heart」は、陰鬱なシンセサイザーの揺らめきの美しさと、退廃的な気だるいリフで、じっくり真綿で首を絞めるような恐怖感を作り上げる。「Ever」は、不穏なキーボードによる暗い雰囲気がサイケデリックなギターリフと合わさって、ダークな Suede といった趣。

Hamelin

Hamelin
Wolves of Hades Records　ベルギー　2019

ハーメルンを名に冠した、ベルギーのアールスコートで活動する4人組の EP。ベルギーのスラッシュメタル Bloodrocuted のメンバーだった Jason Bond を擁する。ピアノの物悲しさにトレモロリフを合わせた、アトモスフェリック・ブラックを下地に敷く。「Below the Waves」は、気の遠くなるキーボードの儚さ、絶叫とブリザードのようなトレモロによるメロディック・ブラック、ツタツタと小気味良いドラムや悲しいピアノと、様々な展開を丁寧に構築する。「Nadir」は、澄んだ陰鬱なメロディーを根底に、暴虐的に疾走するブラックメタルと、爽やかなクリーンヴォーカルを取り入れたポストパンクが交錯する。

Oathbreaker

Eros|Anteros　　　　　　　　　　　　　　　　　　　　ベルギー
Deathwish Inc.　　　　　　　　　　　　　　　　　　　　　2013

女性ヴォーカル Caro Tanghe をフロントに据えた、ベルギーはヘント出身のバンドによる 2 作目。Converge の Jacob Bannon 主宰のDeathwish Inc. からリリースした。Amenra や Wiegedood のメンバーが在籍する。前作ではハードコア・パンクを演奏していたが、本作はそこに陰鬱なトレモロを注入した作品だ。「Upheaval」は、邪悪で冷たいトレモロと性急なドラムによるアグレッションが暴れ回る、パンクとブラックメタルを折衷した曲だ。「Offer aan de leegte」は、重く粘り気のあるベースやドラムに、不穏なリフや絶叫がまとわりつく、スラッジを聴かせる。

Oathbreaker

Rheia　　　　　　　　　　　　　　　　　　　　　　　　ベルギー
Deathwish Inc.　　　　　　　　　　　　　　　　　　　　　2016

ブラックメタルの要素を格段に押し広げた 3 作目。ミックスとマスタリングに、Deafheaven を手掛けた Jack Shirley を迎えた。ハードコアの勢いを残したまま、儚く美しいトレモロの轟音が特徴的だ。ヒステリックな絶叫だけでなく、伸びやかな澄んだクリーンを要所要所に配置することにより、芳醇なヴォーカルパートを印象づける。「Stay Here / Accroche-Moi」は、バスルームで録音したような残響が神秘的に響く、アコースティックな弾き語りだ。「Where I Live」は、高音域のトレモロで表現する淡い叙情に激情ヴォーカルが映える、ブラックゲイズとスラッジを合わせたような曲だ。

Soul Dissolution

Stardust　　　　　　　　　　　　　　　　　　　　　　ベルギー
Black Lion Records　　　　　　　　　　　　　　　　　　　2018

ベルギーのバンドで、デスメタルやメロデスで有名なレーベル Black Lion Records からリリースした。モダンで、ゲイン高めのハードな音質に、まず耳がいく。メランコリックなギターフレーズを強調した「Circle of Torment」や、適度な疾走と沈み込むパートで壮大さを演出する「Stardust」は、お手本的なブラックゲイズ。どの曲も、温かさがぴったり寄り添ってくれ、ブラックメタル特有の寒々しさは本作になく、Skyforest に近い音楽性だ。ざらついた荒いギターが、テンポのいいドラムと並走する「The Last Farewell」でも、メロディーのあまりの優しさに、ジャケット通り満天の星空を想像する。

Soul Grip

Not Ever　　　　　　　　　　　　　　　　　　　　　　ベルギー
自主制作、Consouling Sound　　　　　　　　　　　　　　　2018

2020 年に解散したベルギーはヘント出身のバンドによるデビューアルバム。Oathbreaker の元ライヴメンバー Joren De Roeck、ブラッケンド・ハードコア Hexis のライヴメンバーだった Gert Stals が在籍していた。スラッジ由来の足を取られる重たさや、緩急自在だが衝動的なドラムを取り入れ、Celeste や Hexis からの影響を大きく感じられるブラッケンド・ハードコアの側面が強い。邪悪なメロディーを荘厳なタッチで聴かせるトレモロの美しさや、ブラストビートで荒々しく爆走する「Grav I」、2 分間の中に勢いあるハードコアとダーク・アンビエントが同居する「Grav II」は組曲だ。

Wiegedood

De doden hebben het goed
Consouling Sounds
ベルギー
2015

Oathbreaker のメンバー 3 人により結成された、ベルギーのヘントで活動するバンド。トレモロピッキングを全面に押し出し、緩急はあるが決して緩まないドラムの爆走を本懐にした、Krallice に類する音楽性だ。直訳すると「死者は元気です」という表題通り、陰鬱だがハイテンションのブラックメタルを演奏している。「Svanesang」は、慟哭するトレモロで邪悪さを表現し、荒っぽく豪快なドラムの疾走感で押し切るが、感傷的なアコースティックパートを設けた、劇的な曲だ。「Onder gaan」は、哀切を垂れ流すトレモロに絶叫が被さり、適度な重厚感や福音的なメロディーを放射するリフの美しさが際立っている。

Wiegedood

De doden hebben het goed II
Consouling Sounds
ベルギー
2017

暗澹とした悲痛なトレモロはより増大し、緻密なリズムセクションに磨きをかけた 2 作目。前作よりもリフの輪郭は明瞭になり、衝動的なヴォーカルの影響か、ネオクラストや激情ハードコアの素養をさらけ出した作品に仕上がった。その上でブラックメタルの暴虐性や荒涼とした叙情性は、きっちり保たれているのが特筆すべき点だ。「Ontzieling」は、荒れ狂うバスドラムやハイハット、邪悪さを増したリフワークやがなるヴォーカルが、聴く者を徹底的に蹂躙するブラックメタル。「De Doden Hebben Het Goed II」は、物憂げなトーンのトレモロリフを執拗に反復させ、騒がしい絶叫が虚しく響き渡る呪術的な曲だ。

Wiegedood

De doden hebben het goed III
Century Media Records
ベルギー
2018

前作よりも格段にソリッドになった 3 作目。Amebix と Marduk が合わさったようなブルータルなブラックメタルで、プロダクションの感触はネオクラストに近い。ヴォーカルの血管が切れそうなハイテンションぶりも健在で、情動的な雰囲気の醸成に、一役買っている。「Prowl」は、聴く者を滅多刺しするような攻撃的なドラムと切れ味鋭いリフワークに、Attila Csihar みたいな呪詛や高音域の喚き声を駆使するヴォーカルが、殺伐とした演奏を一層盛り立てる。「Parool」は、高速で刻むリフや禍々しいメロディーによるアグレッションを軸に、衝動的なヴォーカルが映える、クラストとブラックメタルの理想的な融合だ。

Wiegedood

There's Always Blood at the End of the Road
Century Media Records
ベルギー
2022

前作に続き Century Media Records から発表した 4 作目。Jack Shirley がミキシングとマスタリングを担当。大作志向だった前作までと趣を変え、9 曲 44 分とコンパクトになった。分離のいい音像で爆走主体のメロディック・ブラックメタル然としたスタイルのため聴きづらさはない。だが、執拗に同じフレーズを反復して酩酊感を煽るクラウトロックに通じる実験的な要素がある作品だ。「FN SCAR 16」は、雷撃のようなトレモロによる鬱々としたリフの反復、小節ごとに若干フレーズを変えることで変化をつける曲。「Carousel」は、悲壮的なディストーションの圧と正気を失った絶叫が陰々滅々とした気分に陥らせる。

ザ・フェンズ湿地帯にある自身の原風景を音で表現するパイオニア

Fen

⦿ Skaldic Curse、Lost Legion、Fellwarden、De Arma、Crom Dubh、The Clan of Steel
⦿ 2005 〜　　　　　　　　　　　　　　⊕ イギリス、ロンドン
⦿ The Watcher、Grungyn、JG

プログレッシヴ・ブラックメタルバンド Skaldic Curse にいた Frank Allain こと The Watcher（ギター／ヴォーカル）と Adam Allain こと Grungyn（ベース／ヴォーカル）を中心に、2006 年ロンドンにて結成。他に 2 人のメンバーを加え、2007 年に EP『Ancient Sorrow』で Northern Silence Productions からデビュー。2009 年、EP の続編となるアルバム『The Malediction Fields』を Code666 Records からリリースし、アルバムデビューした。当時はポスト・ブラックメタルという言葉は定着しておらず、手探りで Slowdive らシューゲイザーをブラックメタルに組み込む手法を模索していた。2011 年には代表作に挙げられる『Epoch』を発表し、その名を知らしめた。初期 2 作品は、ディスクユニオンから日本流通盤もリリースしている。音楽性の拡張を目指した『Dustwalker』（2013）、The Watcher のプログレッシヴ・ロックへの憧憬を発露した『Carrion Skies』（2014）、『Winter』（2017）と順調に作品を重ねていく。『The Dead Light』（2019）は心機一転が図られ、『The Malediction Fields』に近い衝動を込めているとのこと。Fen という名前は、The Watcher と Grungyn が少年時代を過ごした東イングランドにある湿地帯ザ・フェンズから取られており、The Watcher 曰く自分たちのルーツそのものが込められている。メンバーチェンジを繰り返しているが、Fen の中核は The Watcher と Grungyn の 2 人。アートワークは全作品を通して Grungyn が担当している。The Watcher は Fellwarden でも活躍している。

Fen

The Malediction Fields
Code666 Records — イギリス — 2009

Code666 Records からリリースしたデビューアルバム。ディスクユニオンから帯と解説つきの日本盤が出ている。本作はデビュー EP『Ancient Sorrow』と姉妹作にあたる。土着的なブラックメタルにシューゲイザーを大々的に導入する手法はすでに確立しており、淡いクリーンヴォーカルのコーラスは Slowdive や The Jesus & Mary Chain を彷彿させる。フォーキッシュだが可憐で美しいメロディーが特徴的な作品になっている。「Colossal Voids」は、鬱蒼とした沼地を想起するキーボードに淡く溶けるような歌声を漂わせ、強いパッセージのトレモロや絶叫が轟音に変貌して迫るドラマチックな曲。

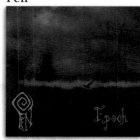

Epoch
Code666 Records — イギリス — 2011

前作『The Malediction Fields』の続編的な 2 作目。バンドの首魁 The Watcher が、ミキシングとプロデュースまで担当。本作も、ディスクユニオンから日本版がリリースされている。シューゲイザーやポストロックを取り入れたブラックメタルを拡張し、繊細な静寂から凶暴な喧騒への移り変わりが印象的な作品だ。「Epoch」は、トレモロの揺らぎ、タップを多用したジャジーなリズムや肉感的なドラミングを駆使し、幻想的な湿地帯の情景を浮き彫りにする。「Half-Light Eternal」は、牧歌的なメロディーを柔らかなヴォーカルが歌い、時に邪悪な爆走を挟むメリハリの利いたダイナミックな曲。

Dustwalker
Code666 Records — イギリス — 2013

新たなドラマーに Derwydd を迎えた 3 作目。限定盤には、Grungyn の描いたアートブック仕様のブックレットが封入。アトモスフェリック・ブラックをベースにしているが、オルタナティヴ・メタルに近い重苦しさや悲痛な絶叫が前面に出た陰鬱な作品だ。コーラスワークにも拘りが見られ、儚い女性コーラスに狂気を感じさせる。「Hands of Dust」は、重厚なベースにメランコリックなトレモロを重ね、ミドルテンポの壮大なシューゲイザーや暴虐的な爆走が交錯する。「Wolf Sun」は、ロックンロールの軽快なビートにがなり声や穏やかな歌声、幻想的なトレモロを乗せ、ブラックゲイズとシューゲイザーの狭間を描く曲。

Carrion Skies
Code666 Records — イギリス — 2014

ミキシングとマスタリングに、Esoteric の中心人物 Greg Chandler を迎えた 4 作目。初めて外部スタッフにミックスを任せた影響か、過去作と比べて音が整理された印象だ。プリミティヴな粗さが減退した反面、トレモロの美しさにフォーカスし、アトモスフェリックなブラックメタルとしても存在感を増した。冒頭をまたがる「Our Names Written in Embers」は、幻想的なムードを崩さずジャジーな雰囲気すら湛えた「Part 1: Beacons of War」と、ストレートに爆走するメロディック・ブラック然とした「Part 2: Beacons of Sorrow」からなる組曲。

Fen

Winter	イギリス
Code666 Records	2017

Code666 Records 最後の作品で、Ulver や Paradise Lost の作品を手掛けた Jaime Gomez Arellano をプロデューサーとして迎えた 5 作目。バンドの原風景であるフェンズ湿地帯の移ろいを描くような作品だ。The Watcher の嗜好であるプログレッシヴ・ロックを色濃く反映し、アルバム全体で 1 つの組曲として構成した。「II（Penance）」は、サイケデリックな感覚を誘発するリフ、躍動するドラムや可憐なトレモロ、邪悪なメロディーがない交ぜになって展開する。「V（Death）」は、獰猛なグロウルや荒々しい疾走をベースに、開放的なコーラスや物憂げなリフが叙情的な雰囲気を添える曲。

Fen

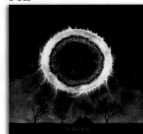

The Dead Light	イギリス
Prophecy Productions	2019

Prophecy Productions からリリースした 6 作目。Fellwarden の Havenless を新しいドラムに迎えた。プロデューサーは Conan の Chris Fielding。長大なコンセプト作だった前作と対をなす、コンパクトにまとめられた作品だ。ブラストビートの凄まじい速さで駆け抜けるドラムや短く刻むリフワークは、過去にはあまりなかった新味。前作で磨かれたプログレッシヴ・ロックの構築力は本作でも活きており、短くなった分、メリハリがより強調された。「Nebula」は、柔らかなトレモロや重たいディストーション、軽快なドラムの力強さが、ほの暗くメランコリックなメロディーを際立たせる。

Fen インタビュー

回答者 The Watcher　2021 年 2 月

Q：Fen の最初の作品は『Ancient Sorrow EP』で合っていますか？　この作品は、すでに Fen のスタイルができていると思いました。自然への尊敬や、あるいは人間の感情について。リスナーはバンドの演奏にイマジネーションをかきたてられます。この音にたどり着くきっかけや、バンドの結成の経緯、ブラックメタルと出会ったきっかけを教えてください。

A：『Ancient Sorrow』は最初の作品で、結成後すぐにレコーディングしたから、かなり時間をさかのぼることになるね。Fen になったきっかけは、2005 年の秋から冬にかけてのプロジェクトだったんだ。当時、僕はブラックメタル・シーンで起こっていた多くのことにかなり幻滅していた。当時、僕は Skaldic Curse で演奏していたんだけど、このバンドは、人間嫌い、病気、憎しみといったテーマに焦点を当てた、暴力的で不協和音のブラックメタルを制作することに集中していて、とても良かった。僕は、もっとアトモスフェリックな要素を反映したものを表現したいと感じていた。Drudkh、Negură Bunget、Ulver の初期作品のようなバンドがますます重要になってきたけど、Slowdive、Isis、The Verve、Fields of the Nephilim のようなアーティストも本当に受け入れ始めていたんだ。

僕は、これらのサウンドを合成するための素材を作り始めた。1995 年頃からブラックメタルを聴いていたけど、10 代の頃は Cradle of Filth、Emperor、Dark Funeral、Mayhem、Immortal など の古典的なバンドをかなり早くから聴いて

いた。ジャンルが発展し、激化していく中で、Arcturus や In the Woods のようなバンドを追いかけ、Blut Aus Nord や Deathspell Omega など、このジャンルをさらに発展させた新しいバンドを受け入れながら過ごしていた。１０年後の僕は、このジャンルをかなり旅した後、これらのものを「まとまった」もの、つまり定義されたものにまとめるようなものを作りたいと考えていた。

その年の冬、１人でいくつかの曲を作っていたけど、その多くは最終的にデビューアルバム『The Malediction Fields』と EP『Ancient Sorrow』を構成する素材へと発展していった。２００６年の初め、僕は当時の Skaldic Curse のドラマーとベーシストに連絡を取り、スタジオでアイデアを出し合わないかと尋ねた。当時の僕らは、大胆なアイデアもなければ、ライブをする予定もなかったしね。アトモスフェリック・ブラックメタル、ポストメタル、シューゲイザーを融合させたアイデアをジャムするという、基本に忠実な作業を行っただけ。Alcest や Ameseoeurs などの存在を知ったのは、EP をリリースした後だった。

最初の数回のセッションの雰囲気は最高だったよ。新しいエネルギーを与えてくれた。全てがうまくいった瞬間だったね。わずか２ヶ月後にデモを録音することにした。Grungyn が僕らと一緒に演奏する３回目のセッションがデモの録音だったと思う。その時に録音したものを、僕が自宅のスタジオでオーバーダビングして完成させた。１週間後くらいに Myspace に曲をアップして……。それが『Ancient Sorrow EP』になったんだ。Northern Silence はそれをリリースすることに熱心だったし、後は本当に歴史の通りだよ。そこから全てが始まったんだ。ブラックメタル、シューゲイザー、アンビエント、ポストロックを取り入れ、それをプラットフォームにして、失われた絶望的

な魂が住む荒涼とした風景の物語を伝える。フェンズ（湿地帯のこと）の暗い土壌と密接に結びついた個人的な悲哀の物語だ。

Q：ブラックメタルの歴史を横断した上で、アトモスフェリック・ブラックメタルにたどり着いたのは、興味深いです。そして、The Verve の名前が出てくるのは意外でした。言われてみれば、Fen の音楽には、「Bitter Sweet Symphony」のような壮大さがあります。それに、仰る通り、Drudkh のようなエモーションもありますよね。『The Malediction Fields』には特に感じます。優しさと激しさの二面性が Fen の魅力ですよね。『Epoch』を作った時、プレッシャーなどはありましたか？ 『The Malediction Fields』がリリースされた時、Fen のスタイルはポスト・ブラックメタルやアトモスフェリック・ブラックメタルというシーンに属されたという認識があったと思います。それに、完成度が高いアルバムでした。

A：『Epoch』の作業を始めたとき、確かにプレッシャーを感じたよ。『The Malediction Fields』の制作、レコーディング、リリースの比較的短い期間に、僕らとこのジャンルに多くのことが起こっていた。Alcest が人々の心を捉え始め、Wolves in the Throne Room が大きな支持を得て、Altar of Plagues が登場した。これらは、「ポスト」ブラックメタル／ブラックゲイズ・サウンド全体が大きな勢いを集め始めたことを意味するよね。

『The Malediction Fields』を作曲・録音したときは、非常に孤立していた。この種のブラックメタルを作っている人を他に知らなかったし、色々な意味でとても自由だった。僕たち４人は、かなり原始的なホームスタジオで、気が向いたときに録音した。君が言うように、より「繊細」なサウンドと「激しさ」を融合させたいという衝動が、僕らが実現したいことの核心だった。もちろん、ブラックメタルの多くのバンドが

すでにやっていたことではあるんだけど、よりクリーンで内省的なセクションも「メタルな瞬間」と同じくらいハードなものにしたいと思っていたんだ。ポストロックの大きなビルドアップや、Slowdive や My Bloody Valentine のようなシューゲイザーバンドに見られるような音の洗浄を取り入れた。正直なところ、僕らはこの先何が起こるのかあまり意識していなかった。『The Malediction Fields』は、ブラックゲイズが流行り始めた頃にリリースされ、一気に注目を集めたんだ。この点を考慮して、『Epoch』では、デビュー作で使ったアプローチを採用して、すべてを「大きく」することに集中した。より多くのレイヤー、より多くのビルドアップ、より多くのポストロック的な瞬間、極端なセクションをより激しくすることなどだね。素材が出来上がってくると、『The Malediction Fields』の曲よりも悲しげで高揚感のない感じになってきた。Grungyn は、このアルバムに添えられた黄昏色のイメージで素晴らしい仕事をしてくれたと思う。A5 版のアートブックは、この雰囲気のエッセンスを凝縮したようなもので、アルバムの中の音楽を完全に表現しているね。

Q：確かに、『Epoch』は Fen のスタイルをより強固にしている印象があります。ポスト・ブラックメタルやブラックゲイズに与する Fen のスタイルは、当時イギリスでは珍しかったですよね。様々なジャンルをブレンドする、という試みは Fen の強みだと思います。そして、そのブレンドはよく聴き込まないと容易に辿り着かせてくれないような。例えば、『Dustwalker』を聴いた時、Nine Inch Nails や Korn にも似た閉塞感の中で Darkthrone がセッションするような不思議な感覚がありました。『Dustwalker』には、『Epoch』を受けて、Fen のスタイルをさらに拡張して、強力にしようとした思惑はありましたか？　私は、『Dustwalker』は、Fen がより自由になったアルバムだと感じました。アートワークも、『Epoch』と『Dustwalker』はダークで荒涼としていて、神秘的な美しさがあります。

A：僕らは、ブラックゲイズ／ポスト・ブラックメタルのサウンドの中で活動を始めた最初のイギリスのアーティストの１つであることには同意するけど、その時点ではこのサブジャンル全体が定義されていなかったことを理解することが重要だね。Deafheaven のようなバンドは、『Epoch』をレコーディングした時点ではまだ結成されていなかったし、ポスト・ブラックメタル／ブラックゲイズ・ムーブメント全体の「定義」はまだ形成中だった。

『Dustwalker』はちょっとした方向転換を意味するね。２人目のキーボード奏者と別れただけでなく、僕らは同じことを繰り返す罠に警戒していた。自分たちが作るすべての曲を、自分たちのサウンドの「ミニ・ベスト・オブ」にしようとし始めていて、それ自体が予測可能になる危険性があることに気づいていた。そこで、『Dustwalker』では、それぞれの曲をできるだけ個性的なものにしようと考えた。だから、このアルバムには、ほとんど完全にクリーンで、厳しいボーカルのない曲（「Spectre」）や、その反対に非常にアグレッシブでドライヴィングな曲（「Consequence」）が含まれている。また、「The Black Sound」ではドゥーミーなサウンドを取り入れたり、「Wolf Sun」では本格的なロックスタイルを取り入れたりしている。

キーボードを使い続けない決断もした。ギター、ベース、声を使って、リヴァーブ、ディレイ、その他の空間的効果、さまざまなテクスチャー、サウンドなどのアンビエンスを織り交ぜることを試してみたかった。これは、僕らにとって非常に危険で刺激的な動きだった。僕と Grungyn には、パフォーマンスの面で自分たちを追い込まなければなら

ないという大きなプレッシャーがあったけど、同時に、クリエイティヴな全く新しい道を開くことにもなった。そういった意味で、『Dustwalker』の作曲とレコーディングのプロセスはとても新鮮で、新たな活力を与えてくれた。また、Derwydd（ドラム）をメンバーに加えたことで、バンドに新たなエネルギーが加わった。

Q：仰る通り、『Dustwalker』で試みられた自由さが、『Carrion Skies』や『Winter』に繋がっている気がします。また、『Carrion Skies』や『Winter』にはプログレッシヴ・ロックやプログレッシヴ・メタルのフィーリングが大々的に盛り込まれている印象です。Yes や King Crimson、それに Opeth というような。『Carrion Skies』以降の Fen には、よりディープなプログレッシヴ・ロックのサウンドを構築しようとする狙いが見られますが、これは意図されたものですか？『Carrion Skies』と同時期にリリースされたあなたのバンドである De Arma のデビューアルバムとも、明確に音楽性が違いますよね。De Arma には、あなたのポストパンクや The Cure へのリスペクトを感じます。De Arma を経たことで、Fen への意識が変わったというような副次効果はありましたか？

A：僕らは常にプログレッシヴ・ロックの要素を作品に取り入れようとしてきたけど、バンドが進化するにつれ、それがますます顕著になってきたのは確かだ。簡単に言うと、曲作りや演奏の面でも、聴く面でも、面白くするため。変わった拍子記号や構造的なねじれに挑戦するのは健全なことだと思う。もちろん、健全なバランスを保ちたいと思っているよ。プログレッシヴ・メタル・バンドというウサギの穴に入りすぎないようにしたいとは思っているけど、成長に合わせてプログレッシヴ・ミュージックの一部を取り入れることに問題はない。

確かに『Carrion Skies』では、この感覚がより顕著になっている。あのレコードでは、ハードヒットで紛れもない「メタル」を作ることが主な目的だったけど、ポスト・ブラックメタル／ブラックゲイズのシーンでは、多くのバンドが怒り／暗さ／激しさを取り除いた非メタルの道に流れていて、サウンドから多くのドラマや並置が奪われていると感じたんだ。このような音楽では、緊張感やコントラストがとても重要だね。『Carrion Skies』は、様々な意味で自分たちの「メタルらしさ」を「取り戻す」試みだった。大きなリフとたくさんの攻撃性を放ち、エクストリーム・メタルに沿ったものであり続けるという意思をしっかりと示したんだ。

この時点で、僕らはしっかりとしたラインナップと、何を達成したいのかという明確なヴィジョンを持っていた。このことを念頭に置いて、初めてプロのスタジオでレコーディングすることを決めたんだけど、これが大きな違いをもたらした。クリエイティヴな作業に集中力と意欲をもたらしてくれた。ハードでチャレンジングな作業で、僕ら皆、自分自身を限界まで追い込んでいたけど、結果は報われていると思う。ブラックメタル、アンビエント、ドゥーム、プログレ、シューゲイザーを合成して、紛れもなく「僕たちのもの」だと感じた。『Carrion Skies』は本当の意味での「成人式」のアルバムだと感じているんだ。ハードな印象を与えるかもしれないけど、冷たく繊細な瞬間もたくさんある。また、「Menhir - Supplicant」と「Gathering the Stones」には、僕たちの最もパワフルな2曲が収録されていて、おそらく他のどの曲よりも、僕らが影響を受けてきたすべての要素をまとめ、シームレスなものに融合させることに成功している。非常に完成度の高い、定義付けされたアルバムだ。

De Arma に関しては、僕の役割はボーカルと歌詞を提供することだけで、音楽はすべて Andreas（Armagedda、Londom、Stilla）が考えたんだよ。僕はこのムー

ブメントをとても尊敬しているし、僕や Derwydd（当時のドラマー）が多くのポストパンクスタイルの音楽（Sad Lovers and Giants、The Chameleons など）を聴いていたこともあって、この時期の作品（『Dustwalker』『Carrion Skies』）にはその要素を聴くことができる。でも、Fen のサウンドにポストパンクの要素が入ってきたのは、De Arma というよりは、この探究心からだね。もちろん、『Winter』では、プログレッシブなアプローチを全面的に取り入れたんだけど……。

Q：確かに、『Carrion Skies』はとても強力なアルバムですよね。プログレッシヴロック／メタルのフィーリングはありますが、Fen としか言いようがない個性があります。De Arma は Andreas 主体のバンドだったのですね。De Arma のロマンチックなヴォーカルのアプローチは、ファンには嬉しい発見だと思います。『Winter』にも、『Carrion Skies』と似た要素が感じられます。仰る通り、同時期のポスト・ブラックメタルやブラックゲイズと少し距離を置いた印象を受けました。ですが、聴けば聴くほど、それらは存在していて聴く人に大きなインパクトを与える作用をもたらしています。『The Dead Light』には初めて『The Malediction Fields』を聴いた時と同じような衝動を感じました。様々な旅路を経てのフレッシュな喜びというような。そういった意識はありましたか？　特に、「Witness」

や「Nebula」「Exsanguination」には新しい感覚があります。

A：僕たちにとって『Winter』は、作曲の観点から大きく前進した試みだった。基本的には１つの長い曲として構想され、従来の構造を完全に排除した完全な音楽の旅であり、その代わりに、進化するテーマやモチーフを用いた、ほとんど「古典的」な作曲のアプローチを取ることにした。フェンの暗い泥炭地の深さを連想させるような、大地の感覚に根ざした重みのある曲にしたかったんだ。その時点では（今でもそうだけど）、特にポスト・ブラックやブラックゲイズという観点から考えていたわけではないんだよ。単に『Fen』のレコードを作ることを目指していた。

だから『Winter』は、ほとんどスピリチュアルな方法で、有機的に展開されたものだった。このアルバムは本物のコンセプトアルバムであり、相互にリンクした一連の章で、死生観、悟り、死、そして精神的な再生の旅を描いている。バックグラウンドで流すようなものではないと思うよ。

この作品は、できる限り、曲がりくねった道を進んでいったので、『The Dead Light』では、異なるアプローチを取りたいと思った。より独立した、直接的な曲を作ることに挑戦した。『The Dead Light』は、僕らのメッセージを鋭く、冷たく、正確に保つことを目的としている。

また、これらのテーマは『The Malediction Fields』の中でも触れられているから、ある意味、旅が一周したような要素もあるね。

Q：Fen の世界観と言えば、バンド名の Fen は東イングランドの沼地が由来であると聞きました。その場所の、どんな魅力があなたを駆り立てましたか？　Fen のアルバムアートは、共通した風景が描かれている印象です。荒涼とした沼地を想像する美しいタッチで、Fen の世界観を象徴している感想を持

ちました。

A：確かに僕らの名前は、僕と Grungyn が育ったイースト・アングリア州のフェンに直接関係しているね。フェンとは、湿地や沼地の低地のことで、基本的には、主に水面下や海面下にあった地域で、1800 年代に耕作地を増やすために排水された場所のことだよ。平坦で荒涼としており、広い灰色の空の下に広大な黒土と農作物が広がっている、珍しい風景。時折、細い木が生えているけど、それは風が表土を削り取るのを防ぐ防風林の役割を果たしているだけ。農場や時折、村が点在しているけど、何もない「辺境」の地だね。誰もこの地を訪れないし、観光客や行楽客の目的地でもない。何日も迷子になってしまいそうな、機能的で空虚な感じのする地域だよ。

だけど、この地には、古い秘密、埋もれた記憶、忘れられた民間伝承など、荒涼とした精神的な雰囲気が漂っているように思える。孤立した雰囲気が漂っていて、少し不安になるけど、不思議と心が落ち着くんだ。これは、その土地に住んでいなければ体験できないことだ。

Q：フェンズの写真や動画を見たことがありますが、美しい場所ですね。エクストリームメタルと共に、RPG に興味を持ったとありますが、例えばどのような？　テレビゲーム、テーブルトーク、Fen の音楽には J.R.R. トールキンを彷彿とさせる要素もありますね。

A：多くのティーンエイジャーがメインストリーム（ポップミュージック、スポーツ、セレブ文化、ファッションなど）に合わない興味を持っていたように、僕も様々なゲームに傾倒してった。主にゲームワークショップの作品（『Warhammer Fantasy Battle』『Warhammer 40,000』『Epic』『Space Hulk』など）や、様々な RPG があった。『D&D』『Call of Cthulu』『World of Darkness』のゲーム（『Werewolf』など）、『マジック・ザ・ギャザリング』『Middle Earth』『The Wizards』など。10 代前半の僕にとって、ゲームは大きな存在だった。ギターを弾くようになり、エクストリーム・メタルに夢中になって、費やす時間は減ってしまったけど。多くの人がこの種のものに深い情熱を持っており、現在のイギリスのブラックメタル・シーンの多くが『Warhammer』や他の種類のファンタジー・ゲームの大愛好家であることを知っているよ。「オタク」の仕事を馬鹿にしたり、レッテルを貼ったりするのは簡単だけど、これは通常、背中にサッカー選手の名字がプリントされたポリエステルの T シャツに 100 ポンドを投じ、Coldplay を喜んで聴くような鈍感な人たちが言うことなので、その点では安心していられるね。

正直に言うと、これは僕が今でもやっていることだよ。長い間、趣味から遠ざかっていたけど、ここ数年で再び始めた。できる限りロールプレイング・キャンペーンに参加したり、友人たちと『マジック・ザ・ギャザリング』をプレイしたりしているんだ（とてもカジュアルだけど）。

Q：趣味の楽しい時間は、あっという間に過ぎるので危険ですよね。ファンタジックなテーブルトーク RPG は、日本でも人気があります。ブラックメタルの世界観はそういったゲームや伝承と高い親和性があると思います。2020 年から、世界中がパンデミックの脅威に晒されています。どんなミュージシャンにも甚大な影響を及ぼしていますが、Fen の音楽にも影響はありましたか？　ライヴはもちろんですが、レコーディングの方法など。

A：実際、イギリスとヨーロッパで 11 日間のツアーに出かけようとしていたときに、これはかなり深刻な事態だというニュースが流れてきた。1 月の時点では、それはどこか遠くて漠然としたもののように感じられたんだ。というのも、僕らはこれまでに「鳥イン

フルエンザ」や「豚インフルエンザ」などのパンデミックパニックを何度か経験してたけど、それらは特に壊滅的なものにはならなかったからね。

しかし、ツアーが近づくにつれ、これは全く別の状況であることが明らかになってきた。ツアーは3月11日にスタートする予定だったけど、その日が近づくにつれ、ニュースは刻々と悪化していった。ツアーのメインサポートバンド（Frostmoon Eclipse）はイタリア出身で、ツアー開始の前日にイタリアが封鎖されてしまったんだよ。

だから、僕らは、バンドとしてコントロールできることに集中することにした。つまり、素材を作り、曲に取り組み、可能な限りリハーサルを行うこと。幸いなことに、ここではプロのリハーサルスペースが残っているので、時々リハーサルを行うことができ、次のアルバムのための素材を準備することにエネルギーを注いでいるんだ。

Q：凄まじい経験ですね。それでも前に進むあなたの創造意欲は、頼もしいです。新しい音源は、非常に楽しみです。

原点的な質問をしたいです。ポスト・ブラックメタルというカテゴライズについて、あなたはどのように考えていますか？　また、Fen はポスト・ブラックメタルというカテゴライズから、どのように見えていると思いますか？

A：僕は「ポスト・ブラックメタル」という言葉にはまだ意味があると思う。メロディックであることは確かだけど、（勝利とは対照的に）より内省的で憂鬱なスタンスをとり、「憂鬱／自殺」というメロドラマに陥らないこと、リヴァーブ／ディレイを多用したクリーンなブレイクとビルド、クリーン・ヴォーカルとハーシュ・ヴォーカルのミックス、ロー・チューニングやスロー／グルーヴァー・パッセージの頻繁な使用などで、ブラック・メタルのスタイルがかなり定義されていると思う。叙情的／テーマ的には、ポス

ト・ブラックメタルはより哲学的／精神的なテーマを扱う傾向があるね。これが僕にとって、2021 年に進化したポスト・ブラックメタルのアプローチを定義する方法なんだ。上記の説明を見ると、Fen をポスト・ブラックメタルのバンドとして簡単に分類できると思う。多くの人がそうしているし、僕もそれに抵抗はないよ。実際、僕らはポストメタルやポストロックといったジャンルのサウンドやコンセプトを恥ずかしげもなく取り入れてた。だから、このようにカテゴライズされることに反発するのは、いささか不謹慎じゃないかな。レッテルを貼られることに敏感で、多くのアーティストは自分たちの確固たるオリジナリティを絶対的に信じているけど、実際には、本当にオリジナリティがあり、カテゴライズされないバンドは非常に稀だしね。もちろん、僕らには独自のサウンド、スタイル、アプローチがあり、それが僕らを際立たせていると信じているから、その点は誤解しないでほしい。だけど、僕はここで嘘くさい謙虚さに浸ったり、バンドを貶めようとしているわけじゃないんだ。僕らの作曲スタイルや、ブラックメタル、シューゲイザー・アンビエンス、プログレッシヴな要素のブレンドは、僕らをユニークな立場に置いていると思うけど、誰かが僕らにポスト・ブラックのラベルを貼ったとしても、気取って自己主張するような「アーティストの癇癪」を起こすつもりはないよ。

Q：誠実に答えて下さってありがとうございます。ポストブラックメタルというカテゴライズの歴史から見た場合、Fen は言葉が生まれる前の第一波の世代だと思っていたので、是非伺いたかったので。とても自由なカテゴライズだな、と一層深く思いました。
質問を変えますね。あなたの音楽の旅の中で、最も影響を与えたレコードを教えてください。メタルのレコードと、それ以外の音楽のレコードで、一枚ずつ。ベストオブベストのレコードです。

A：そうだね。少し頭でっかちに聞こえるかもしれないけど、僕らは、ブラックメタルにポストロックのアイデアを使うことを受け入れ、認めた最初の「波」の一部だったから、その意味で、僕らはブラックメタルのサブジャンルとなったものを定義する手助けをしたと考えている。では、僕自身の音楽の旅で最も影響を受けたレコードは？ メタルと非メタルの両方？ そうだね。OK、メタルでは、この言葉の定義を少し拡大しているかもしれないけど、気にしないよ。Whitesnake の『1987』を言わなければならないよね。絶対的なハード・ロック・モンスターで、僕がラウド・ギター、スクリーミング・ボーカルの狂気の音楽への道を歩み始めた全ての理由。確かにイメージ的には、当時のバンドは大きな髪の毛やフリルのついたシャツなど、ちょっと馬鹿げていたけど（しかし、2021 年の Tribulation のようなバンドと比べて、彼らが本当に馬鹿げていると思う？ ジョン・サイクスのギター・トーンは今でも基準となっていて、とても重く、リフは巨大で（「Still of the Night」「Bad Boys」「Crying in the Rain」）……。ドラムは轟音で、ベースはゴツゴツしていて、ヴォーカルは完全に胸を打つ。「Still of the Night」の中間部はほとんど準宗教的な体験で、それ以来一度も振り返ることはなかった。僕が毎日感謝している絶対的なクラシックだよ。

非メタルについては、これは難しい質問だね。僕のギターへの取り組み方に純粋に影響を与えたものといえば、Slowdive の『Souvlaki』じゃないかな。6 本の弦とたくさんのエフェクターを使って何ができるのか、その可能性に心を開かされた。レディング出身の無邪気な子供たちが、このような壁のように揺らめくサウンドを作り出すことができるというのは、僕にとって非常に大きな発見だった。何よりも、ギターの音色には、ヘヴィなディストーションと時折使用する

ディレイ以外にも多くの要素があるということが強調されていた。このアプローチと「音の壁」のようなブラックメタルのゲイン／レイヤーを融合させるという展望は、Fen の音楽的衝動の原動力の 1 つであり、それは今でも僕らが追求し、磨いているものなんだ。

Q：なるほど、Fen の音楽に時々クラシックなハードロックのタッチが入ってくるように感じます。Whitesnake の影響があるのですね。非常に納得しました。Slowdive も人気がありますね。過去にネット上のインタビューで Neige が Slowdive を挙げているのも目にしました。My Bloody Valentine よりも、少しハードだからかもしれませんね。興味深いお話をありがとうございます。最後の質問となります。Fen の音楽はとても深く、イマジネーション溢れる世界観だと思います。歌詞もサタニズムというよりは、アニミズムや自然への憧憬、畏怖といったものだと考えています。あなたは、Fen の音楽を、どのように解釈してほしいですか？

A：正直なところ、僕らが書く曲の多くは、リスナーの解釈に委ねられているよ。歌詞のテーマの多くは、存在、死、憂鬱、人間の無数の失敗といったものについての極めて個人的な考察なんだ。リスナーとの感情的なつながりを共鳴させることができれば、それが僕にとって絶対的な鍵となる。だから、一神教の独断的な自滅（「Rendered in Onyx」）、宇宙の巨大な破壊力（「Breath of Void」）、あるいは真実を求めながらも、わずかなヒントに直面すると無知の中に逃げ込んでしまう人間の性質（「Nebula」）などのテーマを語る一方で、これらの作品に対するリスナー自身の個人的な観察や解釈は、むしろ歓迎されるべきものなんだ。

このように、僕らの音楽と歌詞の究極的な目的は、リスナーと関わり合い、僕らの世界に連れて行き、旅の一部にしてあげることなんだ。

A Forest of Stars

Grave Mounds and Grave Mistakes	イギリス
Prophecy Productions	2018

120 年前のビクトリア朝に存在した紳士クラブの名を冠する、神秘的なブラックメタルを信条にした、イギリス・リーズ出身のバンド。本作は、アトモスフェリック・ブラックに、The Kinks や Zombies のような、サイケデリックな UK ロックの伝統を付与している。「Precipice Pirouette」は、アコースティックギターの素朴な語らいをぶち壊す怒号や、悲壮的なトレモロと、静と動の切り替わりが忙しい。「Premature Invocation」での華麗なエレクトロポップな側面や、「Children of the Night Soil」の暗黒的なインダストリアルの要素など、様々な顔を見せる作品だ。

Adorn

Grace	イギリス
自主制作	2013

イギリスで活動する 3 人組で、1491 年に結成した「Romantic Music for Dreamers」を自称するインストゥルメンタルバンド。本作は 2012 年から 2013 年に録音したデモ EP。当初リリースを予定していた Khrystsanthoney がオーナー逝去のため閉鎖後、長らく動向は不明だったが復活。Alcest に近い光を感じる圧の強いトレモロ、緩急自在のドラムによる演奏は、シューゲイザー・ブラックそのもの。本作の特色として、中世の世界から飛び出したようなクラシカルで優美なメロディーが挙げられる。「Grace」は、柔らかなキーボードに鋭いリズムを組み込んだ儚さを強く感じるブラックゲイズ。

And Now the Owls Are Smiling

Dirges	イギリス
Clobber Records	2021

イギリスのノースノーフォークで活動する Nre による独りバンド。Clobber Records からリリースした 3 作目。前作までアトモスフェリックなデプレッシヴ・ブラックメタルを表現していた。本作は、強いパッセージのトレモロや悲しさと明るさが同居したメロディーを織り込んだブラックゲイズの側面を強めた作品だ。「Dirge（哀歌）」という組曲で仕立てたコンセプトもある。「Rejection」は、透き通ったトーンのギターから疾走するトレモロを重ね、切なさが去来するメリハリの利いたブラックゲイズ。「Pointlessness」は、厳かなキーボードや悲壮感のあるトレモロが疾走する中、ヴォーカルの悲嘆が際立つ曲。

Asira

Efference	イギリス
自主制作	2017

イギリスのレディングを拠点とするバンド。写実的なアートワークは写真家 Scott Naismith によるもの。光を感じるブラックゲイズとプログレッシヴメタルの複雑な曲構成をミックスしている。ブラストビートやトレモロリフだけでなく、アンビエントを効果的に使い、切なさとポップさが同居する Astronoid に近い雰囲気だ。「Crucible of Light」は、高音域のトレモロとドラムの音圧で壁を作り、汚く吐き捨てるヴォーカルとクリーンヴォーカルが交錯する。「Whispers of the Moon」は、アンビエントの浮遊感に丁寧なアルペジオを絡ませ、切々と歌い上げる AOR の空気があるバラードだ。

Ba'al

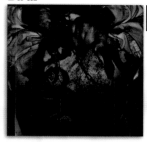

Ellipsism
イギリス
Clobber Records
2020

イギリスのシェフィールド出身のバンドで、Hecate Enthronedのヴォーカル Joe Stamps を擁する 5 人編成。ブラックメタルのみならず、ポストメタルやスラッジの要素が色濃い。ブラックゲイズの影響下にあるトレモロリフの美しさを薄く差し込むため、重苦しさはあるが、陰惨さはそこまで感じられない。「Long Live」は、邪悪な絶叫と寒々しいメロディーの疾走や、荘厳さのあるスラッジパートの重厚さを行き交うドラマチックな曲だ。「Rosalia」は、光を感じるギターで徐々に盛り上げ、優美なストリングスと叫び続けるハーシュヴォーカルが、壮大さと一抹の寂しさを表現している。

Bliss Signal

Bliss Signal
イギリス（アイルランド？）
Profound Lore Records
2018

Altar of Plagues の James Kelly こと Wife と、DJ の Jack Adams こと Mumdance により結成された、イギリスはロンドンで活動するユニット。Wife で培った電子音楽の要素はあるが、ブラックゲイズに近いトレモロリフと相俟ってアンビエント・ブラックの様相。「Bliss Signal」は、シグナル音を周期的に鳴らすことで規則性を持たし、ほのかに明るさのあるノイズと、ぐずぐずに溶かしたドラムビートが混ざるアンビエントなブラックゲイズだ。「Endless Rush」は、ノイズとキーボードで儚いトレモロリフを模しており、ブラストビートの速さでマシンドラムを鳴らしている。

Caïna

Temporary Antennae
イギリス
Profound Lore Records
2008

イギリス・マンチェスター出身の Andrew Curtis-Brignell による独りバンド。プリミティヴなブラックメタルを演奏していたが、元々持っていたメランコリックな雰囲気を大きく増強し、静と動を急激に行き交うポストロックを大々的に導入した。本作は、ポスト・ブラックとプリミティヴ・ブラックの中間に位置し、荒さを程好く残している。「Ten Went up River」は、切なさを呼び起こすトレモロリフで悠然と曲を広げ、Mogwai がブラックメタルを演奏しているような印象を受ける。「Larval Door」は、チープな響きのエレクトロビートに華やかなトーンのギターを乗せ、爽やかな轟音に変化する。

Caïna

Setter of Unseen Snares
イギリス
Broken Limbs Recordings、Church of Fuck
2015

前作や前々作でブラックメタルと距離を置き、ドローンやアンビエントを取り入れたポストメタルに変化していたが、再びブラックメタルに戻った 6 作目。前作で培ったドローンの要素は残し、インダストリアルやポストパンクの無機質さや暗黒感をプリミティヴ・ブラックに付与している。「Setter of Unseen Snares」は、不協和音の耳障りなリフを単調なマシンビートで叩きつけ、獣の唸りのようなヴォーカルを聴かせる。「Orphan」は、ドローンノイズでアンビエントな空間を作り出し、トレモロリフによる妖艶なメロディーや、神経を蝕むようなディストーションが淡々と響く、Burzum に近い暗さを感じさせる。

Caïna

Christ Clad in White Phosphorus
Apocalyptic Witchcraft Recordings　　　　　　　イギリス　2016

前作から凶暴さを増し、ノイズ・ブラックやインダストリアル・ブラックに近づいた。トレモロリフはぐずぐずに崩れたノイズを着せられ、Gnaw Their Tonguesを彷彿させる恐怖感を煽る。インダストリアルのハンマービートが主体となっている影響か、グルーヴも殺伐としている。「Fumes of God」は、ノイズと痙攣するようなビートと、神経を苛むヴォーカルの苦悶に、冷たいアンビエントが寄り添うように被さる。「Entartete Kunst」は、砂嵐にも似た粗いディストーションギターや無機質なマシンビート、絶叫と呪詛を行き交う不気味なヴォーカルで負の感情を爆発させ、デプレッシヴ・ブラックのようだ。

Caïna

Gentle Illness
Apocalyptic Witchcraft Recordings　　　　　　　イギリス　2019

ポストパンクやフリージャズの要素を濃くした8作目。前作の凶暴さは、一目でわかる露骨さではなく、不協和音リフにさらりとノイズを差し込んだり、切迫感を煽るマシンビートに織り込まれている。『Temporary Antennae』にあったメランコリーも本作では呼び戻しているが、叙情性を全面に押し出したわけではない。「Your Life Was Probably Pointless」は、延々と反復するリフでサイケデリックな空間を作り、ハーシュヴォーカルと複雑なドラムに翻弄される。「Gentle Illness」は、不穏な電子ノイズに暗く美しいキーボードが攪拌し、陰鬱で前衛的なブラックメタルを聴かせる。

Cistvaen

Under the Silent Meadow Skies
自主制作　　　　　　　　　　　　　　　　　　　イギリス　2021

イングランドのデヴォン出身の4人組。メロディック・デスメタルMordrakeのメンバー3人が在籍。バンド名は「(キリスト教以前の)石棺」の意味。SaorやUnreqvitedを彷彿させるアトモスフェリック・ブラックの体裁だが、シューゲイザーやポストロックを取り入れ、Fenにも類似を見出せる。EPだが3曲で30分近い収録時間であり、大作志向の作品だ。「Under the Silent Meadow Skies」は、心を引っ掻くようなトレモロと力強く疾走するドラムのコンビネーションで牽引するが、中盤以降の星空を思わせる柔らかなギターのストロークがより美しさと荒々しさのコントラストを際立たせる曲。

Corps Fleur

Corps Fleur
自主制作、Over the Under Records　　　　　　　イギリス　2020

イギリスはウェスト・ミッドランドの4人組による唯一作。メロディック・デスメタルUbiquitousのメンバー2人とブルータル・デスコアVulvodyniaのLuke Haarhoffを擁する編成だ。出自の影響か、残虐性の強いスクリームとブラストビートの速さを追究したスタイル。哀愁あるトレモロの儚さがMølと近似している。「Sea of Trees」は、Deafheavenの『Sunbather』を参照したような明るいトレモロリフと常軌を逸したヴォーカルやスピードが堪能できるブラックゲイズ。「Swansong」は、しっとりしたフレーズの美しい残響が一気に暴発するメリハリの利いた激情的な曲。

Ethereal Shroud

They Became the Falling Ash
自主制作

イギリス
2015

イギリスのライド出身で後にシェフィールドに移り住む Joe Hawker の独りバンド。本作はデビューアルバムとなるが、公式には EP 扱い。2021 年にリマスター作品が Northern Silence Productions から再発している。Limbonic Art を彷彿させるコズミックな音響とノイジーなトレモロ、絶叫ヴォーカルが中心のアトモスフェリック・ブラックに通じるスタイルだ。3 曲で 1 時間近い大作志向だが、適度に展開する楽曲進行や爆走を織り交ぜ、そこまで聴き疲れしない。「Desperation Hymn」は、体感速度の速いビートとぐずぐずに崩れたトレモロが伸縮して時間の感覚を忘れるような曲。

Ethereal Shroud

Trisagion
自主制作

イギリス
2021

2 作目となる本作をリリース後に活動休止を発表したが、2022 年に早くも再開した。デジタルは 3 曲だが、フィジカルは 4 曲入り。本作は 3 つのパートで構成する聖歌がモチーフ。アートワークは Phil Lang による。ドゥームの重厚さやデプレッシヴ・ブラック由来の陰鬱さは健在、美しさを強調したアトモスフェリックなスタイルに変化はない。空間に溶けるようなトレモロを主に置き、中音域のスクリームを叩きつける暴虐性で美醜のコントラストを作るドラマチックな作品だ。「Chasmal Fires」は、荘厳なアンビエントでゆっくりとした立ち上がりからブラストビートの爆走を基調とし、女性コーラスなどを交えて山あり谷ありの展開で魅せる 30 分近い大曲。

Five the Hierophant

Over Phlegethon
Dark Essence Records

イギリス
2019

ロンドンで活動する 3 人組のデビューアルバム。メンバーの महाकाली は、サンスクリット語で Mahakali と読み、ヒンドゥー教の女神マハカーリーの意。「アヴァンギャルド・ポスト・ブラック」と評されるインストゥルメンタルは、ブラックメタルにジャズを盛り込み、ドゥームメタルに通じる重苦しく煙たいグルーヴで構築する酩酊感の強いスタイル。ギターやベース、ドラムのみならず、ヴァイオリン、ホーン、ジャンベといった楽器を扱い、ヴォーカル不在の物足りなさを埋めている。「Seafarer」は、電子的なエフェクトで黒々とした轟音を築き、サンプリングした音声や複雑怪奇なリズムで聴く者を翻弄するサイケデリックな曲。

Five the Hierophant

Through Aureate Void
Dark Essence Records

イギリス
2021

Solefald の作品も手掛けたノルウェーの画家オッド・ネルドルムによるカバーアートが印象的な 2 作目。前作の路線を継承しているが、サックスやミュージックソーを取り入れ、ドローンの重厚さがより目立った作品だ。ブラックメタルらしい爆走感といったものは皆無だが、湿った地下室のような雰囲気を出すトレモロはらしさを残している。語りのような声が表に出ることで、有機的な不気味さを強調した印象だ。「Fire from Frozen Cloud」は、暗く爪弾くギターに妖艶なサックスを絡ませ、原始的なドラムに釣られて徐々に分厚さを増す演奏が、Akercocke や Opeth を彷彿させる耽美な雰囲気を強調する。

Hypnologica

Neutrino イギリス
自主制作 2016

イギリスはイングランド東部リンカンを拠点にする Adam Magnox による独りバンド。彼は、Self-Inflicted Violence や Terminarch でも知られる。本作は 2 作目。Fen や Alcest といったバンドからの影響を、プログレッシヴ・メタルのフィルターを通して表現したような作品だ。「1-Geocentric」は、輪郭のはっきりしたドラムで力強いリズムを刻み、柔らかなトレモロで演出する広がりのある美しさの中、甲高い絶叫が荒涼と響く。「5-Equilibrium」は、ぼやけるようなトレモロと絶叫ヴォーカルの相性も良い、淡々としたドラムに合わせて物悲しいメロディーを聴かせる。

In Autumnus

Intrusiveless イギリス
自主制作 2018

イギリスのダンフリース出身の 2 人組。本作がデビューアルバム。Dismalimerence や Meadows of Melancholy といったメロディック・ブラックプロジェクトを動かす Elijah Cirricione が在籍する。蕩けそうな甘美なメロディーを主武器にしており、血反吐を吐きそうなヴォーカルや、速度こそないが力強いドラムを聴かせるブラックゲイズ。「Ephemeral」は、寄せては返す波のようにトレモロを立ち上らせ、メランコリックなブラックゲイズを展開する。「Solaris」は、ドリーミーな叙情をくっきり浮き立たせ、ハイハットの細波や乱打されるドラムの荒々しさすらも美しい壮大な曲だ。

In Autumnus

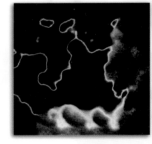

Scrupulosity イギリス
自主制作 2019

多作な彼らだが、エレクトロを少し取り入れることで、コズミックなブラックゲイズというスタイルを構築した作品。基盤は従来の作品と同じく甘いトレモロに重きを置いているが、体感速度が格段に上がっており、90 年代ブラックメタルへの憧憬を垣間見ることができる。「Scrupulosity」は、音割れ寸前までゲインを上げたトレモロや、激しく疾走する演奏を、ざらついたフィードバックノイズで覆い隠し、縦横無尽に静と動を行き交う壮大な曲だ。「The Animus Moon」は、隙間を重視した音の配置にニューエイジの巨匠 Dakota Suite を思わせ、盛大にバーストするトレモロの美しさを強調するブラックゲイズだ。

In Autumnus

Fairweather イギリス
自主制作 2020

ガラリと趣を変え、ノイジーで殺伐としたアルバム。甘さは控えめになり、Darkspace に近いアンビエント・ブラックを全面に出している。4 曲で42 分の大曲志向で、宇宙空間に放り出されたような冷たいサウンドスケープが主だが、スライドギターによるブルージーなトーンといった新味も出てきた。「Masculine Front」は、淡々と叩かれるドラムに合わせてノイズの鬼と化したギターが反復し続け、スライドギターの枯れた味わいを奏でる長大なアンビエント。「Love Streams」は、音割れ寸前のフィードバックノイズが、ブラストビートと絶叫で爆走するブラックゲイズへと変貌し、穏やかなノイズで幕を下ろす。

In Autumnus

Dysphoria Sonata
自主制作 　　　　　　　　　　　　　　　　　イギリス
2021

ポストロックを取り込んだ『Fairweather』を経て、劣悪な音質でブラックメタルの芯を探る気配がある作品。メンバーが3人に変わった。シューゲイザーに寄せた甘美なメロディーを骨格にした路線に変化はないが、本作では荒々しいプロダクションが目立ち、非常にノイジー。重厚さを抑えて、速いテンポで場面が次々と変化していくのが特徴だ。「Anxiousfuckforever」は、冷たく耳障りなトレモロとブラストビート吹き荒れる暴虐的なアグレッションに、うっすら甘いメロディーが被さる曲。「Roles」は、無機質で淡々としたハイハットやディストーションギターが暴発する、即興演奏のような無軌道なブラックメタル。

In Autumnus

Twilight Identities
自主制作 　　　　　　　　　　　　　　　　　イギリス
2021

ドラムが抜け、2人組として発表した作品。荒々しい演奏とノイジーなプロダクションでプリミティヴ・ブラックメタル然としている。『Dysphoria Sonata』に近いが淡々としている。ざらついた感触のディストーションギターや絶叫を主役にした辛味の強さが印象的だ。「Promises Made in Water」は、血反吐を吐くがなり声や破壊的なギターを中心にしているが、クリーン・ヴォーカルでメロディアスなコーラスを取り入れるなど、メリハリの利いた展開が際立つ。「Heaven for Horses」は、ルーズなテンポで倦怠感を煽るグルーヴから急転直下、暴虐性を剥き出しにした爆走へと雪崩れ込む曲。

Kassad

Faces Turn Away
Hypnotic Dirge Records 　　　　　　　　　　　イギリス
2017

イギリス・ロンドン出身であること以外不明な独りバンド。プリミティヴ・ブラックメタルに近い荒々しい演奏に、急激なダウンパートによる憂鬱な雰囲気を差し込む。土着的なブラックメタルでなく、都会的な空気を充満させることから、AmesoeursやA Light in the Darkに近い。「Shame」は、絶叫ヴォーカルやプリミティヴなリフワークの暴虐的な疾走と、しっとりと爪弾かれる静寂パートの叙情を巧みにスイッチし、起伏を作り出している。「Madness」は、甲高いトレモロリフをかき鳴らしてブラックゲイズとアトモスフェリック・ブラックを折衷した雰囲気を作り、3分に満たない悲壮的な爆走で駆け抜ける。

Kassad

London Orbital
Hypnotic Dirge Records 　　　　　　　　　　　イギリス
2020

悲壮的な前作から、暴虐性を少し抑え、メランコリックなトレモロピッキングが前に出た2作目。打ち込みの無機質さも強まり、インダストリアルに近いノイジーさが加わった。絶叫ヴォーカルは迫力を増し、静かなギターによるアンビエントとのいい対比になっている。「The Hope」の後に「The Hopeless」を配置し、作為的だ。「The Boundary」は、風と雑踏のサンプリングに澄んだトレモロを切り込み、ジャジーなドラムの静寂で溜めに溜めてからの、終盤でバーストするハイピッチのギターが効いている。「The Hollow」は、コズミックなキーボードで空虚さを演出し、煌めくノイズを加えたダークウェイヴだ。

Magogaio

Memorial	イギリス
	2021

スコットランドのスターリングで活動する KR による独りバンドの EP。
デジタルは 3 曲、CD にはボーナストラックが追加。コンセプトは「ブラック
ゲイズ＋ EDM」。儚いタッチのトレモロはもちろん、適度なリズムの
心地好いエレクトロの感覚も濃厚な Violet Cold に通じるスタイルだ。
「Memorial」は、繊細に揺れるトレモロやディストーションのざらつき
で心の機微を表現するギター、怒号のようなヴォーカル、適度なテンポの
ドラムが渾然一体に押し寄せる。CD 版ボーナストラック「Streetlight」
は、性急なビートを際立たせた可憐なエレクトロポップから絶叫と冷たい
ギターが吹雪くブラックメタルへ移行する曲。

Magogaio

Forty Thousand Years	イギリス
	2021

EP から約 1 年のインターバルで発表したデビューアルバム。デジタル
とカセットのみのリリースで、ボリュームも EP と同程度のコンパクトな
作品だ。Niamh Kirkbride という女性シンガーが客演と作詞で参加。ク
リアなプロダクションで透明感を出し、強弱をつけたエレクトロビート
や分厚いキーボードで EDM に近い雰囲気を EP よりも目立たせている。
「Bleached」は、よく動くベースや凝ったリズムで叩かれるドラムのド
ライヴ感に乗せ、冷たい感触のトレモロや分厚いキーボードでブラックゲ
イズと EDM を行き交う曲。「Memories of Earth」は、女性ヴォーカル
や軽妙なビートがキャッチーなポップソング。

Misertus

Daydream	イギリス
自主制作	2019

イギリスはマンチェスター出身の独りバンド。本作は、激しくトレモロを
掻き鳴らして陽光のような明るいメロディーを放射する、Deafheaven
や An Autumn for Crippled Children に近いブラックゲイズを表現して
いる。苛烈なブラストビートや荒々しいギターに反して、シンセサイザー
の美しさや透明度で、壮大さを演出する作品だ。「Red Ghosts」は、狂っ
たようなスピードのドラムが作る喧騒に、トレモロやシンセサイザーが美
しく乱反射するブラックゲイズ。「Outward」は、テンポを落とした可憐
なスロウパートと、荒れ狂うブラストビートの暴虐的なスピードのコント
ラストに目が冴える。

Misertus

Coil	イギリス
自主制作	2019

甘美なフィードバックノイズや、ウィスパーヴォイスといったシューゲイ
ザーの特性を増強した 2 作目。ブラストビートやがなり声の苛烈さを除
けば、My Bloody Valentine や The Jesus & Mary Chain といったバ
ンドに近い質感だ。蕩けそうなメロディーが顕在化することで前作よりも
Deafheaven に近付いたが、力押しの暴虐性もまだまだ強い。「Ions」は、
目映いトレモロと歪んだ凄まじいスピードのドラムに囁き声をうっすら響
せることで、壮大なシューゲイザー・ブラックを聴かせる。「Descent」
は、甘さを極力廃したディストーションギターに乗る発狂ヴォーカルが、
荒廃の美を表現した曲だ。

Misertus

Outland
自主制作 / イギリス / 2019

前作や前々作と少し趣向を変えており、キーボードによる深遠なアンビエントの要素が強まった。基盤にある激烈なブラストビートや壮絶な絶叫ヴォーカルは変わらないが、Ulrich Schnauss のようなダンサブルなリズムを加味しており、メリハリが利いたダイナミックな作品に仕上がっている。少し夜っぽい薄闇の雰囲気が、本作の特徴だ。「Wanderer」は、ふくよかなシンセサイザーの美しいメロディーに、緩やかなビートや相反する発狂ヴォーカルを乗せる、煌びやかなブラックゲイズを聴かせる。「Outland」は、分厚い雲に覆われたような雰囲気のノイズに、ざらついたトレモロによる物憂げな叙情が炸裂する。

Misertus

Earthlight
自主制作 / イギリス / 2020

前3作を1つにまとめた印象の4作目。鮮烈なブラックゲイズとしての体裁を崩さず、シンセサイザーの煌びやかさと明るいトレモロ、闇雲なブラストビートを渾然一体にぶつける。Deafheaven の『Sunbather』に匹敵する、トロピカルな明るさを放射するトレモロが本作における最大の利点で、陰鬱さを一切感じさせない。「Tian Shan」は、発狂するヴォーカルを幾重にも重ね、蕩けるシンセサイザーのキャッチーなフレーズが乱舞することで、突き抜けた壮大さを湛えている。「Finale」は、一貫して絶叫するヴォーカルが壮絶だが、マイナーコードの哀愁や高音域のトレモロの美しさが映える、柔らかい聴き心地の曲だ。

Misertus

Punctual
自主制作、Pest Productions / イギリス / 2021

前作を継承した5作目。Deafheaven を彷彿させるトレモロが奏でる明るいメロディーや、爆発感を煽るマシンビート、悲壮的な絶叫は健在。ただ、前作より過剰さは抑えられて、Slowdive に連なるシューゲイザー由来の甘美さが表面化。また、ダンスフロアを意識したような適度なビート感も特徴的だ。「Letter」は、ブラストビートを叩き込むドラムに重なるトレモロの柔らかさ、絶叫ヴォーカルとウィスパー・ヴォイスのミックスが渾然一体に押し寄せるブラックゲイズ。「Black Feather」は、絶叫とトレモロがフィードバックノイズのような轟音を築き、メルヘンチックなメロディーの隙間から優しい歌声が聴こえる。

Nietzu

Memoriam Sanguinis
自主制作 / イギリス / 2020

イングランド出身のNによる独りバンド。プリミティヴ・ブラック、ダンジョン・シンセなど様々なジャンルを表現し、2020年だけで7作品をリリースする驚異の創作意欲を持つ。本作は、プリミティヴ・ブラックのジリジリした生々しいトレモロを中心に、淡いコーラスワークでシューゲイザーの特性を付与したアルバムだ。「Bitter Clay」は、緩急自在のドラムにざらついた粗いトレモロを組み込み、激しくがなる絶叫と透明なクリーンヴォーカルのコンビネーションの対比が効いている。「Sigil」は、川のせせらぎと澄んだキーボードをゆったり聴かせ、美しい歌声に重苦しいディストーションギターを乗せる、幻想的な曲。

Nietzu

Gnosis Coda	イギリス
自主制作	2020

『Memoriam Sanguinis』と同じベクトルの作品で、凶悪なプリミティヴ・ブラックメタルと美しいクリーンヴォーカルのミックスをさらに磨いた作品。本作は、ストップ＆ゴーのメリハリを強調し、ダイナミックな作品に仕立てている。エフェクトをかけて神聖さを出したコーラスワークは、Cynic に近い感触すら体得した。「Mourning Petrichor」は、陰鬱なトレモロと程好い疾走感を交えて、倍音を聴かせるシンフォニックな色合いが美しい曲だ。「Snow Drift」は、浮遊感のあるヴォーカルと荒々しいトレモロやドラムが合致し、陰惨ながなり声をフックに、壮大で激しいブラックメタルを聴かせる。

Qafsiel

The True Beast	イギリス
自主制作	2018

イギリス・ロンドンを拠点とする独りバンドで、大天使の名をバンド名とステージネームに冠しており、「神に閉じ込められた」の意味を持つ。本作は、七つの大罪を曲題に、アルバムの表題は、キリスト教の「黙示録の獣」を由来としている。プリミティヴな音像の荒々しいリフと激しいドラムの王道スタイルだが、メロディーは明るく、ブラックゲイズ的な音楽性だ。「Sloth」は、気だるいリズムによるスラッジに近いグルーヴに、気高さを感じる甲高いトレモロピッキングを合わせ、がなるヴォーカルで丁寧に歌い上げている。「Wrath」は、悲壮的なディストーションギターとブラストビートで疾走する暴虐的なメロディック・ブラックメタルだ。

Roseceae

Transcending into the Cold	イギリス
自主制作	2013

ブラックメタルの祖 Venom のお膝元、イギリスのニューカッスル・アポン・タインで活動する独りバンド。その影響かは不明だが、プリミティヴ・ブラックに近い、荒々しいプロダクションのギターが目立つ。反面、涼やかな清流のせせらぎをサンプリングした ASMR 的な音使いや、淡いトレモロを揺らせるシューゲイザーの要素も濃い作品だ。「The First Frost. Transcending into the Cold」は、雪解けた水の音による心地好い音響に儚いトレモロを乗せ、徐々に潰れたようなノイジーなギターで塗り潰す。陰鬱な雰囲気のメロディーや邪悪な絶叫が響き渡る、アトモスフェリックなブラックゲイズ。

Saor

Roots	イギリス
Season of Mist	2013

ポストロックの聖地スコットランドのグラスゴーを拠点にする、Falloch の元メンバー Andy Marshall による独りバンド。ローマ帝国時代のスコットランドにあやかって、「カレドニアン・メタル」と名乗る。Old Silver Key のメンバーとしても名を連ねる予定だったが、それは叶わなかった。本作は、Falloch に通じる土着的で優美なメタルの要素と、Mogwai らに通じる静寂から轟音へ展開するポストロックの側面が混ざった音楽性だ。「Roots」は、音の壁と化した分厚いトレモロ、聴く者を鼓舞する軽快なドラム、フォーキッシュで優美なキーボードが入れ代わり立ち代わり静と動を行き交う。

Saor

Aura
Season of Mist | イギリス
2014

アイルランドの打楽器バウロンやドラムに Panopticon の Austin Lunn、ストリングスに Austaras の John Becker を迎えて制作した2作目。2020年には、Season of Mist からリマスター盤が再発している。前作と比較して土着性が増し、フォーク・メタルの要素を強めた。メロディーの薄い爆走パートでは、暴虐的なブラックメタルとしての色も濃く、強弱をつけた作品。「Pillars of the Earth」は、原始的なリズムや暴走気味のブラストビート、ジャジーなタップを駆使してメリハリをつけ、ストリングスや艶かしいトレモロが華やかに色をつける、詩情豊かなブラックメタル。

Saor

Guardians
Season of Mist | イギリス
2016

前作でミキシングを担当した Spenser Morris がリアンプやストリングスのレコーディングまで手掛けた3作目。ライヴメンバーの Bryan Hamilton をドラムに迎え、元 Eluveitie の Meri Tadić がフィドルで客演した。華やかなトレモロや優美なメロディーが増し、さらにフォーキッシュになった作品だ。歌詞は19世紀の讃美歌作家ホレイシャス・ボナーや18世紀の詩人ロバート・バーンズなど、スコットランドの詩人たちの作品を引用して構成している。「Autumn Rain」は、ストリングスの柔らかさをじんわり滲ませ、儚いトレモロと軽やかなドラムの疾走感がアグレッションを演出する壮大な曲。

Saor

Forgotten Paths
Avantgarde Music | イギリス
2019

Avantgarde Music からリリースした4作目。ミキシングを Spenser Morris、マスタリングを Agalloch などで知られる Justin Weis が担当した。Alcest の Neige、ヴァイオリニストの Lambert Segura が客演している。本作は、スコットランドの作家 Neil Munro の作品などがモチーフ。音楽性は前作を踏襲、華やかなトレモロや力強いドラムを良好な音質で録音した、親しみやすく叙情的な作品だ。「Forgotten Paths」は、軽快なドラムで駆け抜けるメロディック・ブラック然とした疾走と繊細なピアノに牽引される静寂が交錯する、牧歌的なブラックゲイズ。

Self-Inflicted Violence

A Perception of Matter and Energy
Eerie Art Records | イギリス
2009

Hypnologica の Adam Magnox による別プロジェクト。プログレッシヴ・メタルの味わい深かった Hypnologica と異なり、ぼやけたようなトレモロや悲痛な絶叫を強調した、デプレッシヴ・ブラックとブラックゲイズの中間に位置する。そのため、緩急をつけたダイナミックな作品でなく、徐々に曲が展開するグラデーションのような雰囲気だ。「Artificial Phenomenon」は、オリエンタルな音階を弾くキーボードにざらついたトレモロを重ね、嘆き悲しむヴォーカルが淡々と木霊する。「Realisation」は、清らかなピアノの美しさが際立つインストゥルメンタルで、聴く者に余韻を残す。

Sleeping Peonies

Glitterghast	イギリス
自主制作	2018

デプレッシヴ・ブラックに近い粗くも薄い音に、脳髄をとろかす甘ったるいメロディーが乗る独特さがある。イギリスのノーフォーク出身。本作のスタイルを、バンドは Decay Pop、腐るポップと形容している。「Rose Smog」の単調なリズムに、甘美なメロディーを不安定なノイズ交じりにぶちまける様は、確かに果物が腐り落ちるような感覚がある。音割れさせた轟音による、危険な多幸感が緩やかに疾走する「Bllurre」は、An Autumn for Clippled Children の因子を感じさせるものだ。泣きそうに叫ぶヴォーカルが甘さに集中させない不穏さを漂わせていて、個性的な使い方をしており耳に残る。

Sorrow Plagues

Sorrow Plagues	イギリス
自主制作	2016

イギリスはブライトンで活動していた、David Lovejoy による独りバンド。チープな質感のドラムトラックで軽妙さを演出し、キーボードで表現するアトモスフェリックな世界観に、Unreqvited に類似性を見出せる。苛烈さに勝る透明感、トレモロの轟音で昇天するような激情ヴォーカルが持ち味。「Fade」は、開幕と同時に爆走するブラストビートに反して、優美なキーボードで蕩けるようなメロディーを放射する、本作の方向性を決定づける曲。「Redemption」な、線の細いクリーントーンのギターによる柔らかな叙情や、ゆっくりと立ち上がるトレモロの轟音の中、哀しみ暮れる絶叫が響くシューゲイザー・ブラック。

Sorrow Plagues

Homecoming	イギリス
自主制作	2017

前作の音を少し整理して、プロダクションが明瞭になった 2 作目。David Lovejoy は本作の出来に満足しておらず、Sorrow Plagues にモチベーションを見出せなくなったため、活動休止した。音源自体 Bandcamp 上からも削除され、リリース当時のファンしか所持していないという曰くつきだ。本作は、前作の煌めくキーボードの透明感を抑え、トレモロリフの美しさや、クリアになった影響で疾走感の増したドラムトラックが目立つブラックメタルを聴かせる。「Homecoming」は、柔らかなトレモロによる透明なメロディーに獣のような咆哮がアクセントをつけ、キーボードの可憐なフレーズが余韻を残す壮大な曲。

Strange Angels

Heartland Pt.III: Our Multiform, Our Infinite	イギリス
自主制作	2014

スコットランドのアバディーンで活動する独りバンド。本作は、1932 年刊行の Lewis Grassic Gibbon による小説『Sunset Songs』をモチーフにしており、Bandcamp 上に本文が引用されている。本作は、デプレッシヴ・ブラックに近い陰惨で鬱っぽいトレモロをベースに、アンニュイな雰囲気のクリーンヴォーカルやしゃがれ声、ポストロックを参照した残響や哀愁あるギターメロディーをふんだんに用いた作品だ。「Red Flag to John Bull」は、繊細なトレモロに男女クリーンヴォーカルのコーラスや絶叫を交錯させ、感傷的なメロディーがネオアコ風の聴き心地を与えるブラックメタルだ。

Suicide Triangle

ST	イギリス
自主制作	2017

Morality Sanctions こと Hangman による、イングランドはセルビーで活動する独りバンドの唯一作。鬱々としたデプレッシヴ・ブラックをベースに、素材として存在していたヴェイパー・ウェイヴのデモなどを使用して構築した作品。ドラムの速いBPMだけでなく、荒削りだが、トレモロの残響の美しさを取り入れたポストロックのような側面もある。「Losing Faith」は、寂しげな単音のフレーズから無機質な爆走に雪崩れ、急激なテンションの移り変わりが耳を引く。「The Soul, The Sin」は、デモ音源をそのまま再利用した、怪しげなプリミティヴ・ブラックとヴェイパー・ウェイヴの邂逅だ。

Svalbard

When I Die, Will I Get Better?	イギリス
Tlanslationloss	2020

来日経験もあるブリストル出身の3人組による3作目。Tokyo Jupiter から日本盤をリリースした。Serena Cherry の猛々しい咆哮や可憐な歌声を主軸にしたネオクラストは不変。本作はトレモロの美しさを突き詰めたスタイルに変化し、ブラックゲイズの質感が強まった。プロダクションは過去最高にクリアで、初期の重苦しさは減退している。「Open Wound」は、Alcest に似た淡い雰囲気のイントロから一気呵成と激情を迸らせ、静と動が激しく入り乱れる曲。「Silent Restraint」は、繊細に揺らぐトレモロの中絶叫するヴォーカルや合唱を呼び込むコーラスが、否応なくライヴを意識するハードコア。

Underdark

Our Bodies Burned Bright on Re-Entry	イギリス
Surviving Sounds	2021

イギリスのノッティンガムで活動する5人組。Angel Witch や Sólstafir などのカバーアートを手掛けた Adam Burke がアートワークを担当。バンドのテーマに反ファシズムがあり、Red and Anarchist Black Metal の潮流に位置する。ブラックメタルの伝統に則っているが、シューゲイザーやポストロックを吸い上げることで、ブラックゲイズの淡さや儚さを存分に発散するスタイルだ。ブルータル・デスメタルで聴ける超低音域のグロウルを惜しげもなく披露し、個性になっている。「Coyotes」は、豪快なドラムの力強さに牽引され、トレモロの繊細さだけでない暴虐性が強く印象に残る曲。

Unmother

Lay down the Sun	イギリス
自主制作、True Cult Records	2021

ロンドンの3人組によるデビューアルバム。ギタリストの Azoso は女性だが、もう2人は詳細不明。Vader や Hate のライヴメンバーだった Deathspawn の Krzysztof Klingbein がドラムとして客演。悲痛で陰惨なヴォーカルや陰鬱なリフ、邪悪で冷たいメロディーを主軸とした演奏で、北欧のメロディック・ブラックとデプレッシヴ・ブラックを基調としている。また、シューゲイザー由来の幻想的なタッチをわずかに漂わせ、ブラックゲイズ的な要素も感じるスタイルだ。「Empress」は、Dissection のような寒々しいトレモロによる荘厳なメロディー、甲高い絶叫ヴォーカルが闇夜に溶けるような曲。

Voices

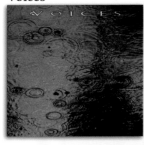

From the Human Forest Create a Fugue of Imaginary Rain
Candlelight Records　　　　　　　　　　　　　　　　　　イギリス　2013

Akercocke の David Gray と Sam Loynes、元 Akercocke の Peter Benjamin を中心に結成し、ロンドンで活動する。ポストパンクや Gorguts に通じるテクニカル・デスメタルを取り入れ、複雑怪奇で前衛的なブラックメタルを追求するスタイルだ。Akercocke とは異なり、無機質で都会的な雰囲気が色濃い。「Eyes Become Black」は、ばたついたドラムと不穏なリフに朗々としたヴォーカルや絶叫が重なるシアトリカルな曲。「Endless」は、暴虐的に撃ち込まれるドラムを主役に、倦怠感を煽るようなトレモロや悪辣ながなり声を轟かせ、デプレッシヴな空気感が漂う。

Voices

London
Candlelight Records　　　　　　　　　　　　　　　　　　イギリス　2014

バンドが拠点とする大都市ロンドンの闇をテーマにしたコンセプチュアルな 2 作目。また、ミーガンという女性を主人公にした物語を描く作品だ。ゴシックメタル Sarah Jezebel Deva のメンバーがレコーディングやカバーアートを担当。比較的ストレートだった前作よりも体感速度が増したドラムを聴かせる、不協和音とアグレッションを重視した作品になっている。「Megan」は、凶悪なドラム、不安を煽るリフに絶叫と呪術的なクリーン・ヴォーカルが妖しく絡まる本作を象徴する曲。「The Ultimate Narcissist」は、朗々とした歌声や小気味良いリズムが癖になる、ポストパンクに寄せた陶酔的な曲だ。

Voices

Frightened
Candlelight Records　　　　　　　　　　　　　　　　　　イギリス　2018

よりポストパンクへ傾倒した印象の 3 作目。ストリングスをゲストに迎え、主にクラシック作品を手掛ける Steve Long がプロデュース。ヴォーカルはクリーン主体でブラックメタルの要素は減退しているが、瞬間風速的に差し込むスクリームやブラストビートでフックを作る作品だ。メタル然とした圧の強さは、近年の Killing Joke を彷彿させる。「Rabbits Curse」は、骨太なベースでドライヴ感を作り、ぶわついた電子音や脱力するヴォーカルが薄闇を表現している。「Sequences」は、四つ打ちのビートで身体を揺らす快感と朗々と歌い上げるヴォーカルが Bauhaus に通じるポストパンクを蘇らせた曲。

Voices

Breaking the Trauma Bond
Church Road Records　　　　　　　　　　　　　　　　　　イギリス　2021

Church Road Records に移籍した 4 作目。タイトルの「Trauma Bond」は、「誘拐や監禁などにおいて被害者と犯人の間に生じるとされる絆」を意味する。ポストパンクに根ざしたスタイルは不変だが、ブラックメタルの要素を抑えていた前作よりも、メタリックな攻撃性を強めた作品。前作とそれ以前の要素が綺麗に混ざった印象だ。「Lilacs In-Between」は、Joy Division のような歌に、厚みのあるリフやアグレッシヴなドラム、涼やかなキーボードを合わせた耽美な曲。「The Widower」は、ゴシックロックのようなメロディーにブラストビートや絶叫を重ねていく凶暴さが映える。

Altar of Plagues

White Tomb
Profound Lore Records アイルランド 2009

アイルランドのコークで結成されたバンドで、Wife こと James Kelly やドゥームメタルバンド Conan の Johnny King が在籍していた。デビューアルバムとなる本作は、寂寥感のあるアトモスフェリック・ブラックを軸に展開し、ブラックゲイズのタッチに酷似したトレモロを存分に盛り込んでいる。「As a Womb」は、冷たく邪悪なトレモロピッキングに適度な速度のブラストビート、しゃがれたハーシュヴォーカルに、90年代ブラックメタルの面影がある。「Gentian Truth」は、独特の甲高いギターフレーズをゆったり響かせ、ジャズのフィーリングを残した複雑なドラムや、儚いメロディーを聴かせる。

Altar of Plagues

Mammal
Candlelight Records アイルランド 2011

デプレッシヴ・ブラックとは、少し異なる毛色の陰鬱なトーンを増した2作目。淡々とした雰囲気は強まり、大曲志向で、楽曲を構成するリフやドラムはシンプルでミニマルだが、じっくり練られており、退屈さはない。「Neptune Is Dead」は、19分近い長さの幕開けで、深海で揺らめくようなトレモロの美しさに加えて、時に激しく叩かれるドラムの抜けの良さ、怪物の呻きのようなヴォーカルが次々と現れては消えていく。「All Life Converges to Some Centre」は、鬱々として重たいトレモロに、踏み続けるバスの気持ち良さや乱打されるスネアの乾いた質感が印象的で、暗いが清らかな余韻を残す。

Altar of Plagues

Teethed Glory & Injury
Profound Lore Records アイルランド 2013

前作までのアトモスフェリック・ブラック寄りだった大曲志向から一転、アヴァンギャルドでコンパクトな方向性に変化した3作目。ブラックゲイズのような淡いトレモロは残っているが、複雑怪奇に歪んだ曲展開になっている。ヴォーカルの邪悪さや、メロディーの沈鬱さを大幅に増強したことで、独創性を増した。「Mills」は、神経質なトーンのキーボードを鳴らし、インダストリアルの質感があるノイズやエレクトロをゆっくり進行させる、不穏なインストゥルメンタル。「Scald Scar of Water」は、スラッジに近い重苦しいリフに、優美で暗いメロディーや宗教的なコーラスが入り乱れ、ジャンルに縛られない自由さが目立つ。

Gaoth

Dying Season's Glory
自主制作、Northern Silence Productions アイルランド 2016

アイルランドのウェックスフォードを拠点とする Fionn Stafford の独りバンド。ざらついた質感のトレモロで病んだメロディーを放射し、透き通ったアンビエントを合わせる。バンド名はアイルランド語で「風」を意味し、大自然への崇敬を基盤に据えていることから、カスカディアンやアトモスフェリック・ブラックとも共振する。「Gaoth」は、ブラックゲイズに近いトレモロのバーストに、澄みきったキーボードと病んだヴォーカルが響き、デプレッシヴ・ブラックのような聴き応えがある。「Astral Paths」は、反復するトレモロによる気の遠くなるようなメロディーを、邪悪なヴォーカルや悠然としたドラムに乗せる。

闇の皇帝Emperorで知られるが自由な音楽探究の旅に出たプロフェッサー

Ihsahn

◉ Emperor、Zyklon-B、Thou Shalt Suffer、Peccatum、Leprous
🕙 2006 〜　　　　　　　　　　　　🌐 ノルウェー、ノトデン
👤 Ihsahn

ノルウェーのテレマルク県ノトデン出身、Vegard Sverre Tveitan によるソロプロジェクト。16 才の頃、Samoth や Ildjarn らと組んだ Thou Shalt Suffer で 1991 年にデモをリリース。ブラックメタルでトップクラスの人気を誇る Emperor のメンバーとして自主制作のカセットデモアルバム『Wrath of the Tyrant』で 1992 年デビュー。インナーサークルでの騒動が落ち着いた後 Candlelight Records から1994 年にリリースしたアルバム『In the Nightside Eclipse』で存在感を示し、シンフォニック・ブラックメタルの礎を作った。2001 年に Emperor を解散後、妻 Ihriel こと Heidi Solberg Tveitan とのPeccatum の本格化や Hardingrock を経て、2006 年にアルバム『The Adversary』でソロデビュー。2010 年の『After』では、サックスをフィーチャーしたプログレッシヴなブラックメタルを構築して好評を博し、ソロアクトの立ち位置を確立した。プログレッシヴ・ロックやブラックメタルのみならず、Radiohead のようなオルタナティヴ・ロック、映画音楽やジャズのフィーリングを果敢に取り入れ、形骸的なブラックメタルのフォーマットにこだわらない世界観を提示し続けている。日本では長らく「イーサーン」と呼ばれていたが、正しくは「イーシャン」のこと。彼自身「イーサーン」呼びも嫌ではないようだ。2002 年には、地元の名誉市民として文化賞『Notodden Kommunes Kulturpris』が贈呈された。Leprous の Einar Solberg は妻の弟、Leprous のメンバーは Ihsahn の音楽教室の生徒。また、昨今の風貌から「プロフェッサー」と呼ばれることもある。

Ihsahn

After
Candlelight Records　　　　　　　　　　　　　　ノルウェー
2010

元 Borknagar の Asgeir Mickelson がドラムを勤める最後の作品で 3 作目。ミキシングとマスタリングは Jens Bogren。前 2 作のプログレッシヴ・ブラックの流れを汲む作品だが、本格的にサックスを導入し話題になった。サックスはノルウェーの Shining の Jørgen Munkeby。自由でアヴァンギャルドな感性が出つつあり、鬱々としたメロディーやクリーンヴォーカルはポストメタルに近い。「A Grave Inversed」は、サックスと陰鬱なリフをブルータルな爆走で魅せるシンプルな曲だが、本作以後のアルバムの多くで 2 曲目にキャッチーでアグレッシヴな曲を配置するパターンを作った。

Ihsahn

Eremita
Candlelight Records　　　　　　　　　　　　　　ノルウェー
2012

イタリア語で「隠者」や「無頼者」を意味する 4 作目。本作から元 Leprous の Tobias Ørnes Andersen が ド ラ ム で 参 加。Devin Townsend や Jeff Loomis が客演する。ドラムの質感で前作よりも軽やかな印象を受けるが、シンフォニック・ブラックやコール & レスポンスを呼び込むスラッジに影響された曲が並ぶバラエティ豊かな作品だ。「The Eagle and the Snake」は、Jeff Loomis によるリズミカルなリフとサックスのスリリングな掛け合いが緊迫感を煽る曲。「Departure」は、もの寂しいサックスに重たいリフを絡ませ、激しく疾走するドラマチックな曲。

Ihsahn

Das Seelenbrechen
Candlelight Records　　　　　　　　　　　　　　ノルウェー
2013

難解で実験的な作風で物議を醸した 5 作目。ドイツ語で「魂の破壊」を意味し、日本盤に『精神崩壊』と邦題がついた。ドラムとコーラスを除き、全ての演奏を Ihsahn がこなしている。本作は、わかりやすいメタルのデザインを取り除き Radiohead や Massive Attack 周辺の音作りに寄せ、Ulver に近いエレクトロニクスを前面に出した。ブラックメタルらしい要素はハーシュヴォーカルや原始的に乱打するドラムに残されているため、全く激しくないわけではない。「Regen」は、キーボードによる厳粛な雰囲気とスラッジに近い重苦しさをミックスし、荘厳なクワイアを際立たせたシンフォニック・ロックに集約していく曲。

Ihsahn

Àmr
Candlelight Records　　　　　　　　　　　　　　ノルウェー
2018

古ノルド語で「黒」あるいは「忌まわしい」という意味の 7 作目。Opeth の Fredrik Åkesson が参加している。本作は、分厚いシンセサイザーによるエレクトロを大々的に盛り込み、ダークウェイヴに近い感触の作品だ。この音になった背景には、彼の娘が当時 EDM にハマっていたことも影響したようだ。そのため、享楽的なグルーヴが顔を出し、陰鬱でプリミティヴなトレモロと結びつく独特な音像になっている。「Sámr」は、スロウテンポで艶かしいギターを存分に弾き倒し、優しい声で丁寧に歌い上げるメランコリックなバラード。「Wake」は、ザクザクと切り刻むクランチリフがアグレッシヴに駆け抜けるスラッシーな曲。

Solefald

- 🔘 Borknagar
- 🕐 1995 〜
- 👥 Cornelius Jakhelln、Lazare Nedland
- 🌐 ノルウェー、オスロ

1995 年、Cornelius Jakhelln（ヴォーカル / ギター / ベース / サンプリング）と Lazare Nedland（ヴォーカル / キーボード / ピアノ / オルガン / ドラム）でノルウェーのオスロにて結成。バンド名は古デンマーク語で「日没」を意味し、ノルウェーの画家テオドール・キッテルセンの作品を由来にしている。1997 年『The Linear Scaffold』で Avantgarde Music からアルバムデビュー。シンフォニック・ブラックメタルを基盤に異様なテンションと凝った展開の作品で注目を集めた。1999 年に発表した『Neonism』でアヴァンギャルドな世界観に拍車をかけ、一躍有名になる。その後 Century Media Records に移籍し『Pills Against the Ageless Ills』（2001）、『In Harmonia Universali』（2003）をリリース。アイスランドのヴァイキングの歴史をテーマに敷いた 2 枚のコンセプトアルバム『Red for Fire: An Icelandic Odyssey Part I』『Black for Death: An Icelandic Odyssey Part II』では勇壮なヴァイキング・メタルを表現した。Indie Recordings から発表した『Norrøn livskunst』（2010）、『World Metal. Kosmopolis Sud』（2015）はトリップホップやエレクトロを取り込み、無国籍でボーダーレスな独特のスタイルに変化する。2017 年には Keep of Kalessin や Vreid と共に来日を果たして好評を博した。ちなみに Lazare は人気のプログレッシヴ・ブラック / ヴァイキング・メタル Borknagar の古参メンバーとしても知られている。

Solefald

The Linear Scaffold
Avantgarde Music、Peaceville Records
ノルウェー
1997

Avantgarde Music からリリースしたデビューアルバム。10 年後に Peaceville から再発した。カバーアートはオッド・ネルドルムの 1985 年作「The Return of the Sun」。本作は、アヴァンギャルドな感性の萌芽を感じられるが、洗練されたシンフォニック・ブラックだ。Lazare もパワーメタルのように伸びやかで長い小節で歌い上げるため、後の Borknagar に繋がる片鱗が見られる。「Red View」は、ヒステリックな絶叫と耽美なキーボードで疾走するハイテンションな曲。「Tequila Sunrise」は、ふくよかなキーボードに語りを乗せるロマンチックな弾き語り。

Solefald

Neonism
Avantgarde Music、Peaceville Records
ノルウェー
1999

Amorphis や Dismember 等を手掛けた Tomas Skogsberg をプロデューサーに迎えた 2 作目。エンジニアは元 Thy Primordial の Jocke Pettersson。2007 年に曲順とジャケットを変更して Avantgarde Music から、2008 年に Peaceville Records から再発した。一風変わったシンフォニック・ブラックの前作に様々な要素を取り込んだ難解な作品だが、Lazare のマイルドな歌声で親しみやすい雰囲気に。「Proprietors of Red」は、シンセサイザーの神聖なメロディーに邪悪な絶叫を乗せるが、クリーンな歌声が聴こえると Borknagar のようだ。

Solefald

Pills Against the Ageless Ills
Century Media Records
ノルウェー
2001

Century Media Records からリリースした 3 作目。In the Woods... への参加経験を持つ Silje Ulvevadet Dæhli がヴァイオリンで客演。Sarke を手掛けてきた Lars-Erik Westby をプロデューサーに迎えた。本作は、前々作の流れを汲む比較的ストレートでメロディックなブラックメタルだ。前作のヒステリックで前衛的な要素は少し抑えているが、オルガンシンセのような音色や奇妙な節回しのリフで特異な雰囲気を残した。「Pornographer Cain」は、ソリッドなリフを軸に妖艶なメロディーや紳士的なヴォーカルを伸びやかに響かせ、統制されたリズムで端整に展開していく曲。

Solefald

In Harmonia Universali
Century Media Records
ノルウェー
2003

Mayhem の『Chimera』や Borknagar の作品でミックスやエンジニアを担当した Børge Finstad をプロデューサーに迎えた 4 作目。前作よりさらにシンフォニック・ブラックメタル然とした佇まいの作品だ。クリーンヴォーカルの比重も高まり、Borknagar に近い土着性も顕現している。反面、客演のサックスによる都会的な雰囲気はフォークメタルやペイガンと形容しづらく、フラメンコや西部劇風のアプローチが独特さに拍車をかける。「Mont Blanc Providence Crow」は、スラッシーなリフと共にマイルドな歌声やしゃがれ声が速いテンポで駆け抜け、美麗なキーボードに耽溺する曲。

Solefald

Red for Fire: An Icelandic Odyssey Part I	ノルウェー
Season of Mist	2005

Season of Mist からリリースした5作目。デジタルリリースはなく、CDとレコードのみの作品だ。Pantheon Iのチェリスト Live Julianne Kostøl が参加した。Ihsahn や Borknagar の元ドラム Asgeir Mickelson がレコーディング・エンジニア。本作は、アイスランドの興亡史をヴァイキングの伝説と絡めて描くコンセプトアルバム。チェロやヴァイオリンの優美さと、残忍で血腥いアグレッションが交錯したスタイルだ。「White Frost Queen」は、優雅なストリングスや荒々しいギターの中、美しい女性ヴォーカルと紳士的な Lazare の歌声が響くデュエット。

Solefald

Black for Death: An Icelandic Odyssey Part II	ノルウェー
Season of Mist	2006

Season of Mist からリリースした6作目。前作の続編で全ての結末が描かれる。レーベルはエクスペリメンタル・ヴァイキングメタルとして売り出したかったようだ。前作とほぼ同じレコーディングスタッフで制作。客演の Trickster G. は Ulver の Garm。本作もデジタルリリースはしていない。比較的フォーキッシュな叙情が目立つため、最も Borknagar に近い。美しさの中にブラストビートを織り込むアグレッションも健在だ。「Loki Trickster God」は、ロキに扮した Garm のヴォーカルを艶かしいキーボードやトリッキーなリズムに合わせ、妖しいメロディーがふんだんに盛り込まれた曲。

Solefald

Norrøn livskunst	ノルウェー
Indie Recordings	2010

Indie Recordings からリリースした7作目。Dimmu Borgir への参加経験を持つ Agnete Kjølsrud が客演、マスタリングに Satan's Wrath の Vangelis Labrakis を迎えた。コンセプト作品で土着的な荒々しい表現だった前作や前々作と異なり、様々なジャンルを取り込んだ無国籍なイメージの作品だ。アグレッシヴなブラックメタルとしての顔を残すが、刺々しいインダストリアルが主張するため、Ulver と共通する部分がある。「Tittentattenteksti」は、キーボードの艶かしい雰囲気の中、ヒステリックに叫ぶ女性ヴォーカルが印象的なプログレッシヴ・ロック。

Solefald

World Metal. Kosmopolis Sud	ノルウェー
Indie Recordings	2015

In Vein、Leprous、Rendezvous Point といったバンドのメンバーが参加した8作目。Fen 等を手掛けた Jaime Gomez Arellano がミックスとマスタリングを担当。前作の無国籍な要素が入り乱れるスタイルを継承したアルバムだ。エレクトロが独特の浮遊感を演出するが、寒々しいトレモロや絶叫のアグレッションは健在。「Bububu Bad Beuys」は、怪鳥の叫びのようなヴォーカルとコンガによる原始的なグルーヴがライヴの狂騒を表現する曲。「String the Bow of Sorrow」は、妖しいキーボードと重めのリフが適度に疾走するシンフォニックなブラックメタルだ。

ポストロックの美しさとブラックメタルの激しさの境界に立つ新鋭

Sylvaine

- ⦿ Alcest
- 🕐 2014 〜
- 👤 Kathrine Shepard
- 🌐 ノルウェー、オスロ

ブラックメタルの聖地ノルウェーはオスロ出身のマルチ・インストゥルメンタリスト Kathrine Shepard によるソロプロジェクト。プロジェクト名である「Sylvaine」はフランス語で蝶の名前だが由来は異なり、「森から来た」というような意味合いの「Sylvan」とフランスの詩人ポール・マリー・ヴェルレーヌの名前を組み合わせたもの。これは偶然の一致ということらしい。音楽一家で育ち、音楽学校へ通っていた彼女は、自身の音楽表現の場として Sylvaine を立ち上げた。2014 年ほぼ独力で作り上げ、自主制作でリリースした『Silent Chamber, Noisy Heart』でアルバムデビュー。ブラックメタルの狂暴さとシューゲイザーやポストロックを組み合わせ、彼女の柔らかい歌声や金切り声を乗せることで美しさと激しさを同居したスタイルを追求する。彼女の言によれば、二面性や双対性がテーマのベースにあるとのこと。2016 年には Season of Mist と契約し、『Wistful』をリリース。本作には Alcest の Neige が参加しており、一部の曲でドラムを叩いている。このアルバムでは一部のみの参加だったが、2018 年の『Atoms Aligned, Coming Undone』では、ドラムとベースにクレジットしており、作曲にも噛んでいる。また、YouTube 上では彼女のライヴで Neige がドラムを叩いている動画があるが、共演自体はその動画の『Dark Bombastic Evening』での一回限り。Alcest の作品には度々参加しており、『Kodama』や『Spiritual Instinct』でも客演している。2020 年には、Unreqvited とのスプリット EP『Time Without End』をリリースし、存在感を強めている。

Sylvaine

Silent Chamber, Noisy Heart
Sylvaine Music　　ノルウェー　2014

Sylvaine 自身が無表情で水に浮かぶ、水死体のようなカバーアートがインパクトを与えるデビューアルバム。元々溜めていたアイデアやマテリアルを注ぎ込み、ミックスとマスタリングを除いて、ほぼセルフプロデュースで制作した。線の細いギターによる端整なメロディーや物憂げなヴォーカルといった、Slowdive を想起する要素はこの頃から健在。「Silent Chamber, Noisy Heart」は、朴訥としたドラムや、陰影に富んだリヴァーブの利いたギターが、耽美な叙情を聴かせる。「A Laugh in a Sea of Sorrow」は、軽快なテンポのドラムと力強いリフが、凛とした歌を牽引するポップな曲だ。

Sylvaine

Wistful
Season of Mist　　ノルウェー　2016

Season of Mist からリリースした 2 作目。以前より親交のあった Alcest の Neige がドラムで参加している。粗削りな前作を磨き、彼女の心象風景をダイレクトに投影した作品だ。柔和なトレモロによるドリーミーなメロディーに重なる、嵐のようなブリザードリフとのコントラストが美しい。物憂げなクリーンヴォーカルは、Slowdive を彷彿させる。「Earthbound」は、軽快なドラムにつんざく絶叫と宙を漂うコーラスが乗る、ひずんだトレモロをアクセントにしたブラックゲイズ。「Like a Moth to a Flame」は、トレモロの残響とソリッドなドラムが映えるシューゲイザーを聴かせる。

Sylvaine

Atoms Aligned, Coming Undone
Season of Mist　　ノルウェー　2018

カバーに美しさと危険を内包したクリスタルを描いた 3 作目。前作では後半の曲のみだったが、Neige がドラムや一部ベースラインを担当した。彼女の父 Stephen Shepard もドラマーとして参加している。結果的に、過去 2 作よりヘヴィなリフが目立つ、Amesoeurs を想像するブラックメタルへと傾倒している。柔らかく澄んだ歌声と壮絶な絶叫が交錯するスタイルは従来通りだが、ハーシュヴォーカルの比重が高くなった。「Abeyance」は、幽玄なヴォーカルや揺らぐトレモロの壮麗さを、凄絶な断末魔が切り裂くメリハリの利いたブラックゲイズ。「Severance」は、繊細なストロークのゆっくりした立ち上がりから、暴虐的なスクリームに雪崩れ込むドラマチックな曲。

Sylvaine

Nova
Season of Mist　　ノルウェー　2022

Alcest の『Kodama』など多くの名作が産まれた Drudenhaus Studios でレコーディングした 4 作目。ドラムにライヴメンバー Dorian Mansiaux を迎えている。Neige は不参加。作を重ねる度にブラックメタルとしての強度を増し、躍動感のある演奏が印象的だ。禍々しく壮絶な絶叫と柔らかなソプラノの美醜も対照的だ。「Mono No Aware」は、前のめりのドラムに壮絶な絶叫や荒々しいトレモロが重なる、暴虐性を際立たせた曲。「Everything Must Come to an End」は、優しいギターと伸びやかな歌声をノンビートで聴かせるポストロック調の美しさが際立つ。

Sylvaine/Unreqvited

Time Without End

2020

Sylvaine と Unreqvited が各 2 曲ずつ持ち寄ったスプリット EP。CD やレコードとデジタルでは収録曲数が異なり、デジタルでは新曲を含めて Sylvaine の曲を 2 曲追加し実質的に彼女主体の作品となっている。どちらもクリーンなメロディーにフォーカスしており、Sylvaine は「Falling」のようにノンビートでアコースティックセッションのような味わいで聴かせる。Unreqvited は『Mosaic II』から『Empathica』への移行を感じさせる浮遊感たっぷりのインストゥルメンタルであり、彼の悲痛な絶叫は封印している。幻想的な世界観を持つ両者の個性が共通項を浮き彫りにする作品だ。

Sylvaine インタビュー

2021 年 4 月

Q：Sylvaine の音楽は、美しさと残忍さを兼ね備えています。この音楽をやろうと思ったきっかけ、初めて音楽に興奮した時、またブラックメタルとの出会いを教えてください。

A：子供の頃から、音楽は私の人生の中でとても重要な役割を果たしてきました。父は 30 年以上プロのドラマーとして活躍し、母はプロモーターやレコード会社で働くなど、音楽に熱心な家庭で育ったので、何らかの形で音楽がなかったことは実際には覚えていません。子供の頃は、父と一緒にドラムを叩いたり、学校の合唱団で歌ったり、1 人で歌ったりして音楽を楽しんでいました。他の方法では言葉にしたり処理したりするのが難しい感情を、真剣に表現する方法だと理解したのは、10 代になってからでした。その頃、私は 14 ～ 15 歳でした。それは、自分の人生を完全なものにするために、実際に必要なものでした。その時から、技術的・理論的に深く掘り下げるために、いくつかの音楽学校に通い、2014 年に音楽学の学士号を取得しました。その学位を取得した最後の年に、Sylvaine が生まれたのです。私は、大学の最後の学期にはすでにプロジェクトに着手しており、ようやく極めて個人的なプロジェクトを作る時が来たと感じていました。私は、音楽に対する自信のなさと戦い、自分の

中にある感情を表現することに集中しようと考えていました。ブラックメタルに関しては、私はどちらかというと遅れて入りましたね。90 年代以降にノルウェーで生まれた珠玉の作品をチェックするようになったのは、19 ～ 20 歳くらいだったでしょうか。そのサウンドはとても激しく、DIY で、いわば暗闇に満ちていたとしても、当時私が夢中になっていた夢のような音楽の多くと関連していて、真夜中の荒廃しきった森の中や、最も高い雪山の上にいるような、本当に強い雰囲気を作り出していました。ジャンルとして特別なものであることは間違いありません。

Q：初めて聴いたブラックメタルのアルバムを覚えていますか？

A：とてもいい質問ですね。私が初めてブラックメタルのアルバムを聴いて、実際にそのジャンルを意識したのは、Venom の『Black Metal』か、Bathory の『Bathory』だったと思います（19 ～ 20 歳になる前にブラックメタルの音楽を聴いていたのは明らかですが、それ以前に実際に経験したことはありませんでした）。ノルウェーのバンドである Satyricon、Dimmu Borgir、Mayhem、Burzum といったバンドの曲を見つけて、このジャンルの起源を調べていたところ、この 2 枚の象徴的なレコードに出会いました。その後、

すぐに Bathory にハマり、今でも愛聴しているバンドのひとつで、中でも『Under the Sign of the Black Mark』と『Hammerheart』がお気に入りです。

Q：初めて作った音源は、『Silent Chamber, Noisy Heart』で合っていますか？　また、Sylvaine という名前の由来なども教えてください。

A：Sylvaine を立ち上げた時、私はこのプロジェクトで表現したいサウンドを念頭に置いていました。私は、相反する雰囲気や要素を用いて、曲の中に二面性を持たせる音楽にとても惹かれました。自分の個人的なプロジェクトを作ろうと決めた時、メロディックとハーシュ、アトモスフェリックとヘヴィ、光と闇が混ざったものになるだろうと思いました。これは、私たちの地上での経験を反映したものであり、人生を通じてバランスを取らなければならない、相反するもので満たされているものにしたかったのです。

『Silent Chamber, Noisy Heart』は私の最初のアルバムだったので、Sylvaine のために思い描いていた音の風景に近づくよ

うに、たくさんの実験を行いました。このアルバムには、リリースの何年も前に作った曲や、当時の私にとって新しい曲など、さまざまな衝動が混在しています。ですから、このアルバムには、私が求めていた厳しいものと幽玄なものとの二面性が確かに存在していると思いますが、次の 2 枚のアルバムに比べると、その進化は少なかったかもしれません。『Sylvaine』という名前は、私の好きなフランスの詩人の 1 人であるヴェルレーヌと、『Sylvan』という「森から来た」というような意味の言葉を組み合わせたものです。自然と都会のバランスを考えて、私がインスピレーションを受けたものを名前に入れてみようと思いました。後になって、この名前がフランスの名前でもあり、蝶の名前でもあることを知りました。いい偶然ですよね。

Q：『Wistful』は、次の作品としてどのような点を意識しましたか？　また、あなたの作品は徐々にヘヴィに、そしてタフになっていると感じています。その辺りは意識的なものですか？

A：そうですね。先に述べたように、『Silent Chamber, Noisy Heart』は私のファースト・ソロ・アルバムであり、いわば自分の音をどうやって実現するかを模索している段階でした。『Wistful』では、Sylvaine を始めた時に考えていたサウンドに近づき、音楽の中の明るい要素と暗い要素のコントラストがさらに大きくなりました。Sylvaine の最初の作品の『Silent Chamber, Noisy Heart』には、様々な異なる衝動がありました。『Wistful』を制作した時は、以前に 1 枚のアルバムを制作した経験があったので、制作過程をよりよく知ることができました。また、リスナーに伝えたいことに合わせて、自分の感情を最もリアルに表現する方法を知っていました。それ以来、私は自分の音楽の感情的な側面を極限まで高めたいと思い、アルバムごとに対照的な要素の間の二重性が大きくなってきたと思っています。

Q：Neige は、あなたのアルバムやライヴにドラムで参加しています。彼とはどのようにして知り合いましたか？　彼との仕事はどうでしたか？　彼はポスト・ブラックメタルでレジェンドなので、その辺りを聞きたいファンは日本にも多いかと思います。

A：私が Neige に初めて会ったのは、2012 年に Alcest が『Les Voyage de l'âme』のプロモーションツアーを行っていた時のライヴでした。その数年前に Alcest の音楽を知り、とても気に入っていました。その時以来、私たちは連絡を取り合い、趣味やインスピレーション、人生観など多くの点で共通しているので、すぐに意気投合しました。『Wistful』の後半（前半はオスロ大学で自分で録音したもの）を録音するためにスタジオに入ろうとしていたとき、たまたま Neige がドラムを叩く機会を探していて、私のプロジェクトを気に入ってくれたので、アルバムでコラボレーションをしてみようということになりました。『Wistful』での彼のドラミングがとても気に入ったので、『Atoms Aligned, Coming Undone』にも参加してもらいました。このアルバムでは、彼はドラムのためにリズムを担当していたので、ベースラインも手伝ってくれました。一緒に演奏したのは実は 1 回だけです。2016 年に Dark Bombastic Evening で行った最初の Sylvaine のライブに参加してくれましたが、その後は時間がなくて一歩引いてしまいました。当たり前ですが、この特別なコンサートで彼と一緒に演奏するのは超楽しかったですよ。Sylvaine のアルバムで Neige と一緒に仕事ができたこと、そして『Kodama』や『Spiritual Instinct』でゲストヴォーカルを務めたことは、本当に嬉しいことでした。私たちは、お互いに素晴らしく調和しています。大好きなミュージシャンと一緒に仕事ができて、夢が叶ったと言っても過言ではありません。

Q：『Atoms Aligned, Coming Undone』は、『Wistful』よりもはっきりと、ブラックメタルの狂気が混在している印象を受けます。また、2 つの面が 1 つに混ざっている印象もあり、素晴らしいアルバムだと思います。ヴォーカルの変化もスムーズで素晴らしいですね。このアルバムはどのようなヴィジョンで作られたのでしょうか？

A：『Atoms Aligned, Coming Undone』についてのお言葉、とても嬉しく思います。このアルバムは、Sylvaine の中にすでに存在していた二面性を、さらに推し進めたものであることは間違いありません。いつもの Sylvaine のように相反する力で構成されたアルバムですが、より限界に近いところまで押し上げられています。意識的にそうしたのは、音楽からさらに大きなコントラストを出したかったからです。これは、私の内なる世界と外の世界のバランスを反映したもので、この作品のインスピレーションにもなっています。言い方は悪いですが、これまで以上に強い方法で闇と光が共存する世界を見せたかったんです。

Q：アートワークも素晴らしく、美しいですね。『Silent Chamber, Noisy Heart』はとてもインパクトがあり、『Wistful』は写実的で美しいですし、『Atoms Aligned, Coming Undone』は寓話的で幻想的。3 つとも全く違うイメージですが、この 3 つの作品には関連性があるのでしょうか？　また、アートワークを決めるときは、すべての音楽を作った後ですか？　それとも、漠然としていても最初からイメージがありますか？

A：まず最初に、3 枚のアルバムのアートワークについて温かいお言葉をいただき、本当にありがとうございます。私は視覚芸術にとても影響を受けやすい人間なので、自分の音楽に添えるアートワークは非常に重要です。それぞれのアルバムの世界観の一部であり、基本的には音楽の中にある感情を表現しています。アートワークのアイデアは、たいてい音楽が形になってきた時に出てきます。

いくつかのデモができた後に明らかになることもあれば、レコード全体が構想された時になることもあります。Sylvaine は私のオーディオ・ダイアリーのようなものなので、このプロジェクトで私が行うことは常に互いに関連していますが、すべてのアルバムは他のアルバムとは異なる形をしています。『Silent Chamber, Noisy Heart』はとても純粋なアルバムで、心の中にあるすべての感情をあえて人に見せ、それに言葉とメロディーを付けようとした初めての作品です。この作品のジャケットは、私の人生のターニングポイントとなったこともあり、ソフトでありながらとても力強いものになりました。『Wistful』は、アルバム制作の初期段階から雰囲気のある方向に進み、私が当初思い描いていた Sylvaine のサウンドに近づいていったので、ジャケットのイメージにもそれを反映させたいと思いました。私たちの現在の存在と、過去や未来との間にあるヴェールの向こう側を見ているような感覚になってほしいと思いました。一方、『Atoms Aligned, Coming Undone』は、より「地に足の着いた」作品になっています。これは、現代社会の仕組みや外界、そして自分の内面からインスピレーションを得た結果です。繊細と荒々しさのバランスがとれたものがいいと思ったんです。クリスタルの美しさと鋭さ、そしてどこか「危険」なイメージは、このアルバムの音楽に見られる2つの異なる側面を表現するのにとても面白い方法だと思いました。

Q：あなたの音楽スタイルは、オスロのブラックメタルの中でも異質なものだと思います。そのことについて、ご自分ではどう考えていますか？　また、Darkthrone、Mayhem、Ihsahn といったブラックメタルバンドと交流はありますか？

A：子供の頃、Fenriz は私の隣人で郵便配達人だったんだけど、それも数に入るかな？（笑）芸術の中の特殊なシーンと同じように、ノルウェーのオルタナティヴ・ミュージックのシーンも非常に小さいものです。確かにオスロの元祖ブラックメタルの人たちにはたくさん会ったことがありますが、あなたが言うように、私は少しずつ違うスタイルをとってきたので、異なるサブカルチャーのどれにも完全には入り込めませんでした。現在、オスロではこの種のプロジェクトはあまり多くありません。ですから、Sylvaine を作った時、自分の国の外で自分の音楽を共有しようと思っていました。もちろん、自分の国のシーンで活躍することはいつでも素晴らしいことです。私はノルウェーで成長し続け、国外でもうまく表現していきたいと思っています。私にとって最も重要なことは、世界のどこにいようとも、自分の音楽で人々を感動させることです。

Q：好きなアルバム、影響を受けたアルバムを5枚教えてください。

• Type O Negative『October Rust』
• Explosions in the Sky『The Earth Is Not a Cold Dead Place』
• Slowdive『Souvlaki』
• 40 Watt Sun『The Inside Room』
• Massive Attack『Mezzanine』

この5枚のアルバムは、どれも私にとって思い入れのあるものばかりですね。この中には、他のアルバムよりも私にインスピレーションを与えてくれたものもありますが、どのアルバムも今までに私の家で何百回もリピートされています。5枚のアルバムを挙げるには、あまりにも多くの優れた、刺激的なアルバムがありますが、これらは書いているときに私の頭に浮かんだものですね。

黎明期から存在しプログレッシヴ・ロックの地平をひた走る

Ulver

⊙ Arcturus、Borknagar、Ved Buens Ende、Dimmu Borgir
⏱ 1992 〜　　　　　　　　　　　　　　⊕ ノルウェー、オスロ
⊗ Kristoffer "Garm" Rygg、Tore Ylwizaker、Jørn H. Sværen、Ole Aleksander Halstensgård

1992 年、Kristoffer "Garm" Rygg を中心にノルウェーのオスロで結成。当初は Aura Noir の Aggressor（ドラム）、H. Jørgensen（ギター）、Grellmund（ギター）、A. Reza（ギター）の編成。メンバーを編成し直した後、1995 年に『Bergtatt - Et Eeventyr i 5 Capitler』で Head Not Found からデビュー。1997 年にはメタルの要素を抜いた『Kveldssanger』をリリース、さらに翌年プリミティヴ・ブラックメタルの名盤としても名高い『Nattens Madrigal - Aatte Hymne til Ulven i Manden』を Century Media Records から発表。この 3 作はブラックメタル三部作として有名。音楽性を変えたかった Garm と Century Media Records の間で亀裂が入り、レーベルを移籍後メンバーを一新。自身で設立した Jester Records から『Themes from William Blake's the Marriage of Heaven and Hell』（1998）をリリース。これ以降、ブラックメタルと距離を置いた作品を発表していく。特にインダストリアルの Coil からの影響は大きく、『Perdition City』（2000）や『Blood Inside』（2005）では電子音楽の攻撃性やトリップホップに寄せた浮遊感などを追究。2007 年の『Shadows of the Sun』は初期のブラックメタル時代を彷彿させるメロディーが堪能でき、ポスト・ブラックメタルの世界観を拓く一助になった。現在に至るまで、様々なジャンルを孕んだ世界観を提示している。また、映画のサウンドトラックを手掛ける等、活動の幅も広い。ちなみに、Ulver は「狼」の意味。

Ulver

Bergtatt - Et Eeventyr i 5 Capitler
Head Not Found
ノルウェー
1994

Head Not Found からリリースし、Century Media Records や Indie Recordings からも再発したデビュー作。ブラックメタル 3 部作として名高い作品群の 1 作目で、激しすぎずフォークにも寄りすぎない、馴染みやすい作風だ。噛みつくような咆哮だけでなく、積極的にクリーンヴォーカルを使用していることも独自性が高い。「Braablick Blev Hun Vaer」は、幽玄なコーラスや哀しみを煽るフレーズを薄く響かせ、雷鳴や足音をサンプリングすることで、曲の中に物語性が感じられる。「Een Stemme Locker」は、淡々としたストロークで湿った叙情を歌い上げる、ダークな弾き語り。

Ulver

Kveldssanger
Head Not Found
ノルウェー
1996

ブラックメタル 3 部作の 2 作目。激しいブラックメタルの要素どころか、メタルとしての演奏すら削ぎ落としたアコースティックなフォークを聴かせる。タイトルの「Kveldssanger」とは、「夜の歌」あるいは「夜明けの歌」という意味。ギターとコーラスのみで構成されたシンプルなアルバムだが、ブラックメタルの持つ叙情的な側面をさらけ出したとしても評価が高い。「Østenfor Sol og vestenfor Maane」は、穏やかにギターを爪弾く物憂げな雰囲気の中、伸びやかなヴォーカルが空に吸い込まれるような、美しい歌を聴かせる。「Halling」は、明るいトーンのフレーズにコーラスが木霊する優しい曲。

Ulver

Nattens Madrigal - Aatte Hymne til Ulven i Manden
Century Media Records
ノルウェー
1997

ブラックメタル 3 部作の最後にして、Ulver の作品の中でも最も激しいブラックメタルを演奏する 3 作目。曲題は数字とそっけないが、狼への人の憧憬や讃歌を歌うコンセプト。低音をカットして音割れ寸前まで高音域のボリュームを上げ、金属を擦り合わせるような質感のノイジーなギターがところ狭しと暴れ回る。劣悪な音質だが、音の輪郭は明瞭という不思議なバランスを保つ。ブルータルでプリミティヴなブラックメタルだが、一辺倒ではなく、しっとりした静寂を刹那的に差し込む構築力にも優れたアルバムだ。「IV」は、凶悪に唸るディストーションギターとブラストビート、狼の咆哮にも似た獰猛なヴォーカルが凄まじい速さで駆け抜ける。

Ulver

Themes from William Blake's the Marriage of Heaven and Hell
Jester Records
ノルウェー
1998

自身が設立した Jester Records へと移籍し、リリースした 4 作目。18 世紀の詩人／画家ウィリアム・ブレイクの作品『天国と地獄』をモチーフに敷いており、2 枚組 100 分の大作だ。インダストリアル・アクト Coil への憧れが炸裂した音楽性で、ブラックメタルから大きく距離を置いた。反面、Ihsahn、Samoth、Fenriz がゲスト参加した曲もあり、ブラックメタルの裾野の広さを証明している。「Proverbs of Hell, Plates 7-10」は、アンビエントから強烈なボディビートへと雪崩れ、朗々としたヴォーカルがインパクトを与える、90 年代の David Bowie のような曲だ。

Ulver

Perdition City
Jester Records

ノルウェー
2000

「破滅の都市」という意味の5作目。電子音楽の素養を拡張し、インダストリアルから Nearly God 周辺のトリップホップに接近した。エレクトロだけでなく、サックスを配置することで、独特の艶かしさを表現している。酒脱な雰囲気を漂わせるが、冷気漂うメロディーにブラックメタルの残り香があるのが、特徴的だ。「Porn Piece or the Scars of Cold Kisses」は、静かに爪弾くギターにノイズを被せ、ソリッドなビートを叩くドラムに合わせて伸びやかな歌声が広がるトリップホップ。「Dead City Centres」は、機械音やパルス音を配置して、抑圧した歌声を重ねるアンビエント。

Ulver

Blood Inside
Jester Records

ノルウェー
2005

『Perdition City』以降2枚のサウンドトラックを挟み、オリジナルアルバムとして6作目。Frank Zappa や Steve Vai と関係の深い Mike Keneally、Ved Buens Ende の Czral らがゲスト参加している。不穏に軋むノイジーなインダストリアルや、トリップホップをそのまま継承した作品だ。「Christmas」は、華やかなタイトルとは裏腹に、徐々に攻撃的なビートを際立たせて、シャーマニックなヴォーカルが響く妖しい聴き心地だ。「Your Call」は、艶かしいヴォーカルにまとわりつく電話のコール音や足音が切迫感を煽る、聖歌にも似たアンビエントなポップを聴かせる。

Ulver

Shadows of the Sun
Jester Records

ノルウェー
2007

エレクトロニカに接近した7作目。エレクトロニカの人気アーティスト Fennesz、Arcturus や Winds のヴァイオリニスト Vegard Johnsen らがゲスト参加している。カバーアートは、Mayhem や Darkthrone 等の作品を手掛けた Trine Paulsen。本作は、攻撃的なインダストリアルは排除され、アンビエント寄りの静寂さを際立たせた作品だ。メロディーの指向性は『Kveldssanger』の名残を感じさせ、ブラックメタル由来の冷たさや土着性を遺憾なく発揮している。「Solitude」は、トランペットの優美な鳴りと穏やかなヴォーカルが美しい Black Sabbath のカバー。

Ulver

Wars of the Roses
Kscope Music

ノルウェー
2011

Jester Records と Kscope Music からリリースした8作目。Mayhem の Attila Csihar がゲスト参加し、本作もクラリネットやヴァイオリンなどの楽器が華を添える。前作の静寂を極めたスタイルと異なり、躍動感を増した作品だ。エレクトロニカやアンビエントは後半へ進むにつれ表出するが、全体像は華やかで冷たいニューウェイヴやゴシックロックの印象。前作に続いて土着的で暗いメロディーを残し、アクセントになっている。「February MMX」は、ソリッドなドラムとベースによる力強く軽やかな疾走感に合わせて、物憂げなヴォーカルが人類の哀しみの歴史や死について、切々と歌い上げる。

Ulver

Childhood's End
Kscope Music

ノルウェー
2012

The Byrds や The Pretty Things といった 60 年代のロックバンドをカバーした 9 作目。Myrkur や Nidingr のミックスも手掛けた Anders Møller らが参加した。純粋なオリジナルアルバムではないが、Ulver の解釈を通しており、オリジナルと捉えても遜色ない。60 年代のサイケデリックロックやソフトロックの滋味掬すべき作品だが、歯切れのいいビート感覚など現代的な要素が下地を支えている。ガレージサイケの伝説的なバンド 13th Floor Elevators のカバー「Street Song」は、泥臭いリフや手拍子で切迫感を煽る、原曲のブルージーな魅力を殺がない仕上がりだ。

Ulver

Messe I.X-VI.X
Jester Records

ノルウェー
2013

Tromsø Chamber Orchestra との共同名義となる 10 作目。様々な演奏家とコラボレーションをしてきた彼らだが、本作はフルオーケストラとのコラボレーションを成し遂げた。『Shadows of the Sun』に近いテイストの電子音楽をベースに、豊潤なオーケストラの演奏を密接に絡ませる優美な作品に仕上がっている。作品の特性上、ヴォーカルの頻度は少ないし、メタリックなアグレッションは微塵も存在しないが、優しく不穏な空気を充満したダークな表情もある。「Son of man」は、儀式的なコーラスや、ヴォーカルにまとわりつく暗黒感の強いメロディーが、しっかり出自を伺わせる美しい曲だ。

Ulver / Sunn O)))

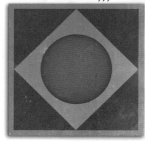

Terrestrials
Southern Lord Recordings、Daymare Recordings

ノルウェー
2014

Sunn O))) とコラボレーションしたアルバム。Daymare Recordings からリリースした日本盤は 2 枚組。ボーナスディスクとなる 2 枚目には、Sunn O))) の準メンバーでもある Mayhem の Attila Csihar が客演している。本作は、『Messe I.X-VI.X』を引き継ぐ優美でクラシカルな作品に仕上がっており、ドローンノイズは要所要所で顔を出す程度に留まっている。主体はあくまで Ulver のようだ。「Eternal Return」は、艶やかなヴァイオリンやメロトロンのようなノイズに、緩やかだが躍動的なメロディー、暴力性を孕んだ囁き声が、ドローンに呑み込まれる不穏な曲だ。

Ulver

ATGCLVLSSCAP
House of Mythology

ノルウェー
2014

House of Mythology からリリースした、単独のフルアルバムとして 11 作目。意味不明なタイトルは、占星術やフィクションでお馴染みの黄道十二星座の頭文字を牡羊座からうお座まで並べたもの。本作は、『Messe I.X-VI.X』や『Terrestrials』の流れを汲む、アンビエントとクラシックを取り込んだ深遠な電子音楽作品。十二星座の数になぞらえた 12 曲で構成された 80 分の大作だが、ヴォーカル入りの歌物は 2 曲程度だ。「Nowhere (Sweet Sixteen)」は、トレモロの煌めきや心地好いリズムのドラム、音の壁と化すキーボードを背景にして、ヴォーカルが歌い上げるバラードだ。

Ulver

The Assassination of Julius Caesar
House of Mythology
ノルウェー
2017

Gorgoroth でも叩いていた経験を持つライヴメンバー Ivar Thormodsæter が初めてスタジオアルバムに参加した12作目。本作は、アンビエントタッチから脱却し、キャッチーなエレクトロポップにシフトしている。優美だが不穏な冷たさは健在で、ポップでクリーンな音像に反して、変わらない暗さが横たわっている印象だ。「Rolling Stone」は、跳ねるようなパーカッションに神経を撹乱するようなノイズを這わせ、官能的な女性ヴォーカルのコーラスワークが美しい曲だ。「1969」は、ふくよかなシンセサイザーや少しチープなエレクトロビートを主軸に、穏やかな歌声が溶けるようなシンセウェイヴを聴かせる。

Ulver

Flowers of Evil
House of Mythology
ノルウェー
2020

再び Fennesz がゲスト参加した13作目。インパクトのあるジャケットは、1928年にフランスで放映された映画『裁かるゝジャンヌ』のシーンを用いている。前作の流れを汲みポップだが、従来の Ulver らしいダークなメロディー使いや、優美なアンビエントを違和感なく落とし込む冷ややかさが特色のアルバムだ。「One Last Dance」は、優しいヴォーカルと美麗なキーボードのリフレインや軋むノイズに、ソリッドなリズムが華やかさを添え、Depeche Mode を彷彿とさせる曲だ。「Nostalgia」は、太いベースや跳ね回るドラムの快楽的なユニゾンに、男女ヴォーカルの艶やかなハーモニーが耳を引く。

ノルウェーのブラックメタルがブラックメタルをやめる問題

ノルウェーはブラックメタル発祥の地として、ブラックメタル先進国としても知られている。Burzum、Darkthrone、Emperor、Immortal、Mayhem、Satyricon などブラックメタルの代名詞として名だたるバンドを輩出してきた。だが、現在ノルウェーのブラックメタルシーンの存在感は昔ほどではない。Satyricon が2022年にムンク美術館とコラボレーションして発表した『Satyricon & Munch』はアンビエントに近い作品で、界隈に「Satyricon もブラックメタルをやめてしまった」と驚きを与えた。黎明期を支えた Ulver にいたっては初期の3部作以降はプログレッシヴ・ロックに移行し、ポスト・ブラックメタルの多様化の一因になっている。

Deathspell Omega の台頭以降、フランスのブラックメタルの存在感が増している。Alcest をはじめとする幻想性を重視したバンドの増加も目立つ。当初はあまり好意的には見られていなかった北米のブラックメタルも、昨今は無視できない。Deafheaven、Liturgy、Tombs といったポスト・ブラックメタルの躍進の影響だ。ブラックメタルの原理主義的なサタニズムも、アメリカなどのバンドには特色として見られず、より哲学的や個人的なものに変わってきた印象だ。また、中国やロシアなどのブラックメタルも発展がめざましい。結果として、北欧ブラックメタルの特色でもあったブリザードとも形容されていた冷たくメロディアスな音世界を表現するバンドが減少傾向になった。代わりに、暗い密室でこもっているような猟奇的で陰湿な質感のものが増えてきた。

他国のブラックメタルが存在感を維持する中、新しいバンドがなかなか表に出てこないのはなぜか。ブラックメタルが「どうあるべきか」を重視しない自由なジャンルへと変容してきた結果かもしれない。また、ノルウェーにブラックメタルが浸透しきっているからこそ、新鮮味を薄れさせているのかもしれない。故に、発生当時の危険で過激なブラックメタルの爆心地としてのノルウェーの役割が、静かに終えたのだろう。それでも、今もノルウェーの地下シーンには邪悪なブラックメタルバンドがいて、虎視眈々と地上を狙っていると信じたい。

ベテランたちからのバックアップも篤く自身の表現を探求する才女

Myrkur

◉ Mayhem、Nidingr、Wolves in the Throne Room
🕐 2014 〜
👤 Amalie Bruun
🌐 デンマーク、コペンハーゲン

デンマークのコペンハーゲン出身。すでに女優 / シンガーソングライターとして活動していた Amalie Bruun のソロプロジェクトとして、2014 年に立ち上げられた。同年、名門 Relapse Records から EP『Myrkur』でデビュー。Myrkur とはアイスランド語で「暗闇」あるいは「暗黒」という意味であり、「ミシュクル」と読む。ブラックメタルを基盤にフォークロックやゴシックメタルを組み合わせた演奏スタイルや、時に金切り声を上げるようなハーシュ・ヴォーカルと澄んだクリーン・ヴォーカルのコンビネーションで注目を集める。2015 年に、デビューアルバムとなる『M』をリリース。この作品には、Mayhem と Nidingr のギタリストを勤める Teloch や Dark Tranquillity/ 元 Arch Enemy の Christopher Amott、元 Ulver の Håvard Jørgensen などがゲストに名を連ね、Ulver の Kristoffer "Garm" Rygg がミックスを担当したことでも話題を呼んだ。ベーシックな楽器だけでなくスウェーデンの民族楽器ニッケルハルパやマンドラといった多様な楽器、ループサウンドなどを駆使した『Maledict』(2017) では Wolves in the Throne Room のドラマー Aaron Weaver、オルタナティヴ・ロックとポストメタルやスラッジを繋ぐシンガー Chelsea Wolfe らが脇を固めた。本作は高く評価され、2018 年には『Metal Hammer』の「アルバム・オブ・ザ・イヤー」を受賞した。彼女のルーツであるスカンジナビアの伝統音楽にフォーカスした『Folkesange』(2020) をリリース、アメリカのビルボード・チャートで「US World Albums」部門で最高 4 位をマークしている。

Myrkur

Myrkur	デンマーク
Relapse Records	2014

名門 Relapse Records からリリースしたデビュー EP。ノルウェージャン・ブラックの影響を色濃く感じるブラックメタルに、美しく透明なクリーンヴォーカルやフォークをブレンドした音楽性は、この頃から発露している。荒削りだが、急激なテンポチェンジや邪悪なハーシュ・ヴォーカルは堂々たるものだ。「Ravnens banner」は、神秘的なコーラスで荘厳な雰囲気を織り上げ、荒々しいトレモロともたつくドラムが耳を引く、重々しく美しいオープニングを飾る曲だ。「Nattens barn」は、澄んだ歌声を悲愴感を煽るトレモロで切り裂き、力強いドラムで疾走する、金切り声とのコンビネーションが鮮やかなメロディック・ブラック。

Myrkur

M	デンマーク
Relapse Records	2015

プロダクションも良好になり、EP を底上げした印象の 1 作目。Mayhem の Teloch、元 Ulver の Haavard、Nidingr の Øyvind Myrvoll が客演したことでも話題を呼んだ。前作と違って人力のドラムによる力強さで、ブラックメタルらしい生々しさが増した。ホーンやフィドル、チューバといった楽器も、邪悪な妖精のような彼女の世界観を美しく彩る。「Hævnen」は、陰鬱で重たいリフ主体の暴虐的なプリミティヴ・ブラックと、透き通ったコーラスパートが混ざるカオスを表現している。「Skaði」は、雷撃のようなトレモロと残虐なヴォーカルによる爆走と、耽美なコーラスパートに繋がる落差が癖になる。

Myrkur

Mareridt	デンマーク
Relapse Records	2017

Wolves in the Throne Room の Aaron Weaver をドラムに迎え、Sunn O))) の客演で知られる Randall Dunn、Chelsea Wolfe といった、アメリカの人脈が多く参加した 2 作目。音楽性の基盤は変わらないが、スラッジに似た、陰鬱な重たさがスパイスに効いている。ブラックメタルの荒々しさは若干抑えめの印象だ。「Måneblôt」は、邪悪なトレモロリフを絡ませた爆走に、神秘的なコーラスや禍々しい金切り声が聴く者を翻弄する。「Funeral」は、沼地に足を取られるドラムや重苦しいリフの上で、妖艶なヴォーカルと清らかなコーラスが美しいデュエットを披露する。

Myrkur

Folkesange	デンマーク
Relapse Records	2020

自身のルーツである、伝統的なフォーク・ミュージックを表出した 3 作目。Heilung の Christopher Juul が参加している。ブラックメタルはおろかメタルのアグレッションは綺麗に取り除かれ、過去作にあったクリーンパートを大幅に増強した牧歌的なアルバムだ。彼女の元々の音楽性やアートワークの雰囲気から、映画『ミッド・サマー』のような猟奇的な雰囲気を深読みする向きもあった。「Ella」は、伸びやかなクリーンヴォーカルのアカペラに、ゆったりしたパーカッションや重厚な弦楽器が物悲しく響く。「Vinter」は、繊細なフレーズを弾くピアノに華やいだコーラスが舞う、現実感に乏しいピアノソナタを聴かせる。

インダストリアルやトリップホップを取り込んだ邪悪なサイケデリック

Oranssi Pazuzu

◉ Waste of Space Orchestra、Three Pound Trigger
🕐 2007 〜　　　　　　　　　　　　　🌐 フィンランド、タンペレ
◉ Juho "Jun-His" Vanhanen、Jarkko "Korjak" Salo、Ville "Evil" Leppilahti、Toni "Ontto" Hietamäki、Niko "Ikon" Lehdontie

2007 年、フィンランドのタンペレで結成。結成当初のメンバーは、Juho "Jun-His" Vanhanen（ヴォーカル / ギター）、Moit（ギター / キーボード）、Jarkko "Korjak" Salo（ドラム）、Ville "Evil" Leppilahti（パーカッション / キーボード / ヴォーカル）、Toni "Ontto" Hietamäki（ベース / ヴォーカル）。2016 年にMoit が脱退し、Niko "Ikon" Lehdontie（ギター）が加入、現在のラインナップになる。2009 年にアルバム『Muukalainen puhuu』で Violent Journey Records からデビュー。プリミティヴ・ブラックメタルの邪悪さと Massive Attack や Portishead らトリップホップに通じる退廃的な雰囲気とをミックスした独特のスタイルから、「サイケデリック・ブラックメタル」と表現された。『Kosmonument』（2011）、『Valonielu』（2013）、『Värähtelijä』（2016）と作品を重ねる度に唯一無二の音楽性を磨き抜いてきた。2020 年に発表した『Mestarin kynsi』は『鉤爪の王』という邦題で日本盤もリリースされ、トリップホップのみならずインダストリアルをも取り込んだスタイルは各方面で絶賛された。バンド名の「Oranssi」はフィンランド語で「オレンジ」という意味で、「Pazuzu」はバビロニア神話における風を司る悪魔パズズが由来。ライヴではブラックメタルに限らない様々なジャンルのアーティストと共演しており、2022 年にはオルタナティヴの新鋭 Sturle Dagsland や実験的ハードコアバンド Deafkids とのツアーを発表するなど、ジャンルのボーダーにこだわらない活動で活躍の幅を広げている。

Oranssi Pazuzu

Muukalainen puhuu
フィンランド

Violent Journey Records, 20 Buck Spin, Svart Record
2009

Violent Journey Records からリリースした「異星人が語る」という意味のデビューアルバム。後に 20 Buck Spin と Svart Records から再発した。Nightwish や Soilwork の作品にも携わる Sami Jormanainen がマスタリングやミキシングを担当。三半規管を狂わせるトレモロやうねるベースラインを中心に据え、「サイケデリック・ブラック」と形容されるスタイルは、この頃から確立している。「Danjon nolla」は、適度なテンポ感で淡々とした雰囲気を演出する一方、キーボードの執拗な反復や妖しいメロディーを弾くトレモロが耳に残る不気味な曲。

Oranssi Pazuzu

Valonielu
フィンランド

Svart Records
2013

Svart Records と 20 Buck Spin からリリースし、名を知らしめた 3 作目。Arch Enemy や At the Gates 等を手掛ける人気のイラストレーター Costin Chioreanu が、アートワークを担当した。前作までの邪悪で不穏な雰囲気が減退し、淡いシューゲイザーに似たタッチのメロディーを付与している。反面、インダストリアルの無機質なノイズを使い、狂気的な表現を促進した作品だ。ヴォーカルの悪辣さは変わらず、本作の邪悪さを保つパーツになっている。「Vino Verso」は、ガリガリと引っ掻くような質感のリフが反復し、感情のないビートで淡々と迫るインダストリアル・ブラック。

Oranssi Pazuzu

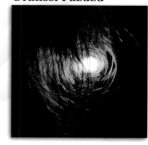

Värähtelijä
フィンランド

Svart Records
2016

4 作目となる本作リリース後、ギタリストの Moit が脱退した。前作と異なり、トリップホップやインダストリアルの素養を表出した、過渡期となる作品に仕上がった。初期の言い知れぬ邪悪さが回帰している。タイトルは、「バイブレーター」の意味。その名の通り、全体に細かな振動を這わせ、ギターやヴォーカルに共振し、聴く者が前後不覚に陥るサイケデリックな音処理を施している。「Lahja」は、小気味良いパーカッションと神秘的に揺らぐキーボードの妖しさの中、邪悪なヴォーカルや分厚いギターが気ままに歌う。「Havuluu」は、淡いトレモロと苦悶に満ちた歌が執拗な反復を繰り返し、暴虐的な疾走でダイナミックな落差をつける。

Oranssi Pazuzu

Mestarin kynsi
フィンランド

Nuclear Blast
2020

日本盤が実現し、『鉤爪の主』と邦題がついた 5 作目。新たなギタリスト Ikon が加入して初めての作品だ。基本的に前作を踏襲し、インダストリアルやトリップホップをさらに注入したスタイルになった。Portishead からの影響を公言している通り、閉塞感や陰鬱さを前面に出しているが、要所要所で噴き上げるトレモロや邪悪なヴォーカルが、ブラックメタルの境界線を保っている印象だ。「Ilmestys」は、艶かしい鳴りのギターの反復や、徐々に肉付けされるノイズの下でベースが妖しく蠢く。「Oikeamielisten sali」は、不安感を煽るキーボードや精緻なリズムで酩酊させ、激しいトレモロや絶叫が暴れ回る。

Blodstrupmoen

Blodstrupmoen	ノルウェー
Hoppla Hesten Records	2016

圧の強いベースと、高音域のトレモロで荘厳さを演出する、ノルウェー・ヴェストランのバンドの唯一作。Vio-lence のリマスター等を手掛けた Dan Randall がマスタリングしており、力でねじ伏せるようなプロダクションで、ブラックゲイズには珍しい。「Sjelløs」は、寒々しく刻まれるリフが暴れまわるメロディックな爆走から、陽だまりのようなアンビエントに落とし、急激な落差をつけている。「Dagslys」は、鮮やかな残響がと、際限なく昇っていくトレモロが際立ったブラックゲイズであり、速度を落とすことなく丁寧に展開していく様は、Deafheaven の『Roads to Judah』を踏襲している。

Dystopia Nå!

Syklus	ノルウェー
Avantgarde Music	2011

ノルウェーのオスロで結成されたバンドで、「Dystopia Now!」の意味を持つ。本作は、Lifelover や Shining の影響を受けたデプレッシヴ・ブラックを源泉に、暗い叙情と重たく苦悶に満ちたヴォーカルを聴かせるデプレッシヴ・ロックだ。クリアで浮遊感のある音響のため、ブラックゲイズとしての側面も色濃い。「I Metropolens Favn」は、The Cure に近いダークでメロディックなギターやピアノと、適度に疾走する爽やかさがある。「Neon」は、しっとりしたアルペジオやロマンチックなフレーズを弾くギター、キーボードのアンビエントが美しく流れていくインストゥルメンタルだ。

Dystopia Nå!

Dweller on the Threshold	ノルウェー
Avantgarde Music	2015

素朴で美しかった前作に、ポストロックのダイナミックな展開や、パワーメタルに近いリフの刻みやフレージングを取り入れた。様々な声のサンプリング、パイプオルガンに似た音色を用いることで、まさにディストピアといった雰囲気を構築している。「Doppelgänger」は、歯切れのいいリフワークで清涼感を出し、グロウルや囁きを駆使するヴォーカル、重厚なドラムや泣きのギターに、ブラックメタル化した Iced Earth といった趣がある。「My Eyes are the Atoms of the Sun」は、トレモロとクリーンヴォーカルのドリーミーな空気に、弾き倒されるギターが鮮やかなブラックゲイズを聴かせる。

Glimt

Glimt	ノルウェー
自主制作	2021

ノルウェー南部で活動する４人組によるデビューアルバム。Blood Red Throne の Stian Gundersen、The Dark Nebula の Kristoffer Lunden が在籍。マスタリングとミキシングを Jack Shirley が手掛けた。バンドメンバーの母体バンドの要素はなく、Deafheaven の『Sunbather』を彷彿させるドリーミーなブラックゲイズを演奏している。スロウパートとアグレッションの対比でダイナミズムを設けるところも近似している作品だ。「Nostalgic Gloom」は、ゆったりしたリフの郷愁を誘う雰囲気を活かしたまま、絶叫轟く疾走が心地良い激情的な曲。

Ved Buens Ende

Written in Waters
ノルウェー
Misanthropy Records、Candlelight Records、Soulseller Records
1995

Arcturus の Skoll、Aura Noir の Aggressor、Dødheimsgard の Vicotnik という錚々たる面子によりノルウェーのオスローで結成された。唯一の作品だが、当時のブラックメタルと趣を異にし、前衛的なブラックメタルの祖の 1 つとして名高い。幾度となく解散と再結成を繰り返しているが、2019 年に活動再開した。変則的なリズムを叩くドラムに、トレモロの厭らしくダークな雰囲気を乗せ、のっぺりしたクリーンや歪んだヴォーカルのハーモニーを聴かせる。「Autumn Leaves」は、寂しげに鳴らされる単音リフに鬱屈したキーボードを合わせ、か細い女性コーラスと歌声が妖艶に響く。

Grift

Syner
スウェーデン
Nordvis Produktion
2015

スウェーデンのヴェストラ・イェータランドで活動する Erik Gärdefors による独りバンド。土着的な叙情を振り撒くトレモロに、悲愴感強めのヴォーカルを乗せ、デプレッシヴ・ブラックとアトモスフェリック・ブラックを折衷したスタイル。アグレッションはないが、70 年代のプログレッシヴ・ロックを参照している薄暗いメロディーもあり、Fen に近い雰囲気だ。「Aftonlandet」は、牧歌的で陰鬱なトレモロにメランコリーを強調するアンビエント処理を施し、泣き声にも似た絶叫を轟かせる。「Undergörare」は、緩やかなテンポを刻むドラムに憂いを帯びたギターを這わせ、儚さを全面に押し出している。

Grift

Arvet
スウェーデン
Nordvis Produktion
2017

ブラックメタルとしての攻撃性は減退しているが、フォークロックの豊潤な叙情性を際立たせた 2 作目。前作に比べてアコースティックなアレンジが色濃く、ディストーションギターが吹き荒れるパートを挟むことで、静と動のコントラストを堪能できる仕上がりだ。その影響で、アトモスフェリック・ブラックに近い雰囲気が強まっている。「Den stora tystnaden」は、木訥としたアコギのストロークに悲壮的なヴォーカルの嘆きを乗せ、物憂げなトレモロによる轟音を聴かせる。「Nattyxne」は、寂しげにギターを爪弾き、孤独感の強いメロディーや力強くリズムを刻むドラム、巻き舌交じりのヴォーカルが悲しげに響く。

Grift

Budet
スウェーデン
Nordvis Produktion
2020

クラシカルなフォークロックの装いをさらに濃くした 3 作目。アグレッションはなく、ブラックメタルらしいトレモロやばたついたドラムであっても、柔らかなプロダクションの影響で牧歌的な雰囲気が強まっている。悲観したヴォーカルにのみ、デプレッシヴ・ブラックメタルの陰鬱さが宿る印象だ。ColdWorld の Georg Börner がヴァイオリンで参加し、物悲しさの拍車に一押ししている。「Barn av ingenmansland」は、寂しげなトレモロと程好いテンポのドライヴ感が、深遠な空気を漂わせている。「Vita arkiv」は、小気味良く叩くドラムに、孤独感の強いリフをゆったり鳴らすブラックゲイズだ。

Kørper

Inanitas	スウェーデン
Cirsium Kollektivet	2017

スウェーデンの謎めいたバンドの唯一作。デプレッシヴ・ブラックを基調にして、儚い叙情性を全面に出している。Drudkh や Apati に近い物憂げで感情的なトレモロと、Fen に通じるアトモスフェリックな雰囲気の構築が巧い。しゃがれたヴォーカルと、マイルドで穏やかなクリーンを切り替えており、暗くざらついた演奏によく馴染んでいる。「Gravitas」は、生々しい単調なリフや淡く透き通ったトレモロの弱々しいタッチで、幻想的でダークなメロディーをじっくり聴かせる。「Imbecillitas」は、淡々とした歩調のリズムに儀式的で不気味なコーラスを乗せ、気の滅入るギターノイズが、最後までうっすら曲を彩る。

Lovesilkpalemilk

Your skin, pale as milk	スウェーデン
自主制作	2013

Dödsfärd の Edvin Bärtås と Neige の信奉者 Anton Johansson が結成した、スウェーデンはベクシェーの2人組による4曲入り EP。フルサイズのアルバムがなく、大半の作品はデモ。本作は荒々しい音質だが、スタジオで作り上げたようだ。爽やかなキーボードや吹き荒れるトレモロ、絶叫ヴォーカルが行き交う、耽美さを湛えた Alcest のようなブラックゲイズを聴かせる。「Touching my skin」は、可憐に舞うキーボードに、囁きと絶叫が重なる。「Softly」は、ポストパンクに近いリズムやディストーションギター、叫び声が絡み合い、Amesoeurs に近いほの暗さを感じさせる。

Lustre

Blossom	スウェーデン
Nordvis Produktion	2015

スウェーデンのエステルスンドで活動する独りバンド。アンビエントに寄せたドリーミーなスタイルに定評があるが、本作は単調なドラムの力強さや線の細い絶叫ヴォーカルを明瞭に残しており、まだブラックメタルとしての体裁を保っている。キーボードによる浮遊感たっぷりのメロディーは、ディストーションギターを絡ませることにより、チープになる手前で踏み留まっている印象だ。「Part 1」は、AOR のようなシンセサイザーの爽やかなフレーズを執拗に反復させ、ざらついたリフを薄く漂わせる中で、ヴォーカルが叫び続けている。「Part 3」は、朝靄煙る森を想像するキーボードと淡々としたリズムが、神秘的な雰囲気を表現している。

Ofdrykkja

Gryningsvisor	スウェーデン
AOP Records	2019

古ノルド語で「暴飲」や「深酒」という意味のバンドで、スウェーデンはヴェステルオース出身。元は依存症や孤独、自傷癖などをテーマにしたデプレッシヴ・ブラックだった。「夜明けの歌」を意味する本作は、民族音楽的なフォークとアトモスフェリック・ブラックを混ぜ、シューゲイザーの感触を付与した作品だ。アグレッションはほとんどないが、美しさを追求し、女性ヴォーカルを導入してストーリー性が増した。「Wither」は、軽快なドラムに乗るアルペジオの後ろでディストーションギターによる轟音が揺れる、幻想的な曲。「Grey」は、神秘的なキーボードと粗い粒のトレモロが妖しく絡み、陰鬱なブラックメタルを聴かせる。

Palmless

The Nine Exits	スウェーデン
Rundgång Rekords	2017

「オルタナティヴ・ブラックメタル」を標榜するバンドで、スウェーデンのマルメー出身。Metz や Shellac を思わせる、殺伐としたノイズロックをブラックメタルに付与している。寒々とした北欧の叙情は控えめだが、T.O.M.B. に通じる使い方の無機質なノイズに恐怖感を煽られる。「Bleeding In」は、耳障りで金属的なリフを叩きつけ、淡々としたリズムの中、シャウトに近いヴォーカルが反復し、ノイジーさが癖になる。「Reek」は、剛胆なドラムの抜けの良さに Steve Albini 録音のような質感、ピアノによる儚い雰囲気の叙情が差し込まれ、Shellac と Burzum のコラボレーションのようだ。

Svartnad

Efemär	スウェーデン
自主制作	2020

現在はスウェーデンのマルメーで活動する 2 人組。結成は 2008 年だが、2020 年リリースの 1 作目。味のあるカバーアートは、Jonatan Ottesen という人物による。素朴な歌声を披露する女性ヴォーカルは、専任ではなく客演。本作は、境界線をぼやかす淡いトレモロや光を感じるメロディー、優美なストリングスを織り混ぜたブラックゲイズを主軸にする優しい作品だ。アグレッションは皆無で、フュージョンのようにスムーズなベースや軽やかな疾走感がポップな印象を与える。「Mångator」は、朴訥なアルペジオやトレモロ、可憐なメロディーを弾くキーボード、ソリッドなドラムが柔らかく力強い音像を描くドラマチックな曲。

Terra Tenebrosa

The Tunnels	スウェーデン
Trust No One Recordings	2011

スウェーデンのストックホルムで活動する 3 人組。ポスト・ハードコア / ポストメタル Breach のヴォーカリスト Tomas Hallbom こと The Cuckoo が中心だが、メンバーの担当楽器などを秘匿しているバンドだ。Deathspell Omega のように混沌渦巻く不気味さや、Blut Aus Nord に通じる前衛的な感性を存分に発露したブラックメタルを演奏する。特にリズムを重視し、ドラムの強弱だけでなく、リフの刻みやノイズでビートを構築するインダストリアル的な顔もある。「The Mourning Stars」は、無機質なドラムと淡く陰鬱なトレモロに様々な声のサンプリングが重なり、静かだが落ち着かない曲だ。

This Gift Is a Curse

All Hail the Swinelord	スウェーデン
Season of Mist	2015

自らを「ブラックスラッジ」と標榜する、スウェーデンのストックホルムで活動する 5 人組による 2 作目。前作はダークなハードコアだったが、本作でノイジーさを限界まで高めた極めてブルータルなスタイルに変化した。憎悪を絞り出すようなハイピッチのスクリームを中心に据え、毛穴が開くような音圧のトレモロを聴く者に叩きつける作品だ。「Swinelord」は、身を焦がす熱量のリフや大砲のようなドラム、残忍な絶叫を、邪悪で荘厳なメロディーが下支えするネオクラストとも共振するハードコア。「Askrådare」は、不穏で美しいダークアンビエントを下地に、朗々と歌い上げるヴォーカルや怒号が渦巻くカオスへと変わるスラッジだ。

Together to the Stars

As We Wither
Northern Silence Productions

スウェーデン
2020

スウェーデンのストックホルムで活動する２人組の２作目。前作は打ち込みだったドラムだが、Magnus Brolin Stjärne という人物が客演した。繊細な世界観を表現したカバーアートは、新進気鋭のイラストレーター Sophy Fredriksson によるもの。アトモスフェリック・ブラックに連なるスケールの大きい音像で、トレモロリフに拘るスタイルは変わらず。淡く溶けるようなメロディーに、Alcest の幻想性に連なる雰囲気を持つのが特徴だ。「Bioluminescence」は、悠然とした歩調に繊細に揺らぐトレモロを丁寧に織り上げ、衝動的なヴォーカルが哀愁漂う叙情を歌う、壮大なブラックゲイズ。

Ajuna

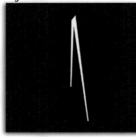

Prisoners of the Sun
Quality Steel Records

デンマーク
2013

デンマークのコペンハーゲンを拠点にしているバンドで、「心理的」や「前意識的」というコンセプト以外、ほとんど情報がない謎めいたバンド。Amesoeurs に近い暗いポストパンクの要素と、Alcest のような幻想的なトレモロによるブラックゲイズをミックスした音楽だ。「Tribute」は、退廃的な雰囲気を充満させるトレモロの美しさや、激しく疾走する激情的なドラムの乱打、高低差のあるヴォーカルのコンビネーションが、鮮やかな対比を生んでいる。「Winter」は、前に出るドラムの生々しい疾走に、ヴォーカルの凶暴なハーモニーや、うっすらと冷たいトレモロを合わせて、壮絶な冬の寒さを表現している。

Møl

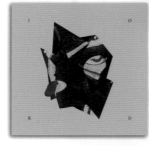

Jord
Holy Roar

デンマーク
2018

デンマーク・オーフス出身のブラックゲイズで、Sunken の元メンバーが在籍している。Alcest と Deafheaven の中間にあるようなバンドで、血管の切れそうなハーシュヴォーカルと、繊細で豪快な演奏による清純なメロディーを聴かせる。「Penumbra」は、甘酸っぱいフレーズがふんだんにちりばめられ、胸をすくような爽快感の中、虚無感のある歌詞を叫んでいる。「Lambda」は、美しいギターハーモニーを主役に据えたインストで、火照った精神を鎮める役割だ。「Ligament」は、Slayer や Kreator のような凄まじい速さで刻まれるクランチリフと、ブラックゲイズの清らかな残響を同居させている。

Møl

Diorama
自主制作、Nuclear Blast

デンマーク
2021

デジタルは自主制作、CD とレコードは Nuclear Blast からリリースした２作目。Sylvaine こと Kathrine Shepard、Siamese の Mirza Radonjica が客演。ミックスとマスタリングは Tue Madsen。暴虐的なブラックゲイズという路線は崩さず、My Bloody Valentine を彷彿させるディレイを一瞬取り入れシューゲイザーとの垣根を外した印象で、メルヘンチックで可憐なメロディーが特徴的だ。甘美なフィードバックノイズから荒々しいトレモロやハーシュ・ヴォーカルやブラストビートへのスイッチが自然な「Fraktur」は、彼らの新しいアンセムとなり得る曲だ。

Morild

Så kom mørket og tog mig på ordet En sort sky af minder I afgørende stunder Frosset fast i mit indre Jeg håber det forsvinder med lyset at dø eller blive fri

デンマーク
Indisciplinarian 2019

コペンハーゲンで活動する 5 人組。Afsky のライヴメンバーを擁する。曲名を繋げた長いタイトルは、記憶や思い出の忘失といった意味合いだ。寒々としたアトモスフェリック・ブラックメタルをベースに、Mogwai らポストロックを彷彿させるダイナミックな展開が特徴的だ。悲壮的なヴォーカルや過剰なリヴァーブで押し流すスタイルは、Møl や Aara に近い。「En Sort Sky Af Minder」は、ノイズギターと阿鼻叫喚をぶちまける絶叫を軸に、物悲しく美しいメロディーを薄く聴かせる。「At Dø Eller Blive Fri」は、爆走するドラムに映える乱反射するようなトレモロが浮世離れした美しさを湛える曲だ。

Sunken

Departure
Nordavind Records

デンマーク
2017

デンマークのオーフスで結成した 5 人組。元は Arescet という名前だったが、デモを一枚制作した後に変名した。本作の制作時には、Møl の Frederik Lippert と Ken Klejs が在籍していた。Møl に通じる圧の強いトレモロや、激烈なドラムが目立つブラックゲイズを演奏しているアルバムだ。血反吐を吐くような絶叫が白々としたギターに負けじと轟き、激情ハードコアの装いを垣間見せるため、Deafheaven にも連なる。「Sunken」は、淡々と弾く張り詰めたトーンのギターフレーズにジャジーなドラムで軽快にスタートするかと思いきや、極めて強いパッセージのトレモロが轟音と化すブラックゲイズ。

Sunken

Livslede
Vendetta Records

デンマーク
2020

Møl のメンバーが脱退し、新たに 2 人を迎えて制作した 2 作目。神秘的で謎めいたアートワークはデザイナー Emil Underbjerg によるもの。ギタリストの交代による影響か、前作と打って変わってダークな作品だ。アトモスフェリック・ブラックに通じる空間演出を施し、ブラックメタルとしての凶悪さを前に出した。反面、溶けるようなトレモロの美しさは健在。「Ensomhed」は、勢いよく突っ走るドラムに対して、トレモロで淡く耽美なメロディーを奏でるギターや慟哭するヴォーカルが耳を引く。「Delirium」は、ジャジーなドラムに乗せた浮遊感のあるアンビエントに、ぼそぼそと呟くヴォーカルが不穏さを振り撒く曲。

Auðn

Auðn
Metallic Media

アイスランド
2014

アイスランドのクヴェラゲルジで結成されたバンドのデビューアルバム。Dynfari の元メンバー 3 人が在籍している。「Auðn」とは、アイスランド語で「荒野」や「砂漠」といった意味を持つ。凛としたトレモロで広がりのあるメロディーを表現する、カスカディアン・ブラックへの解答とも取れるアトモスフェリック・ブラックメタルを演奏している。全編を覆う寒々しい叙情性の中、猛々しさと柔らかさの押し引きが絶妙だ。「Klerkaveldi」は、金属的な鳴りのリフによるソリッドな刻み、弾むドラムと器用に抑揚をつけるハーシュ・ヴォーカルが、渾然一体となって押し寄せ、言い知れぬ悲しみを湛えたメロディーを聴かせる。

Auðn

Farvegir fyrndar
Season of Mist
アイスランド
2017

「廃墟になった水路」という意味の2作目。Season of Mist からリリースした。プロダクションが荒くなり、侘しさを感じるタイトルに合う、暗い叙情を湛えた作品だ。プリミティヴ・ブラックに近い荒々しさを体現することで、黴臭く湿った地下水路を歩く感覚に陥る。トレモロの柔らかな美しさに暖かさがあり、シューゲイザーの雰囲気をスパイスにした印象だ。「Lífvana jörð」は、鬱々と叫ぶヴォーカルを主役に、高音域のトレモロによる邪悪な轟音が、緩やかな歩調で聴く者に忍び寄る曲だ。「Skuggar」は、柔らかなタッチのトレモロと陰鬱なリフのコンビネーションが、凄絶な絶叫と相俟って絶望的な雰囲気を作る。

Auðn

Vökudraumsins fangi
Season of Mist
アイスランド
2020

「白昼夢の囚人」という意味のタイトルに相応しい、陰鬱でドリーミーな3作目。前作に引き続き、Season of Mist からリリースしている。大枠で変化はないが、明瞭なプロダクションで、ポストロックのダイナミズムを拡張した印象だ。過去2作と比較してもアグレッシヴな推進力を増しており、スピーディーな曲展開が楽しめる。「Eldborg」は、破滅的な内容の歌詞と相俟って、悲痛な絶叫や重厚に刻むリフによる暴虐的な疾走感と、メランコリックなトレモロとの対比が効いている。「Ljóstýra」は、薄明かりの叙情をゆったりと紡ぐトレモロと軽やかに駆けるドラムに反して、気の滅入る雰囲気が癖になる美しい曲だ。

Dynfari

Vegferð Tímans
Code 666 Records
アイスランド
2015

アイスランド・レイキャビク出身で、Negură Bunget のライヴメンバーだった Jóhann Örn を中心に結成された。本作が3作目になり、前作までの荒々しさを主体にしたスタイルから一転、Sigur Rós に近いポストロック的な音響を取り入れた。高音域のトレモロのみならず、牧歌的なメロディーに、かつての土着性が反映されたブラックゲイズだ。「Óreiða」は、穏やかなギターにストリングスを交えた、ロマンチックなムードを湛えた曲だ。精緻な組曲を展開する後半の「Vegferð」は、寒々しい大地を表現する芳醇なメロディーを軸に、アコースティックの素朴さや、雷撃みたいなドラムなどを聴かせる一大叙事詩。

Dynfari

The Four Doors of the Mind
Code 666 Records
アイスランド
2017

柔らかいタッチのメロディーが増えた4作目は、精神の扉を意味する「眠り」「忘却」「狂気」「死」の4章からなるコンセプトのようだ。淡さを強調したトレモロや、適度な疾走感を与えるドラムでブラックメタルとしての特性を保持し、アトモスフェリック・ブラックにも通じる雄大な叙情を魅せる作品に仕上がった。「1st Door: Sleep」は、クリアな輪郭を描くギター、濁声を響かせるヴォーカルに神秘的なキーボードを合わせることで、タイトルとは裏腹に覚醒を促す力強さがある。「4th Door: Death」は、穏やかなトレモロによる明るいメロディーと適度な疾走により、死後の世界あるいは臨死を希望的に表現している。

Dynfari

Myrkurs er þörf	アイスランド
Code 666 Records, Aural Music	2020

「自殺」や「暗闇」をテーマにした5作目。ヴォーカルの声質の変化や太くうねるようなベースラインを加え、近年の Forgotten Tomb やゴシックメタルの Katla に通じるスタイルに変化した。前作の希望を感じたタッチよりも幾分ダークで、神経を引っ掻くようなディストーションギターを多用していることも、本作の陰鬱さを強調している。「Myrkurs er þörf」は、ポストパンクの翳りを宿した心地好いドライヴ感に乗せて、ヴォーカルが暗闇への誘惑を紳士的に歌い上げる。「Peripheral Dreams」は、美麗なアルペジオからはじまり、雄々しいコーラスや悠然としたテンポを叩くドラムに、悲哀が滲む。

A Pale December

The Shrine of Primal Fire	イタリア
自主制作、Avantgarde Music	2017

イタリアのミラノで結成した2人組。現在は4人編成のようだが、RとE以外の2人がパーマネントなメンバーかは不明。不気味なカバーアートは、Wodwo というイラストレーターによるもの。本作は、アトモスフェリック・ブラックをベースに、ジャズやポストロックを盛り込んだダイナミックな作品だ。圧の強いトレモロが主軸に据えられ、時折美しいピアノがスウィングする表現で魅せる。打ち込みのドラムだが、圧の強さや確かなスピードを感じさせるトラックを構築している。「Skygazer」は、雨音のサンプリングを抜ければ、メロディックなトレモロリフと力強くバウンドするトラック、叙情的な静寂の美しさが耳に残るキャッチーな曲。

A Pale December

Death Panacea	イタリア
Avantgarde Music	2022

Avantgarde Music から発表した2作目。Borknagar のギタリスト Øystein Brun がミキシングとマスタリングを担当。ドラムはプログラミングのままだが、いかにも打ち込み然とした前作よりも音質が向上。持ち前のメランコリックなメロディーは健在、キーボードを効果的に扱うことでメロディック・デスメタルに通じる煽情度を体得している。「Simulacrum」は、幽玄な雰囲気を増大するキーボードに、端切れの良いリフや爆走するドラムや絶叫が暴虐性を加味するキャッチーな曲。「Manifesto」は、複雑怪奇に乱舞するギターフレーズが耳を引く、Krallice の因子を感じる不穏さを聴かせる。

Arctic Plateau

On a Sad Sunny Day	イタリア
Prophecy Productions	2009

イタリアはローマを拠点にする Gianluca Divirgilio による独りバンド。ブラックゲイズをベースに、激しいドラムや冷たく神経を逆撫でするトレモロなど、ブラックメタルの持つ邪悪な要素をごっそり抜き取った音楽性。「北極の高原」という意味のバンド名に反して、穏やかで暖かみのあるメロディーが際立つ。「Alive」は、肌寒い日の陽だまりといった趣の澄んだトレモロがゆったり流れ、時折うっすらと絶叫するヴォーカルにブラックメタルの名残がある。「Lepanto」は、Boards of Canada のようなエレクトロニカの聴き心地で微睡み、「Ivory」の、爽やかなトレモロリフの美しさに繋げている。

Ashes of Nowhere

Emptiness	イタリア
自主制作	2015

イタリアのウディネ出身の2人組による唯一作。前身はメロディック・デスメタルだった影響か、哀愁あるトレモロリフが耳に残りやすい。寒々しさだけでなく、耽美な雰囲気も付与され、ゴシックメタルのような感触がある。絞り上げるヴォーカルに甲高い悲鳴のような引っ掛かりが存在するのも、特徴的だ。「Empty World」は、空虚さの滲む儚いトレモロとばたついたスネアとブラストビートの応酬に、苦悶の叫びが終始まとわりつき、バロック音楽のようなクリーンヴォーカルの不気味な雰囲気に余韻が残る。「Lullaby for the Dead」は、トレモロリフと単音の刻みを差し込み、身を切る冷たさにメロデスの叙情が残る。

Au Clair de Lune

Au Clair de Lune	イタリア
自主制作	2021

イタリアの謎めいた独りバンドの唯一作。バンド名はヴェルレーヌの「月の光」を由来とし、Moonlight Studio というスタジオでレコーディングしているため、作為的に月に関連づけたプロジェクトのようだ。EPサイズだが、プロローグとエピローグを配置したコンセプチュアルな作品だ。打ち込み特有の軽いドラムマシンに乗せて、Alcest に影響された幻想的で少しデプレッシヴ・ブラックに近いブラックゲイズを演奏する。「Blue Aurora (borealis sapphire)」は、軽やかなテンポで走る荒々しいトレモロに、囁きや絶叫ヴォーカルを乗せることでメランコリックなメロディーが際立つ曲。

Au Clair de Lune

Diaphanous Deities	イタリア
自主制作、Silentium in Foresta Records	2021

デビューEPから半年で発表したアルバム。プロジェクト名の由来となるヴェルレーヌの『Promenade Au Clair de Lune』から詩を引用している。EPと同じく揺らめくトレモロで月夜をイメージした幻想的な世界観を描くスタイル。荒々しさよりもメロディーを主軸にしており、弱々しいマシンドラムと相俟って現実との境界をぼやかした感触だ。「Night of Early Spring Waters」は、小気味良く疾走するドラムにノイジーなギターや妖艶なキーボードを絡ませ、陰鬱ながなり声が雄々しく歌い上げる。「Gates of April」は、広がりのあるトレモロで夜を表現するブラックゲイズ。

Blaze of Sorrow

Echi	イタリア
Sun & Moon Records	2012

イタリア・マントヴァ出身のバンドで、土着的なブラックメタルを演奏していた。本作は、音楽性の大枠に変化はないが、ブラックゲイズに通じる淡さを取り入れたスタイルだ。キーボードでアトモスフェリックな空間を強調する手法は控えめに、あくまでトレモロを主体にした王道的なブラックメタルの様相も濃い。レコードとCDでアートワークが異なり、収集癖をくすぐる仕様だ。「Empatia」は、穏やかなストロークや、雷鳴みたいなトレモロや凶悪なヴォーカルを駆使して次々と表情を変える様が天候の移り変わりのようだ。「Echi」は、強靭なブラストビートの勢いが寒々しいトレモロリフと合致し、Dark Funeral を思わせる。

Blaze of Sorrow

Astri	イタリア
Eisenwald	2017

フォーク・ブラックだった前作『Eremita del fuoco』よりも音が整理され、すっきりとしたクリアな録音で前々作『Echi』に近いアルバム。音楽性に変化はないが、明瞭な録音の効果か、暴虐性とスピード感が増した印象を与える。荒々しさだけでなく、キーボードを効果的に使用することで透明度の高い空間演出を施しているのも、本作の特徴だ。「Andromeda」は、土着的な叙情を迸らせるトレモロの親しみやすさにエレクトロの奇妙な展開を瞬間的に盛り込むことで、フックを持たせている。「Io, nessuno」は、高揚感を煽るトレモロやメリハリのあるリズムセクションが心地好いメロディック・ブラックだ。

Deadly Carnage

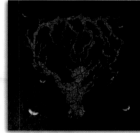

Manthe	イタリア
De Tenebrarum Principio	2014

イタリアのリミニ出身のバンドで、ドゥームメタルバンド Omega のメンバーが在籍している。フレンチ・ブラックを参照したような地下室臭い邪悪なメロディーと、爽やかなトレモロリフによるブラックゲイズを混ぜ合わせ、独特の聴き心地を与える作品だ。「Dome of the Warders」は、爽快感のあるトレモロを主軸に据え、ジャジーなパターンを刻むドラムやロマンチックなギターソロ、投げ槍な絶叫ヴォーカルが退廃を後押ししている。「Beneath Forsaken Skies」は、ドゥームメタルに近いテンポのドラム、どろっとしたリフワークやハーシュヴォーカルで威厳を出す、ブラッケンド・デスメタルのようだ。

Deadly Carnage

Through the Void, Above the Suns	イタリア
Aeternitas Tenebrarum Musicae Fundamentum, A Sad Sadness Song	2018

惑星の生命の成り立ち、量子力学といったものをコンセプトに敷いた作品で、前作から地下室臭い邪悪さや、ドゥームメタルの素養を減退させ、スラッジを取り入れた。重たいリフワークは健在だが、トレモロの明るさを増したことで、ブラックゲイズの要素が強まっている。ヴォーカルは、威厳のある叫びと爽やかなクリーンに絞られ、洗練されてきた。「Matter」は、プロダクションの良さも手伝って、ソリッドな明瞭さや、シンフォニック・ブラックに近い絢爛なメロディーがある。「Divide」は、小気味良いテンポで疾走し、クリーンヴォーカルの質感や温かみのあるトレモロから、Alcest の『Shelter』を彷彿とさせる。

Dreariness

Fragments	イタリア
自主制作	2016

イタリアのローマで結成されたバンドの2作目。悲痛な女性の絶叫ヴォーカルを聴かせるデプレッシヴ・ブラックだった前作から、儚いトレモロが美しいブラックゲイズに移行した。本作は、絶叫ヴォーカルだけでなく、物憂げなクリーンヴォーカルや哀しみに嘆く泣き声や囁きといった歌唱法が、ふんだんに盛り込まれている。「Essence」は、澄んだトレモロによる幻想的なメロディー、様々な歌声を披露するヴォーカルの感情に、心が揺さぶられるエモーショナルなブラックゲイズ。「Catharsis」は、17分近い長さをかけて、波音や揺らめき続けるトレモロの淡さを全編に置き、絶叫やファスト・ブラックの疾走で、フックを作っている。

Ephel Duath

Pain Necessary to Know	イタリア
Elitist Records	2005

Howling Sycamore の Davide Tiso を中心に結成された、イタリア北部パドヴァのバンド。Karyn Crisis や Steve DiGiorgio が在籍していた。本作に両名は参加していないが、複雑怪奇なリフワークを中心に、ジャズのリズムセクション、怒号を轟かせるヴォーカルを生々しく聴かせる。「Vector, Third Movement」は、陰鬱さを帯びた変態的なリフ、緩急の落差著しいドラム、喚き散らすヴォーカルが波状攻撃のように襲う。「Imploding」は、うねるベースや軟体動物のように蠢くリフが動と静を激しく行き交うドラムに制御される、カオティック・ハードコアの聴き心地。

Eyelessight

Athazagorafobia	イタリア
Talheim Records	2018

イタリア・ペスカーラの2人組で、透明感のあるギターの美しさに耽溺する Amesoeurs や Sylvaine に通じるブラックゲイズと、デプレッシヴ・ブラックメタルの狭間にあるような音楽性だ。陰鬱さはあるが、プロダクションの良好さも手伝って聴き苦しさはない。「Nostomania」は、淡々と繰り返す神経を蝕むトレモロや、空虚さを感じさせるメロディー、気の触れたような絶叫も交える女性ヴォーカルに、狂気が孕む。「Monofobia」は、Amesoeurs を彷彿させるポストパンクのリズムと爆走するブラックメタルが交互に入り乱れるドラマチックな展開に、悲鳴を吐き散らすヴォーカルの鮮烈さが、印象的だ。

Falaise

As Time Goes By	イタリア
ATMF(Aeternitas Tenebrarum Musicae Fundamentum), A Sad Sadness Song	2015

フランス語で「崖」を意味する、イタリアのトーディ出身の2人組によるデビューアルバム。元々はダウンロードで自主制作だったが、A Sad Sadness Song から CD が再発している。本作は、デプレッシヴ・ブラックの荒廃した雰囲気を色濃く残し、下支えする甘美なフィードバックノイズが顔を出す。ブラストビートの疾走感やがなり声の比重が高く、ブラックメタルの体裁を崩していない。「Loveless」は、暗鬱なトレモロから一転、甘やかなギターメロディーが激しい爆走と絶叫を伴い駆け抜ける。「Waiting Time」は、音割れしそうなノイズによって、曲の輪郭が瓦解した甘く冷たいブラックゲイズを聴かせる。

Falaise

My Endless Immensity	イタリア
ATMF(Aeternitas Tenebrarum Musicae Fundamentum)	2017

前作にあったデプレッシヴ・ブラック由来の陰鬱さが、大きく減退した2作目。荒々しいディストーションギターや絶叫ヴォーカルは全面に出ているが、暗さや哀しみを象徴するものではなくなった。本作の主役は澄んだトレモロの華やかさであり、ブラックゲイズとして完成形に近づいている。「The Embrace of Water」は、可憐なフレーズのリフを主軸に、苛烈なブラストビートや発狂したヴォーカルが美醜を引き立てる役割を担っている。「Pristine Universe」は、シンセサイザーによる浮遊感や神聖さを表現したアンビエントに、トレモロの細かい粒子を星屑に見立てた、現実感を消失するインストゥルメンタル。

Falaise

A Place I Don't Belong To	イタリア
A Sad Sadness Song	2019

「喪失と落胆」あるいは「寄る辺のない逃避」といったテーマを根底に据えた 3 作目。鬱々としたメッセージ性が増した反面、ますます目映い光を放射するブラックゲイズに近づいた。さながら、Lantlôs の『Melting Sun』に近い音楽性だ。荒々しい演奏はしっかり残っているが、壮麗なメロディーを飾りつける要素として機能している。「When the Sun Was Warming My Heart」は、聴き取りやすいリフの美しさを適度に激しいドラムやヴォーカルが引き立てるブラックゲイズ。「Consumed Soul」は、優しいフレーズを弾くキーボードが小気味良いドラムに乗る、爽やかな聴き心地の曲だ。

Gospel of Wolves

Fangs	イタリア
自主制作	2018

イタリア・ブレシア出身バンドによる唯一作。トレモロやアルペジオを使った吹雪に似たメロディック・ブラックメタルをベースに敷いており、時折顔を覗くブレイクダウンに近いリズムアプローチやグロウルとスクリームを交錯させるヴォーカルは、ポスト・ハードコアを感じる。「Seven Crowns」は、歯切れのいいリフワークと高らかに絶叫するヴォーカルを基盤に、急激なリズムチェンジやアコースティックなストロークを要所に挟むことで、ダイナミックなグルーヴを生んでいる。「Freezing of the Lands」は、威圧感のあるゲイン高めのギターと突貫するドラムや悲壮的なヴォーカルが、雄々しい曲に仕上げている。

Morwinyon

Pristine	イタリア
Naturmacht Productions	2020

イタリアは Falaise の Lorenzo Pompili と Matteo Guarnello によるバンドで、実質、サイドプロジェクトだ。Unreqvited こと鬼がミックスを担当している。本作は、ブラックゲイズに土着的な要素が組み付き、Falaise と Moonsorrow が融合したような音楽性に仕上がった。「The Intangible Void」は、可憐で澄んだキーボードのフレーズを中心に据え、Burzum が憑依したかのようなディストーションで、壮大に飾り付ける。「Ethereal Night」は、壮麗なストリングスの華やかさをゆったりと聴かせる、悠久の流れを感じさせるインストゥルメンタル。

Noircure

Kyrie	イタリア
Avantgarde Music	2022

プーリア出身の Raffaele Galasso による独りバンド。音楽スタイルのコンセプトとして、キーボードを使わずギターのみで制作するという縛りを敷いているようだ。Alcest や Lantlôs、Sadness からの影響を公言し、幻想的で時に攻撃的なブラックゲイズを聴かせる。凄絶なスクリームを主としたヴォーカルは、クリーンにファルセットを織り交ぜ、多彩な印象だ。「Kyrie」は、柔らかなタッチのギターで穏やかな雰囲気を構築し、ブラストビートと速く刻むトレモロがアグレッションを叩きつけるブラックゲイズ。「Halcyon」は、アンビエントのようなギターノイズとかすれた絶叫が轟くスラッジに通じる重厚な曲。

O

Antropocene	イタリア
自主制作、Zegema Beach Records	2020

イタリアのビエッラで活動するバンドの3作目。アルバムタイトルは、ノーベル化学賞を受賞したオランダ人化学者パウル・クルッツェンが考案した「人類の時代」という意味の新しい時代区分のこと。ポストメタルやグラインドコアを組み合わせたスタイルに、ブラックメタル由来の寒々しいトレモロや甲高い絶叫ヴォーカルを増強した作品だ。「イゾウ（IZŌ）」は、Deathspell Omega を彷彿させるリフの乱反射で暗黒感を作り、威圧的な絶叫が淡々と叩きつけられるが、特に岡田以蔵と関係はない。「Era」は、ぶわついたリフを垂れ流す邪悪な空間の中、壮絶な絶叫で喚き続けるスラッジとブラックメタルを合わせたような荘厳な曲。

Sovereign

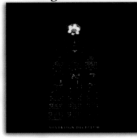

Deceptum	イタリア
Sell Your Soul Records	2015

イタリアのトレントで活動する3人組。メンバーは D、C、S と頭文字のみで詳細は不明。レコーディングとミックスも自分たちでやっているようだが自主制作ではなく、Sell Your Soul Records からリリースしている。デジタルは投げ銭方式だが、CD は100枚限定。カセットとレコードも出ている。本作は、ブラックメタルの陰鬱さにポスト・ハードコアの激情とスラッジの重苦しさを加え、Celeste や Tombs の影響を感じるスタイルだ。「Lament」は、音の塊みたいなトレモロで暗黒感を出し、緩急自在のドラムやひたすらに叫び続けるヴォーカルが直情的なアグレッションを強調する Celeste のような曲。

SVNTH

Breeze of Memories	イタリア
Naked Lunch Records	2015

ローマで活動する4人組。2006年の結成以来メンバーチェンジを繰り返し、現在の編成になった。バンド名は「Seventh Genocide」の略。Bedsore のメンバー2人が在籍。本作のアートワークを、Kvaen 等の作品を手掛けた Moon Sang-ho が担当。抜けのいいドラムとトレモロによる可憐なメロディーを主軸に、甘すぎないよう刺々しい疾走を盛り込むなど、緩急がついたアルバムだ。「Be」は、柔らかいトレモロの美しさ、雷鳴のようなドラムの爆走、絶叫が交互に迫る忙しないメロディック・ブラック。「Summer Dusk」は、陰鬱なメロディーや断末魔の絶叫が精神を削る Burzum を彷彿させる曲だ。

SVNTH

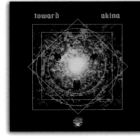

Toward Akina	イタリア
Wooaaargh、Third I Rex	2017

Wooaaargh と Third I Rex という2つのレーベルがコラボレーションしてリリースした2作目。日本のブルータル・デスメタル猿轡の葬沢文郁が1曲のヴォーカルで参加している。デプレッシヴ・ブラックに近づき、淡いトレモロの美しさよりも陰鬱さが前に出たアルバムだ。特にヴォーカルの悲痛さが増し、澄んだギターメロディーとのコントラストになっている。力強くキレのあるリフやメリハリの利いたドラムも随所にあり、Happy Days や Trist のような病んだヴォーカルに沈みきることのないバランス感に優れた作品だ。「Life is Poison」は、哀愁あるトレモロに痛切な絶叫を乗せ、耳慣れないギターの音色が幻想的な空気を構築する。

Uno Sguardo Oltre

Riflesso
自主制作　　　　　　　　　　　　　　　　　イタリア
2017

イタリアのマントヴァで活動する2人組によるデビューアルバム。バンド名は、「視線の先」といった意味のイタリア語。プロダクションこそ荒々しいが、Alcest と Burzum を組み合わせたようなスタイルで、変則的なリズムセクションと神経に障る淡いトレモロを聴かせる。力に任せたヴォーカルに情緒はなく、叙情的なギターとのカウンターとして機能する。「Vuoto」は、高らかに響くトレモロリフを中心にしたシューゲイザー・ブラックを表現する演奏に、吠え続けるヴォーカルが淡々と響く。「Luce」は、ゆっくりした歩調の中、鬱々とするディストーションギターと無軌道に叫ぶヴォーカルが、聴く者の気力を殺ぐ陰鬱な曲だ。

Wows

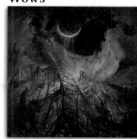

Ver Sacrum
Dio Drone Records　　　　　　　　　　　　　イタリア
2020

イタリアはヴェローナの6人組の2作目。タイトルは「聖なる春」という意味のラテン語で、古代イタリアの宗教儀式のことであり、またクリムトが主催していた雑誌名でも知られる。本作は、ドゥーム・デスの比重が高かった前作に、ブラックメタルやポストロックを注入したスタイルに変化している。鈍重さは減退し、ブラストビートでけたたましく爆走するため、聴きやすくなった。反面、Deathspell Omega のような不協和音リフを絡めて難解な展開を盛り込んだ作品だ。「Mythras」は、歪んだ塊になったような邪悪なトレモロリフや、苛烈なブラストビートで迫る轟音に、威厳に満ちた絶叫ヴォーカルが木霊する荘厳なブラックメタルだ。

Foscor

Les Irreals Visions
Season of Mist　　　　　　　　　　　　　　　スペイン
2017

スペインのバルセロナで活動するバンド。バンド名はカタルーニャ語で「暗闇」の意。初期はプリミティヴなブラックメタル、前作は Nightfall と Katatonia をミックスしたようなアルバムだった。本作は邪悪な要素を大きく減らし、巻き舌混じりのクリーンヴォーカル、物憂げなトレモロが渦巻くブラックゲイズに近い表現へと変化した、最後のブラックメタル作品となる。次作『Les irreals versions』は、本作と前作の収録曲にポストメタルのアレンジを施した再録作。「Altars」は、淡く乱舞するトレモロや、Katatonia への憧憬を隠そうともしない優しい歌声が響く、陰鬱なゴシックメタルに寄せた曲。

Odregru

Nomep RATI
Noiseu Produccions　　　　　　　　　　　　スペイン
2018

スペインのビーゴを拠点にする独りバンドで、ブラックメタルとポストロックを足してパンクで割ったような音楽性。本作のカバーアートは、カスパー・ダーヴィト・フリードリヒの1824年作『氷の海（El mar de hielo)』。ギターの爽やかさに不釣り合いな、溺れるような歌声が個性的だ。2019年には本作のインストゥルメンタルで、タイトルを逆から読んだ『Itar Pemon』をリリースした。「Cunfui Mosarbles」は、淡白なテンポと激しいリズムを行き交うドラムの上で、寂しげなトレモロが美しい。「Avis」は、ギターによる儚い単音フレーズに太い演奏を肉付け、老爺の呪詛に似た声が淡々と歌う。

Trees, Cloud & Silence

Let Me Die on Your Roots	スペイン
自主制作	2018

スペインのマラガで活動する Ocram による独りバンド。女性ヴォーカルに Echo という人物を迎えている以外、アートワークやカバー写真を含めて全て彼が手掛けている。本作は、涼やかなピアノや凛としたトレモロで、翳りのある叙情を表現したブラックゲイズだ。リズムトラックの力強さに加えて、クリアなプロダクションも魅力的だ。「Autumn breeze」は、寂寞としたフレーズを奏でるトレモロにうっすら被さるヴォーカルが美しいシューゲイザーから、寒々しいブラックメタルへと展開する。「Echo」は、トレモロの淡い筆致で描くもの寂しいメロディーをゆっくり聴かせ、しゃがれ声や女性のコーラスが陰鬱な歌を聴かせる。

Utopian Visions of Earth

For those who are gone	スペイン
自主制作	2017

スペインのビーゴ出身の 2 人組で、メロディック・デスメタル Sunvoid のドラマー Eloi Pascual が在籍している。郷愁を誘うトレモロの圧の強さや疾走感を出すドラムはしっかりブラックメタルだが、メロディック・デスメタル由来の親しみやすさが全編を貫いているのが特徴的だ。客演するピアノやフルートが、So Hideous を彷彿させる華やかさを強調する。「PTSD」は、メロディーに淡さを残しているが、力強く刻むリフや厳つい咆哮が、Sunvoid に近いアプローチを取る。「Inmemorial」は、儚いトレモロと激しく疾走するドラムにクラシカルなキーボードが合わさり、優美で明るいブラックゲイズだ。

Vallum

Insight	スペイン
自主制作	

スペインのバルセロナで活動するバンドの唯一作。Teitanblood や Graveyard の Javi Félez がレコーディングに参加している。カバーに描かれたクトゥルフからも判別できるように、クトゥルフ神話をモチーフにした作品だ。淡いトレモロによる轟音や悲壮的な絶叫ヴォーカルを中心に据えたブラックゲイズを聴かせるが、衝動的なアグレッションも強い。「Ocean's Embrace」は、キレのあるリフや耽美なメロディーの邪悪な雰囲気、発狂した絶叫がのたうち回るブルータルな曲。「Moonside Lake」は、ざらついたギターと中盤の妖しく美しいソロの対比が効いているブルージーなブラックメタル。

Benthik Zone

Via Cosmicam ad Europam ab Gelid Inferis	ポルトガル
自主制作	2017

ポルトガルのポルトで活動する 2 人組。元々はノイジーなプリミティヴ・ブラックメタルを演奏していたが、本作でインダストリアルやシューゲイザーを組み込んだスタイルに移行、プロダクションは飛躍的に向上した。持ち前のノイズは健在、Blut Aus Nord を過激にした印象の無機質なブラックメタルを追求する。本作では曲目でカウントダウンを取っており、何らかのコンセプトがあるようだ。「VII - Lebirtae Sosfurcate」は、苦悶に満ちたヴォーカルと透き通った音響に蠢くベースラインや薄いディストーションギターが、宇宙のような雰囲気を表現する Darkspace に通じるスペーシーなブラックメタル。

Benthik Zone

Omni Quantum Univers
自主制作、Underwater Records　　　ポルトガル　2019

約2時間という大ボリュームの2作目。CD-R仕様でUnderwater Recordsからリリース。インダストリアルの要素を増強し、EBMを大々的に盛り込んだ作品だ。呻き声ばかりでなく、読経のようなものや雄叫びなどを取り入れ、異様さの一助になっている。暗黒的な雰囲気の中、儚さを切り取った一瞬が現実離れした様相だ。「Gene Lembra a Célula」は、チープなマシンビートにヒステリックな叫び、滑らかなギターを重ね、無明の闇を演出する。「Universo Tece o Fio」は、ズタズタのボディビート、蠢動するベース、荘厳なメロディーが合わさったLimbonic Artを彷彿させる曲。

Benthik Zone

Εἴδωλον
Onism Productions　　　ポルトガル　2022

光を感じさせる叙情が増えた3作目。フルート奏者が客演。インダストリアルを取り入れたノイジーなスタイルは不変。穏やかな自然音をはじめ、ブラックゲイズに通じるトレモロで築いた轟音、琴に似た音色のオリエンタルなメロディーを組み込み、新たな次元に突入していることを伺わせる。「E Embriagado pelo Reflexo」は、Aaraに近い悲壮的なトレモロや絶叫と美しいメロディーを重ね、美醜が混在したブラックゲイズとインダストリアルの邂逅。「Da Zona Perdida no Tempo」は、オーケストラを思わせる派手なストリングス、フルートに導かれて暴虐を振り撒くシンフォニック・ブラック。

Gaerea

Unsettling Whispers
Transcending Obscurity Records　　　ポルトガル　2018

ポルトガルのポルト出身の5人組で、謎の紋様が描かれた覆面をしているバンド。そのためミステリアスだが、YouTubeでメンバー揃って無言でアルバムを流し続けるなど、コミカルな一面も見せる。本作は、Behemothに通じる暴虐的で威厳のあるブラックメタルを表現しており、慈悲の薄い冷たいトレモロを前面に押し出している。「Absent」は、グルーヴィーなリフワークや、寒々しいメロディックな爆走を繰り広げるトレモロピッキングを、違和感なく配合したテンションの高い演奏を聴かせる。「Cycle of Decay」は、陰惨な黒いディストーションギターを重々しく叩きつけ、メタルコアに近い瞬発力で駆け抜ける。

Gaerea

Limbo
Season of Mist　　　ポルトガル　2020

Behemothに似た威厳のあるブラックメタルという基本の大枠は変えず、前作の延長線上となる2作目。本作は、前作よりも華やかさが増しており、シンフォニック・ブラックにも通じる絢爛なギター・オーケストラといった趣がある。高音域でぼやけたような輪郭を描くトレモロや、フレンチ・ブラックを参照した暗黒感を滲ませるリフワークが、加味された点だ。「To Ain」は、怒号を轟かせるヴォーカルを中心に据え、淡いトレモロで暗黒を描き、苛烈なブラストビートで、約11分圧の強さで押しきる。「Urge」は、強靭なリフの刻みや悲痛なグロウル、厭世感を滲ませたトレモロが、ブラックゲイズに通じる悲愴な雰囲気を強めている。

Shrouded Serenity

Black Nature	ポルトガル
自主制作	2017

ポルトガルのアルマダを拠点にする独りバンドのデビューアルバム。本作は、プリミティヴ・ブラックに寄せた荒々しく黒々とした演奏が主体だが、寂しげなリフの反復やトレモロの幻想的な揺らぎに、ブラックゲイズの面影が感じられる。血反吐を吐くようなヴォーカルの生々しさや、破壊力のあるドラムに、暴虐的なメロディック・ブラックとしての風情がある。「Gaze」は、小気味良いスネアの乱打や冷たく粗いディストーションギターに凄絶な断末魔を乗せ、執拗に反復する寂寥としたトレモロが耳に残る。「Journey」は、残響の美しいストロークに乗る弱々しい歌声が、猛々しいがなり声へと変わり、暴力的なブラックメタルへと変貌する。

Shrouded Serenity

The Somnambulist	ポルトガル
Red Truth Productions	2020

前作から予想もつかない変化を遂げた2作目。本作は、ジャズやトラップをブラックメタルに混ぜ、小節ごとに展開を変え、Ephel Duath に通じる変態さがある。一方で、トレモロによる幻想的なタッチも残されていて、闇鍋のような本作のフックになっている。「Zarephath」は、トロピカルなトレモロリフや、痙攣するドラムのアグレッションが牽引する暴力性、電子的なトラップビートにラップめいたシャウトまで飛び出す、悪趣味なビックリ箱のようだ。「Oracle」は、8bit 風のチープな SF 的音響を演出し、跳ねるようなリフや激しく乱打するビートにブレイクコアの感触を付与した、カオティックなブラックメタルだ。

Vulpus

Certitude	ポルトガル
Pest Productions	2017

ポルトガルのポルトで活動していたバンドの唯一作。本作リリース後にヴォーカルとベースが脱退し、瓦解した。本作は、陰鬱なトレモロリフや、やけに生々しいヴォーカルが主役のデプレッシヴ・ブラック風の作品だ。各楽器の音は明瞭で、低音域を強調しないプロダクションのため、軽妙な印象だ。「Like Troxler's Fading」は、粒立ちの良いスネアやきっちり刻むリフに、物憂げなメロディーが浮き彫りになるメロディック・ブラック。「Along Obsidian Shores」は、細波のようなハイハットと小気味良く疾走するドラム、絶叫ヴォーカルの合間に、ジャジーな静寂パートが主張するドラマ性の高い曲。

Isolde

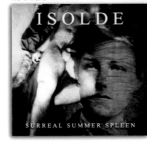

Surreal Summer Spleen	ギリシャ
自主制作	2018

ギリシャのテッサロニキ出身の2人組による唯一作。「シュールな夏の脾臓」という意味深長な題と、ランボーの肖像写真を用いたアートワークが印象的だ。荒っぽいドラムやプリミティヴな感触のギターを重点に聴かせる、ハードコア期の Darkthrone を参照した演奏が中心だ。淡いトレモロを薄く被せる辺りに、ブラックゲイズの素養を感じる。「Summer Spleen」は、ソリッドさを演出するようなギターのカッティングや、荒廃したドラムが電撃を落とすように耳を引く。「Venus in Furs」は、Velvet Underground のカバーで、原曲の持つ妖しく官能的な雰囲気をうまく残したまま、ブラックメタルに落とし込んでいる。

レーベル特集

A Sad Sadness Song

オーナー：　　国：イタリア　営業年：2008 〜
主要バンド：An Autumn for Crippled Children、Falaise

2008 年にイタリアで設立。レーベル名の由来は暗黒フリーフォークで知られる
Current 93 の楽曲から。Aeternitas Tenebrarum Musicae Fundamentum のサブレー
ベル。An Autumn for Crippled Children を発掘したことでも知られる。Aquilus、
Lascar、Madmans Esprit がかつて在籍していた。レーベルカラーとして、メラン
コリックなメロディーを聴かせる叙情的なポスト・ブラックメタルを得意としてい
る。現在は大半のバンドが離脱しており、Deadly Carnage と Falaise の 2 バンドの
み所属。

Anti-

オーナー：　　国：アメリカ　営業年：1999 〜
主要バンド：Deafheaven

2008 年にイタリアで設立。レーベル名の由来は暗黒フリーフォークで知られるパ
ンクやハードコア等で知られる名門レーベル Epitaph のサブレーベルとして 1999
年、ロサンゼルスで設立。インディー・ロックやソウルといったメタル以外のジャ
ンルをメインに取り扱う。そのため、メタル色の強い Deafheaven とサインした
ことは驚きをもって迎えられた。『New Bermuda』と『Ordinary Corrupt Human
Love』という Deafheaven の足場を確固たるものにした 2 枚のアルバムをリリース。
現在は離脱しているが、Deafheaven 以降メタルバンドとのサインはなく、彼らと
の契約は異例だったことが伺える。

AOP Records

オーナー：Sven Rosenkranz　国：ドイツ　営業年：2004 〜
主要バンド：Agrypnie、Harakiri for the Sky

2004 年にドイツのゼーセンで設立。オーナーは Sven Rosenkranz。AOP とは「Art
of Propaganda」の略。Agrypnie や Harakiri for the Sky、Ellende などドイツやオー
ストリアで活動するバンドが多く在籍し、存在感の大きいレーベル。幻想的な雰囲
気とメタリックな肉体性が共存したブラックメタルがメインに所属し、アンビエン
トやドゥームメタルも取り扱う。公式サイトは簡素だが、Bandcamp やオンライン
ストアが充実しているため、各種アイテムを取り寄せること自体はやりやすい。また、
コレクター心をくすぐる装丁を施されたエディションのリリースも多い。

Avantgarde Music

オーナー：Roberto Mammarella　国：イタリア　営業年：1994 〜
主要バンド：Krallice、Saor

1994 年にイタリアのミラノで設立。オーナーはドゥームメタル / ダークウェイ
ヴ Monumentum の Roberto Mammarella。サブレーベルは Flowing Downward、
Sound Cave など。ブラックメタルを中心にデスメタルやドゥームメタルを取り扱
う。ブラックメタルの中でもアトモスフェリック・ブラックメタルなど雰囲気を重
視したものを得意としている。かつては Krallice や Saor、Solefald なども在籍して
いた。Evoken や Katatonia、Keep of Kalessin といったバンドが所属していたこと
でも知られ、アンダーグラウンドの世界で存在感を示すレーベルだ。

Code666 Records

オーナー：　　国：イタリア　営業年：1999 〜
主要バンド：Fen

1999 年、Aural Music のサブレーベルとしてイタリアにて設立。Aural Music では
インダストリアルメタルやスラッジ、ポストメタルといったジャンルを主軸に扱っ
ているが、こちらもその流れを汲むアヴァンギャルドで難解なブラックメタルが多
く在籍する。Fen を発掘したことでも知られ、Negură Bunget や Ne Obliviscaris と
いったバンドや Aguss や Dynfari らアトモスフェリックな要素の濃いポスト・ブラッ
クメタルも取り扱っていた。現在は Aural Music と統合しているようで、レーベル
自体消滅はしていないようだが、公式サイトも 2018 年から更新されていない。

Colloquial Sound Recordings

オーナー：Damian Master　国：アメリカ　営業年：2011 ～
主要バンド：A Pregnant Light
2011 年にミシガン州ケントウッドで Damian Master によって設立された。元々はイギリスのプリミティヴ・ブラックメタルバンド Obscure Lupine Quietus やオランダの Gethsemane が所属していた。彼らの離脱後、徐々に A Pregnant Light や Purple Light といった Damian Master のプロジェクトの専門レーベルとなっていった。彼自身はライヴを行わないためライヴのブッキング等はしていないが、レコーディングやプレス、アートデザイン、梱包や発送まで全て彼自身で行う。現在 Damian Master 関連のプロジェクトのみだが、門戸は開いているとのこと。

Debemur Morti Productions

国：フランス　営業年：2003 ～
主要バンド：Blut Aus Nord
「アンダーグラウンドは平凡なものではない」というスローガンを掲げ、フランスのファルムティエで 2003 年に設立された。アヴァンギャルドで実験的、陰惨なブラックメタルを中心に取り扱う。Aara や Blut Aus Nord、White Ward といった一癖も二癖もある前衛的なスタイルのバンドが多く所属、ポスト・ブラックメタルの難解な側面を引き受ける名門だ。サブレーベルに Eitrin Editions があったが、現在は閉鎖している。ブラックメタル以外ではポストメタルの Latitudes、テクニカル・デスメタル Ulcerate といったバンドが在籍する。

Jester Records

オーナー：Kristoffer Rygg　国：ノルウェー　営業年：1998 ～ 2017
主要バンド：Ulver
1998 年に Ulver の Kristoffer Rygg がノルウェーのオスロにて設立。Century Media Records と半ば喧嘩別れで離脱、Ulver のメンバーを編成し直して設立した経緯がある。ブラックメタル三部作を望んだ Century Media Records を Rygg が突っぱねた形だ。そのため、Ulver のためのレーベル。Ulver 以外のリリースは Arcturus『Disguised Masters』、Nidingr『Wolf-Father』、Virus『Carheart』の 3 作のみ。『Messe I.X-VI.X』発売後、2017 年には閉鎖、拠点をロンドンの House of Mythology に移行した。

Les Acteurs de l'Ombre Productions

オーナー：Gérald Milani　国：フランス　営業年：2009 ～
主要バンド：The Great Old Ones、Asphodèle
2009 年にフランスのナントで設立。オーナーはメロディック・ブラックメタル Funerarium のヴォーカルとして知られる Gérald Milani。名前を直訳すると「影の役者たち」。サブレーベルに Emanations がある。フランスを中心にエクスペリメンタルなブラックメタルを多く抱える。かつては The Great Old Ones や Asphodèle が在籍していた。現在はアヴァンギャルドやエクスペリメンタルといった実験的な要素を持つバンドよりも、Aorlhac、Cold Cell、Jours Pâles といったメロディックなブラックメタルの方が主流になっているようだ。

Northern Silence Productions

オーナー：Torsten Suess　国：ドイツ　営業年：2003 ～
主要バンド：Together to the Stars
ドイツのザクセン自由州にあるアンベルク＝ブッフホルツにて、2003 年に設立。サブレーベルに Beneath Grey Skies、Eyes Like Snow がある。ハンブルクのディストリビューター Soulfood が販売を手掛けている。かつては Alcest、Amesoeurs、Fen といったバンドが所属していた。アトモスフェリック・ブラックメタルを中心に、叙情的なブラックメタルを得意としている。フォークやペイガン寄りの雰囲気を持つバンドが多いが、ポスト・ブラックメタルにも明るい。現在も精力的に活動しており、ヨーロッパのアンダーグラウンドなレーベルの中にあって存在感を放っている。

Pest Produtions

オーナー：Deng Zhang（邓章）　国：中国　営業年：2006 〜
主要バンド：Dopamine

中国の南昌市にて 2006 年に設立。オーナーは Dopamine の Deng Zhang（邓章）。
中国語表記は瘟疫唱片。サブレーベルに Archaische Gesänge、Mañjusaka Series
がある。国際色豊かなバンドが在籍していたが、現在は東アジア地域を中心にアト
モスフェリック・ブラックメタルやデプレッシヴ・ブラックメタルを多く取り扱う。
かつては Kanashimi や No Point in Living、明日の叙景といった日本のバンドも所
属していた。ブラックメタルに限らず、ポストロックやシューゲイザーのアンダー
グラウンドにも造詣が深く、それらの発掘も積極的なレーベルだ。

Profound Lore Records

オーナー：Chris Bruni　国：カナダ　営業年：2004 〜
主要バンド：Altar of Plagues

2004 年にカナダのオンタリオ州ニューハンバーグで設立。オーナーは Chris Bruni。
ブラックメタルやデスメタル、ドゥームメタルやハードコアの中でも特にダーク
で難解なイメージを持つバンドをメインに取り扱う。かつては Altar of Plagues、
Amesoeurs、Alcest、Bosse-de-Nage、Ulver といったバンドも在籍していたことも
あり、ポスト・ブラックメタルの形成にも一役買っている。現在ポスト・ブラック
メタルのバンドは Vaura を除いて所属していないが、精力的にポストメタルやデス
メタル、ブラックメタルなどのアンダーグラウンドを掘り下げ続けている。

Prophecy Productions

オーナー：Martin Koller　国：ドイツ　営業年：1996 〜
主要バンド：Alcest、Lantlôs

1996 年にドイツのツェルティンゲン＝ラハティグで Martin Koller が設立し、インターナ
ショナルな活躍をしているレーベル。サブレーベルに Lupus Lounge や Cold Dimensions
がある。設立当初から「不気味でエモーショナルな音楽を提供する」というコンセプトを
設けている。Alcest や Lantlôs を輩出したことからポスト・ブラックメタルにおいても存
在感を強めた。所属するバンドのジャンルはブラックメタルのみならず、メロディック・
ドゥームやデスメタル、ゴシックメタルといったメタルのサブジャンルからネオフォーク
やポストロック、シューゲイザーといった非メタルも取り扱うレンジの広さに定評がある。

Relapse Records

オーナー：Matthew Jacobson　国：アメリカ　営業年：1990 〜
主要バンド：Myrkur、Tombs

1990 年の 8 月にアメリカのフィラデルフィアで設立。サブレーベルに Relapse Japan
や Release Entertainment がある。オーナーは Amorphis や Exhumed 等を手掛けたプロ
デューサー Matthew Jacobson。デスメタルやストーナー、ハードコア、スラッジ、グ
ラインドコアといったジャンルでは知らない者はいないだろう名門中の名門。激烈でエ
クストリームなバンド発掘に定評があるが、先鋭的であまり類を見ないスタイルのバン
ドも数多く所属する。Myrkur や Tombs を発掘したことで、ポスト・ブラックメタルに
おいても重要なレーベル。最近はあまり見ないが、かつては日本盤のリリースもしていた。

Sargent House

オーナー：Cathy Pellow　国：アメリカ　営業年：2006 〜
主要バンド：Deafheaven

2006 年にアメリカのロサンゼルスで設立された。オーナーは Cathy Pellow。オル
タナティヴ・ロックやパンクに強いレーベルだが、エクスペリメンタルで難解なバ
ンドにも理解がある。メタルでは、ドゥームメタルの Earth が在籍する。Anti- を離
脱した Deafheaven と契約し、『10 Years Gone』『Infinite Granite』をリリースした。
Boris や Chelsea Wolfe などメタルにも馴染みのあるアーティストが所属。かつて
は The Mars Volta の Omar Rodríguez-López とパートナーシップを結んでいたが、
2014 年に解消している。

Season of Mist

オーナー：Michael Berberian Senior　国：フランス　営業年：1996～
主要バンド：Imperium Dekadenz、Tombs

フランスのマルセイユで 1996 年に発足。オーナーは Michael Berberian Senior。
ブラックメタル、デスメタル、ゴシックメタル、プログレッシヴメタルを扱う名門レー
ベル。サブレーベルにアンダーグラウンド発掘専門の Season of Mist Underground
Activists がある。所属するバンドの多くが知名度の高いバンドであり、メジャーな
フィールドの中でもダークで独特な雰囲気を持つのも特徴だ。Mayhem や Cynic
などレジェンドクラスも在籍する。レーベル名の由来は、シェイクスピア『夏の夜
の夢』と漫画『The Sandman: Season of Mists』から。

○○ゲイズが多すぎる

　昨今、「○○ゲイズ」と呼ばれるサブジャンルが雨の翌日の筍みたく乱発されている事情をご存知だ
ろうか。もちろん、元祖はシューゲイザーである。本書の主人公の 1 つブラックゲイズ（ブラックメ
タル＋シューゲイザー）も挙げられる。ポストメタル黎明期に存在していた「シューゲイザーの特性
を付与されたヘヴィメタル」という意味で、メタルゲイズ（Metalgaze）。代表的なバンドとしては、
Oceansize や Jesu といったところになるだろうか。小規模的に終わってしまった感もあるが、シュー
ゲイザーの新世代といった意味でニューゲイザーもあった。一般的に知られているのは大体この 4 つ
だろうか（メタルゲイズは怪しいが）。そして近年、Bandcamp などのタグで存在感を示しているも
のがいくつか出てきているので、紹介しよう。

・**ドゥームゲイズ　Doomgaze**　ドゥームメタル＋シューゲイザーで、字の通り、ドゥームメタルの
　鈍重なグルーヴにシューゲイザーの甘美な浮遊感をミックスした特性を持つ。メタルゲイズと似てい
　るかもしれない。
・**ヴォイドゲイズ　Voidgaze**　元々「靴先を見つめる者」という意味のシューゲイザーだが、見る人
　が見れば呆けているように映るかもしれない。さらに虚無的に突きつめていったようなニュアンスが
　ある。音的にはブラックゲイズとも共振するブラックメタルとシューゲイザーのミックスであること
　が多いようだ。Sylvaine もこのタグを使用している。だが、音楽性はジャンルの合体というわけで
　もなく、精神的なものであるように映る。
・**ドローンゲイズ　Dronegaze**　ドローンノイズをシューゲイザーの轟音のように使用しているもの
　が多い。感覚的にはエレクトロ・シューゲイザーに近い印象を抱くだろうか。
・**ダークゲイズ　Darkgaze**　Violet Cold もこのタグを使っているが、ジャンルに統一性はあまり
　感じられない。ただ、ダークウェイヴやそれに近いエレクトロミュージックがこのタグを使用して
　いることが多いようだ。
・**ドリームゲイズ　Dreamgaze**　多くのバンドの場合、シューゲイザーをよりドリーミーに発展さ
　せた感触だ。Illudium のように、ポストメタルがタグ付けしていることもある。
・**スカイゲイズ　Skygaze**　ここまでくると、もはやよくわからない領域だ。スカイゲイズは音に共
　通ジャンルが横たわっているわけでもない。ただ開放的なことは確かなようである。

　他にも、ムーンゲイズやスノウゲイズといった自然にちなんだものから、コンピューターゲイズ、イ
ンターネットゲイズというものまで見つかった。サブジャンルというのは、名乗れば勝ちという側面も
あるので、他にも○○ゲイズが生まれる余地は多いにある。それにしても、見つめたがるのは万国共通
なのだろうか。

Chapter 2
Eastern Europe

近年、ブラックメタル全体の中でも存在感を出している東欧諸国は、一筋縄ではいかないバンドが多い。ウクライナの White Ward や、解散してしまったがルーマニアの Negură Bunget など、実験的な要素と神秘的な雰囲気がある。一方で、サンクトペテルブルクで勃興しているブラックゲイズシーンを中心に、素朴で叙情的なバンドが増えているロシア。Skyforest や Show Me a Dinosaur などはその筆頭と言える。なお旧ソ連構成国ということで便宜上アゼルバイジャンの Violet Cold も本章に収録した。

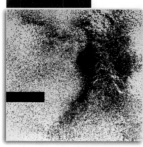

Demo
自主制作　　　　　　　　　　　　　　　　　　　　　　　　　　チェコ
2013

チェコの5人編成のバンドで、読み方を明かさないため、コンピューター用語の「null」や「none」、あるいは「nic」や「Black Strip」と呼ばれている。デモならではの粗い音質だが、曲の輪郭は明瞭で、劣悪なわけではない。「I」は、トレモロリフの荒涼とした様子を除けば、ポストロックの流れを汲む展開や高音の絶叫といった要素は、Deafheaven に近い。抜けのいいスネアが、ライヴさながらの迫力を醸し出す「IV」に、暗黒的なデスメタルやネオクラストのテイストを感じられる。元は自主制作だが、後に Pest Productions から再発されたのも頷ける、完成度の高いデモである。

Dærrwin

Uv'Derekh
MetalGate　　　　　　　　　　　　　　　　　　　　　　　　　チェコ
2018

メランコリックなギターハーモニーを主軸に据えたブラックゲイズを演奏する、チェコの4人組によるデビューアルバム。旧約聖書を下地に敷いた歌詞が難解で、曲間にインタールードを挟む、四章仕立てのコンセプチュアルなアルバム構成をしている。「Chapter One」は、激しく疾走するドラムと、感傷的な中に明るさを感じさせるトレモロを放射するブラックゲイズで、世界創造を歌い上げている。「Chapter Four」は、楽園の林檎を食べたその後を歌っており、荒涼としたディストーションと、威厳のあるメロディーに邪悪さが混ざり、ファスト・ブラックを聴かせる。かすれたヴォーカルによる叫びに、死を滲ませているようだ。

Atanas

Enitharmon
自主制作　　　　　　　　　　　　　　　　　　　　　　　　スロヴァキア
2019

スロヴァキアのニトラ出身、アトモスフェリック・ブラックとデプレッシヴ・ブラックを折衷し、Darkthrone を彷彿とさせる。北欧のメロディック・ブラックを参照した、口ずさめるリフを軸に置く王道的なブラックメタルのように見えるが、精神を蝕むノイズを風の音に見立てたり、一風変わった仕掛けを施している。「Dysthymia」は、叙情的なアルペジオから噴き上げるトレモロをバーストさせて、ブラックゲイズにもつれこみ、暗黒面に堕ちた Alcest といった風情の悲愴感を漂わせる。「Crimson Moonlight」は、ざらついたリフを微妙に変えて暗いメロディーを作り、猛吹雪のコールド・ブラックを鳴らしている。

Autumn Nostalgie

Esse Est Percipi
Maa Productions　　　　　　　　　　　　　　　　　　　　スロヴァキア
2020

スロヴァキアのシャモリーンで活動する独りバンド。形而上学をテーマにした世界観は難解だが、秋や死にまつわる言葉を連ねる詩的な要素が色濃い。詩を表現するのに適した儚いトーンのトレモロリフと、思いの外しっかりと骨格を形成するベースラインやドラム、哀しみに絶叫するヴォーカルが主役のブラックゲイズを聴かせる。「Fallen Leaves」は、美しく尾を引くトレモロと淡々としたドラムの上で、寓話的な秋と滅びの物語を、しゃがれたヴォーカルが歌い上げる。「Grey Horizons」は、胸を締めつけるノスタルジックなメロディーを、淡いディストーションをかけたリフと澄んだアルペジオで表現している。

Autumn Nostalgie

Ataraxia
スロヴァキア

Autumn Nostalgie、Northern Silence Productions
2021

好評を博した前作から1年4ヶ月のインターバルを経ての2作目。引き続き、Northern Silence ProductionsからCDとカセットをリリース。「乱されない心の状態」を意味する「Ataraxia」は古代ギリシア哲学を由来とし、前作と地続きの実存主義をテーマにした作品だ。N.J.なるドラマーを迎え、爆走こそないが躍動感が増した。また前作よりも華やかなトレモロが目立ち、メランコリックだが少々明るくなりシューゲイザーにさらに接近したギターワークが特徴。「Alámerülés」は、躍動感のあるドラムに合わせて丁寧に弾かれるトレモロが切なさを胸に去来させるノスタルジックなブラックメタル。

Besna

Zverstvá
スロヴァキア

自主制作
2022

スロヴァキアのブラチスラヴァで活動する4人組。プログレッシヴ・デスコア／DjentのRotting Gutless Corpseの元メンバーが在籍。ブラックメタルらしい冷たいトレモロを存分に聴かせるが、デスコア由来のダウンパートやDjentから吸い上げたリズミカルなアプローチ、モダンな重たさが個性的なスタイルだ。絞り上げるスクリームや低いグロウルなど、ヴォーカルのバリエーションも豊富だ。「Ľadovec」は、凍えるトレモロの美しさに引けを取らないヘヴィなグルーヴ、多彩なハーシュ・ヴォーカルが渾然一体となったブラックゲイズとデスコアをミックスしたような曲。

Hænesy

Katruzsa
ハンガリー

自主制作、Purity Through Fire、Black Mourning Productions
2018

ハンガリーのブダペストで活動する3人組。メンバー全員がヴォーカル表記で誰がどの楽器を担当しているかは不明だが、メンバーのHenrikはAs Karma Bringsというデスコアをやっている。「Katruzsa」はハンガリー最大の山マートラ山麓にある地名。本作はアトモスフェリック・ブラックメタルにインスパイアされたと公言しているが、浮遊感のあるトレモロやメロディーは都会的な雰囲気だ。「II」は、機関銃のようなブラストビートと幽玄な空気を作るトレモロ、幽鬼の絶叫を想起するヴォーカルが迫る、Der Weg einer FreiheitとHarakiri for the Skyの影響下にある曲だ。

Hænesy

Garabontzia
ハンガリー

自主制作、Purity Through Fire
2021

特徴的なギターをトレードマークだと言えるまでに昇華した2作目。デジタルは自主制作、CDとレコードはPurity Through Fireからリリース。カバーはスペインの画家Rodrigo Almanegra。アトモスフェリック・ブラックがコンセプトだった前作と比べ、ドラムのアグレッションが強まり体感速度が上がった。「Fate of the Depth」は、リヴァーブをかけた孤独感の強いトレモロで美しさを表現し、暴力的なリフやブラストビートで一気に駆けるメロディック・ブラックメタル。「The Archives」は、穏やかな静寂を演出するトレモロとスタスタと小気味の良いドラムの対比が美しい曲。

Perihelion

Agg	ハンガリー
自主制作	2019

ハンガリー・デブレツェン出身のバンドで、ポストメタルを軸足にした
スタイル。本作は、淡いトレモロピッキングや悲愴な絶叫ヴォーカルと
いったテクニックを多用し、ポスト・ブラックやブラックゲイズの要素を
大幅に増強している。加えて、スラッジ由来の分厚いギター・オリエン
テッドの心地好さが耳を引く。「Tavasszal a vadak」は、Deathspell
Omega を想起する暗黒感の強いリフに儚いトレモロを重ねて、荒っぽい
ヴォーカルの叫びが、程好いテンポのドライヴ感で軽やかに疾走する。
「Nyugvó」は、美しく揺らぐトレモロによる幻惑的な叙情に、伸びやか
なクリーンヴォーカルが歌い上げる、爽やかな曲だ。

Realm of Wolves

Oblivion	ハンガリー
Beverina Productions	2018

ハンガリーの 3 人組で、Vvilderness の vvildr、Stvannyr の Stvannyr
と Ghöul で結成した。揺らめくトレモロで儚さを強調したアトモスフェ
リック・ブラックを基盤に、シューゲイザーの甘さや邪悪なヴォーカルを
聴かせるスタイル。威厳のあるコーラスワークや、冷たく荒涼としたアグ
レッションが辛味になって機能している。「Ignifer」は、気の遠くなるよ
うなトレモロの美しさに悪辣なヴォーカルが絡み、美醜のコントラストを
鮮やかに描く。「Into the Woods of Oblivion」は、緩急自在のドラム
に負けじと、滑らかに弾かれるギターの妖艶なメロディーが耳に残る長尺
の曲だ。

Stvannyr

Valley of Shadows	ハンガリー
自主制作	2019

ハンガリーのジェールを拠点にする 2 人組。リーダーである Stvannyr
が全てを手掛け、Realm of Wolves でも活動を共にする Ghöul とタッ
グを組む。バンドロゴは Vvilderness の vvildr のデザイン。本作は、メ
ランコリックなギターを前面に出したインストゥルメンタル。激しい疾走
はないが、ディストーションギターにブラックメタル由来の攻撃性を残
す。フォークメタルの土着的な雰囲気や、ドゥームメタルに影響された適
度な重たさもフックになっている作品だ。「Emperor Eagle」は、澄んだ
メロディーと荒々しいトレモロを、淡々としたドラムが下支えするポスト
ロックとブラックメタルの融合。

Svoid

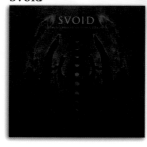

Storming Voices of Inner Devotion	ハンガリー
Sun & Moon Records	2016

現在はブダペストに拠点を移しているバンドの 2 作目。2020 年には、
Dunkelheit でも知られる中心人物の S を除くメンバーが一新した。前作
『To Never Return』は純然としたブラックメタルだったが、本作でポ
ストパンクを大胆に取り入れ、Voices に類似する薄闇の雰囲気や耽美な
メロディーが聴けるスタイルだ。「Through the Horizon」は、澄んだキー
ボードを背景に退廃的なメロディーを弾くトレモロ、邪悪に歪んだヴォー
カルが冷たい叙情を表現する。「Eternal」は、合唱を誘うコーラスとダー
クなギターが映える、Bauhaus と後期 Emperor をミックスしたような
曲だ。

Vvilderness

Devour the Sun	ハンガリー
自主制作	2019

ハンガリーのソンバトヘイで活動する独りバンド。カバーアートも含め、全てを vvildr こと Ferenc Kapiller が手掛ける。トレモロの淡い美しさや苛烈なドラムを基幹にして、Mogwai のようなポストロックのダイナミックな展開を聴かせる作品だ。メロディー自体に寒々しさは薄く、フォークメタルに通じる雄々しさや牧歌的な叙情を漂わせる。「Sól」は、キャッチーなメロディーを紡ぐ単音トレモロリフ、激烈なブラストビート、威圧的でしゃがれたグロウルが美しい轟音となって押し寄せる。「Aftershine」は、速いブラストビートに反して、優しいメロディーや肉感的なエレクトロビートを挟むブラックゲイズ。

Vvilderness

Dark Waters	ハンガリー
自主制作	2020

和美 Kazumi という女性が1曲でヴォーカルとして参加している2作目。前作よりも民謡的なメロディーが色濃いが、美しい残響を聴かせるポストロックやシューゲイザーの要素は健在。ハンガリーの歴史について扱った曲もあり、「Havasok / Snowy Mountains」は、1764年セーケイ人に対して行われたマデファルバの虐殺事件をテーマにしている。そういった背景もあり、前作ほど明るさはなく、ダークな叙情を湛えた作品だ。「Dark Waters」は、客演の透き通った女性ヴォーカルともの寂しいギターが柔らかく浸透し、牧歌的なメロディーとディストーションギターにブラストビートがまとわりつく壮大な曲。

Vvilderness

As Above, So Below	ハンガリー
自主制作、Vvilderness Records	2021

カバーアートやレコーディングに至るまで全てを vvilder が手掛けた3作目。アトモスフェリックな表現を得意としたスタイルに変化はないが、ハーディ・ガーディにより土着的な雰囲気が濃い。ブラックゲイズ然とした淡いトレモロや疾走するドラムなどは健在で、幻想的なメロディーとのコントラストが映える印象だ。「Home」は、噛みつくハーシュ・ヴォーカルで丁寧に歌い上げ、音の洪水と化したトレモロにハーディ・ガーディの柔らかな演奏が寄り添うメランコリックな曲。「All Fires Die Out」は、儚いギターや淡々としたドラム、優しい歌声のスロウパートと、荒々しい爆走と絶叫のスイッチに目も眩むブラックゲイズ。

Ygfan

Hamvakból...	ハンガリー
Sun & Moon Records、Fekete Terror Productions	2018

ハンガリーのブダペストで活動するバンドのデビューアルバム。アルバム名は直訳すると「灰の中から……」というような意味。ほぼデプレッシヴ・ブラックだった EP『Köd』とは異なり、淡々としたリズムや重苦しさといったドゥームやポストメタルの要素を大幅に増強した作品だ。幻想的な雰囲気を構築するトレモロや土着的なクリーン・ヴォーカルには Alcest や Fen に連なる素養を感じる。「Maya」は、儚いトレモロをソリッドで緩やかなドラムに合わせ、祈りのような歌声が朗々と響く。「Ygfan」は、徐々に分厚さを増すメランコリックなトレモロに邪悪ながなり声が広がり、Swallow the Sun への憧憬を感じさせる曲だ。

Ennoven

Redemption
Northern Silence Production
ポーランド
2014

ポーランドのワルシャワで活動する独りバンドのデビューアルバム。Northern Silence Productions からリリース。山脈をあしらったバンドロゴからもわかるが、自然崇拝に傾倒したアトモスフェリック・ブラックに近い。暴走しないドラムはゆったりしたグルーヴで身体を揺らし、アンビエントな空間を演出するキーボードやトレモロの儚いタッチは、まるで霧深い山中を歩くようでもある。アグレッションはそこまで強くないが、絞り上げるスクリーム・ヴォーカルが作品の攻撃性を一手に担う。「Ethereal Winter」は、丁寧に弾かれるギターの柔らかさがいつのまにか吹雪のようなトレモロに変わっていく曲だ。

Hegemone

Luminosity
自主制作
ポーランド
2014

ポーランド・ポズナンの4人組。神経を蝕むようなノイズのアレンジや、スラッジ由来の重たさをブラックメタルに溶け込ませたスタイル。抑圧されたテンポだが、デスメタルに近いアグレッションや威圧的な怒号を響かせるヴォーカルを主に据えており、Behemoth を彷彿させる暴虐性がある。「Diurnal」は、耳障りなノイズで無機質な空間演出を施し、インダストリアルの金属的な感触とスラッジの粘るリフをバウンドさせ、威厳のある咆哮で淡々と展開する。「Nightingale」は、爽やかな鳥の鳴き声をサンプリングし、原始的なリズムを徐々に筋肉質なリフで肉付けし、酩酊感のある反復や疾走感の交錯が、サイケデリックな曲だ。

Miasme

perpetual.terminal
自主制作
ポーランド
2014

ポーランドのボレスワビエツ出身の独りバンドで、ブラックメタルを下地にポストロックやアンビエント、スラッジを交配したインストゥルメンタルを聴かせる。煌びやかなトレモロで星空を想像するアトモスフェリックな雰囲気を作り、ドライヴ感を損なわないリズムセクションが屋台骨を支える。「advance.vapour」は、速い速度のブラストビートを前面に出し、時折リズムに濃淡をつけ、反復するリフの幻惑的な雰囲気や、スペーシーなアンビエントを違和感なく織り込んでいる。「wander.afterglow」は、線の細いアルペジオや分厚いディストーションギターを淡々と弾き、緩やかなテンポに壮大なシンセサイザーが映える。

Misanthur

Ephemeris
Season of Mist
ポーランド
2021

ポーランドのチェンストホヴァで活動する2人組のデビューアルバム。Season of Mist のアンダーグラウンドレーベルからリリース。太いベースラインを中心に据え、不穏な響きのトレモロや威圧的なリズムで聴く者を揺らせるスタイルだ。ピアノジャズもピアノジャズに似た聴き心地の静寂パートを設け、重厚感とのコントラストでトリップホップやポストメタルにも接近する。「On the Heights of Despair」は、寒々しいトレモロとしゃがれた咆哮でざらついた雰囲気を作り、ほどよいスピードで駆け抜ける曲。「The Serpent Crawls」は、ゆったりとしたグルーヴで地響きを起こすスラッジのようなブラックメタルだ。

Mistral

Somnifer ポーランド

自主制作 2020

ポーランドのワルシャワを拠点にする２人組。バンドの目的として、「自らの苦悩を人に伝え、理解してもらう」というコンセプトがある。Folkvangr Records からリリースしているカセットの他に、手書きナンバリングを施した手作り感満載の CD も存在する。本作は荒々しいプロダクションだが、溶けるようなトレモロによるシューゲイザーの手法で制作している。そのため、ヴォーカルがギターに隠れるように録音されているのが特筆すべき点だ。「Bloom」は、儚く揺れるトレモロとざらついたリフを混ぜ合わせた独特の残響に、スタスタと駆けるドラムやジャジーなリズムセクションを合わせて、うっすら絶叫が響くブラックゲイズ。

Mord'A'Stigmata

Ansia ポーランド

Pagan Records 2013

Morowe のライヴメンバーだった Static を中心とする、ポーランドはクラクフ出身の４人組による３作目。Furia が在籍する Pagan Records に移籍して、初のアルバムとなる。過去２作は、Behemoth の影響下のブラッケンド・デスメタルだった。本作で作風が変わり、大きく間を取ったタイム感のグルーヴで、Blut Aus Nord に近い複雑怪奇なリフを構築するスタイルになった。「Shattered Vertebrae of the Zodiac」は、緩やかなドラムに合わせて、黒々としたリフでトランス状態を作り出し、ジャジーな静寂パートの美しさが映えるスピリチュアルなブラックメタルだ。

Mord'A'Stigmata

Hope ポーランド

Pagan Records 2017

前作の路線にメランコリックな叙情性を加えた４作目。プロダクションも良好で、各楽器の音が明瞭に聴こえる。特に高音域のトレモロが主張をしており、本作における物悲しいドラマ性の説得力の向上に一役買っている。ダーク・アンビエント的な要素も前作以上に存在感があるため、前衛的なブラックメタルとしての表現力が磨かれたアルバムだ。「Hope」は、残響を活かした不協和音リフによる陰惨な雰囲気を、物悲しい静寂や複雑なリズムセクションが増強する。「To Keep the Blood」は、ハイハットのカウントやマーチング調のドラムの親しみやすさと裏腹に、重苦しいリフやヴォーカルがのたうつ、酩酊を誘発するような曲だ。

Mord'A'Stigmata

Dreams of Quiet Places ポーランド

Pagan Records 2019

さらに物悲しさを強調し、過去にあったブラッケンド・デスメタル風の暴虐性も取り込んだ５作目。Hate に近い、繊細なプロダクションによる音響効果の妙が光るスタイルに変化した。ぶわついたエレクトロによるインダストリアルを新味に取り入れ、ガリガリと神経を引っ掻くような質感の不快さも新鮮だ。「Spirit into Cristal」は、90 年代インダストリアルや EBM に近いボディビートを軸に据え、抑制されたクリーンヴォーカルや威圧的なグロウルが朗々と響く、アヴァンギャルドなブラックメタル。「Into Soil」は、陰鬱なトレモロに鼓舞するエレクトロビートを交え、執拗な反復が酩酊感を煽る混沌とした曲だ。

Seagulls Insane and Swans Deceased Mining out the Void

Seagulls Insane and Swans Deceased Mining out the Void	ポーランド
Witching Hour Productions	2011

Furia の Nihil、元 Behemoth の Havoc によって結成された、ポーランドの2人組による唯一作。シロンスク地方の自然公園内のプラネタリウムにある Nihil の地下スタジオにて、8日間で制作された。陰惨にこねくり回すリフや、がなり声や低い唸り声を駆使して儀式の手順を踏んでいくようなアルバムだ。完璧にリズムを制御するドラムに、無機質で不穏な空気を増幅する役割がある。「II」は、黒々としたトレモロ、エレクトロニカやアンビエントに近い音響効果、獰猛に吠えるヴォーカルが、一切の光を通さない世界を表現する。「V」は、神経を削り取るドローンノイズがフューネラル・ドゥームに通じる重苦しさを構築している。

Per Aspera

Vivacity	クロアチア
自主制作	2019

クロアチアのシサクで活動する独りバンドで、ディストーションギターによる陰鬱な雰囲気がデプレッシヴ・ブラックに通じるスタイルだ。音割れする寸前の歪んだヴォーカルや、繊細なタッチのトレモロの轟音で、ブラックゲイズを取り入れたパートも多い。エフェクトをかけてぐずぐずに溶かしたドラムトラックに、プリミティヴな荒々しさを垣間見ることができる。「Plain Frame」は、妖しいトイピアノに似た音色を邪悪なトレモロが切り裂き、ストレートに疾走するメロディック・ブラックを聴かせる。「Let Me Sleep」は、寒々しいトレモロリフと暴虐的な爆走から憂うストロークの静寂へと落ちる様が、ドラマチックで美しい。

Dekadent

Veritas	スロヴェニア
自主制作	2015

スロヴェニアのリュブリャナを拠点にするバンドで、Vigred という独りバンドから変名した。アトモスフェリック・ブラックメタルをベースに、ジャズやシューゲイザーを盛り込んだ音楽性を得意としている。本作は、ブラックゲイズやデスメタルの要素を強めた暴虐性が特徴だ。「Of Acceptance and Unchanging」は、アコースティックなストロークや骨太のベースラインで下地を作り、クリーンとハーシュによるコーラス、トレモロリフの轟音で壮大さを演出している。「Valburga」は、攻撃的なシンフォニック・ブラック然としたパートと、ブラックゲイズの雰囲気を持つ静けさを使い分け、緩急に翻弄される。

Autumn, Leaves, Scars

119:107	ルーマニア
自主制作	2015

ルーマニアはトランシルヴァニア地方クルジュ県の独りバンドで、自然崇拝に傾倒したデプレッシヴ・ブラック由来の陰鬱さも残る音楽性。かつてはヴォーカルがいたが脱退しており、インストゥルメンタルになった。ささくれだつディストーションで不安感を煽るギターを主軸に、アグレッションは皆無だが、荒々しいブラックメタルを聴かせる。「A Dream to End Too Soon」は、ムーグに似た音色のシンセサイザーと、陰にこもったトレモロリフを悠然と聴かせ、気を滅入らせる空気を充満させる。「Umlčet」は、緩やかに疾走するドラムの荒さに、寂しげに爪弾かれるトレモロが乗り、一定のテンションのまま流れていく。

Negură Bunget

Om
ルーマニア
Code666 Records
2006

ルーマニアのティミショアラで活動していたバンド。中心人物である Negru の急逝により活動停止を余儀なくされた。本作は4作目で、彼らの知名度を上げた一枚。タイトルは「人間」という意味。カバーアートは彼らの大半の作品を手掛ける Daniel Spătaru によるもの。ブラックメタルの荒涼とした雰囲気に、ルーマニアの民族楽器やフルートを盛り込んでアンビエントの音処理を施した作品。がなり声のみならず呪術的な輪唱を取り入れたり、「声」にも焦点を当てた印象だ。「Ţesarul de lumini」は、精神を磨耗するようなトレモロや神秘的なキーボード、荒波のサンプリングが雄大な景色を表現する美しい曲。

Negură Bunget

Vîrstele pămîntului
ルーマニア
Code666 Records
2010

前作『Om』で名を知らしめ、本作で立ち位置を決定づけた、オリジナルアルバムでは5作目。アルバム名は「地球の年齢」という意味で、各楽曲もそれぞれ「地球」や「世界樹」といったタイトルがつけられている。前作までのラインナップを一新し、3人から6人体制へと移行した。メンバーを増強した影響か音に厚みが出て、複雑怪奇な曲展開で聴く者を翻弄する作品だ。前作のアンビエント・ブラック然とした音響表現もうまく引き継いでいる。「Ochiul inimii」は、凛とした鳴りのギターのストロークにキーボードの浮遊感を足し、原始的なリズムを叩くドラムとシャーマニックなヴォーカルが耳に残る、祝祭的なブラックメタル。

Negură Bunget

Tău
ルーマニア
Lupus Lounge
2015

Negru 以外のメンバーを一新したラインナップで発表した「沼」という意味の6作目。Blasphemer こと Rune Eriksen や Rotting Christ の Sakis Tolis が客演。カバーアートは Negru によるもの。ブラックメタルの凶暴さは鳴りを潜め、パーカッションのソリッドなリズム感や、淡いトレモロのもの寂しいフレーズを前面に出した作品だ。「Nămetenie」は、鋭く刻むリフや重たいグロウルと絡むテルミンで妖しげな雰囲気をもたらす、静と動の交錯がスムーズな曲。「Picur viu foc」は、洞窟の音をサンプリングに用い、雷鳴のようなドラムや呪術的なコーラスが独特の暗さで響く。

Negură Bunget

Zi
ルーマニア
Lupus Lounge
2016

前作と同じ編成で制作した7作目。本作後に Negru が急逝したため、遺作となる。前作の路線と大きな変化はないが、ダイナミックなグルーヴや呪術的なリズムは、Rotting Christ を彷彿させる。高音域で揺らぐトレモロにブラックゲイズの雰囲気が出てきた。そこにカバルやブシウムの音色を重ね、独特のスタイルに深みが増した。「Brazdă dă foc」は、丁寧に弾くトレモロやキーボード、ハイハットの残響まで美しく響くドラムにヴォーカルが朗々と歌い上げる壮大な曲。「Stanciu Gruiul」は、民族音楽調のメロディーが特徴的で、ルーマニア民族舞曲のバルトークとロックンロールがミックスしたようだ。

Negură Bunget

Zău	ルーマニア
Lupus Lounge、Prophecy Productions	2021

2017 年に没した Negru が録音していたドラムトラックを使用した 9 作目。残されたメンバーによって完成した、当初のコンセプトだったルーマニアのトランシルヴァニア 3 部作最後の作品だ。厳密には復活作ではない。『Tău』や『Zi』と地続きのスタイルで、重厚なリフや清廉な音響処理、様々な民族楽器でミステリアスな世界観を作り上げている。「Brad」は、悠久の時間を感じる笛の音や囁きでのゆったりとした演奏と、目も覚めるドラムや雷撃のようなリフとの対比が鮮やかな曲。「Tinerețe Fără Bătrânețe」は、朗々と歌い上げるヴォーカルと冷たいトレモロが、アトモスフェリックで壮大な雰囲気を放射する。

Agruss

Morok	ウクライナ
Code666 Records	2012

ウクライナ・リウネの 6 人組による、古今東西のエクストリームメタルの要素が、闇鍋の如く煮えたぎっているアルバム。聴いていてよぎるバンドは枚挙に暇がない。アコースティックなギターの美しさと荒ぶるリフが渾然一体になる「Morok」は、Opeth と Mayhem を足したカオスな印象だ。剃刀のようなリフでスラッシーに刻む壮絶な「Ashes of the Future」や、フューネラル・ドゥームを演奏する Morbid Angel のような組曲「Under the Snow」まで、多彩な楽曲が並ぶ。2 人いるヴォーカリストは、ガテラルや高音の金切り声まで縦横無尽に使い、本作の異様なテンションの裏付けになっている。

GreyAblaze

GreyAblaze	ウクライナ
Ashen Dominion	2016

ウクライナのハルキウを拠点とするバンドの唯一作。Aywar、Odalv、Astargh という Nokturnal Mortum のメンバーだった 3 人、Ygg の Helg によって結成された。ペイガン・ブラック的なアトモスフェリック・ブラックではなく、トレモロの悲壮的で淡いメロディータッチは、まさにブラックゲイズといった趣だ。「I」は、ダークで冷たいトレモロやロマンチックなギターソロで表現する物悲しく壮大なブラックメタルに、嘆き怒るヴォーカルを合わせている。「IV」は、けたたましいブラストビートによるアグレッション、憂鬱な気持ちにさせるリフワークを、スペーシーな広がりのあるブラックゲイズに昇華している。

N ■ O

Adrestia	ウクライナ
Throats Productions	2017

ウクライナのキーウ出身のバンドで、ドゥーム / デスメタル Vin de Mia Trix の Andrey Tkachenko が在籍する。デビューアルバムとなる本作は、「世界と人類への絶望と怒り」というテーマで制作され、荒涼とした作品だ。基盤はシューゲイザー・ブラックだが、シンフォニックなキーボードや伸びやかなクリーンヴォーカルを導入し、感傷的な演奏を有機的に構築する。「The Other」は、透明なキーボードで破滅的な空気を充満させ、緩急を適度に交ぜる壮大な序曲。「The Decision」は、ドゥームメタルの重厚さで悠然と歩み、ソリッドに刻むリフや悲痛な絶叫でアグレッションを叩きつける。

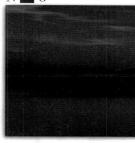

Fallen　ウクライナ
自主制作、Bloodred Distribution　2021

ギターとヴォーカル以外のラインナップを変更し、ベースに Nikita Larionov を迎えた 2 作目。ゲストドラムにブルータル・デスメタル Drift of Genes の Kim が参加。メロディーに主眼を置き、疾走感はほどほどで丁寧にギターを弾いて歌い上げる箇所も多い作品だ。「Martyr」は、歯切れのいいリフや冷たいトレモロ、噛みつくヴォーカルのアグレッシヴなパートと、もの寂しいストロークや淡々としたドラムでジャジーに聴かせる中盤の落差に驚く。「Disillusionment」は、不協和音を作る Deathspell Omega のようなリフと神経に障るようなメロディーのコンビネーションが耳に残る。

Sidus Atrum

Spiral of Life　ウクライナ
Kvlt und Kaos Productions　2022

キーウ出身の Yulia Lykhotvor による独りバンド。本作は 2 作目。オーストリアのレーベル Kvlt und Kaos Productions が CD とカセットをリリース。ゴシックメタル Sad Alice Said の Serhii Lykhotvor が編曲に携わる。ブラックメタルの冷気にドゥームメタルの重苦しさ、ブラックゲイズの儚さや幻想的な雰囲気を併せ持つスタイル。波音や素朴なコーラスを重ね、自然崇拝に通じる世界観に説得力を持たせる印象だ。「Rain Brings Your Voice」は、透き通ったキーボードとトレモロで曇天のような音像を構築し、高音のがなり声と低音グロウルが交互に迫る。

White Ward

Futility Report　ウクライナ
Debemur Morti Productions　2017

ウクライナのオデーサで結成したバンドで、サックスを正規メンバーに加える珍しい編成。その影響か、スウィングのリズムを用いたジャズが濃く独特だが、暴虐的なリフやブラストビート、厳つい咆哮が飛び交うブラックメタルは崩さない。また、グリッチノイズやドラムンベースまでもが飛び出し、都会的な雰囲気の作品に仕立てている。「Stillborn Knowledge」は、怒れるヴォーカル、妖艶なサックスによるジャジーな静寂やキャッチーなリフを伴った爆走が、緩急自在に入り乱れる。「Futility Report」は、淡いトレモロとサックスの艶やかな絡みにブラストビートの荒々しさを加えて、ドラムンベースが混沌を作る。

White Ward

Love Exchange Failure　ウクライナ
Debemur Morti Productions　2019

4 人編成で制作した 2 作目。Nokturnal Mortum への参加経験を持つ Ivan Kozakevych が客演。カバーアートは、Luke Pownall という写真家による、東京の浅草を撮影したもの。都会的な雰囲気を増強し、ジャズパートとのメリハリをつけた 70 分近い大作だ。サックスやキーボードに優しく寄り添うトレモロに反して、ブラストビートや荒々しいヴォーカルは健在で、美醜のコントラストを際立たせる。「Dead Heart Confession」は、誰かの細々とした囁きやディストーションギターにまとわりつく淡いトレモロの中、威圧的な咆哮が轟く、絶望感漂う SF 映画の劇伴のような味わいの曲だ。

Grav Morbus

Masohhist	エストニア
自主制作	2020

エストニアのタルトゥ出身の独りバンドによるデビューアルバム。澄んだキーボード、重たく跳ねるリフ、威圧的な咆哮を聴かせる。ペイガン・メタルのような土着的な叙情と、デプレッシヴ・ブラック由来の陰鬱なメロディーをブレンドしている。打ち込みだが圧の強いドラムも相俟って、メロディック・ドゥームに近い聴き応えがある。「Good Thoughts」は、大きい拍のリズムに乗るうねるリフとキーボードのコンビネーションが土着的だが、徐々に角を取り、ポストロックの繊細さに変わっていく。「Leia Mind, Rahu」は、速弾きではないが弾き倒されるギター、静寂のアコースティックなパートやコーラスが、暗く美しい。

Au-Dessus

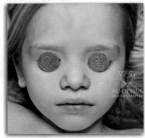

End of Chapter	リトアニア
Les Acteurs de l'Ombre Productions	2017

ＮＲＣＳＳＳＴのギタリストだった Mantas Gurkšnys が在籍するリトアニアはヴィルニュス出身のバンド。死者の瞼にコインを載せ死後の餞別にする古代ローマの埋葬法を模したジャケットが目を引く。Deathspell Omega に影響されたリフワーク、テクニカル・デスメタルさながらの複雑怪奇な曲構成が魅力だ。「VII」は、神経に障る不協和音リフと忙しないリズムチェンジの中、Mikko Aspa 似のヴォーカルが吠え立てるが、哀切さを感じるトレモロが美しい。「XI」は、泥のような重さに足を取られるスラッジのグルーヴに、邪悪で勇壮なメロディーが、ヴォーカルとドラムの狂気を後押ししている。

Devlsy

A Parade of States	リトアニア
Maa Productions	2013

リトアニアのヴィルニュスを拠点にする、ヴィジュアル担当を正式メンバーに加えている珍しいバンドだ。ニューメタルに近いグルーヴィーなリフワークを軸にして、ポストロックのメランコリックなメロディーをゆったりと聴かせる。ヴォーカルも、叫びや唸りといった様々なパターンで魅せる細やかさがある。「By Design」は、ミドルテンポで退廃的なリフや、急激に加速するブラストビート、ハードコアに近い叫びのヴォーカルで縦横無尽な展開を見せる。「Surge（ry）」は、フラメンコに似たストロークや、Satyricon を彷彿とさせるダイナミックなドラムに、明るめのトレモロを合わせて、ブラックゲイズのような余韻を残す。

ＮＲＣＳＳＳＴ

Schizophrenic Art	リトアニア
Maa Productions	2015

ヴィルニュスで結成して一旦は解散したが、ドイツで再結成した後リトアニアに戻ったバンドの唯一作。過去には Au-Dessus の Mantas や Nargaroth のライヴメンバーだった Henker が在籍していた。本作は解散前にリリースしたアルバム。明るいトレモロによる、穏やかな印象の叙情が持ち味の演奏で、Alcest に近い音楽性だ。「Blue Shroud of the Ocean」は、軽快なストロークから優しいトレモロを噴き上げ、ほのかな寂しさを滲ませたブラックゲイズを聴かせる。「Framed」は、荒々しいドラムの疾走と、トレモロを際立たせた美しい轟音を交互に魅せ、絶叫ヴォーカルが物悲しく歌い上げる。

Mora Prokaza

By Chance ベラルーシ
Season of Mist Underground Activists 2020

ニュースクール・ブラックメタルを標榜する、ベラルーシ・ミンスクの２人組による、真面目なブラックメタルだった前作から大胆すぎる変化。ヒステリックな喚き声が、ラップのように畳み掛ける「WIMG」では、彼らの特異さが炸裂している。本作は、変則的に入り乱れるリズムが主体で、ハーシュなヴォーカルも韻を踏み、ブラックメタルをヒップホップのジャンルであるトラップに組み込む試みがなされている。「I'm A Human」はトレモロが活躍しているし、ブラストビートも仕込まれているが、ブラックメタルとしてだけでなく、新手のヒップホップにも聴こえてくる。ブラックメタルにはこういう解釈も許されるのかと、新鮮な驚きがある。

Zhmach

Euphoria Never Leaves ベラルーシ
自主制作、Grime Stone Records 2021

詳しい出身地は明かしていないベラルーシの４人組によるデモ。Bandcamp 上で購入できる音源には、７曲目として本作の収録曲を１曲としてまとめたミックス違いのものが収録。アトモスフェリック・ブラックメタルを自任しているが、シューゲイザーやエモを参照したメロディーや D-Beat が特徴的なスタイルだ。ヴォーカルは 90 年代のブラックメタルに近く、メロディーの雰囲気を除けばハードコア期の Darkthrone を思わせる。デモのため荒々しいプロダクションだが、聴きにくい劣悪さはない。「Afterglow」は、口ずさめるほどキャッチーなリフや突貫的なドラム、がなる絶叫が青臭さを強調するエモーショナルな曲。

Deafknife

VI ER DØDE ロシア
Opposing Music 2012

ロシアのクラスノヤルスクを拠点としていたバンドで Ultar の前身に当たる。繊細なギターフレーズが際立つ音楽性で、荒々しい録音の質感や悲痛な絶叫ヴォーカルが前面に出ており、デプレッシヴ・ブラックメタルに近い。荒いが録音は良好で、各楽器の音はしっかり聴き取れる。「Kings Don't Reign Forever」は、前のめりに走るばたついたドラムや、甲高いトレモロリフの冷たさが、寂しげに疾走するメロディック・ブラックメタルだ。「Void」は、Darkthrone のようなジリジリしたギターの邪悪さと、スラッシーに刻むリフワーク、高音域のグリムヴォーカルと低音域のグロウルが、うねるように迫ってくる。

Délice

Sillage ロシア
自主制作、Casus Belli Musica 2018

ロシアの謎めいたバンドで情報をほぼ明かさないが、自身の音楽性を「ロマンチック・ブラックメタル」と位置付けている。「ロマンスとノスタルジー」をテーマに敷き、ひび割れたディストーションギターと、華やかで哀愁溢れるメロディーを聴かせる。「Everlasting Autumn」は、プリミティヴな荒さのある疾走とトレモロリフに、澄んだキーボードのメロディーを合わせ、絶叫ヴォーカルで演出した苦味が馴染んでいる。「Denouement」は、ほとんど形を成さないディストーションギターによる轟音に、ドリーミーなキーボードが浮遊する、An Autumn for Crippled Children に近い聴き心地だ。

Empty Life

Somewhere Far Away	ロシア
自主制作	2019

ロシア・ミヌシンスク出身の Alexander N. による独りバンド。デプレッシヴ・ブラックの要素が強かった従来の音楽性からどんどん遠ざかり、3作目となる本作は、モノトーンの陰鬱さを脱ぎ去った。朗々とした歌声と壮絶な絶叫のミックスや、メランコリックなメロディーが、華やかなブラックゲイズとしての完成度を高めている。「The man who chose pain」は、ロシア語による物憂げなクリーンヴォーカルとブラストビートを背景に、強烈なトレモロがドラマチックな展開を見せる。「My Journey」は、四つ打ちで踊らせるドラムビートに、激情的なヴォーカルと憂鬱なディストーションギターが映える。

Epitimia

Faces of Insanity	ロシア
Hypnotic Dirge Records	2012

ロシアのサンクトペテルブルクで活動する 3 人組で、Depicting Abysm の元メンバー 2 人が在籍している。元々はプリミティヴなブラックメタルを演奏していたが、本作は高音トレモロによる淡いメロディーラインを採用し、アトモスフェリック・ブラックとブラックゲイズを折衷したスタイルに移行した。「Epikrisis III: Megalomania」は、悲壮的なメロディーに荒々しいドラムを合わせ、従来の要素をほのめかすディストーションギターの轟音が、美しさを喚起する。「DS: Schizophrenia」は、弦の擦れる音で揺らぐトレモロが、キレのあるリフやヒステリックな悲鳴に断ち切られる陰鬱な曲。

Epitimia

Allusion	ロシア
Onism Productions	2020

バンドの集大成として制作された 6 作目。「ほのめかし」の意味を持つアルバムタイトルを、「手がかり」という組曲仕立ての曲目で明かしていくコンセプトアルバムになっている。バンドの歴史を要約したという制作テーマの通り、彼らが表現してきた様々なブラックメタルのスタイルをほのめかす作品だ。「Clue II: Melencolia I」は、物悲しいメロディーを忍ばせたトレモロや、悲痛な嘆きが激しい疾走で駆け抜ける、寒々しいメロディック・ブラックを表現する。「Clue VII: Post Scriptum」は、骨太なベースラインや四つ打ちのドラムの上で、脱力したヴォーカルが歌い上げる、ポストパンク調の曲だ。

Grima

Will of the Primordial	ロシア
Naturmacht Productions	2019

Second to Sun、Ultar で知られる Vilhelm と Morbius の Sysoev 兄弟によるサンクトペテルブルクの 2 人組。本作は 3 作目で、一気に知名度を上げた作品だ。このバンドではアトモスフェリック・ブラックをベースにしたスタイルを追求している。土着性の強い叙情や自然を題材にした歌詞と相俟って、ペイガン・ブラックに近い世界観だ。「Siberian Sorrow」は、アコーディオンによるロシア民謡の詩情を、淡いトレモロの速いパッセージや攻撃的なドラム、絶叫で補強する。「Blizzard」は、タイトル通りの猛吹雪を模した寒々しいトレモロや獣の咆哮が、シベリアの厳しい大自然を表現する。

Grima

Rotten Garden		ロシア
Naturmacht Productions		2021

前作に続き Ultar の Vlad Yungman がドラムを叩いた3作目。
Second to Sun の Vladimir Lehtinen も引き続きミキシングを担当。
土着的なアトモスフェリック・ブラックを下地に敷いていることに変化は
ないが、悲愴感を強めたトレモロの影響で、神秘的で冷たい雰囲気を増大
させた作品だ。そのため、前作よりもフォーキッシュな薫りは若干薄まっ
ている。一部の曲でドゥームの重圧感を漂わせる辺りに新機軸が伺える。
「Mourning Comes at Sunset」は、硬質で冷えきったトレモロとキー
ボードの質感や引き絞ったハーシュ・ヴォーカルが、寒々しい雪原の厳し
さを表現したような曲だ。

Haze of Summer

Znoi		ロシア
自主制作		2017

ロシア・ポドリスク出身の2人組によるデビューアルバム。元 Arkona
の Andrey Ischenko が全編ドラムで、Arkona のギタリスト Lazar が
1曲で客演する。淡いリフワークに、力強いドラムやベースが牽引する
ブラックゲイズだ。客演のバラライカやヴァイオリンを駆使した土着的な叙
情が、個性的だ。曲目を12ヶ月の月名に統一し、コンセプトが存在する
ようで、本作は3月から8月までを描く。「April」は、厳ついグロウルに、
ヴァイキング・メタル風の雄々しいギターや軽やかに駆けるドラムが鮮や
かだ。「August」は、美麗なピアノに鋭く刻むリフと、儚いトレモロの
明るいメロディーとの対比が効いている。

Haze of Summer

Stuzha		ロシア
自主制作		2019

9月から2月までを描く前作の続編。ブラックゲイズ寄りの前作から、
フォーキッシュなメロディック・ブラックメタルへと音楽性を変えた。
その影響で、ブラックゲイズの幻惑的なトレモロを残しているが、土着
性は色濃くなっている。前作のバラライカやヴァイオリンだけでなく、
サックスやトロンボーン、チェロなど様々な楽器奏者が客演している。
「September (Anno 1602)」は、しっとりしたギターにアコーディオ
ンの物悲しい調べを絡ませ、邪悪に叫ぶヴォーカルが噛みつくメロディッ
ク・ブラックメタルだ。「December」は、陽だまりのようなメロディー
に、透明なキーボードを乗せて疾走するインストゥルメンタル。

Howling North

Diffusion		ロシア
自主制作		2019

ロシアのニジニ・ノヴゴロドで活動していた独りバンド。プリミティヴ・
ブラックやアトモスフェリック・ブラック、ブラックゲイズといった多種
多様なブラックメタルのフォーマットで演奏していた。トレモロの寒々
しい感触という芯を軸に、多彩な楽曲を聴かせる。ドラムは人力か打ち
込みか不明なほどに遜色なく力強い質感で、心地好さを追求しているよ
うだ。「Inertia」は、メロディック・デスメタルみたく歯切れのいいリフ
の隙間から、美しいトレモロが立ち上るインストゥルメンタル。「Amber
Sea」は、物憂げなトーンを貫くギターの叙情的なフレージングに、緩や
かなリズムのドラムを合わせ、気の遠くなるような壮大さがある。

Hvøsch

Lovelorn	ロシア
自主制作	2019

ロシアのサンクトペテルブルクを拠点にする 5 人組による EP 作品。自主制作で、ダウンロードの他にカセットをリリースしている。ポスト・ハードコア由来の衝動的なヴォーカルが目立つが、淡いトレモロピッキングで幻想的な雰囲気を作り上げる、Show Me a Dinosaur に近いブラックゲイズを聴かせる作品だ。「Kenoma」は、軋む残響と甘ったるいトレモロにしゃがれたヴォーカルが溶け合い、軽快なブラストビートで爆走する、ブラックメタルとハードコアを折衷したロマンチックな曲だ。「Our Sole Refuge」は、荒涼としたノイズに浮遊感のあるリフを揺らめかせ、激情ヴォーカルが絶望に崩れるように歌う。

Lauxnos

My Dead Ocean	ロシア
Metallic Media	2014

コミ共和国のシクティフカルを拠点にする 4 人組で、Epitaph of Life のメンバー 2 人を擁する。厚みのあるゆったりした BPM に、Alcest に類する儚いトレモロを合わせたメランコリックなブラックゲイズで、海や孤独、哲学、神秘主義をテーマに表現する。「My Dead Ocean II」は、心のひだをくすぐる哀しいメロディーを反復するリフの中、絶望に打ちひしがれる暗いグロウルで淡々と展開し、メロディック・ドゥームに近い聴き応えがある。「My Dead Ocean IV」は、澄んだ美しいギターフレーズの反復に、メロディックなリフを肉付けしていき、疾走するドラムを据えた上で、物悲しさを強調している。

L'Homme Absurde

Monsters	ロシア
Fono Ltd.	2016

ロシアのモスクワを拠点にする 4 人組で、Celeste を彷彿させるダークなハードコアをブラックメタルに組み込んだスタイル。物憂げなメロディーラインが特徴で、トレモロリフを反復することでブラックゲイズに近い感触を付与している。強弱をつけた精緻なリズムアプローチや、ひたすらに発狂するヴォーカルによる邪悪さが息づいているのも個性に繋がっている。「Sold」は、厭世的なリフワークで感情に訴えかけるギター、曲をしっかり支えるドラムやヴォーカルの切実さがドラマチックに展開する。「Wanderer」は、寂しげなフレーズを弾くギターから一気に寒々しいトレモロへと雪崩れる、激しく雄々しいブラックメタルを聴かせる。

L'Homme Absurde

Sleepless	ロシア
Soundage Productions	2018

前作を順当にアップデートしたとバンドが語るように、ブラックメタルの黒々とした叙情を構築する基本路線は、大きく変更していない。本作は、90 年代メタルコアを取り込んでおり、Mineral や Glassjaw といったバンドのエッセンスを感じさせる仕上がりだ。トレモロは前作よりも儚さを強調しており、ブラックゲイズの表情を濃くしたのも特徴になっている。「Black Hole」は、吹雪のようにトレモロが吹き荒れ、スタスタと小気味の良いドラムによる疾走感を打ち出した、メロディックなブラックメタルだ。「Insult to Injury」は、グルーヴィーなリフワークに、切なさを込めた絶叫が熱っぽく歌い上げる。

L'Homme Absurde

Belong	ロシア
Soundage Productions	2020

ハードコアの衝動性を強め、メロディータッチに優しげな雰囲気が強まった３作目。ネオクラストに通じるソリッドなリズムセクションや、高音域のトレモロでブラックゲイズに近い聴き心地を付与し、衝動的なヴォーカルが、本作の最大の特徴だ。前作のメタルコア的なアプローチは健在で、メリハリのついたダイナミズムを生んでいる。「Rot」は、けたたましいドラムにリフをぶつけたアグレッシヴなグルーヴと、物憂げなメロディーを淡々と聴かせる、スケールの大きい曲だ。「Forsaken」は、ロックンロールのビートに乗せて、ボルテージを上げた絶叫や歯切れのいいリフ、哀愁を漂わせるギターメロディーを際立たせたハードコアだ。

Mohra(Moxpa)

Огнём природа обновляется всецело	ロシア
Izydi Records	2021

サンクトペテルブルクで活動するバンドだが、詳細は不明。アルバムは「自然は火により全てが新しく生まれ変わる」というような意味。バンドのテーマは環境破壊であり、悲観的な内容の世界観を歌う。過剰なまでにリヴァーブをかけたギターが目立ち、三半規管を狂わせるアトモスフェリック・ブラックメタルに通じるサイケデリックな叙情が持ち味だ。「Обиталище」は、ニューウェイヴの空気感を演出するドラムやメロディー崩壊寸前のリフが、現実との境界を曖昧にするブラックゲイズ。「Коридор затмений」は、速いパッセージのトレモロで爆発するアグレッションと神秘的なアンビエントが行き交う、メリハリの利いた曲。

Nazgulum

Aroused	ロシア
Dete Nenavister Productions	2012

ザギトワを輩出したウドムルト共和国のイジェフスク出身で2003年から活動している。『指輪物語』に出てくる指輪の幽鬼ナズグルを由来とする。プリミティヴ・ブラックの名残で音割れしそうなレベルの録音が特徴的だが、淡いトレモロやピアノソナタを聴かせる繊細な側面も強い。「Plague」は、粗っぽいプロダクションで、豪快なリフと大砲のようなドラムを主軸に爆走するメロディックなブラックメタルを表現する。「Lumberjack's Lullaby」は、ラジオかテレビ番組のサンプリングを幕開けに配置し、ざらざらしたトレモロピッキングで暗鬱さを、生々しい迫力で叩かれるドラムで剛胆さを表現する、ライヴに近い気迫に満ちた曲だ。

Nebula Orionis

Plague	ロシア
自主制作	2019

ロシアのトリヤッチを拠点にする独りバンド。ブラックメタルの要素を持ったアンビエントを表現しており、Lustre や Unreqvited に共通項を見出だせる。アグレッションはなく、ヒーリング・ミュージックに似た聴き心地を与えることから、Secret Garden と少し重なる。歌詞はあるがヴォーカルを聴き取ることが困難で、インストゥルメンタルに近い。「Regeneration Process」は、澄んだピアノの心を洗い流すような美しさと、EDM に通じる跳ねるエレクトロビートが噛み合い、爽快感が生まれる。「Hidden Path」は、躍動的なトラックに言葉にならない絶叫がほのかに重なる、壮大な曲だ。

Nebula Orionis

Ephemeral	ロシア
自主制作	2021

アンビエントタッチの作品が続いていたが、ブラックメタルらしいトレモ
ロを目立たせた作品。現在は Bandcamp 上で無料公開されている。「飛
沫」や「儚い」といった意味の表題に沿った、トレモロに透き通ったキー
ボードを寄り添わせたメランコリーが持ち味だ。インストゥルメンタルで
あることに変わりはないが、軽快に走り抜けるドラムの疾走感もキラキラ
としたブラックゲイズに拍車をかける。「Halcyon」は、穏やかなアルペ
ジオでしっとりした叙情を表現し、徐々に軽妙なリズムと煌めくキーボー
ドで駆け抜ける曲。「October」は、タイトル通り秋の寂しさを表現した
美しいメロディーが際立つブラックゲイズを聴かせる。

Nimrud

Arratu	ロシア
自主制作、Anthrazit Records	2017

ロシアのモスクワで結成されたバンドで、シュメール文明の神話をモチー
フにしたアルバム。タイトルの「Arratu」は、メソポタミア神話の冥界
の女神エレキシュガルに由来する。神経に障るリフを中心に据え、躍動感
と威厳のあるリズムでどっしりした演奏を聴かせる。獰猛なヴォーカルの
節回しに、Behemoth が想像できる。「Epishtu」は、重たいリフをゆっ
くり刻み、トレモロの儚さにうっすらとシューゲイザーを絡ませている
が、Hate を参照したようなデスメタルに近い威容が迫る。「Gamaru」は、
寂しげなアルペジオの美しさや、高音域のトレモロによる壮大な叙事詩を
ゆったりとしたテンポで聴かせるブラックゲイズ。

Olhava

Olhava	ロシア
自主制作	2019

ロシアのサンクトペテルブルクを拠点に、Trna にも在籍する Andrey
Novozhilov と Timur Yusupov による 2 人組。バンド名と同名の観光
地がフィンランドのレポヴェシ国立公園内にある。本作は、2 曲で 40 分
という大作志向の作品だ。空中に溶け入りそうな淡いトレモロを緩やかな
テンポで聴かせる、壮大なブラックゲイズを演奏する。本作の収録曲を、
アンビエントにリミックスした『Never Leave Me Alone』もリリース
している。「Hope」は、気の遠くなるようなドローンノイズによるアン
ビエントから、目も覚めるブラストビートと咆哮が暴虐を振り撒くブラッ
クメタルへと変化し、精緻な構成に舌を巻く。

Olhava

Ladoga	ロシア
自主制作、Avantgarde Music	2020

古の時代の生活や慣習をテーマにした 2 作目。「Ladoga」とは、ロシア
にあるヨーロッパ最大の湖であるラドガ湖のこと。本作はコンセプトに
なっており、インタールードとして、ラドガ湖の支流をモチーフにした
アンビエントを挟む。そのため、1 曲の長さは前作ほどでないにしろ、9
曲で 70 分を超える。曲の輪郭はクリアになり、トレモロとシンセサイ
ザーを溶かし込んだ美しいメロディーと、激しく軽やかなドラムの主張の
強さによる対比が効いている。「Smoldering Woodland」は、教会音楽
を思わせる厳かなメロディーを弾くシンセサイザーと、我関せず絶叫する
ヴォーカルやブラストビートが、不思議と共存する壮大な曲だ。

Olhava

Frozen Bloom
自主制作、Avantgarde Music

ロシア
2021

ダウンロードは自主制作、フィジカルは Avantgarde Music からリリースした 4 作目。Panopticon の A. Lunn が客演している。My Lonely Sea や Show Me a Dinosaur を手掛けた Somn の Mihail Kurochkin がミキシングやマスタリングを担当。前作よりも躍動感のあるドラムが目立つ幻想的な作品に仕上がっている。ブラックゲイズとドローンを意識的に組み込んだ美しいアルバムだ。約 20 分の長さを誇る「The Queen of Fields」は、儚いトレモロと躍動的なリズムで起伏を作り、ドローンノイズのようなアンビエントで聴く者を蕩かすブラックゲイズ。

Second to Sun

The Walk
自主制作

ロシア
2018

ロシアのサンクトペテルブルクで活動する、Vladimir Lehtinen を中心に結成した 4 人組。元はプリミティヴなブラックメタルを演奏していたが、Grima の Sysoev 兄弟が加入して以降、スタイルを変化した。本作は、Sysoev 兄弟加入後 2 作目となる作品。グルーヴメタルとブラックメタルを組み合わせ、モダンで強靭な演奏と幽玄で美しいメロディーを聴かせるアルバムだ。「Home」は、水琴窟のような奇妙な反響のプロダクションで、儚いトレモロと凶悪なヴォーカルが乱反射する曲。「To Live」は、澄んだキーボードの美しさと、キレのあるリフによる重厚さが艶かしい、グルーヴィーなブラックメタル。

Second to Sun

Leviathan
自主制作

ロシア
2020

Azaghal や Father Befouled も手掛けた Alexander Shadrin による、迫力ある獣のカバーアートが目を引く作品。整理されたプロダクションだが、メロディック・ブラックやブラックゲイズ、プリミティヴ・ブラックの衝動を盛り込んだアルバムだ。グルーヴィーな演奏に反して、淡く透明な叙情を湛える。「The Emperor in Hell」は、カオティックなリフに儚いトレモロが乱舞するが、複雑なドラムや『白鳥の湖』の有名なフレーズを用いた曲の終わりなど聴きどころが多い曲だ。「Leviathan」は、凶悪なブラストビートと絶叫が縦横無尽に暴れ狂う爆走に、陰鬱なスロウ・パートを織り込む。

Show Me a Dinosaur

Dust
自主制作

ロシア
2014

ロシアのサンクトペテルブルクで結成したバンドのデビューアルバム。Somn の Artem Selyugin が在籍する。本作は最後の 2 曲を除き、インストゥルメンタルが中心の作品だ。まだ模索中といった印象で、静と動のダイナミックな交差を表現する Mogwai に近いポストロックに、ブラックメタルをブレンドした風情がある。「More than 70 Million Lives」は、澄んだ鳴りのハイハットによる穏やかなリズムに、感極まったトレモロの美しさが炸裂するポストロック。「Rain」は、ジャムセッションのような弛さに、激しく爆発するトレモロや絶叫ヴォーカルが鮮やかなコントラストを生むブラックゲイズ。

Show Me a Dinosaur

Show Me a Dinosaur	ロシア
自主制作	2016

前作から見せていたブラックゲイズの萌芽が、完全に発芽した2作目。インストゥルメンタル主体だったこれまでと異なり、ヴォーカル入りの曲が大半を占める。本作は、天体や銀河の成り立ちと人間の内面を結ぶコンセプト。壮大なテーマに沿う、淡いトレモロが表現する鮮烈なブラックゲイズに Deafheaven を彷彿させる。「Vjuga」は、物悲しいメロディーを描くトレモロリフや、起伏の激しいリズムに翻弄される断末魔の絶叫が、初期の Lantlôs に近い暗いブラックゲイズを表現する。「Wojna」は、宇宙を模したアンビエントの静けさに、重厚なドラムや咆哮、鼓膜を揺らすトレモロが爆発する、ダイナミズムを体感できる曲だ。

Show Me a Dinosaur

Plantgazer	ロシア
自主制作	2020

ブラックゲイズを拡張し、昇華した3作目。コロナ禍のロックダウンと、最中に観葉植物を眺め続けたことで起きる精神的な作用をテーマに敷く。過剰にトレモロを重ね、目映いメロディーを構築し、クリーンヴォーカルのコーラスに温もりを欲するような暖かみがある。激情的なアグレッションに Deafheaven が過り、トレモロが揺らぐ静寂パートで Alcest を想起させ、贅沢さを感じる作品だ。「Sunflower」は、陽だまりに包まれるトレモロを軽快なドラムに乗せ、振り絞る絶叫が響き渡る爽やかなブラックゲイズ。「Hum」は、緩急をつけるリズムを下地に、ハーシュヴォーカルを交えた甘酸っぱいトレモロが、容赦なく降り注ぐ。

Sivyj Yar(Сивый Яр)

From the Dead Villages' Darkness	ロシア
Avantgarde Music	2014

ブラックメタルバンド Jassa のメンバーである Vladimir によるロシアはヴィリツァの独りバンドの4作目。ドラムを Jassa の Aeargh が担当している。「Sivyj Yar」とは、古代スラヴ神話の神を指すが、どの神に符合するのか、神々の総称なのかは不明。デプレッシヴ・ブラックやフューネラル・ドゥームに近い、淡いトレモロや絶望感の強いメロディーを根底に敷くが、歌詞のテーマはスラヴ神話の伝承や詩歌。その影響か、本作に病んだ雰囲気は一切ない。「Distant Haze Was Arising」は、暗く透き通ったトレモロと骨太のベースとのコントラストが、美しいメロディーや絶叫ヴォーカルに映える。

Sivyj Yar(Сивый Яр)

Grief	ロシア
Avantgarde Music	2020

前々作と同じく、Avantgarde Music から5年振りにリリースした6作目。プリミティヴ・ブラックとアトモスフェリック・ブラックの中間にあった前作と異なり、デプレッシヴ・ブラックとブラックゲイズを組み合わせたようなスタイルの音。本作でも神話的世界は健在で、荒廃した世界を描くコンセプトのようだ。「Wasteland」は、不協和音を生むリフに柔らかなキーボードを合わせて、淡く幻想的なトレモロと悲痛なヴォーカルが、豪快に叩かれるドラムに寄り添い歌うような壮大な曲。「Depth」は、トレモロを細かく刻み、切ないメロディーをゆったり聴かせる Drudkh を彷彿させるエモーショナルなブラックゲイズだ。

クラシカルな幻想性と都会的なスタイルを使い分ける孤高の表現者

Skyforest / A Light in the Dark

- ⦿ Hiki、Annorkoth、Moondweller
- 🕓 Skyforest：2013 〜、A Light in the Dark：2012 〜　　⊕ ポドリスク
- ⦿ B.M.、Michael Rumple

ポドリスクで活動する B.M. こと Bogdan Makarov の独りバンド。Skyforest、A Light in the Dark が主にパーマネントなプロジェクト。他に、エレクトロポップとシューゲイザーを追究した Hiki、アトモスフェリック・ブラックメタル Annorkoth（すでに活動休止）などがある。2012 年に A Light in the Dark の『From One Day to Another』でアルバムデビュー。『Sweet Dreams』(2013) と『A Light in the Dark』(2015) の間に、Skyforest 名義で『Aftermath』を発表。これ以降、Skyforest に注力していき、クラシカルなオーケストラ要素とブラックメタルを折衷した『Unity』(2016) をリリース、話題を集める。この前後、ゲスト参加していた Michael Rumple が正式なメンバーとして Skyforest に加入。以降、2 人組となるが、遠距離のためリモートバンドのようだ。本作リリース後、A Light in the Dark も同時に動かし、『A Long Journey Home』(2017) を発表。都会的でシューゲイザーやポストロックをふんだんにもりこんだブラックゲイズを濃くしたスタイルで、Skyforest との差別化を図った。2020 年には Skyforest『A New Dawn』と A Light in the Dark『Insomnia』を発表、精力的だ。どのプロジェクトでもライヴは行わないことで知られ、ミステリアスな存在感を放っている。音楽活動以外では大学で働いており、趣味は FPS のゲーム（特に『Half-Life』がお気に入り）とのこと。

Skyforest

Aftermath ロシア
自主制作、Depressive Illusions Records、Northern Silence Productions、No Remorse Records 2014

本作は、B.M.1 人の頃に制作したデビューアルバム。Germ の Tim Yatras がヴォーカルとドラム、作詞で参加している。再発にあたり、全く異なるテイストのカバーを採用した。Alcest を彷彿させる明るいトレモロリフに、透き通ったキーボードや悲壮感の強い絶叫ヴォーカルを合わせる作品だ。荒削りでデプレッシヴ・ブラックに連なる陰鬱さを残すが、クラシカルな優美さは、この頃から健在だ。「Yearning for the Past」は、ファンタジックなメロディーを弾くキーボード、リズムトラックの適度な疾走感に乗るトレモロの美しさが、優しく広がるようなアトモスフェリックなブラックメタル。

Skyforest

Unity ロシア
Depressive Illusions Records 2016

後に正式加入する Súl ad Astral の Michael Rumple をゲストヴォーカルに迎えた 2 作目。同時期に A Light in the Dark を再起動した影響か、差別化を図った印象だ。本作は、クラシカルで土着性の強い側面を増強し、シューゲイザーに近いトレモロを組み込んだ意欲作だ。「Cosmic Drifter」は、煌めくようなトレモロと優美なキーボードに、薄くブラストビートを噛ませる、壮大なシンフォニック・ロックに似た味わいの曲。「Reminiscence」は、優しいメロディーを弾くピアノに、物悲しいアンビエントやハイハットを寄り添わせ、伸びやかなクリーンヴォーカルが耳を引く。

Skyforest

A New Dawn ロシア
Northern Silence Productions 2020

B.M. のハーシュヴォーカルと正式加入した Michael Rumple のクリーンヴォーカルのハーモニーを大々的に取り入れた 3 作目。持ち前のクラシカルな優美さにオーケストラに通じる華やかさを加え、説得力が増した。前作も手掛けた Sergey Shenderovsky による美しいアートワークそのものの、幻想的な世界観を聴かせる。「The Night Is No More」は、優しげなクリーンヴォーカルに寄り添うしっとりとしたトレモロに、アグレッシヴなドラムが躍動感を与える。「Wanderer」は、涙腺を刺激するトレモロリフを、ストリングスの美しい音色が、さらに劇的に盛り上げるシンフォニックな曲だ。

A Light in the Dark

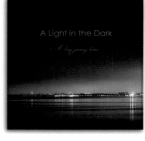

A Long Journey Home ロシア
Viridian Flame Records 2017

B.M. が幾つも抱える独りバンドで、最も都会的な雰囲気が色濃い。Skyforest が Alcest 的なのに対して、A Light in the Dark は Amesoeurs をもっときらびやかにしたタッチで描かれる。軽快なドラムが透き通ったギターと疾走する「Alone」は、直球のブラックゲイズ。ドラムマシンとドリーミーなキーボードが微睡む「Follow Your Heart」は、ドリームポップで意表を突く橋渡し。アルバムの後半になれば、クリーンヴォーカルもハーシュなスクリームも、演奏との境界線が曖昧になっていく。透明感に反して、メタルとしての強度があるので聴き疲れしない。

A Light in the Dark

Insomnia	ロシア
Flowing Downward	2020

常磐線の車内アナウンスではじまる本作は、前作のメランコリーをさらに拡張した。透明度の高いギターやキーボードは変わらず。「Aimless」では中間のドラムが電車の走る音に聴こえるなど、凝った仕掛けもある。R&B のようなイントロからトレモロが吹き荒れるブラックゲイズに変わる「Vortex」や、穏やかな「On My Own」の美しさは、前作を順当に受け継いだものだ。山手線のアナウンスが耳に残る「四」のドリームポップなテイストも、中間の箸休めとして機能している。「不眠症」の表題通り、物憂げだが、アルバムの合間合間に挟まる日本語が、サイバーパンクの世界観を想像させて興味深い。

Skyforest/A Light in the Dark インタビュー　　　　2021 年 4 月

Q：あなたは A Light in the Dark や Lumnos、Moondweller、Skyforest と様々な顔があります。どれがメインとなるプロジェクトですか？

A：A Light in the Dark は僕のプロジェクトだね。Moondweller もだよ。Lumnos は僕のプロジェクトじゃないんだ。ゲストヴォーカルとサウンドエンジニアを担当しただけなんだ。メインのプロジェクトは Skyforest で、次に A Light in the Dark、そして残りのプロジェクトということになると思う。

Q：初めて聴いたブラックメタルは何か覚えていますか？

A：デプレッシヴ・ブラックメタルというジャンルで……Trist（チェコ）、Abyssic Hate、Silencer、Hypothermia などが僕が最初に聴いたバンドだね。

Q：Trist、Silencer は日本でも知名度のあるバンドです。最初に書いた曲や演奏について覚えていますか？　どういう変遷を辿って Skyforest や A Light in the Dark になりましたか？

A：僕の最初のバンドは Annorkoth で、最初の曲は「Winter」というインストゥルメンタル曲で、2010 年の最初のデモに含まれていたんだ。僕は 1 人で音楽を作っていたんだよ（今でも、ほとんど 1 人で作っ

ているけど）。だから、何年もかけてたくさんのことを学んだ。自分のやっていることに自信が持てるようになってからは、白紙の状態から始めようと決めて、Annorkoth の続きである Skyforest を作った。A Light in the Dark は 2012 年からの古いプロジェクトで、2014 年にいったん辞めたんだ。でもその後、2016 年に新しいサウンドで復活させたんだ。

Q：Skyforest はとてもクラシカルで優美です。特に、『Unity』以降はますます有機的な美しさを持っています。Skyforest はどのような世界観をイメージして制作していますか？

A：ほとんどの世界は、自然と希望、そして本当の自分を見つけることを中心に設定しているよ。

Q：ところで、Skyforest には Michael Rumple（Súl ad Astral、Desiderium）がクレジットされています。彼はアメリカに住んでいますが、どういった経緯で加入しましたか？

A：Annorkoth で Austere のカバー曲をレコーディングした時、ゲストヴォーカルを探していたんだよね。その後、『Unity』で再び彼に協力を依頼した。あのアルバム以降、彼は正式にメンバーになったんだ。

Q：『A New Dawn』は日本でも反響があり

ました。この作品は、美しく険しく、そして穏やかな聴き心地を与えます。まるで旅をしているような気持ちになる作品ですが、どのような作品にしようと取り組みましたか？

A：僕は個人的に悪い時期を過ごしていたから、このアルバムの制作は逃げ場になったんだ。何もかも忘れて、ただ作曲に集中した。作曲のプロセスにはそれほど時間がかからなくて、楽器やヴォーカルのレコーディングに多くの時間を費やしたよ。

Q：『A New Dawn』と近い時期にリリースした A Light in the Dark の『Insomnia』ですが、ますます Skyforest と異なる方向性を向いていると感じました。Skyforest と A Light in the Dark は、それぞれ別個に作曲されていますか？　それとも、出来上がった曲を後から分けています？

A：『Insomnia』 は『A New Dawn』の後に書いたんだ。Skyforest のアルバムはずいぶん前、2019 年の前半に完成していたよ（ヴォーカルのレコーディングはもっと時間がかかっていて、2019 年秋までかかったんだけど）。アルバムが発売されたのは、CD/Vinyl のプレスやレーベルとの様々な作業などのため、2020 年 2 月になってからだね。そして、2019 年秋には『Insomnia』 の制作を始めた。2019 年末には完成していたと思うけど、やはりレーベルや世界情勢の関係で、発売されたのは 2020 年の中頃になってしまったんだ。

Q：『Insomnia』は日本でも非常に話題になりました。大きな理由として、常磐線や山手線の車内アナウンスが使われていたこと、ヴェイパーウェイヴのような音も盛り込まれていたことが挙げられます。特にどういった理由から日本の鉄道のアナウンスを選ばれましたか？　あれはあなたが実際に録音したものですか？

A：いや、録音は僕が見つけたサンプルなんだ。日本の美的感覚がとても好きだから、いつか日本を訪れたいと思っているよ。このプロジェクトのアイデアは、都市の寂寥感なので、東京のような大都市がぴったりだ。

Q：あなたのプロジェクトはとてもジャンルレスな感覚があります。あなたはどのような音楽、本、映画、風景から影響を受けましたか？

A：僕は自分の生活やその時に起きていることに影響されることが多くて。見せたいイメージとしては、山や谷の写真が大好きだよ。

Q：それは、あなたの住んでいるポドリスクの風景に通じるものがありますか？　また、サンクトペテルブルクのように、ブラックメタルシーンはありますか？

A：残念ながら僕の街には山が全くないんだ。だから、写真やビデオを使って想像を膨らませるだけのさ。残念ながら、僕はいつも自分で仕事をしていてライヴをしたことがないので、地元のシーンを知らないんだよね。

Q：Skyforest、A Light in the Dark、Hiki、Moondweller と、あなたのプロジェクトの名前は覚えやすくて美しい響きです。それぞれの名前の由来など教えてください。

A：僕は、どのバンドでも使用されていない名前を付けるようにしているので、名前を付ける前にググってみるんだ。通常は自然に生まれるものだね。Skyforest は自然の風景を描く必要があったから、当然のように浮かんだよ。A Light in the Dark は、最初はエレクトロニクスを使ったメランコリックだけどアップビートなロックミュージックという発想で生まれた。Hiki は『hikari/hikaru』からのショートネームということになっているんだけど、これも非常にライトなプロジェクトで、音の中に喜びが込められているね。Moondweller - 宇宙をテーマにしたプロジェクトにぴったりの名前だと思ったんだけど、どのバンドにも採用されてなかった。だけど驚いたことに、僕がアルバムをリリースしてから 1 年後に、同じ名前で似たようなジャンルのプロジェクトが現れたんだ。

Q：音楽プロジェクト以外の仕事は何をしていますか？　というのも、Skyforest や A Light in the Dark など精力的にリリースしているので。

A：僕は大学の史料館で働いていて、もう1つの趣味は Half-Life のゲームレベルを上げることだよ（笑）

Q：Half-life は FPS ゲームの Half-Life？ あなたは様々なバンドの作品にも携わっていますよね。例えば、インドの Raat や日本の明日の叙景など。彼らとの仕事はどんなインスピレーションを得ますか？

A：そう、古い FPS だね。
あなたが挙げたバンドでは、僕は厳密にはサウンドエンジニアとして働いてて、彼らのために作曲をすることはないよ。でも、彼らがどのように音楽を作っているのかを内部から聞くのは、いつも興味深いことだよ。彼らは、何らかの形で僕の未来の音楽にも影響を与えるかもしれないな。

Q：あなたが好きな、または影響を受けた音楽のアルバムを5枚ほど教えて下さい。

A：
- **Woods of Desolation『Torn Beyond Reason』**
- **Svarti Loghin『Drifting Through the Void』**
- **Infinitas『JourneyTo Infinity』**
- **Germ『Wish』**
- **A Bullet for Pretty Boy『Revision Revise』**

Q：すごく漠然とした質問ですが、ポストブラックメタルというジャンルについてどういうものだと考えていますか？　また、あなたのいくつかのプロジェクトがポストブラックメタルにカテゴライズされることに、何かしらの抵抗感はありますか？

A：これは僕が最も好きなジャンルの1つで、思うに、数年前からいくつかのバンドは、ポスト・ブラックメタルとシューゲイザーをミックスした、ブラックゲイズと呼ばれる新しいジャンルに完全に変化しているよね。Skyforest はポスト・ブラックメタルのスタイルに当てはまると思うし、A Light in the Dark はブラックゲイズだ（ブラックメタルの要素をあまり使っていないから、ブラストビートと曲の一般的な構造だけかもしれないけど）。Hiki もポスト・ブラックメタルだと言う人がいるんだけど、そうじゃない。僕はドリームポップ／シューゲイザー、そして時にはブラックゲイズに分類しているかな（ブラストビートやダブルベースのドラムで音の壁を作るのが好きだからね）。

Q：では、最後です。Skyforest や A Light in the Dark は日本のブラックメタル好きには名の知られた存在で、ファンもいます。日本のファンにメッセージをお願いします。

A：皆が僕の音楽を聴いてくれていることを嬉しく思うし、いつか日本に行けることを心から願っているよ！　応援ありがとう。

Somn

The All-devouring	ロシア
Elusive Sound	2019

サンクトペテルブルクで活動する 4 人組。Show Me a Dinosaur の
Artem Selyugin、Olhava の Tim Yusupov が在籍する。「睡眠」を意
味するバンド名なだけあり、本作は「眠り」をコンセプトに敷いている作
品だ。透き通ったトレモロに激烈なドラムを合わせ、メランコリックで激
しいブラックゲイズを表現する。「Sightless」は、悲壮感のあるトレモ
ロによるドリーミーな叙情を下敷きにして、絶叫に次ぐ絶叫を迸らせる
ヴォーカルや、荒々しいブラストビートが轟音を作る。「Tempest」は、
抜けの良いスネアを先導にして、口ずさめそうなメロディーの美しさに負
けじと、絶叫が耳を苛む。

Somnolences

Brinks of the Past	ロシア
自主制作	2020

フューネラル・ドゥームバンド Suffer in Paradise の R. Pickman によ
る独りバンドで、ロシアのヴォロネジ出身。「眠気」という名の通り、白
昼夢のような幻惑的なブラックゲイズを聴かせる。時折ヴォイス・サンプ
リングを挿入するが、インストゥルメンタル作品だ。2020 年に発表し
た本作だが、早々にリマスタリングを施し、1 曲を追加収録して再発した。
「Chapter II」は、緩やかな疾走感で展開し、リズミカルに引っ掻くリフ
とコーラスに聴こえるキーボードのコンビネーションが、幻想的な空気を
生む。「Morella」は、寒々しい風の音と重苦しいリフによる、地獄のよ
うなフューネラル・ドゥーム。

Sterbefall

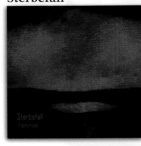

Plattensee	ロシア
Dark East Productions	2015

ロシアのヴォロネジで活動する 4 人組。グルーヴメタル Клаус のドラマー
Artyom Chigiryov が在籍する。本作は 2 作目。アートワークをフロン
トマンの Gusev Dmitriy が手掛けた。基本はメロディック・ドゥーム寄
りのスタイルだが、本作はブラックゲイズを取り入れた。重厚だがばたつ
いたドラムを軸に、冷たいトレモロが吹き荒れる作品に仕上がった作品
だ。威圧的で低いグロウルやブラックメタルらしいヴォーカルが器用に歌
い、メランコリックな叙情とのコントラストを生む。「Todtanz」は、美
しく乱反射するトレモロと重くバウンドするリフやブラストビートとの対
比に、歪んだ絶叫が映えるキャッチーな曲だ。

thehappymask

Ruines	ロシア
自主制作、Domestic Genocide Records	2012

ロシア連邦タタールスタン共和国の首都カザンでインストゥルメンタルを
演奏する独りバンド。Constantine Horizon が 19 歳の頃に制作した。
2020 年に、低音をブーストしたリマスタリングを施して再発している。
2012 年のオリジナルは、低音をカットし、高音域のトレモロが吹き荒
れるプリミティヴ・ブラックに近い生々しい作品。対して、リマスター盤
は淡いトレモロをソリッドなベースで下支えするブラックゲイズに仕上
がっており、与える印象が異なる。「As Dusk Falls」は、空間を埋め尽
くすような分厚くざらついたトレモロがテンポの速いドラムに寄り添い、
美しさを際立たせたブラックゲイズを聴かせる。

Toluca

Darvo	ロシア
自主制作、Throats Productions	2016

ロシアのモスクワ出身の5人組による2作目。ブラックメタルを激情ハードコアに落とし込み、ポスト・ハードコアのみならず、ネオクラストとも共振する音楽性だ。国内外、ジャンル問わずライヴを招聘することに精力的なことでも知られる。本作は、凛と張り詰めたトーンのトレモロを軸に、衝動的なヴォーカルや、精緻なドラムによる緩急自在のグルーヴを作るアルバムだ。「Beleth」は、開放感のあるトレモロと爆走するドラムによるハードコアとブラックメタルの蜜月に、自棄を起こした絶叫や冷たいメロディーが合わさる美しい曲。「Aim」は、獰猛なスクリームで器用にメロディーを歌い上げ、慟哭するトレモロがキャッチーなハードコア。

Trna

Earthcult	ロシア
自主制作、Slowsnow Records	2018

ロシアのサンクトペテルブルク出身。Olhava の2人に加えて、Show Me a Dinosaur にいた Anton Gataullin の3人組インストゥルメンタルバンド。自らのスタイルを「Celestial Blackgaze」と呼称し、天高く飛翔するトレモロによる美しいブラックゲイズを表現する。本作は4曲で60分を超える長さだが、アグレッションを突き詰めたブルータルな爆走と、蕩けそうなアンビエントを聴かせる静寂とでメリハリをつけるため、起承転結が明確だ。「The Heart of Time」は、グルーヴィーなリフで転がる激しい疾走感と、ゆったりとトレモロを響かせる叙情が交錯する美しい曲だ。

Trna

Istok	ロシア
Candlelight Records	2021

Candlelight Records へ移籍して発表した4作目。「Istok」はロシア語で「源」や「水源」を意味する。従来通りインストゥルメンタルだが、1曲で Gaerea がヴォーカルで客演。Somn の Mikhail Kurochkin がレコーディングで参加。大きく広がるトレモロを主軸にしたスタイルは不変で、動と静を巧みに使い分けるドラムにより、さらにポストロックへ接近した。Gaerea 参加の「Shining」は、押し流すようなトレモロの美しさに獰猛なヴォーカルを乗せ、美醜の対比を際立たせた壮大な曲。「Rebirth」は、切ないギターのフレージングと小気味良いドラムで軽やかに疾走する。

Ultar

Kadath	ロシア
Temple of Torturous	2016

ロシアのクラスノヤルスクで活動するバンドで、Deafknife が変名した。Grima や Second to Sun の Sysoev 兄弟が在籍する。Wolves in the Throne Room や Sunn O))) 等の作品を手掛ける Mell Dettmer がマスタリングを担当。クトゥルフ神話をバンドコンセプトに敷き、タイトルにもニャルラトホテプやアザトースといった神々の名前を冠する。クリアな音響で神聖さを演出し、悲壮感のあるトレモロの凛とした美しさが際立つ作品だ。「Nyarlathotep」は、不穏に揺らぐノイズや風の音に涼やかなトレモロを重ね、絶叫や激しいドラムが攻撃的な衝動を叩きつける曲。

Ultar

Pantheon MMXIX	ロシア
Temple of Torturous	2019

Second to Sun の Vladimir Lehtinen をプロデューサーに起用した 2
作目。カバーアートは Deus Mortem 等を手掛けた Artem Grigoryev。
クトゥルフ神話をモチーフにした世界観は健在、本作はダゴンやシュブ＝
ニグラスを取り上げている。音のデザインは緊迫感のあった前作と異な
り、アンビエントによる神秘的な雰囲気が増大した。「Shub-Niggurath」
は、広がりのあるトレモロで壮大な世界観を表現し、甲高い絶叫が脳天を
貫く。「Beyond the Wall of Sleep」は、ブラストビートと共に、悲壮
感のあるトレモロ、壮絶な絶叫や無機質なグロウルが胸に迫る。

Veturheim

Hollow Hearts	ロシア
自主制作	2019

ロシアのノヴォシビルスクを拠点にする 2 人組。現在はもう 1 人、ベー
シストがクレジットされているようだ。本作は 3 作目で、前作までのプ
リミティヴなブラックメタルの要素が減退し、シューゲイザー・ブラック
として完成度が飛躍的に向上した。音割れ寸前の生々しいプロダクショ
ンの名残はあるが、トレモロリフの濃淡で淡い轟音を作り出している。
「Insight」は、透き通ったストロークと歪んだトレモロの荒々しさで物
悲しさを表現し、ゆったりしたドラムで感情を包み込んでいくブラックゲ
イズ。「All Sins Away」は、繊細に揺らぐギターと淡々としたドラムの
美しいコンビネーションに絶叫がただ響く、絶望感の強い曲。

Vetvi(ветви)

Glubina	ロシア
自主制作、GS Productions	2022

ロシアで活動する Artem Dmitriev の独りバンド。バンド名はキリル文
字で「ветви」と表記し、「枝」を意味する。CD も存在しているようだが、
入手するのは困難。Sadness や Show Me a Dinosaur に近似するブラッ
クゲイズが主体だが、より哀切に満ちたメロディーを武器にしている。確
かな推進力を与えるドラムの躍動感や痛切なスクリームが、ブラックメタ
ルのアグレッションを保持する印象だ。「Lavina」は、親しみやすいメロ
ディーをなぞるトレモロに絶叫を重ね、美しく揺らぐ静寂を交えて疾走す
るブラックゲイズ。「Holod」は、ゆったりしたテンポで雄大に景色を描
くトレモロが切なく迫る。

Windbruch

No Stars, Only Full Dark	ロシア
自主制作、Hypnotic Dirge Records	2013

ハンティ・マンシ自治管区ニジネヴァルトフスクで活動する独りバンド。
活動は 2009 年から。本作で Hypnotic Dirge Records へ移籍、シュー
ゲイザーやエレクトロニカのアプローチを強めたスタイルへ移行した。
ヴォーカルは低音域のグロウルだが歌としての頻度が多くないため、イン
ストゥルメンタルとしても楽しめる作品だ。「No More Entry, No More
Exit」は、トレモロの力強く明るいメロディーや、スタスタと駆け抜け
るドラムの疾走感が厳つい絶叫とマッチしたブラックゲイズ。「Neswa-
Pawuk」は、柔らかなアルペジオと淡々と撃ち込むリズムが、穏やかな夜
の雰囲気を表現する。

Variousと呼ばれEDMやシューゲイザー、ポストロックを貪欲に取り込む

Violet Cold

©
🕐 2013 〜 　　　　　　　　　　　　🌐 アゼルバイジャン、バクー
👤 Emin Guliyev

アゼルバイジャン首都バクー在住の Emin Guliyev によるソロプロジェクト。2013 年にシングル『La petite mort』で音源デビュー。2015 年までに 23 曲のシングルと 3 つの EP、それらを厳選してまとめたコンピレーションアルバム『Fight for Freedom』をリリース。2015 年に『Desperate Dreams』でアルバムデビュー。『Magic Night』(2016)、『Neuronaut』(2016) の観念的なインストゥルメンタル作品を発表後、2 作目のフルレングス『Anomie』を 2017 年に発表。『Sommermorgen』と名付けられたポストロックのアルバムを 3 部作(『Pt 1 - Innocence』『Pt 2 - Joy』『Pt 3 - Nostalgia』)として 2018 年発表。2019 年にリリースした『kOsmik』はネット上で絶賛された。また、2020 年の『Noir Kid』は EDM をブラックメタルに組み込み、発想の自由さを知らしめた。Violet Cold には、「一般的なメタルバンドの基準から遠ざける」というテーマがコンセプトの 1 つに存在している。裏付けるように、Violet Cold の音楽には様々なジャンルが分裂症のように内在している。ブラックメタルを基盤に、ジャズ、シューゲイザー、エレクトロニカ、ポストロック、EDM などを取り込んだ彼のスタイルは「Various (様々な)」と称されることも多い。現在インタビューを受けることは原則ないそうだが、残された数少ないインタビューによれば、「Violet Cold は感情と興奮が本質」とのこと。また、Emin 自身は自分の音楽を 3 日目以降は聴き返さないようで、ライヴを行うこともない。将来的に Violet Cold の曲をライヴパフォーマンスすることがあれば、別のバンドになる、とのこと。

Violet Cold

Desparate Dreams
自主制作　Pest Productions

アゼルバイジャン
2015

最初と最後にインストゥルメンタルを配置し、アルバムとしての流れを
しっかり意識しているデビューアルバム。過度のエレクトロニクスはまだ
なく、素直に疾走するリズムトラックや高音域のトレモロによる瑞々しい
メロディーを主役にしたブラックゲイズ。キーボードの浮遊感で幽かな邪
悪さをまとわせ、北欧のブラックメタルに通じる寒々しさがあるのも特
徴的だ。「Light Years Separate Us from Home」は、哀しみに沈む
ヴォーカルを、邪悪で冷たいトレモロで包んだメロディック・ブラック。
「Stargasm」は、華やかなトレモロリフと心地好い体感速度のトラッ
クに、血反吐を吐くような絶叫が木霊する。

Violet Cold

Magic Night
自主制作

アゼルバイジャン
2016

前作から１年空けずにリリースした２作目。本作は、アトモスフェリック・
ブラックにも通じる、自然をテーマにしたインストゥルメンタルの作品
だ。ポーランドの子守唄をベースにしたピアノソナタもあるが、基盤はバー
ストするトレモロの過剰な美しさを主役にした荒々しいもの。「Magic
Night」は、ほのかに明るい叙情を振り撒くトレモロリフと、前へ前へ倒
れ込むようなブラストビートの苛烈さが噛み合った、華やかなブラックゲ
イズ。柔らかなアンビエントを演出する「Silver Moon（Pt. I）」と、ざ
らついたトレモロで切り裂く「Silver Moon（Pt. II）」は、月明かりを表
現した壮大な組曲だ。

Violet Cold

Anomie
自主制作

アゼルバイジャン
2017

布を巻いた女性のカバーアートが目を引く３作目。「Anomie」とは、「社
会的価値観が崩壊した混沌とした状態」という意味。本作は、『Desperate
Dreams』に通じるキーボードの浮遊感やエレクトロニクスを拡張し、ト
レモロの華やかさが耳を引く作品だ。女性の音声やグリッチノイズを用い
ることで、Telefone Tel Aviv とも共振するエレクトロニカの発想が伺
える。「Lovegaze」は、ロマンチックなメロディーを弾くキーボードや、
涼やかな余韻を残すトレモロが美しいブラックゲイズとエレクトロニカの
融合。「Violet Girl」は、緩やかなドラムに絶叫やトレモロが合わさる壮
大な曲。

Violet Cold

kOsmik
自主制作

アゼルバイジャン
2019

インストゥルメンタルのポストロック３部作を経ての作品。本作は、
『Anomie』のエレクトロニクスの要素を引き継ぎ、壮大なトレモロを主
役に据えたブラックゲイズとなっている。タイトルからも想像できる通
り、宇宙をテーマにしている。サンプリングした声や絶叫ヴォーカル、
様々な声にフォーカスしている印象だ。キーボードの浮遊感はシルキー
で、圧の強い演奏を中和する役割を担う。「Black Sun」は、ダンサブル
に跳ねるリズムトラックに、荘厳なギターのみならず呪術的な抑揚をつけ
るヴォーカルが耳に残る。「kOsmik」は、軽やかな疾走感と絶叫にブラッ
クメタルの雰囲気を残し、儚いトレモロが爽やかなブラックゲイズ。

Violet Cold

Noir Kid	アゼルバイジャン
自主制作	2020

『Anomie』『kOsmik』の路線を押し広げた作品。本作は、EDM に通じるエレクトロを大々的に取り入れた。結果として、ブラックメタルとしての狂気を残し、享楽的な空気をも体現している。聴く者の首を振らせるのでなく、体を揺らせることに着目した印象だ。反面、直線的なアプローチも際立ち、メロディック・ブラックに匹敵する爆走感は、彼の作品でも随一。「Noir Kid」は、華やかなキーボードの浮遊感に、絶叫とディストーションギターの轟音やシャーマニックなコーラスが幾重にも重なる。「Euphoria」は、ガールズポップにがなり声を重ね、煌めくダンスビートとブラストビートを合わせる異様さが耳に残る曲。

Violet Cold

Empire of Love	アゼルバイジャン
自主制作	2021

LGBT のレインボーフラッグが目を引く 6 作目。イスラム教の象徴である三日月と星をあしらった三日月旗を 6 色に染め上げた、挑戦的なカバーアートだ。本作も Emin が全てを手掛ける。エレクトロニカや EDM の要素も残っているが、華やかなトレモロや圧の強いヴォーカルを前面に押し出したカラフルなブラックゲイズに仕上がっている。「Pride」は、軽やかな疾走感に明るいトレモロを重ね、クリーン・ヴォーカルのコーラスやハーシュ・ヴォーカルが交互に顔を覗かせる開放的なブラックゲイズ。「Working Class」は、アゼルバイジャンの民俗音楽ムガムを想像するフレーズを高速で掻き鳴らす一風変わった曲を聴かせる。

Violet Cold

Səni Uzaq Kainatlarda Axtarıram	アゼルバイジャン
自主制作	2022

2022 年発表。27 分 39 秒とショートサイズだが、EP なのかフルレングスなのかはサイトによって表記が異なる。エレクトロニカや EDM の要素は、若干控えめ。悲壮的な絶叫やささくれ立つトレモロを前に出したブラックメタルに回帰している印象だ。加えて、ブラックゲイズの真ん中を突っ切るメランコリックなメロディーで、感傷に浸る世界観をも表現している。「Shoegaze Rave」は、タイトル通り、フロア志向の躍動感の中、素知らぬ風体で叫び続けるヴォーカルや女性コーラスが神秘性を強調する。「Demise」は、哀しみを堪えるキーボードの美しさと清らかなメロディーの奔流に涙腺を刺激されるブラックゲイズ。

Violet Cold/Sadness/A Light in the Dark/Unreqvited/Show Me a Dinosaur

Imperfect	
自主制作	2017

人気の高いバンドが 5 組、1 曲ずつ持ち寄ったスプリット。Bandcamp 上に、帝政ロシアの作家レフ・トルストイの小説『アンナ・カレーニナ』の一節が書かれている。どのバンドもブラックゲイズの特性が強く出た曲を提供している。Violet Cold の「Brave New Void」は、彼の持ち味でもある電子音楽の浮遊感や空間を埋め尽くすディストーションの心地好さに加え、波の音や鳥の鳴き声をサンプリングした、リラクゼーション効果の高い曲だ。反面、Show Me a Dinosaur の「Unsaid」は、絶叫と豪快なドラム、太いベースを強調した暴虐性と華やかなギターの対比が際立つブラックゲイズ。

ブラックゲイズを固定化した Pitchfork による Deafheaven の評価

2007 年に発表された Alcest の『Souvenirs d'un autre monde』は、それまでのブラックメタルのイメージを覆し、ブラックゲイズという新しい価値観をもたらした。特徴として、強いパッセージのトレモロピッキングでシューゲイザーのフィードバックノイズに似た感触を与える。ヴォーカルは多くの場合、ブラックメタル特有のがなり声であるが、クリーン・ヴォーカルのみのバンドもいる。Alcest を中心にしてフランスで興ったこの小さなムーヴメントは、徐々に世界中に伝播していき、Deafheaven の『Sunbather』の登場によって、広く認知されるに至っている。ではブラックゲイズ以前にこの手のスタイルが存在していなかったと問われるとそれは否だ。

そもそもブラックゲイズという言葉が生まれる以前はシューゲイザー・ブラックメタルと呼ばれており、祖は 2003 年に Blut Aus Nord がリリースした『The Work Which Transforms God』とされている。今でこそインダストリアルやポストロックを盛り込んだ実験的で難解なブラックメタルバンドとして知られている彼らだが、実験的なスタイルに走るきっかけとなったのも本作である。彼ら自身狙ったわけではないだろうが、『Terrorizer Magazine』からの評価は高かった。また、ジャーナリストの Avi Pitchon からは「私たちを"ブラックホールメタル"という歪んで、崩壊しつつあるジャンルの転換点へと誘う。これは今日ではシューゲイザー・ブラックメタルとも言われているものだ」というような表現でレビューされている。明確にシューゲイザーとブラックメタルが結びつけられたのは本作だが、その後 Alcest が出現するまで大きく発展しなかったのは事実だ。その Alcest の『Souvenirs d'un autre monde』にしても、ブラックメタルとシューゲイザーをミックスさせようという意図はなく、ほとんど偶発的なものである。事実、Neige は当時シューゲイザーを聴いたことはなかったという。The Cure や Dead Can Dance といったバンドのムードをブラックメタルで表現していったのがはじまりのようだ。また、当時は Amusement Parks on Fire などの新しい世代のシューゲイザーバンドを意味するニューゲイザーのムーヴメントも落ち着いており、新しいシューゲイザーをファンが探していた背景もある。これまでのシューゲイザーには希薄だったメタリックなアグレッションも新鮮に映ったに違いない。

ブラックゲイズが大きな転換を迎えたのは、前述の Deafheaven が『Sunbather』をリリースした 2013 年である。本作は辛口音楽批評サイト Pitchfork の 8.9 点をはじめ、Metacritic の 92 点、ビルボード 200 で 130 位につけるなど、メタルリスナーのみならず音楽ファンに存在感を示す作品になった。本作の成功により、ブラックゲイズは「= Alcest」ではなく、「= Deafheaven」となったのは明白である。ほとんど偶然の産物だった Alcest の『Souvenirs d'un autre monde』とは異なり、『Sunbather』は意図的にシューゲイザーやポストロックをハードコアとブラックメタルに盛り込み、これまで薄闇の世界観に閉じこもっていたブラックゲイズを文字通り太陽の下に曝け出した。Deafheaven の台頭後、ブラックゲイズの音の方向性も彼らのようなものが多くなったのは確かである。

Pitchfork が Deafheaven を取り上げた記事

Chapter 3
Americas

Deafheaven 台頭後、アメリカ大陸はおろか世界中でポスト・ブラックメタルの認知度は爆発的に広まった。Liturgy や Tombs など多種多様な変化に富んだアメリカのバンドの拡がりは特に著しい。アトモスフェリック・ブラックメタルやカスカディアン・ブラックメタルとの親和性の高い、神秘的なバンドも多い。Unreqvited らがいるカナダも同傾向が伺える。叙情的だが、同時に陰鬱な雰囲気のデプレッシヴ・ブラックメタル由来のものが散見される南米と、実にバリエーション豊かなバンドをこの章では取り扱う。

植物コンセプトにハンマーダルシマーを操る横国大出身の異才

Botanist

- Lotus Thief、Ophidian Forest
- 2011 〜
- Otrebor、Daturus、Tony Thomas
- アメリカ、サンフランシスコ

サンフランシスコ出身。ポストメタルバンド Lotus Thief やペイガン・ブラックメタルバンド Ophidian Forest でドラマーとして活動する Otrebor こと Roberto Martinelli の独りバンドとして、ダブルアルバム『I: The Suicide Tree / II: A Rose from the Dead』で tUMULt から 2011 年にデビュー。ギターではなく、ケルトの楽器ハンマーダルシマーという打弦楽器を用いた独特の演奏で、メタルの文脈に特殊なアコースティック楽器を持ち込んだことで話題を呼んだ。楽器だけでなく、徹底して植物を題材にした歌詞も特徴。自然崇拝のみならず、『Photosynthesis』では、光合成の過程を描き、グリーン・メタルという謎めいた標語も使用している。長らく独りで活動していたが、2017 年リリースの『Collective: The Shape of He to Come』でバンド編成となり、メンバーチェンジを経て、現在は Dawn of Ouroboros の Daturus（ドラム）と Tony Thomas（ベース）の 3 人編成。だが、バンド自体流動的にしているようで、Otrebor 本人も Botanist 名義でソロアルバムを今後も発表していくことを明言している。現ラインナップで制作した 2020 年発表の『Photosynthesis』は、日本盤を Daymare Recordings からリリースした。Otrebor は日本と深い所縁があり、かつては日本に住んでいたことを明かしている。ハンマーダルシマーとの出会いも、横浜国大に通っていた当時、アメリカから来日したパフォーマー David Neiman と知り合ったことが大きいようだ。ちなみに、Botanist の音楽スタイルには、Lost Horizon からの影響が非常に大きいとのこと。

Botanist

I: The Suicide Tree / II: A Rose from the Dead	アメリカ
tUMULt	2011

1作目と2作目をカップリングし、ダブルアルバムとしてリリースした
デビュー作。ギターに聴こえるのは、ハンマーダルシマーという打弦楽
器。プリミティヴ・ブラックによくある悪辣なヴォーカルを際立たせ、
美しく奇妙なメロディーや、複雑怪奇なリズムが追随する1作目。トレ
モロリフに似た音色で厚みを増し、軽めのドラムによるポップな聴き心
地の2作目。どちらも、1分～2分前後のショートナンバーが中心だ。
「Gorechid」は、シャカシャカしたリズムの疾走感と、三半規管が狂う
メロディーの乱反射が耳に残る。「Dodecatheon」は、ジャングリーな
リズムで、ハンマーダルシマーが跳ね、猟奇的な雰囲気を充満させる。

Botanist

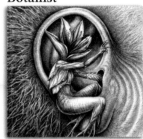

III: Doom in Bloom	アメリカ
Totalrust Music	2012

前2作とは打って変わり、長尺の曲を中心に収録した3作目。本作は、
緩やかなテンポを基調として、MogwaiやTortoiseらポストロックのよ
うに、丁寧に曲を展開する。ハンマーダルシマーによる演奏も洗練され、
牧歌的で神秘的な雰囲気を作り上げている。本作もダブルアルバムで、2
枚目は交流のあるバンドたちと『Allies』と名付けられたドラムセッショ
ン作品だ。「Deathcap」は、耳に残る清廉なメロディーをゆったり鳴ら
すサイケデリックな空間で、唸るヴォーカルを随所にちりばめている。
「Panax」は、音数を減らしたドラムを淡々と撃ち、リズミカルなダル
シマーの残響に、がなるヴォーカルを合わせている。

Botanist

IV: Mandragora	アメリカ
The Flenser	2013

前作の大曲志向から距離を置いて躍動感を付与し、疾走感を取り戻したア
ルバム。本作のテーマである「マンドラゴラ」は、日本でもゲームや小説
等で馴染み深いナス科の植物。幻覚や幻聴をもたらす作用に合致するよう
な、毒々しいメロディーと苦いヴォーカルを主役にして、邪悪な空気が充
満する作品に仕上げた。「Nightshade」は、不協和音を奏でるダルシマー
に Deathspell Omega の幻影を見出せる、妖しいメロディーと蛙の
鳴き声に似たヴォーカルが、耳に残る。「Sophora Tetraptera」は、山
吹色の花を咲かせるマメ科の植物のことで、明るいダルシマーの反復する
フレーズに、呻くヴォーカルが乗る。

Botanist

VI: Flora	アメリカ
The Flenser	2014

トレモロをかけたようなハンマーダルシマーの轟音を目立たせ、抜けのい
いドラムの乾いた疾走と相俟って、ブラックゲイズに近い音楽性へと変化
した。独りバンド体制では、最後のフルアルバムとなる。淡さをより強調
したメロディーと比例するように、ヴォーカルから幾分角が取れて、聴き
やすいがなり声になっている。「Stargazer」は、ひずんだダルシマーの
音色にキーボードの残響を敷き詰め、ツタツタと軽めのドラムで躍動感を
与えて、聖歌のようなメロディーを浮き彫りにしている。「Wisteria」は、
咲き誇る藤の花をイメージした滑らかなトレモロを中心に据えている、メ
ランコリックで美しいインストゥルメンタル。

Botanist

Collective: The Shape of He to Come	アメリカ
Avantgarde Music	2017

ハンマーダルシマー奏者やハーモニウム奏者を含む、6人体制で制作した。ただし、正式メンバーは Otrebor 1人で、バンドというわけではないようだ。前作と大きく路線を変えていないが、コーラスパートに厚みが出て、聖歌のような荘厳さを増しているのが特徴的。「The Shape of He to Come」は、小気味良く叩かれるスネア、重層的なクリーンヴォーカル、パイプオルガンのようなハーモニウムやハンマーダルシマーの影響で、教会で流れてもおかしくない。「To Join the Continuum」は、小鳥の鳴き声とダルシマーの素朴なフレーズに、女性ヴォーカルが重なり、優しい雰囲気で幕を下ろす。

Botanist

Ecosystem	アメリカ
Aural Music	2019

Dawn of Ouroboros の Daturus、Karyn Crisis' Gospel of the Witches の Davide Tiso、Cynoxylon というヴォーカリストが加入し、初のバンド体制で制作された。ハンマーダルシマーの涼やかな音色を中心にした音楽性に変化はないが、ブラストビートや下地を支えるベースラインで、バンド感を増している。「Alluvial」は、チャイムのような寂しげなフレーズに、明るいメロディーと物憂げなコーラスを合わせて、軽やかに疾走する。「Abiotic」は、ダルシマーの爽やかなフレーズと緩やかなテンポの中、しっとりした歌が響く、バラード調の曲だ。

Botanist

Photosynthesis	アメリカ
The Flenser	2020

新たに Dawn of Ouroboros の Tony Thomas がベースで加入し、Dan Swanö をプロデューサーに迎えている。ハンマーダルシマーの清らかでドリーミーな轟音と、軽妙なリズムを叩くドラムとのアンサンブルという、基盤の音楽性は不変。「光合成」がテーマで、曲題を繋げれば、光から酸素が生まれる過程を描いている。「Water」は、船頭に疾走するドラムを配置し、物憂げなクリーンヴォーカルとダルシマーの瑞々しいメロディーをベースが支えている。「Oxygen」は、スクリームとコーラスのハーモニーを、乾いた疾走感やトレモロの利いた明るいメロディーで際立たせる、爽やかな曲だ。

Dawn of Ouroboros

The Art of Morphology	アメリカ
Rain Without End Records, Naturmacht Productions	2020

カリフォルニア州オークランド出身で、Botanist の Ron Bertrand、Tony Thomas が在籍する。トレモロピッキングで幻想的な雰囲気を醸し、メロデスやデスコアに近い攻撃的なドラムを聴かせる。クリーンとハーシュを使いこなす女性ヴォーカルは、The Agonist や Myrkur を彷彿とさせる。「Pinnacle Induced Vertigo」は、重心の低いドラムとグロウルで暴虐性を、儚いトレモロと美しいクリーンで清涼感を作る。「Sorrow's Eclipse」は、ディストーションやクリーントーンを入り組む湿った叙情のギターをバックに、キャッチーで美麗なクリーンヴォーカルが映える。

激情ハードコアとシューゲイザーを取り込んだブラックゲイズの立役者

Deafheaven

- Rise of Caligula、Doomriders、Heaven's Club、Creepers
- 2010 〜
- アメリカ、サンフランシスコ
- George Clarke、Kerry McCoy、Daniel Tracy、Shiv Mehra、Chris Johnson

2010 年、George Clarke（ヴォーカル）と Kerry McCoy（ギター）により、カリフォルニア州サンフランシスコで結成した。同年、今に至るまで彼らをプロデュースする Jack Shirley と共にデモアルバムを制作。その後、Derek Prine、Trevor Deschryver、Nick Bassett が加入し 5 人編成となる。Converge の Jacob Bannon 主宰のレーベル Deathwish Inc. と契約、シングル『Libertine Dissolves』をリリース、そして 2011 年に『Roads to Judah』でアルバムデビュー。ライヴに近い録音スタイルでのレコーディングによるハードコアそのものの迫力や衝動性に加え、ブラックメタルやポストロックを取り込んだ独特で緻密な音楽性は話題を呼んだ。2013 年に発表した『Sunbather』は、当時ネットの音楽批評サイトとして権勢を誇っていた Pitchfork で 8.9 点をマークして Best New Music に選ばれた。以後、ブラックメタルやメタルのみならず、オルタナティヴ・ロックのファンからも注目を集め、各メディアで絶賛された。その後メンバーチェンジを経て、『New Bermuda』を 2015 年に発表。ソフトだけではない、ダークで狂気的な側面を提示。2018 年発表の『Ordinary Corrupt Human Love』では、ポストロックやシューゲイザーの甘美さを押し出した柔らかい世界観を表現した。日本には 2012 年 Godflesh と共に初来日、2019 年にはブラックメタルの重鎮 Emperor と共に東阪ツアーを成功させている。ちなみにバンド名は Slowdive へのオマージュ（「J's Heaven」という曲がある）でシェイクスピアの『ソネット集』から選ばれたという説があるが、メンバー自身よく覚えていないようだ。

Deafheaven

Roads to Judah アメリカ
Deathwish Inc. 2011

激情的なスクリームや暴虐性の高いブラストに反して、トレモロリフの物悲しい柔らかさが全編を貫いている。「Violet」は 12 分の長く険しい旅路を描いているが、メロディーの包容力と癒しの轟音に、Mogwai らポストロック勢の遺伝子を感じる。「Language Games」の、Converge が Alcest をカバーしたような美と剛が極まった凄絶さに、ブラックゲイズの帝王と呼べる風格が既に備わっている。静けさが反射する冒頭から、一気に荒ぶる鬼神と化す「Unrequited」の黒々としたハードコアテイストは、Celeste に通じる激情と悲哀が混じる。詩の断片に近い歌詞と合わさり、リリシズムがある作品だ。

Deafheaven

Sunbather アメリカ
Deathwish Inc. 2013

激情ハードコアとブラックメタルのミックスという、前作の音楽性をさらに推し進めた 2 作目。まともじゃないスピードの中で、いかに表情を変えるか苦心していた前作に対し、明確にスロウパートを設けて緩急をつけ、ドラマ性が増している。ギターとピアノの日光浴のような「Irresistible」をスパイスに、甘く冷たいトレモロリフで蕩ける「Sunbather」の、劇的な轟音が際立つ。全てを焼き尽くす激しさを持つ「Vertigo」は、ドローンを模した「Please Remember」の音圧を突き破る爽快感もある。アパレルブランドのロゴみたいなジャケットも話題を呼び、名実共に、ポストブラックの代名詞となった。

Deafheaven

New Bermuda アメリカ
Anti- 2015

前作までの癒しのオーラをかなぐり捨てた「Brought to the Water」に、殴られる衝撃を受ける 3 作目。全体的にダークだが、蓋を開ければ従来の美しさが、そこかしこで存在感を示す。本作は George Clarke のヴォーカルに、歪んだエフェクトをかけているような質感で、生々しさと無機質な感触が同居している。「Baby Blue」の牧歌的なイントロと、中盤の不協和音ギターの対比は、美醜の共存を際立たせた印象だ。前作のように、小品のインストで緩急をつけず、一曲の中でドラマチックに展開する大曲志向は研ぎ澄まされた。比喩を重ねてぼやかした歌詞の世界観と相俟って、ゴシカルな雰囲気が強まった。

Deafheaven

Ordinary Corrupt Human Love アメリカ
Anti- 2019

多幸感に満ちたピアノの幕開けに、胸が高鳴る 4 作目。出世作『Sunbather』に近いのどかさがあり、さらにポップになったが、ヴォーカルは無機質さを保った絶叫だ。ブラックメタルの爆走が 90 年代グランジのような疾走感に変わる「Honeycomb」や、豪快なリフが目白押しの「Canary Yellow」には、彼らの青春時代が透けている。ヴォーカルを除けば穏やかなバラードになる「Worthless Animal」は、透明度の高いクリーンなメロディーと壮絶な絶叫が混ざって、刺激的だ。日和った様子はなく、暴虐性の高いブラックメタルは、「Glint」の悲愴感のあるトレモロに、きっちり封じ込めている。

Deafheaven

10 Years Gone	アメリカ
Sargent House、Daymare Recordings	2020

オークランドにある The Atomic Garden Studio East でのスタジオライヴをパッケージしたライヴアルバム。過去の音源作品からバランス良く選曲したベストアルバム的な側面も持つ。元々はツアーでのベストテイクを集めた作品の予定だったが、コロナ禍でツアーを封じられ、スタジオライヴを収録したものになった。綿密にリハーサルをしてレコーディングに挑むタイプのバンドであり、観客の熱狂こそないがライヴならではの緊張感を感じられる作品だ。デモからの収録となる「Daedalus」は、ベーシックなブラックメタルに近いデモ音源よりも整合性を増し、現在の Deafheaven による完成形になっている。

Deafheaven

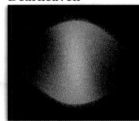

Infinite Granite	アメリカ
Sargent House、Daymare Recordings	2021

お馴染みの Jack Shirley、Radiohead や Foo Fighters を手掛けた Darrell Thorp がミキシングとエンジニアで参加した 5 作目。クリーンヴォーカル主体でブラックメタルやハードコアの要素が大きく減退した。また大半の楽曲が 5 分から 6 分台、最長でも 8 分 17 秒と 10 分超えも珍しくなかった従来よりコンパクト化。ポストロックやシューゲイザーの美麗さが主役だが、ドラムの荒々しさでコントラストを作る印象だ。絶叫や荒ぶるトレモロといった激情的な面が全くないわけではない。作品を総括する「Mombasa」は、ラスト 3 分前後で溜めに溜めた攻撃性を解放するように激しい疾走で幕を降ろす曲。

Jack Shirley インタビュー

2021 年 6 月

カリフォルニア州サン・カルロス在住のプロデューサー、エンジニア。カリフォルニア州オークランドの The Atomic Garden Recording Studio のオーナー。2004 年にスクリーモバンド Comadre のギタリストとしてデビュー、2013 年までの 9 年間在籍した。プロデューサーとしては 2009 年から活動。2010 年に Deafheaven のデモを手掛けて以降、『Infinite Granite』(2021) に至るまで携わる。Deafheaven の成功により注目が集まった影響か、Downfall of Gaia や Wiegedood など多くのポスト・ブラックメタルの作品に関わっている。

Q：インタビューを引き受けていただき、ありがとうございます。あなたは Deafheaven の作品を、ほとんど最初から手掛けています。彼らとはどのようにして出会いましたか？ 例えば、第一印象など教えてください。

A：僕は Deafheaven の最初のデモから全てのレコーディングに参加しているんだ。Deafheaven の最初の音源の 1 年ほど前、彼らの前のバンドが僕と一緒にレコーディングしたときに出会った。前のバンドは Converge の影響を受けていて良かったんだけど、彼らが Deafheaven のデモを持ってきた時、最初から何か特別なものを感じたんだ。彼らはとてもいい人たちで、とてもしっかりしたミュージシャンだ。一緒に仕事をするのはもちろん、ただ一緒にいるだけでも楽しい。長い間、参加できたことを幸運に思っているよ。

Q：Deafheaven のアルバムはどれも大変素晴らしいです。抽象的な質問で申し訳ないですが、彼らの演奏をどのように彼らの理想に近づけていくのですか？

A：Deafheaven の楽曲のほとんどは、ライヴで 2 インチのテープに録音されているよ。10 分程度の曲であっても、ほとんどが全テイクを録

音している。このプロセスは非常にオーガニックで、エンハンスメントや干渉はほとんどない。クリックトラック、タイムコレクション、サンプリングなどはないんだ。過去のレコーディングは、ほとんどクラシックロックのレコードのように行われている。バンドが部屋で一緒に演奏しているようなものだね。

そのため、全ての音をあるべき姿にするには、何かを録音する前に、最初に全てのトーンを正しくすることが基本となるんだ。

Q：ライヴ録音のようなものということは、楽曲を構築中あるいは模索中のプロセスで、あなたはディスカッションなどを含めて Deafheaven に口を出すことはほとんどないのですか？

A：その通りだよ。バンドが入ってくる時には、大体全てのパーツと構造を把握している。僕はプロデューサーとしてではなく、エンジニアとしての役割を果たすんだ。僕は彼らの頭の中にある音を現実のものにする手助けをするけど、彼らはすでに曲を書いた状態でやってくるね。

いくつかのレコードでは、デモを共有したり、バンドの練習に先立って集まって全体的なアプローチや制作スタイルについて話し合ったりしたけど、曲作りは彼らのものだ。僕が口出しすることはほとんどないよ。

Q：世間の評価として、『Sunbather』が脚光を浴びましたよね。あの作品が完成した時、Deafheaven のメンバーはもちろんですが、あなた自身に何か確信はありましたか？　凄いものが生まれた、というような。

A：『Roads to Judah』があれだけ注目された後、「おおっ、みんな注目してくれている」という思いが高まっていたように感じるね。「あのミックスにはもっと時間をかけるべきだったかもしれない」などと考えていた。だから、『Sunbather』の制作を始める前から、「みんなが注目しているのだから、もっと丁寧に、じっくりと作りたい」と思っていたんだ。

また、『Sunbather』に向けてかなり大きなラインナップの変更があって、全てがタイトになった。スタジオでは３人だけで、ケリー（Kerry

McCoy）が全てのギターとベースを演奏していたので、全体がより親密になり、調整されているように感じたよ。

Q：『Sunbather』は、ブラックメタルにおける Nirvana の『Nevermind』のようなものと私は考えています。あの作品のようにジャンルに対して巨大な評価を不動にしたという点で。そういった期待を、メンバーはプレッシャーに感じている様子はありましたか？　個人的に、反動として『New Bermuda』の狂気があるようにも感じたので。

A：わぁ、そうだね、なかなかの比較対象だ。そのような評価を受ければ、誰でも緊張したり、プレッシャーを感じたりすると思うよ。『New Bermuda』のヘヴィさはその反動だと思うけど、このような立場のバンドやアーティストにはよくあることだよね。「柔らかすぎる」と言われるから、激しいものや暗いものもあることを示したいっていう。

Q：あなたは Deafheaven のもう１人のメンバー、あるいは家族、あるいは親友のような存在だと思います。そんなあなただから話せるような、Deafheaven との思い出深いエピソードはありますか？

A：Deafheaven のもう１人のメンバーという感覚はないんだ。親しい友人といったところかな。彼らとは長い付き合いになるけど、ほとんどが仕事上の関係なんだ。スタジオの外で会うことはめったにない。アルバムをリリースする度に予算が増え、一緒に仕事をしたり遊んだりする時間が増えた。彼らはとても優しい人たちで、一緒にいると楽しいよ。彼らとの思い出のほとんどは、スタジオでの瞬間や、一緒に何かを作り出そうとした時の小さな成功体験だね。僕にとってとてもやりがいのある経験だね。

Q：あなたは様々なバンドと仕事をしていますよね。どれも素晴らしいバンドだと思いますが、バンドと仕事をする時にどのような基準で引き受けていますか？

A：僕は、本当に素晴らしいバンドと仕事をする機会に恵まれたんだよね。僕の目標は、あるアーティストのサウンドを有機的に表現することなん

だ。僕はアーティストの意見や方向性にとても影響を受ける。彼らのヴィジョンを現実のものにすることが全てだ。

Q：例えば、バンドからの依頼で「Deafheaven の『Sunbather』のようにしてくれ」と言われることがあるかもしれません。そういった要望から、バンドのオリジナリティをどのように引き出していますか？

A：たとえ誰かがそのように具体的なリファレンスを伝えてきたとしても、僕らは決してコピーを作ろうとすることはまずないね。何かを再現するというよりは、感覚を捉えるということかもしれない。バンドは、音の取り方や配置の仕方などについて、多くの疑問に答えなければならないから、彼らの指紋が何らかの形で残るんだよ。また、レコードのサウンドの多くは演奏する人の手に委ねられているから、それを再現することは非常に難しいよね。

Q：私は、Blurr Thrower の『Les voûtes』や Wiegedood のサウンドプロダクションが凄く大好きです。あなたが携わった作品は、豪快でソリッド、そして凛として清らかな美しさがあるように思います。Brendan O'Brien や Steve Albini、Jens Bogren など、聴けば携わったとわかる個性があるように思います。あなた自身は、トレードマークと言えるような音はありますか？

A：嬉しい言葉をありがとう！　僕の作品には認識できるサウンドがあると思いたいんだけど、それは常に進化しているものだね。このようなことをしていると、結果に満足することはなく、常に向上するために努力することになるんだ。

Q：本を書いていてもポスト・ブラックメタルとはどんなジャンルなのか、自由すぎて説明しづらいと感じています。強いていえば、ブラックメタルに様々なジャンルが複合しているというような感じかなと。様々なバンドに接してきたあなただからわかる特徴のようなものはありますか？　例えば、バンドが使う機材や奏法などに共通点はありますか？

A：ポスト・ブラックメタルは、さまざまなジャンルを取り入れているように感じるね。僕が手がけた作品の多くは、Botanist（ギターのないメタル）や Mamaleek（ブラストビートを演奏する MPC ヒップホップドラム）のような、よりアヴァンギャルドなものだ。Deafheaven に関しては、90 年代のスクリーモの影響を多く感じる。そして、多くのポストロックの影響も受けている。Envy や Explosions in the Sky などが聴こえてくる。ポスト・ブラックメタルは、シューゲイザーやロックンロールなど、あらゆるところから引っ張ってくるんだ。とてもクールだよ。

トレモロ・マスターの異名を持ち不協和音デスメタルをも取り込む

Krallice

◉ Gorguts、Behold the Arctopus、Woe、Encenathrakh
🕐 2007 〜 　　　　　　　　　　　　　　　🌐 ニューヨーク州ニューヨーク市
◉ Mick Barr、Colin Marston、Nicholas McMaster、Lev Weinstein

Mick Barr（ギター / ヴォーカル）、Colin Marston（ギター）により 2007 年ニューヨーク州ニューヨーク市で結成。翌年、Nicholas McMaster（ベース / ヴォーカル）、Lev Weinstein（ドラム）が加入し、以後現在に至るまで不動のラインナップとなる 4 人組。2008 年に Profound Lore Records からリリースしたアルバム『Krallice』でデビュー。ブラックメタルのトレードマークであるトレモロの叙情的な美しさにフォーカスしたスタイルで話題を呼ぶ。本作は、辛口で知られる日本の音楽雑誌『ミュージック・マガジン』誌上でも、好意的な評価を受けた。『Dimensional Bleedthrough』（2009）を経て、Profound Lore Records からリリースした最後のアルバムとなる『Diotima』（2011）は、緻密に構築したトレモロやリズムセクションの多彩さから彼らのベストアルバムとして挙げる人も多い。レーベルを離れ、自主制作で『Years Past Matter』（2012）、『Ygg huur』（2015）、『Prelapsarian』（2016）、『Go Be Forgotten』（2017）、『Mass Cathexis』（2020）をコンスタントに発表。自主制作の強みを活かした神出鬼没で突発的なリリースを重ねる。デジタルは自主制作で、レコードや CD はレーベルから販売するスタイル。過去には、日本流通盤をディスクユニオンからリリースしていた。メンバーは皆 Krallice 以外の活動も活発で、日本でも名高いテクニカル・デスメタル Gorguts や Behold the Arctopus、Woe、Encenathrakh など、枚挙に暇がない。2021 年には『Demonic Wealth』、2022 年に『Crystalline Exhaustion』『Psychagogue』をリリース。精力的で神出鬼没なペースは変わらないようだ。

Krallice

Krallice アメリカ
Profound Lore Records 2008

Profound Lore Records からリリースした、初音源にしてデビューアルバム。この頃から、洪水と形容されるトレモロを執拗に重ねるスタイルを確立している。ヴォーカルは激情ハードコア勢と比較されることも多い、感情の赴くままに吐き散らすものだ。北欧ブラックメタルと異なり、吹雪の寒々しさを強調した叙情でなく、アメリカのバンドに多い、鬱々として美しいメロディーを聴かせる。6曲で1時間を超えるが、ドラムが正確無比なリズムを叩くため、展開は緻密だ。「Wretched Wisdom」は、トレモロを重ねて悲壮感を盛り上げ、攻撃的なドラムと衝動的なヴォーカルがところ狭しと暴れ回る、エモーショナルなブラックメタルだ。

Krallice

Dimensional Bleedthrough アメリカ
Profound Lore Records 2009

前作と同じく、Profound Lore Records からリリースした2作目。トレモロリフを重ねて洪水のように聴かせる基本構造に変化はないが、ヴォーカルの頻度を極端に減らし、インストゥルメンタルに近いアルバムになった。感情の機微を描く叙情や大曲志向も健在で、本作は7曲で77分と大ボリュームだ。「Dimensional Bleedthrough」は、高らかに鳴らされるトレモロによるハーモニーを、ストップ&ゴーを頻繁に繰り返すドラムで支え、叙情的なオープニングを飾る11分の大曲。「The Mountain」は、珍しく3分前後のショートナンバーで、踏みっぱなしのドラムに重なるトレモロが、嵐のように過ぎ去っていく。

Krallice

Diotima アメリカ
Profound Lore Records 2011

Profound Lore Records からリリースした最後のアルバムとなる3作目。前2作よりもミキシングが良好になり各楽曲の輪郭が明瞭になったことで、作風の変化が顕著になった。執拗なトレモロによる叙情は健在だが、本作は勢い一辺倒でなく、スロウパートやミドルを明確に設け、ドラマ性が格段に増している。ヴォーカルは登場頻度が飛躍的に増え、衝動的な怒号の他に、獣のようなグロウルがデスメタルに肉薄する迫力を下支えしている。「Litany of Regrets」は、淡々とした力強いビートの反復を中心に、低いグロウルや悲壮的なトレモロを効果的に配置して、グラデーションのように徐々に曲を展開していく陰鬱なブラックメタル。

Krallice

Years Past Matter アメリカ
自主制作 2012

Profound Lore から離れ、自主制作でリリースした4作目。後に、Avantgarde Music と Gilead Media から再発している。大きな作風の変化はないが、急激なテンポチェンジによる幻自在な展開で魅せる作品だ。トレモロのメロディックなギターと混沌としたギターをごった煮にして三半規管を狂わせる、サイケデリックな色を帯びているのが本作の特徴だ。「IIIIIIII」は、ふくよかな鳴りのトレモロとうねるリフのハーモニーに、荒っぽいドラムとヴォーカルがしっかりと暴虐を表現している。「IIIIIIIIIII」は、喧騒と停滞を繰り返すトレモロリフとリズムが生み出す、約17分のカオスだ。

Krallice

Ygg huur
自主制作
アメリカ
2015

5作目にして、彼らの転換期と形容できる変化が見られる。大曲志向をやめ、本作は7分に満たない曲で構成され、コンパクトにまとまった作品だ。6曲中4曲を6分41秒で統一している点も興味深い。作風自体は健在だが、曲が短くなった分、技巧的な情報の密度が濃くなり、Colin Marstonがベースとして加入しているGorgutsのような、カオティックなデスメタルの表情が見られる。特に「Wastes of Ocean」に顕著だ。トレモロによる従来の叙情性を控えめにしたことで、複雑怪奇なリズムセクションや、高低差を感じるリフワーク、悲愴感を増した絶叫ヴォーカルが暴れ回る、これまでになかった曲になっている。

Krallice

Prelapsarian
Gilead Media
アメリカ
2016

前作を拡張した印象を与える6作目。アルバムとしてはコンパクトだが、長尺の曲も復活している。Gorgutsのような不協和音や、ジャジーでオブスキュアな静寂パートを設け、演奏技巧の高さで魅せる作品となった。「Prelapsarian」とは、旧約聖書における「アダムとイヴが知恵の実を食べて堕落するまでの期間」を指し、宗教史や戦争史を描いているようだ。「Hate Power」は、激しいアグレッションを叩き込むドラムや、忙しく動くリフによるテクニカル・デスメタルさながらの技巧を見せつける。「Lotus Throne」は、厭世的なメロディーを表現する美しいトレモロに、悲鳴に似た絶叫が響く彼ららしい曲だ。

Krallice

Go Be Forgotten
自主制作
アメリカ
2017

7作目となる本作は、異質な質感を帯びた作品だ。初期に近いトレモロが復活したメロディックなブラックメタルだが、粗暴なプロダクションにより、デプレッシヴ・ブラックにも通じる陰鬱さを体現した。生々しさを強調し、ドラムの乾いた迫力が前に出ていることも特筆すべき点だ。「This Forest for Which We Have Killed」は、耳障りな不協和音を奏でるリフワークやばたついた荒々しいドラムに、衝動的なヴォーカルが吠える、気の滅入るブラックメタルを表現している。「Ground Prayer」は、滑らかなトレモロによる暗い叙情と疾走に、わずかな時間で静寂を織り込み、ドラマチックに聴かせる。

Krallice

Mass Cathexis
自主制作、Hathenter
アメリカ
2020

前作と異なり、『Ygg huur』や『Prelapsarian』のテクニカル・デスメタル寄りのスタイルを引き継ぎ、コンパクトにまとめた8作目。「心的エネルギーを対象に向ける」という心理学的な意味を持つ表題通り、難解なアルバムだ。本作は、うねるようなベースが主張しており、痙攣する複雑なドラムに代わってグルーヴを牽引する印象だ。「The Wheel」は、ぐねぐねと蠢くベースラインを下地に、高低差のあるドラムや歌うようなリフワーク、グロウルが縦横無尽に駆け回る。「All and Nothing」は、重心を支えるベースの上をトレモロが他人事のように流れるノンビートに近い神秘的なインストゥルメンタル。

Krallice

Demonic Wealth
自主制作、P2

アメリカ
2021

Facebook 上にて突発的にリリースを発表した 10 作目。フィジカルも存在はしているが、気軽に入手できるのはデジタル。Krallice のトレードマークである叙情的なトレモロは抑え目であり、プリミティヴ・ブラックメタルに通じる劣悪なプロダクションが目立つ。本作多用しているキーボードの質感にダンジョン・シンセのような湿り気があることも特徴だ。ジリジリとしたギターの感触を除けば、複雑怪奇なドラムやメランコリックな雰囲気はいつもの Krallice といった風情がある。「Still」は、単調なキーボードの SF チックな雰囲気に荒々しく叫ぶヴォーカルや遠雷のようなドラムがくぐもって響くコズミックな宇宙感漂う曲。

Krallice

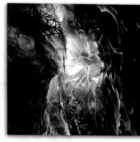

Crystalline Exhaustion
自主制作、P2

アメリカ
2022

ドラマーの Lev Weinstein 以外、担当の楽器を変えて制作された 11 作目。前作と同様、キーボードを目立たせた作品だ。プリミティヴ・ブラックやダンジョン・シンセの様相が濃かった前作と違い、複雑なドラムやリフは、Gorguts に通じるテクニカル・デスメタルを強く感じる。「結晶性消耗」あるいは「透明な倦怠感」といった意味の表題に沿う、ダウナーなデスメタルといった趣きが色濃い。「Frost」は、冷たいアンビエントを基盤に、暗黒的なリフや低音域のグロウルが陰鬱な空間を演出する約 10 分の大作。「Dismal Entity」は、複雑怪奇なリズムやグルーヴィーなベースに、キーボードが荘厳さを付与する。

Krallice

Psychagogue
自主制作、Hathenter

アメリカ
2022

12 作目と銘打たれた作品。前作同様、パートチェンジしている。「Psychagogue」とは、古代ギリシャ語で「魂」や「先に立つ」といった意味。透き通ったキーボードが目立つ点で前作と変わらないが、トレモロが前に出た形でブラックメタルらしい路線へと若干回帰した。ばたついたドラムにも、初期に通じる落ち着きなさがある。「Psychagogue」は、不穏なトレモロと澄んだキーボードで異様な空間を演出、厳つい咆哮と忙しないドラムが Gorguts に連なる不協和音を聴かせる。「Arrokoth Trireme」は、荘厳なクワイアで構築した幻想的な雰囲気に世を儚むトレモロがもつれ込み、艶やかな聴き心地を与える。

Krallice / Dave Edwardson

Loüm
Hathenter、Gilead Media

アメリカ
2017

Neurosis の Dave Edwardson とのコラボレーション EP。Hathenter からデジタルと CD、Gilead Media からレコードがリリース。ハードコアバンド His Hero Is Gone の元メンバー Carl Auge がアートワークを担当。複雑怪奇で忙しない Krallice のリズムセクションや暗鬱なトレモロと、Neurosis の暗黒的なメロディーや威圧的なヴォーカルが合致した印象。重量感あるグルーヴによる豪胆さもポストメタルに近い。「Loüm」は、静寂と躍動を繰り返すゆっくり蠕局を巻くようなドラムに、虚無感を呼び起こすメロディー、濁声の絶叫を合わせるで三半規管を狂わせる。

あらゆる垣根を破壊する超越的ブラックメタルを追究する

Liturgy

◎
🕐 2007 〜　　　　　　　　　　　　　　　　🌐 アメリカ、ニューヨーク州ニューヨーク市
👤 Hunter Ravenna Hunt-Hendrix、Tia Vincent-Clark、Leo Didkovsky、Mario Miron

Hunter Hunt-Hendrix の独りバンドとしてブルックリンで始動。「超越的ブラックメタル
（Transcendental Black Metal）」を標榜する。2007 年に Unfun Records から EP『Immortal
Life』でデビュー。2009 年に Bernard Gann（ギター）、Greg Fox（ベース）、Tyler Dusenbury（ベー
ス）が加入してフルバンド編成となり、同年『Renihilation』を 20 Buck Spin からリリースし、アル
バムデビューした。従来のブラックメタルの形態から逸脱した極めてノイジーなギターとクラシックやグ
リッチ、エレクトロニカなどを取り込んだ前衛的な曲展開で話題を集める。グリッチ / エレクトロニカの
重鎮 Oval とのスプリットを経て、ポストロックなどを積極的に輩出する Thrill Jockey からリリースした
『Aesthethica』（2011）でその存在感をさらに強固にした。クリーン・ヴォーカルのみでブラックメ
タルの要素を大きく減らしファンを当惑させた『The Ark Work』（2015）ではより逸脱した唯一無二の
音楽性を体得する。実験的な本作後にメンバーチェンジを行い、Huh の Tia Vincent-Clark（ベース）、
Kayo Dot の Leo Didkovsky が加入、現在のラインナップになる。2019 年に『H.A.Q.Q.』、2020 年
に『Origin of the Alimonies』をリリース。2020 年には Liturgy 及び自身の関連プロジェクトのため
の Hunter Hunt-Hendrix 主宰レーベル YLYLCYN を設立。Liturgy は早くから日本でも話題になり、
Daymare Recordings からも日本盤がリリースしている。なお、Hunter Hunt-Hendrix は 2020 年に
トランスジェンダーであることを公表した。また、Hunter Ravenna Hunt-Hendrix に改名した。

Liturgy

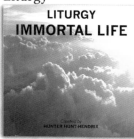

Immortal Life
Unfun Records アメリカ 2009

デビュー作となる EP 作品で、この頃は Hunter Hunt-Hendrix の独り
バンドだった。Unfun からリリースした CD-R と Infinite Limbs から再
発した Vinyl のみフォーマットが存在している。本作は、劣悪なプロダク
ションで録音され、ノイジーなディストーションギターが唸るプリミティ
ヴなブラックメタルを聴かせる。「Life After Life」は、ズタズタしたビー
トに乗せて、発狂したヴォーカルと音割れ寸前のリフが耳を引く。My
Bloody Valentine のカバーである「No More Sorry」は、原曲のドリー
ミーな感触を排除し、面影すらないブラックメタルに仕立てた。

Liturgy

Renihilation
20 Buck Spin アメリカ 2009

フルバンド編成で制作されたデビューアルバム。劣悪さを払拭したが、
まだまだ荒々しい。EP に詰めたアイデアを順当にアップデートした印象
で、苛烈なブラストビートや轟音と化したトレモロ、発狂し続けるヴォー
カルが、本作を構成するパーツだ。それらを繋ぐスキャットとして、トラ
ンス状態を呼び起こす儀式的な SE を配置している。「Pagan Dawn」は、
耳障りな甲高いリフの不協和音に呼応する獰猛なヴォーカルを、ハードコ
アの荒々しさを体現したドラムで洗い流すノイズ・ブラック。「Beyond
the Magic Forest」は、ジャンク・ロックに近い雑然としたドラムやト
レモロの塊に、絶叫がぶつかる混沌とした曲だ。

Liturgy

Aesthethica
Thrill Jockey アメリカ 2011

前作と同じ編成で制作された 2 作目。Krallice の Colin Marston がプ
ロデュースを手掛け、ポストロック等で有名なレーベル、Thrill Jockey
からリリースした。 ブラックメタルを、ジャン・シベリウスで知られ
るロマン派後期の作曲家や映画音楽の精神に結びつけるコンセプト。そ
のため、華やかでクラシカルなメロディーが加わり、神秘的な印象だ。
「Returner」は、絢爛なメロディーを甲高いトレモロで表現し、絶叫や
凝ったリズムアプローチで飲み込むハイテンションなブラックメタル。
「Harmonia」は、シャーマニックなコーラスや怒涛のブラストビートで、
聴く者を異様な空気に巻き込む。

Liturgy

The Ark Work
Thrill Jockey アメリカ 2015

前作以降デュオ体制だったが、メンバーを呼び戻しての 3 作目。本作は、
彼らの標語「超越的ブラックメタル」が示す通り、ジャンルを逸脱した作
品だ。様々な弦楽器や管楽器を招聘して、室内楽を大々的に導入したブ
ラックメタルを演奏する。ヴォーカルはクリーン主体だが、バックコー
ラスのような抑揚のない歌唱法を採用し、神聖さと不穏さの同居したス
タイル。「Follow」は、木琴に似た音色に歪んだトレモロを被せ、相変わ
らず運動量の多いドラムで迫る、マスロックに似た構築の曲だ。「Reign
Array」は、ストリングスが降り注ぐ華やかな雰囲気で、高揚するトレモ
ロを存分に聴かせる、映画のクライマックスで流れる劇伴のようだ。

Liturgy

H.A.Q.Q.	アメリカ
自主制作、YLYLCYN、Daymare Recordings	2019

ベースに Huh の Tia Vincent-Clark、Kayo Dot の Leo Didkovsky を ドラムに迎えての 4 作目。「H.A.Q.Q」は「Haelegen Above Quality and Quantity」の略で、Hunter Hunt-Hendrix の精神的なアイデンティティを示す言葉。室内楽的な要素を強めているが、スクリームを復活させ、狂暴性を増した。調和と混沌を 1 曲の中に封じ込める手腕はさらに磨かれ、専売特許と呼べるほどに至った。「HAJJ」は、雅楽で使われる龍笛や篳篥といった楽器で不協和音の轟音を作り、躁的なトレモロの切迫感を絶望的な絶叫が煽る、カオティック・ブラックだ。

Liturgy

Origin of the Alimonies	アメリカ
自主制作、YLYLCYN	2020

首魁 Hunter Hunt-Hendrix の芸術への展望や哲学を音楽へと盛り込んだ 5 作目。ブラックメタルを基盤に、楽劇王ワーグナーを頂点とする 19 世紀のロマン主義、クラブ・ミュージックを加えた情報量の多いスタイルはますます加速している。特にロマン主義のオペラへの傾倒が著しいが、一般的なシンフォニック・ブラックの様式美と異なる、アヴァンギャルドな難解さが前面に出た。本作でもフルートやヴァイオリンなどの客演が、華を添えている。「Lonely OIOION」は、オルガンやハープをフックに用い、複雑に乱打されるドラムとトレモロのハーモニー、フルートを入り乱れさせるマスコアとブラックメタルの狂騒だ。

Liturgy インタビュー

2021 年 11 月

Q：あなたの最初の作品は極めてノイジーな『Immortal Life』ですよね。無軌道で無邪気、プリミティヴですがプリミティヴ・ブラックメタルとは少し異なる方向性です。これを思いついたきっかけは何ですか？　最初に触れたブラックメタルも含めて教えて下さい。

A：あなたが『Immortal Life』の話をするのは面白いですね。実はこの作品は、初めてフルバンドで再録音したばかりで、ずっと気になっていたんです。あなたが言うように、この曲はプリミティヴなものですが、私にとっては Liturgy のユニークな点すべてを支えるものであり、他のすべてのアルバムが流れ込む泉の口のようなものです。当時、私は精神的な問題に悩んでいて、人生と愛を選択したいと思っていましたが、どうすればいいのかわかりませんでした。　その頃、私の周りにはアート・ロックやポストロック、スクリーモなどに夢中になっている人たちが多かったのですが、個人的には生々しく荒涼としたブラックメタルに惹かれていました。ブラックメタルは、他のエクストリームメタルにはない、調和のとれた壮大で美しいクオリティーを持っているにもかかわらず、私自身の憂鬱を反映した邪悪で堕落したものだと真剣に受け止めていましたね。私は特に Vlad Tepes や Mütiilation のような当時の Les Legiones Noires のシーンを好んでいましたが、スタイル的には、当時誰も作っていなかったノーウェイヴやシューゲイザーのような形態と、そのサウンドとの間の地下の形式的なつながりにとても興味を持っていました。　最初に演奏した曲は、My Bloody Valentine「No More Sorry」

のカバーで、これが成熟した Liturgy の最初の公式曲だと思っています。私は、My Bloody Valentine のオリジナル曲のように、有機的で、胎動的で、優しく抑制された雰囲気を出したかったのですが、同時に、もっと恍惚とした暴力的な雰囲気も出したかったのです。クラシックなブラックメタルのブラストビートを、もっとどろどろとした有機的なものに変えて、本当に極端に堕落したテクスチャーから美と意味を搾り出したかったのです。あのカバーを手がけたことは、本当に恍惚とした経験でした。カバーではありますが、私の人生経験を反映した初めての創作物のように感じました。ブラックメタルに愛を吹き込むためのすべての公式がそこにあり、それはなぜか私にとって実存的に重要だと感じました。

Q：Liturgy という名前の由来を教えて下さい。同じ名前のブルータル・デスメタルバンドもいますよね。また、Hunter Hunt-Hendrix という名前の由来も言える範囲で教えていただきたいです。

A：音楽が礼拝や神の愛を伝えるための手段であるという考えは、私にとって常に大きな意味を持っています。この言葉の意味を知っている人は、通常、カトリックのミサを構成する一連のイベントであるカトリックの典礼を連想します。私はキリスト教徒なのでその連想は気に入っていますが、この言葉は儀式的な崇拝や聖なるものとの集団的な交わりのあらゆる形態を意味するので、決してキリスト教徒に限定されるものではありません。最高の状態の音楽は、短時間で地上に天国をもたらすことができ、私の好きな音楽は全てそうですね。

Q：次の作品『Renihilation』では『Immortal Life』をさらに過剰に、洗練させた印象を受けます。また、ソロプロジェクトではなくなっています。ソロではなく、メンバーを入れてバンドにした理由はありますか？

A：『Immortal Life』を完成させるのは大変でした。しかし、ギターのハーモニーを他の人と一緒に演奏したり、Burst Beat（Liturgy におけるドラムの表現を意味する）を身体的に感じられるようなものに発展させて、他の人と一緒にリアルタイムで流れを感じられるようにしたいと思いました。当時、私は複雑で壮大な音楽を演奏するスクリーモのバンドにも所属していました。最初は『Liturgy』を人に見せる自信もなく、EP の評判もあまり良くなかったのですが、私のライヴを気に入ってくれた人たちがいたので、声をかけて音楽を演奏してもらうことになったんです。

Q：『Aesthethica』は、現在の Liturgy へ繋がる重要な作品だと思います。この作品からオーケストラの要素が骨格の一部になっていると思いました。それでいて、シンフォニック・ブラックメタルとは異なる方向です。このバランスはどのようにして『Renihilation』に加えていきましたか？

A：確かに『Aesthethica』は、『Renihilation』に比べて、リズム的にもハーモニー的にも、より複雑なアルバムですね。アレンジはロックバンドに限定されていても、作曲はブラームスのような作曲家のシンフォニックな言語にインスパイアされていたという意味もわかります。私は学生時代にクラシック音楽の作曲を学んでいましたが、『Aesthethica』に収録されている音楽の多くは、信じられないかもしれませんが、音楽理論の宿題のために書いた曲から始まっています。Liturgy のシンフォニックとの関係は、表面的なものではなく形式的なものであることが常に重要でした。例えば、ソナタ形式やシンフォニックな構造を用いて音楽を書きながらも、ロックの楽器だけで音楽を実行すること、普通のロックやプログレの曲にシンフォニックな楽器を加えて伝統的なロックの形式にするのではなく、ロックの楽器だけで音楽を実行することが重要でした。Burst Beat の重要性もそこにありま

した。通常のロックのビートではなく、ク
レッシェンドやフェルマータなど、指揮者が
率いる交響曲のように、音楽が呼吸している
かのような速さでドラムを叩くのです。常
に演奏しているバンドとパワフルなライブ
のエネルギーが、そのようなギャップを埋
めるのに役立ちました。『Immortal Life』
『Renihilation』『Aesthethica』 の 間
の数年間は、全てが本当に渦巻いていて、目
まぐるしかったですね。

Q：『Aesthethica』 に 対 し て 『The Ark
Work』は不完全で挑戦的な作品で、それが
大きな魅力になっていると感じます。これは
作為的な意図がありましたか？

A：『The Ark Work』を失敗作と考える
か傑作と考えるか私にはわかりませんし、
人々がこの作品について意見を異にすること
が好きです。メタル・シーンの中だけでな
く、バンドを囲い込みたいと思っている他の
部外者の好みにも挑戦したいと思ったのは、
ある程度意図的なことだったのかもしれませ
ん。『Immortal Life』で明らかになった
ように、私の音楽の趣味はとても実験的で、

グリッチ、IDM、ヴェイパーウェイヴ、ト
ラップミュージックの要素を取り入れたいと
思っていました。それは、スタイルやラベル
の表面の下で共鳴していますが、悪趣味に思
えるような音楽的なつながりを追求するとい
う、私が常に追い求めてきた倫理観なのです
ね。人はよくそれをやっていると主張します
が実際にそれをやっているかどうかは、最初
に人を悩ませる時にわかります。このアイデ
アは、ラベルに挑戦することで、そのラベル
を使って人々が作り上げている部族的なアイ
デンティティに挑戦するというものです。そ
して、音楽の表面的な部分を超えたある種の
共鳴を示すことで、その経験が魂の中の同じ
共鳴、つまり人間の共通性や普遍性を強調す
ることになるかもしれません。このアルバム
にはジェンダーの要素も含まれています。と
いうのも、私は当時、（ジェンダーを）移行
するかどうかの瀬戸際にいましたが、移行し
ないことを決めたからです。また、このアル
バムには、私が本当に望んでいた、ある種の
セイ・クィア（say queer）な音楽的特徴
がありますが、周囲の人からはあまり奨励さ
れておらず、なぜそれがそれほど重要なのか
を説明するのに苦労しました。このアルバム
は、困難な時期に作られた欠陥のあるレコー
ドで、意図的な疎外感と失敗が混ざったよう
な奇妙なものだと思います。私はこの作品が
大好きです。

Q：あなたの提唱する「超越的ブラッ
クメタル」とは、どのようなものです
か？ 『H.A.Q.Q.』 や『Origin of the
Alimonies』は完成形に近い印象を持ちま
した。『H.A.Q.Q.』は雅楽、『Origin of the
Alimonies』は19世紀付近のオペラといず
れも歴史を感じるものがモチーフに敷いてい
る印象です。それに、東洋と西洋の神秘も対
照的です。これも作為的でしょうか？

A：私にとって超越的という言葉の主な意味
は2つあります。1つは、精神的な認識や
神の意識を意味するより身近なもの、もう1

つは、カント・ヘーゲル・ドゥルーズの伝統に基づく、より専門的な哲学的な意味で、通常は当たり前だと思われていることの可能性の条件を実験的に検証することです。メタルとは何なのか、何に進化しうるのか、普段の生活やイデオロギーの目隠しをしているときには見えない、メタルの中に潜んでいる、あるいは抑圧されている力は何なのか、というのがいつも私の疑問です。それを知る唯一の方法は、メタルという形態を他の形態と違和感なく配置し、音楽的に意味のある方法で行うことです。雅楽にしても、19世紀のロマン主義にしても、それは常に深い文化的・政治的意味を持つ形態同士のリアルで強烈な出会いなのです。しかし、超越的のもう1つの意味、より宗教的な意味に戻ると、私の考えでは、この種の自由な実験は、神や精神的な目覚めの名の下に行われる場合にのみ意味があります。私は、モダニズムの否定的な表現や、空虚な反文化的または挑発的なジェスチャーにはほとんど興味がありません。超越的なものとの十分に強固な接触は、それが新しく怪物的なものの周りに作り出す聖なる輝きによって識別することができ、それは予言的な啓示に相当します。それが愛に満ちたものでなければ、まだ十分ではありませんし、逆に挑戦的で実験的でなければ、まだ十分ではありません。

Q：『H.A.Q.Q.』に含まれる Haelegen という概念はどのようなものですか？ あなたの作品には時折この単語が出てきますよね。

A：Haelegen は、天国、または人間の条件の問題が解決される共産主義のユートピアに対する私の名前です。天国を建設するための重要なステップは、音楽的、概念的、視覚的など、可能な限り多くのモードでそれを鮮明に想像することができることだと私は信じています。Haelegen は、4つの法則に支配された未来の共同体です。私はそれを Sovereignty（主権）、Hierarchy（階層）、Emancipation（解放）、Individuation（個別化）と呼んでいます。これらの言葉が具体的に何を意味するかは、それらが新しい社会の支配原理となって初めて決まることですが、当面はそれを待つことにしましょう。

Q：Liturgy のアートワークは、いずれもシンボルのような印象を受けます。各作品のアートワークは連動しているのですか？ それとも、アルバム毎に独立していますか？

A：アートワークもそうですが、それ以上にアルバム・タイトルがリンクしています。これらはすべて「超越的カバラの体系」の用語です。『Renihilation』は「知識の理論」、『Aesthethica』は「行動や政治の理論」、『The Ark Work』は「世界史の説明」、『H.A.Q.Q.』は「神のヴィジョン」、『Origin of the Alimonies』は「歴史が始まる前の永遠の時間の誕生について」、そして次のアルバムは「終末論的な天国のヴィジョン」です。

Q：あなたの街であるニューヨークはとてもユニークなバンドが多いですよね。ニューヨークという街があなたの音楽スタイルにはどのような影響を与えましたか？幼少期からも含めて。

A：私は主にニューヨークのマンハッタンで育ち、学校卒業後はブルックリンに移りました。Glenn Branca、Swans、Teenage Jesus and the Jerks などのアーティストや、Steve Reich などの作曲家など、ニューヨークのノー・ウェイヴやポスト・ミニマリズムの遺産を知っているときから、私はいつも共感していました。私が実際の音楽シーンに参加し始めた頃は、ブルックリンを中心に、Orthrelm、Ex Models、Talk Normal、Extra Life、BIG A Little a、Growing などのバンドや、プロヴィデンスやボルチモアでサイケデリックな方向にアグレッシブな音楽を展開していたバンドが活躍していました。私は19世紀のクラシック音楽にも情熱を持っていま

したが、これは他の多くの仲間とは違っていました。

Q：Liturgy は、かなり初期から日本と密接に結びつきがあったと思います。Daymare Recordings から CD を出したりなど。まだ来日公演は実現していませんが、あなたにとって日本はどのようなイメージを持っていますか？

A：2020 年にはいよいよ日本でのツアーを予定していましたが、残念ながらパンデミックの影響で実現しませんでした。しかし、近いうちに必ずやりますよ。また、日本のメタルやプログレの多くがいかに実験的で名人芸的であるか、アメリカの音楽シーンが時にそうであるように、多くの点でよりオープンマインドで規律正しいものであることに、常に敬意を払ってきました。

Q：非常にパーソナルな質問で恐縮です。2020 年には、あなたのパーソナリティについて重要な発表をしました。そのことで Liturgy やブラックメタルに対してのモチベーションに変化はありましたか？

A：（ジェンダーを）移行したことで、Liturgy や、バンドを悩ませてきた論争に意味が出てきたように思います。バンドの初期の頃、私を批判する人たちの多くは、私が移行する前から、私をクィア（同性愛者への侮蔑語）やエフィミネイト（女性蔑視者）と中傷するかのように、明らかに受け入れがたい、恥ずべきことであるかのようにレッテルを貼っていました。 最近では、私が実際に女性であることを明確に示すことで、人々がすべてを処理しやすくなっていると思います。もっと早く移行していればよかったと思っていますが、トランスジェンダーの公民権が世界で力を持つ前であれば、さらに難しかったかもしれません。一般的な男性、特に「メタル兄弟」に対して、私は常に奇妙な敵意と不完全さを感じていましたが、今ではその関係はより調和的になっています。男性は素晴らしいし、男性的なメタルも素晴らしい。何も問題はないのですが、それは私や私が作っているものとは違っていて、私は別の視点を持っています。Liturgy の音楽は常に女性的なところから来ていますが、移行による変化もあります。最近では、ソプラノの音域で歌えるようになり、その音域とスクリームを交互に歌えるようになりました。これは今後のリリースで使うテクニックですよ。

Q：あなたの音楽に直接的に影響を与えた 5 枚のアルバムについて教えてください。

A：
• Rorschach『Autopsy』
• Portraits of Past『Portraits of Past』
• Smashing Pumpkins『Siamese Dream』
• Orthrelm『OV』
• Glenn Branca『Symphony No. 1』

Q：日本のファンへのメッセージをください。

A：来年（2022 年）の後半には、そちらでのツアーが実現することを願っています。

様々なジャンルを手広く取り込むサイケデリック・ブラックメタル

Nachtmystium

- Krieg、Avichi、Chrome Waves、Imperial Savagery
- 2000 ~ 2014、2016 ~ 2020
- アメリカ、イリノイ州デ・カルブ→サンフランシスコ
- Blake Judd

2000 年頃にイリノイ州デ・カルブで Blake Judd により始動。当初は Azentrius というステージネームを名乗っていた Blake Judd の独りバンドであり、デモ『Holocaust of Eternity』でデビュー。当時は劣悪なプリミティヴ・ブラックメタルとして活動していた。徐々にメンバーを増やし、プリミティヴ・ブラックメタルの名盤としても名高い『Instinct: Decay』(2006) をリリース。陰鬱なプリミティヴな要素を削ぎ落とし、Century Media Records から発表した『Assassins: Black Meddle Pt. I』(2008) で、オルタナティヴ・ロックやスラッジ、ポストロックなど様々なジャンルを内包したブラックメタルへと変化した。続編となる『Addicts: Black Meddle Pt. II』(2010) でもその路線は引き継がれた。『Silencing Machine』(2012) でプリミティヴ・ブラックメタルに少し立ち戻るが、前 2 作の要素を注ぎ込んだことにより、彼らのスタイルをして「サイケデリック・ブラックメタル」と呼ばれるようになった。だが、2013 年にバンドは解散を発表し、集大成となる『The World We Left Behind』(2014) をリリース。惜しまれつつ解散したが、2016 年活動を再開。2018 年に EP『Resilient』を発表するも、2020 年に再び解散した。Blake Judd のソロプロジェクトという側面も強い影響か、メンバーが安定しないことでも有名だった。総勢 20 名以上の元メンバーの中には Krieg、Avichi、Chrome Waves、Imperial Savagery といったバンドもあり、アメリカのアンダーグラウンドなブラックメタル / デスメタルの中でも特異な存在感を放っていた。

Nachtmystium

Assassins: Black Meddle Pt. I
Century Media Records
アメリカ
2008

プリミティヴな初期 2 作、デプレッシヴ・ブラック／プリミティヴ・ブラックの名盤と名高い前作を経た 4 作目。本作は、アンダーグラウンド志向の荒々しさを脱ぎ捨てた。「Part 1」と銘打ち、コンセプト的な意味合いが強い。ロックンロール的なリズム感や、シューゲイザーに近いトレモロ、アンビエントの要素を大々的に盛り込み、分裂症気味にジャンルが暴走する感覚の意欲作だ。ブラックメタルの暴虐性や退廃的な空気を一層深めるが、聴きやすさやモダン化も同時に進んだ。「Code Negative」は、艶かしく残響を残すギターを主役に、悠然としたテンポで聴かせる儀式的な妖しさが満載されたサイケデリックなブラックメタル。

Nachtmystium

Addicts: Black Meddle Pt. II
Century Media Records
アメリカ
2010

前作の続編となる 5 作目。ジャンルのボーダーレス化をさらに推し進めた。オルタナティヴ・ロック的な明快なビートや、万華鏡のように反射するトレモロリフ、土臭く妖艶なギターソロなどを複合的に配置し、サイケデリックな感覚が表出した作品だ。反面、プロダクションは前作より劣悪になっているのが特筆すべき点だ。「High on Hate」は、粗暴に叩かれるドラム、厭世的なトレモロやエフェクトをかけた絶叫が、衝動的なブラックメタルを聴かせる。「Blood Trance Fusion」は、陰気で生々しいディストーションギターの裏で不気味なノイズを蠢かせ、インダストリアルの無機質さでトランス状態を誘発する曲だ。

Nachtmystium

Silencing Machine
Century Media Records
アメリカ
2012

『Black Meddle』2 作を経て 6 作目となる本作は、初期のプリミティヴ・ブラック路線に回帰した。ハードロックバンド High Spirits の Chris Black が、ヴォーカルや作詞で参加している。吹きさらしの風の中に放置されたような、荒々しく劣悪なプロダクションがまず最初に耳を引く。粗暴で突貫的な勢いがあるが、時に淡く美しいメロディーを織り込み、ブラックゲイズに近い儚さを体得した。そのため、単純な原点回帰と異なる印象だ。「Silencing Machine」は、主張の激しいベースラインの金属的な鳴りに負けない邪悪なトレモロ、残忍なヴォーカルが、ところ狭しと暴れるプリミティヴ・ブラック。

Nachtmystium

The World We Left Behind
Century Media Records
アメリカ
2014

最終作となる 7 作目。元 Novembers Doom の Chris Wisco、Blake Judd のおじ Scott Judd が参加している。前作と毛色を変え、サイケデリック・ブラックと形容された自身のスタイルを昇華させた印象だ。『Black Meddle』の雑多さを、妖艶でメランコリックなブラックメタルとして、包括的に表現している。「Fireheart」は、ハードロック調の明快なドラムに陰気さを侵食させ、トレモロが乱反射する Celtic Frost のような邪悪さに着地する。「Epitaph for a Dying Star」は、美しいトレモロとコーラスが空中に溶けるような、官能的なバラードだ。

グルーヴで攻めるがスラッジやドゥームと呼ばれることを否定する重鎮

Tombs

- Hammer Fight、Psycroptic、Abstracter、A Storm of Light
- 2007 ～   🌐 アメリカ、ニューヨーク州ニューヨーク市
- Mike Hill、Drew Murphy、Todd Stern、Justin Spaeth

ブルックリンで Mike Hill（ギター / ヴォーカル）、Domenic Seita（ベース）、Justin Ennis（ドラム）の 3 人で 2007 年に結成。同年、EP『Tombs』で Level Plane Records からデビュー。2009 年に Mike 以外のメンバーを一新、Relapse Records へ移籍。2009 年『Winter Hours』でアルバムデビュー。スラッジやポストメタルをブラックメタルに取り込んだ独特のスタイルで存在感を示した。2011 年に『Path of Totality』を発表し、評論家の称賛を集めて足場を固める。メンバーを 3 人編成から 4 人へと変更し、Erik Rutan がプロデュースした『Savage Gold』を 2014 年にリリース。その後 Relapse Records を離れ、Metal Blade Records に移籍。2017 年に『The Grand Annihilation』を発表。2017 年から 2018 年にかけて Mike Hill を除き、ラインナップを一新。現在は Drew Murphy（ベース / ヴォーカル）、Matt Medeiros（ギター）、Justin Spaeth（ドラム）の 4 人。2020 年に Season of Mist に移籍。EP『Monarchy of Shadows』、アルバム『Under Sullen Skies』を 2020 年にリリース。従来よりもブラックメタルの要素を素直に出したスタイルにシフトしているが、ハイブリッドな音楽性に変化はない。Mike Hill の影響源は多岐にわたり、、公言しているだけでも Neurosis、Swans、Joy Division、Darkthrone、Leviathan、Bauhaus 等、枚挙に暇がない。また、Tombs をスラッジと呼ぶことを Mike Hill は否定している。

Tombs

Winter Hours
Relapse Records
アメリカ
2009

イラストレーター Thomas Hooper による何とも言えない味のあるアートワークが印象的なデビューアルバム。この頃からブラックメタルをベースに、スラッジやポストロックを組み込んだ音楽性を確立している。神経に障るトレモロと豪胆なドラムを中心に、荒っぽい咆哮が轟く独特の世界観は、派手さに欠けるがじっくりと練り上げ、ブラックメタルとストーナーをブレンドした味わいだ。「Gossamer」は、反復する悲壮的なトレモロを豪快なドラムに乗せ、Mastodon にも通じるグルーヴィーなロックを聴かせる。「Merrimack」は、骨太のベースに揺れるトレモロを合わせ、厳つい咆哮と淡いメロディーが対比になった曲。

Tombs

Path of Totality
Relapse Records
アメリカ
2011

元 Isis の Bryant C. Meyer がキーボードでゲスト参加した2作目。引き続き Thomas Hooper がアートワークを担当し、おぞましい迫力を湛えたジャケットが目を引く。前作よりもスラッジの側面が濃くなり、よりダークになった。反面、アメリカのブラックメタルらしい陰湿さを増強し、剛胆さとのコントラストを生んでいる。「Black Hole of Summer」は、邪悪な轟音を前に出し、プリミティヴ・ブラックのような質感のバスドラムや執拗に粘るリフワークが、壮絶な絶叫と絡む。「Silent World」は、トレモロの病んだ感触を軽快なドラムに乗せ、念仏のようなヴォーカルが不気味に響く。

Tombs

Savage Gold
Relapse Records
アメリカ
2014

前作からメンバーが3人編成から4人組に変わって制作した3作目。元 Woe の Ben Brand が加入した。本作のプロデュースに、Hate Eternal/Cannibal Corpse/元 Morbid Angal の Erik Rutan を迎えた。ブラックメタルとしての寒々しく邪悪な雰囲気を増強している一方、Erik Rutan プロデュースだと一発でわかる乾いたドラムが特徴的だ。反面、スラッジの要素は減退し、Goatwhore を彷彿させるブラッケンド・デスメタルに接近した。「Edge of Darkness」は、スラッシーな刻みや邪悪なトレモロを弾くギターに、呪詛を撒き散らす濁声が合わさる儀式的な曲。

Tombs

The Grand Annihilation
Metal Blade Records
アメリカ
2017

Relapse Records から Metal Blade Records へ移籍した4作目。Erik Rutan がプロデュース及びヴォーカルとキーボード、Black Anvil の Raeph Glicken が客演した。Cannibal Corpse や Hate Eternal を手掛けた Art Malphas Paiz がエンジニアで参加。前作のドライな質感と異なり、ギターのディストーションが目立つ退廃的な音像だ。「Cold」は、軽快なリズムをベースにブラストビートを叩くドラム、冷たいトレモロに豪快な絶叫が轟く。「Way of the Storm」は、ベースラインのうねりを前面に出し、凶悪な咆哮と美麗なリフが疾走するブラックメタル。

Tombs

Monarchy of Shadows	アメリカ
Season of Mist	2020

Season of Mist に移り、首魁 Mike Hill を除くメンバーを変えて発表した EP 作品。EP だが 6 曲で約 35 分ある。心機一転を図るためか、Alcest のデザインをはじめ、Amorphis や Déluge 等の作品を手掛けた人気のイラストレーター Valnoir がアートワークを担当。本作は、彼らの作品では最も王道のブラックメタルに寄せており、冷たいトレモロや突進するブラストビートの苛烈さがメインの作品だ。「Once Falls the Guillotine」は、キレのあるリフとブラストビートのアグレッションで暴れ回り、獰猛なヴォーカルや退廃的なメロディーが爆走するメロディック・ブラック。

Tombs

Under Sullen Skies	アメリカ
Season of Mist	2020

前 EP から約 9 ヶ月というスパンでリリースした 5 作目。Psycroptic の Todd Stern、Black Crown Initiate の Andy Thomas 等が客演。前 EP と地続きだが、従来のスラッジじみた重苦しさが復活。正統派メタルのアプローチをギターに取り入れるなど、美麗なアートワークも相俟って親しみやすい作品に仕上がった。「Void Constellation」は、快感を呼び起こすベースのドライヴ感に反して、重厚なグルーヴの上を這う妖艶なギターがサイケデリックな感触を付与する。「Plague Years」は、穏やかなフレーズから邪悪なトレモロが吹き荒れる、コロナ禍をテーマにしたブラックメタル。

実はブラックメタル愛好家だった Sonic Youth の Thurston Moore

　Sonic Youth というバンドは知っての通り、グランジをはじめ、アメリカのオルタナティヴ・ロックやポストロックに多大な影響を与えたバンドだ。現在は諸般の事情で事実上解散状態（再結成の気配もない）。その Sonic Youth の首魁であった Thurston Moore がブラックメタルに傾倒していることは、有名なエピソードなのだがあまり表に出てこない。

　Sonic Youth のラストアルバムである『The Eternal』の歌詞は、ブラックメタルから着想を得ている。さらに、Thurston 自身アメリカのブラックメタルバンド Twilight に一時期在籍していたこともある。また、Mayhem の Necrobutcher とも親交がある。というのも、Necrobutcher の著書『The Death Archives : Mayhem 1984-94』は、Thurston が共同経営で設立した出版社「Ecstatic Peace Library」から出ている。

　さて、彼自身は Mayhem や Gorgoroth、Burzum といった初期のブラックメタルを好んで聴いていたようでポスト・ブラックメタルを聴いているかどうかは定かではない。だが、ポスト・ブラックメタルには Sonic Youth から直接的に影響されていなくても、Sonic Youth のようなオルタナティヴ・ロックからのフィードバックを反映するバンドも多い。

　例えば A Pregnant Light は Nirvana や Hüsker Dü からの影響も公言しているし、それはとどのつまりグランジやハードコア・パンクの要素も含まれているということだ。Lantlôs は近年のスタイルでエモへの転身を試みて反響を呼んだが、エモも元をただしていけば、Hüsker Dü などへとたどり着ける。

　そうしたジャンルの越境性を考えると、Thurston Moore のブラックメタルへの愛情も、全くおかしな話ではない。ちなみに彼は、Twilight での活動やブラックメタルのことを煽情的な単語をちりばめた言葉で愛情深く振り返っているが、とても下品なので割愛する。

A Pregnant Light

◉ Damian Master、Purple Light、Aksumite
🕐 2009 〜　　　　　　　　　　　　　🌐 アメリカ
👤 Damian Master

2009 年にミシガン州グランドラピッズにて Damian Master の独りバンドとして始動。ブラックメタル
とハードコアやグランジをミックスした独特のスタイルが持ち味。Madonna のカバーを含めた EP『Live
to Tell』で注目を集めた。2014 年、彼のためのレーベル Colloquial Sound Recordings から『My
Game Doesn't Have a Name』でアルバムデビュー。EP やシングルのリリース中心で、オリジナルア
ルバムは 2 枚のみ。2021 年には毎月電話で配信したシングルを集めた『Kiss Me Thru the Phone』を
発表している。

A Pregnant Light

My Game Doesn't Have a Name
Colloquial Sound Recordings　　　　　　　　アメリカ
2014

レーベルオーナーの顔も持つ、ミシガン州の Damian Master のソロアク
トである A Pregnant Light は、ポストパンクの乾いたリズムとブラッ
クメタルの暗さを折衷したスタイルだ。ダークに疾走する「Unreachable
Arc」は、本作の、ポストハードコアに近いデプレッシヴ・ロックを象徴
している。ブラックメタルの要素は味付け的に抑えられ、要所要所で顔を
出すのが興味深い。不穏なリフが煽る「Circle of Crying Women」は、
合唱しやすい歌詞のリフレインも相俟って、Darkthrone と Nirvana と
Hüsker Dü がセッションしているような楽しさがある。

A Pregnant Light

Broken Play
Colloquial Sound Recordings　　　　　　　　アメリカ
2019

前作より生々しく攻撃的だが、芯にある暗さや喪失感といった要素は不
変。前作と違うのは、ブラックメタルとポストパンクや、Foo Fighters
のようなハードなドライヴ感が、綺麗に混ざっているところだ。怒り
に満ちた「My Last Song」や「Broken Play」では、ハードコア期
の Darkthrone に通じるブラックメタルのリフを大幅に増強している。
「Holy Death Candle」は、神経を引っ掻くリフと、物悲しく丁寧なメ
ロディーが、交互に襲う。「L.I.G.H.T.」の、徐々に視界が開けていくよう
な光ある広がりには、辛いことを飲み込んで前を向こうとする、人間の力
強さや美しさがある。

A Pregnant Light

Kiss Me Thru the Phone
Colloquial Sound Recordings　　　　　　　　アメリカ
2021

2020 年に Damian Master が運営したフリーダイヤルを舞台にしたコン
セプトアルバムであり、コンピレーションアルバム。電話回線で毎月 1
曲新曲を配信し、それを 12 ヶ月分集めた作品となっている。コンセプト
こそユニークなものだが、作風自体は A Pregnant Light そのもので、
パンクやハードコアとブラックメタルを折衷したスタイルを堪能できる。
ただ、いつもよりクリーン・ヴォーカルを多く配置し、Nirvana のよう
な爽やかさが際立つ。「Bang the Line（April）」は、重苦しいギターや
絞り上げるスクリームに反して、爽やかな苦味を感じるメロディーが胸を
撃つエモーショナルな曲。

Purple Light

Lilac Blacklight
Colloquial Sound Recordings

アメリカ
2016

A Pregnant Light の Damian Master によるサイドプロジェクトの 1 つ。プリミティヴ・ブラックに近い生々しい録音で、ノイズ混じりのざらついたトレモロによる邪悪なメロディーを聴かせる。地獄の底から響き渡るグロウルが本作の特徴だ。「Marked as Mine」は、不安感を抱かせるトレモロで毒々しいメロディーを操り、苦悶に満ちたヴォーカルがのたうち回るノイズとブラックメタルの蜜月を表現する。「Wild Dog of a Man」は、もたつくリズムで叩くドラムにノイジーなリフを歯切れ良く刻み、ノー・ウェイヴのような前衛的な雰囲気が、最も A Pregnant Light に近い。

A Pregnant Light インタビュー

2021 年 8 月

Q：A Pregnant Light をはじめるにいたって、あなたはどのようなヴィジョンを持っていましたか？

A：僕は何年もパンクやハードコアのバンドで演奏していたんだけど、完全にメタルの世界に入ったことはなかったんだ。いくつかのバンドが解散した後、メタルの多くは 1 人でやっていることに感銘を受け、その影響で自分だけのバンドをやろうと決めた。つまり、誰にも邪魔されないというヴィジョンがあったんだね。自分で録音して、自分でリリースして、もちろん自分で演奏する。一生モノのバンドを作りたかったんだ。ライフワークとして「決して死なないようなバンド」をやりたかったんだよ。音楽は不滅だけど、どんな分野でも成長するには長い時間がかかる。A Pregnant Light は 10 年目にして、ようやくヴィジョンが見えてきた気がするな。これまで何十曲も作ってきたし、20 枚以上のリリースもしてきたから。始めた当初は、作る作業をしていればヴィジョンは示されると思っていたね。これは、僕が学んだ重要な教訓だと思う。ヴィジョンはすぐには現れず、種にすぎないこともある。水をやることで見えてくる。今では、自分が聴きたいと思うような音楽を作ることが、これまでも、そしてこれからも、ヴィジョンだと感じているよ。様々な影響を受けているけど、どのジャンルにも属していない。あるバンドを聴いて、そのスタイルで演奏するために新しいバンドを立ち上げた多くのバンドとは違うんだ。僕のヴィジョンは、自分が刺激を受けるものを作ること。続ければ続けるほど、音が自分らしくなり、頭の中の音楽が明確になり、集中力が高まる。それは何年もの努力の結果だね。僕のヴィジョンは、過去の作品ではなく、常に次のことに集中している。最も重要な曲は次の曲だ。

Q：あなたのスタイルは「Purple Metal」と言われたりもしますよね。これはあなたのスタイルのどういう雰囲気を指すのですか？

A：ブラックメタルへの敬意を込めて、自分で作った造語だよ。僕はブラックメタルを演奏しているわけではないからね。ブラックメタルには影響を受けているし、大好きだけど、それ自体にはなりたくなかったんだ。他の多くの芸術分野では、アーティストは何か他のものからインスピレーションを受けることができるけど、名前でそれに縛られる必要はないよね。詩人は絵画からインスピレーションを受けることがあるけど、「絵画の詩人」とは呼ばれない。だから、僕は自分の音楽で異なる雰囲気を呼び起こしたいと思ったんだ。愛、喪失、日常生活の苦悩、宗教の力、そして最終的には僕が見た現実だ。ブラックメタルはとても幻想的で幽玄なものだ。それ

はそれで好きなんだけど、モノクロの音楽世界に住みたいとは思わなかった。モノクロの厳しさを、明るい色でブラッシュアップしたかった。ショックやホラーの領域で生きている世界（ブラックメタル）の中で、よりショッキングなものにしたかったんだよ。世界が闇と悪であるならば、ラヴソングや光以上に、その門を強く揺さぶるものがあるかな。もちろん、A Pregnant Light は陽気でポジティブなバンドじゃない。内なる（時には外なる）葛藤のバンドだ。それを「紫」と呼ぶのは、「厳しいけど王道」ということだ。堂々としている。明らかな男性的なアートフォームの中に、女性的な要素が入っているんだ。僕はノスタルジックな人間ではないけど、「パープル・メタル」はリスナーの頭の中にある記憶のように演奏したいと思った。特にギター・ワークは、聴き手に依存する感情を呼び起こすためのもの。リフとメロディは、何らかの感情的な反応を引き起こすべきだよ。少なくともそのような意図がある。一番暗いとか、一番重いとか、一番軽くて綺麗だとか、そういうことではなくて。君たちの白黒の世界を貫く、衝撃的な色の電撃のことだね。

Q：A Pregnant Light を 聴 い て い る

と、Burzum と Nirvana、それと Hüsker Dü がいっぺんに襲いかかってくる印象を受けます。先ほどあなたはパンクやハードコアに生きてきたと仰ったこととも関係しているとは思います。この A Pregnant Light のラインは他のブラックメタルにはないロックンロールとしてのキャッチーさがあると思います。自身で確信犯的に狙ったものですか？

A：ありがとう。確かに、それらのバンドは僕に影響を与えているよ。 Nirvana は、攻撃的なギター・ミュージックに夢中になるきっかけとなったバンドだ。『In Utero』が発売された時にレコード店に行ったら、彼らが影響を受けた他のバンドをチェックするように言われたんだ。例えば、SST レコードの Hüsker Dü のようなバンドだね。つまり、彼らは常に初期の影響を受けていたんだね。僕自身、直接的な影響を受けたと思ってはいないけど、Hüsker Dü のようなバンドは、相容れないようなものを融合させるところが好きかな。スピードとメロディ、あるいは研磨された音の質や記憶に残る構造やフックのようなもの。他のバンドやその意図を語るつもりはないよ。ブラックメタルは全体的に雰囲気が重く、内容が薄いことがあると思う。Burzum はその良い例だと思う。音楽はとても魅力的だけど、それ以上に歌詞の内容には全く共感できないんだ。僕にとっては、歌詞よりもヴォーカルや演奏の方が魅力的だね。トールキンの神話についての話とか、ただのネタだよね。雰囲気は素晴らしいツールだけど、僕が最も魅力を感じる音楽

は、音楽がそれ自体で何かとして受け止められ、歌詞やヴォーカルがそれ自体で何かの価値として受け止められるもの。と言っても、自分のことを作家だとは思っていないよ。言葉は詩でも何でもない。音楽の文脈の中で存在しているけど、もしも音楽を取り除いたとしても、言葉には重みがあると思っている。特にヴォーカルとの相性は抜群だ。キャッチーな曲を作ろうと思って作っているわけじゃない。人の心に響くもの、心に残るものがあると嬉しいな。でも、僕はキャッチーさという概念がないノイズやインダストリアル・ミュージックも好きなんだ。あれは純粋な空気感の良い例だね。年を重ねる度に、自分以外に影響を受けたものが本当になくなってきた。創作の旅では、模倣や影響が薄れてきて、作品が派生的で悪いものになってしまう時期があるんだ。この時点で、自分から出てくるものは全て自分の中にあるね。

Q：バンドの名前は非常にインパクトがあるものですよね。何が由来なのでしょうか？

A：前は、名前の神秘性を守りたかったからこの質問を避けていたんだけど、最近は透明性を重視しているよ。歌詞は個人的な解釈が可能であるべきで、それが芸術だ。リリースされたら、それはもう僕のものではなく、リスナー皆のものなんだ。でも、「A Pregnant Light」というバンド名は、「男性的な暗闇の世界に女性的な光を混ぜたい」という考えから来ているよ。ブラックメタルのバンドがあからさまに男性的だとは思わないけど、確かにそういったバンドもある。いくつかのバンドは、奇妙で内省的なものだ。ほとんど性別はないね。このジャンルは概して、男性による男性のための音楽で、女性性と密接に関連するこの言葉を使うこと以上に、物事を揺さぶる良い方法があると思った。僕は異性愛者であり、慣習的にストレートな男だけど、慣習に反したアートを楽しんでいる。特にアンダーグラウンドなシーンでは、全部のルールに反しているような難攻不落のものでありながら、独自のルールを押し出しているようなものが多いね。また、僕は生涯にわたって宗教、特にキリスト教に魅了されていて、処女懐胎はその信仰の主要な側面だ。聖母が世の光を身に宿していると考えると、とても興味深い。出産は人を変える強烈な痛みを伴うプロセスであり、僕が個人的に経験することはないけど、「フェンスの向こう側への脱却」と考えていただいて結構だよ。この名前は、セックス、神、人間の二面性などのアイデアを一度に呼び起こすことを意味している。それが好きなんだ。さらに、「The」ではなく「A」という不定冠詞が頭についている。つまり、「A Pregnant Light」はどこにでも存在することができ、その数も多くなり得るということだよ。誰もが持つことができるものなんだ。誰であってもね。

Q：あなたの別のバンドで Purple Light もあって、Light が共通しています。A Pregnant Light の Light と Purple Light はコンセプトとして共有している部分はありますか？

A：今、自分がやっているバンドの数はあまり把握していないけど、たぶん 10 数個はあるかな。音楽を演奏したり作ったりする以外のことには興味がないんだ。サッカーやボクシングを見るのは好きだけど、それくらいかな。だから、音楽に集中しているよ。Purple Light は、A Pregnant Light に隣接しているかもしれないけど、その旗の下には収まらないもののための受け皿のような名前としてスタートした。名前って大事だよね。A Pregnant Light は、人々が注目し、ある種の雰囲気やエネルギーを期待するものとなった。それを尊重したかった。Purple Light は、ノイズ・インダストリアル系、ソフトなエレクトロニック系、そしてブラック・スラッシュメタルをリリースしてきた。もちろん、A Pregnant Light は紫色とリンクしているから、Purple

Light は A Pregnant Light の分身のようなものだ。A Pregnant Light の他にもたくさんの名義で活動しているけど、最近は Damian Master という本名で音楽をリリースするのが好きだね。しかし、A Pregnant Light は常に自分の中心であり続けるよ。

Q：2021 年 に は『Kiss Me Thru the Phone』がリリースされましたね。このアルバムはコンピレーションアルバムとのことですが、1 年の出来事を通している感覚もあります。コンセプトはありましたか？

A：あのレコードのコンセプトは、2020年、僕はアメリカでフリーダイヤルを運営していたんだ。月に一度、その電話回線でしか聴けない曲をアップするというものでね。ダウンロードもストリーミングもなく、その曲は他のどこでも手に入らない。月が変わると、その曲はなくなって新しい曲に変わる。また、匿名でボイスメールを残すこともできた。何百ものメッセージが残されていた。その中には、悲しいもの、面白いもの、暗いもの、セクシーなもの、絶望的なものまであった。困難な年であったにもかかわらず、人々の心を覗くことができたんだ。世界的なパンデミックが起こるとは思ってもいなかったけど、携帯電話のイヤホンを通して、隔離された場所でしか歌を聴くことができないというプロジェクトを行うには、興味深い時代になったね。フリーダイヤルは 1 月に始まって年が明けると、このプロジェクトが僕を取り巻く世界の不安や恐怖を引き受けるものであることがはっきりしてきた。それぞれの曲は月ごとに作った。前もってバンクに入れておいたわけじゃない。だから、毎月、自分が誇りに思える曲をリリースするための期限を設けるというのは、本当に素晴らしい訓練だった。僕にとって、アーティストとはそういうもので、毎日努力するものだ。コロナ禍が当たり前になる前、この奇妙な社会的に距離のあるプロジェクトを行うことを意図して

いたわけじゃない。僕はもともと反面教師だから、自分の個人的な生活や経験に寄り添うのではなく、外的なテーマについていくつかの曲を書くことにした。聖書に出てくるラメクの話とか、Peaches Geldof の歌とか。当時は、誰もがネット上で悔しい思いをしていて、パンデミックの中での日々の苦労を語っていたね。同じことをするのは、とても陳腐なことのように思えた。だから、隔離されたアートからは距離を置いたんだ。僕のアートは全部隔離されたアートだ。いつもそうだったからね。

Q：あなたは Colloquial Sound Recordings のオーナーでもありますよね。このレーベルは主にあなたのバンドやプロジェクトが中心だと思いますが、他のバンドが所属する時は何を基準にしていますか？

A：以前はたくさんの応募があったんだけど、自分のバンドに専念しているから、少し減ってしまったよ。このレーベルは、僕の活動全てをひとつの屋根の下で行うためのもので、誰かを待ったりする必要がない。結果、デザインのやり方を学んだり、テープを複製したりすることができるようになった。自分でテープを複製する。自分で印刷して、自分でメールオーダーする。レコード、スリーヴ、折り込みチラシも全て自分で作る。文字通り、D.I.Y. だね。だから、君が僕に何かを注文した場合、僕が注文品を梱包して発送したというだけじゃない。それだけじゃなくて、全ての工程に僕の DNA が反映されているんだよ。シャツをプリントするところから、君の体に着せるところまで。僕を肌身離さず持っているわけだ。その感覚が好きなんだ。多くの人にとってはどうでもいいことだと思うけど、僕にとっては重要なことなんだ。一緒に仕事をしたいと思っているバンドは、同じような考えを持っていて、細かい部分にまでこだわりを持っている人たちだ。あまり話題にならないし、一緒に仕事をしたことのある外部のバンドは数少ないんだ

けど、いつでもオープンだよ。ただ、音楽に心を動かされたいんだ。僕に関係のない Colloquial Sound Recordings の最初のリリースは、ネオフォークのバンド Field of Spears のカセットだったよ。だから、僕は何にでもオープンなんだ。そうだね。Colloquial Sound Recordings のサブレーベルである Locust Leg では、よりノイジーでエレクトロニック、インダストリアルな作品を発表しているよ。

Q：あなたは様々なプロジェクトを抱えていますよね。全てを聴いているわけではないのですが、聴いた上では全てのプロジェクトにはそれぞれ別の色があるように思えます。どのようにして頭のスイッチを切り替えていますか？

A：そうだね。全てのプロジェクトには、雰囲気や美的感覚だけじゃなく、文字通りの色がある。例えば、「This Station of Life」は緑が多かった。Aksumite は赤が多い。Quincunx は黄色のアートワーク。Secret Creation はオレンジ。そしてもちろん、A Pregnant Light は紫。君が聞きたかったのがそういうことかどうかはわからないけど、これは確かに意図的だ。僕は、自分が進む道は美学に基づいたものでありたいと思っている。これらは、僕が演奏しているバンドの一部。どうやってそこにたどり着くかというと、僕は創造することが好きだから、座ってできるだけ多くのものを作り、それがどこにフィットするかを見極める。全てのバンドにホームやフィーリングがあるという考えが好きなんだ。そして、一度何かを作ると、それがどこにフィットするかがわかる。机に向かって「今は Aksumite の曲を作る時だ」とか「今は A Pregnant Light の曲を作る時だ」とは言わない。何が出てきても、それが完成するまで作業して、作品の感情的な風景がどこにあるのかを確認する。僕にはたくさんの音楽があるけど、どれも大まかには同じ方向性なんだ。アメリカには

「kissin' cousins」という言葉がある。つまり、思っているよりも全てが近い関係にあるということだね。近すぎるかもしれない。でも！あるプロジェクトを他のプロジェクトよりも好きになる人もいて、それはよくあることだよね。だから、物事や雰囲気がそれぞれのバンドに分かれていることは、最終的にリスナーの助けになるんだ。自分が求めているものがどこにあるのかがわかるからね。思うに、これは全て Damian Master の音楽だ。バンド名は、何をしようとしているのかをある程度知らせるためのものだよ。

Q：A Pregnant Light のアートワークはあなたの顔写真で、多くの場合考え込む表情を見せています。あなたがアートワークに採用する際、こういった表情を選ぶ理由は何なのでしょう？

A：さて、これもまた、僕の内なる性質である「逆張り」に通じるものがあるよ。以前はよく「コントラリアン」と呼ばれていたけど、最近になってそれが真実であることに気づいたんだ。それは、僕のパンク・ロック的な性格と生い立ちによるものだと思う。僕は全てに反対したいと思っている、そんな男なんだ。アンダーグラウンド・ミュージック、特にブラックメタルのサブジャンルは、知っての通り、謎と陰謀に満ちている。人々は偽名で録音し、偽名を使う。全ての写真は、その人が写っているかわからないようになっている。フェイスペイントをしていたりね。僕も最初はそうしていた。フェイスペイントはしていないけど。でも、ミステリーが好きだった。でも、皆がミステリアスだと、何もかもがミステリアスになってしまうよね。まるでアンダーグラウンド全体が、「全てのバンドがある種の妖怪のような幽霊を前座にしている」と皆に信じ込ませたいようだ。その気持ちはわかるし、ブラックメタルやその美学には多大な敬意を払っている。自分自身の表現を深めていくうちに、誰もが偽名を使って隠れている世界では、本名を受け入れて自

分の顔を前面に出すことが必要だと感じた。Damian Master は本名だからね。偽物のように聞こえるけど。自分の顔を前面に出すという意味では、僕がこのバンドだ。それは僕の音楽だ。そのことで誰かに怒られたことがあるんだけど、その時は「誰を表紙にすればいいんだ？　君？」って言ったよ。僕は、レコードの前面に、強烈な油絵やホラーな絵、あるいは自然の風景などが描かれているのが好きじゃない。それは、音楽のためじゃない。僕自身のこと。人々の評価よりもずっと正直だ。メタル以外のほとんどのバンドやアーティストを見ても、レコードのスリーヴに載ることは奇抜なことじゃない。例えば、Bob Dylan や Madonna、Nick Cave のレコードで、彼らの顔が前面に出ているからといって目を丸くする人がいるかな？　いや、それがそのレコードの特徴なんだ。それが彼らなんだ。僕のレコードは僕であって、僕の世界であり、だから僕の顔を見せることが最低限のことなんだよ。顔の表情については……。僕は真面目な男。僕のヒーローの1人がかつて言ったように、「笑わないことが私を笑わせる」んだ。

Q：少し掘り下げた質問です。あなたが初めて聴いた音楽のことは覚えていますか？　また、シンパシーを感じるブラックメタルバンドはいらっしゃいますか？

A：最初に聴いた音楽については、はっきりとした記憶がないんだ。両親が音楽を聴いていたことは知っているよ。父はプログレッシブ・ロックが好きで、トップ 40 系も好きだったと思う。父のお気に入りのバンドは Emerson Lake & Palmer だった。だから、子供の頃にそれを聴いたことを覚えている。母は 80 年代にトップ 40系の音楽を好んで聴いていた。R.E.M. やThe Bangles、Go-Gos、Madonna などをよくかけていたね。子供の頃、それをとても楽しんだことを覚えているよ。僕はMadonna が好きで、しかも彼女はポップスターで、論争の避雷針でもあったから、当時はとても尖っているように見えたな。彼女は本当にそうだった。彼女をリスペクトしているよ。ずっと好きなんだ。何年も前に A Pregnant Light で「Live to Tell」をカバーしたこともあるね。あれは、バンドが最初に注目されるきっかけの 1 つになったと思う。当時は、僕のような音の特徴を持つバンドが、ポップ・ミュージックを受け入れたり、そのようなものと一緒に活動したりすることは、（ダジャレだけど）流行っていなかった。確かに目新しくはあった。でも、Van Halen の曲のようには斬新じゃなかった。僕はそれに耐えられない。あれは純粋な場所から来ているんだ。僕はキュートになろうとしたわけではないよ。ただ Madonna が好きなんだよ。思い返してみると、R.E.M. はもうあまり（というか全く）聴いていないし、90 年代半ば以降は聴いていないけど、あのギタープレイのスタイルに影響を受けたと思っている。とてもジャンクな感じで。だから今、彼らを聴くと、子供の頃を思い出して、無意識に影響を受けていたんだなと思う。普通の子供と同じように、自分の好みに合うようになったのは、8 歳か 9 歳になってからかな。Nirvana を聴いたのはその時。さっきも言ったように、レコード店の人に勧められて、Nirvana に影響を与えたバンドに興味を持つようになった。それが人生を大きく変えたんだ。そのバンドの背景を掘り下げることで、自分の扉が開かれ、パンクやハードコアにのめり込んでいった。もし、Pearl Jam やグランジ・バンドなど、Nirvanaと同時代のバンドを聴けと言われていたら、人生はどう変わっていただろうかと考えることがある。本当に恐ろしいバンドだ。今でもゾッとするね。子供の頃から Iron Maiden に始まり、メタルに夢中になった。ギターレッスンで、ギターの先生が聴くのはカントリーかメタルばかりで、僕はメタルの先生に習っていた。だから、若い頃にそういったもの（特

にスラッシュ）に教え込まれた。国をまたい
で何人かのギター教師がいたけど、不思議な
ことにみんな同じだった。彼らは皆、グラン
ジの後にスラッシュを卒業し、今は楽器店の
裏で子供たちのためにシュレッダーを使って
いる長髪の人たちだった。1998 年にカン
ザスシティでギターの先生に Zao の CD を
持って行って教えてもらったのを覚えている
よ。彼はショックを受けてヘッドフォンを外
し、「これは Slayer よりもヘヴィだ」と言っ
た。この言葉は一生忘れないだろうな。そし
て、本当にブラックメタルが大好きだよ。
Celtic Frost、Bathory、Sodom な ど
のファーストウェーブのものには本当に親近
感がある。ブラックメタルは今、面白いとこ
ろにいる。ほとんど全てのバンドが何らかの
論争で爆発するのを待っている手榴弾のよう
なもので、どのバンドについても言及するこ
とを躊躇してしまう。僕は、自分が聴いてい
るバンドの信念のどれとも一致させたくな
い。それは、同じ信念を持ったバンドにも言
えることだね（少数だけど）。僕は人種差別、
性差別、政府の対立、そして世間に出回って
いる悪ガキのようなものには反対だと、はっ
きりと言いたい。魅力的だと思うバンドがあ
れば、それが道徳的に非難されるものであろ
うとなかろうと、彼らが何を信じているかに
関わらず聴くよ。僕は大人だし、自分の信じ
ることを信じているし、自分でそこにたどり
着いたからね。芸術は芸術であり、挑戦的な
ものだ。悪趣味なものを擁護するつもりはな
いけど、もちろん──僕らは地球上に住んで
いる──。この惑星には、欠点だらけの、ダ
サい、あらゆる種類の田舎者が溢れている。
使えるものは使って、使えないものは捨てれ
ばいい。もし君が僕の頭に銃を突きつけて「君
が好きな現代のバンドは？」と言われたら、
Urfaust は本当にそうだと思う。ブラック
メタルのあらゆる慣習を押し退けながらも、
絶対的にブラックメタルバンドであることに
変わりはない。彼らのドラマーとも仲良くし

ていて、彼は僕をサポートしてくれているの
で、ほんの少しでも親近感が持てるのは嬉し
いね。

Q：あなたが影響を受けた、もしくは好きで
何度も聴き返すアルバムを 5 枚ほど教えて
下さい。

A：僕は 17 歳からレコード店で働いている
んだ。15 年以上になるね。そして、本（音
楽に関するもの以外）、映画、テレビ番組に
はあまり興味がないんだ。だから、僕のリス
トはとても長くなるかもしれない。ここで
は、いつでもかけられて飽きのこない 5 枚
のレコードに譲ることにする。これらは決し
て包括的なリストではないよ。これは素直な
ものだ。それらは（順不同で）。

- Rapeman『Two Nuns and a Pack
  Mule』
- Kanye West『Yeezus』
- Basic Channel 『BCD-2』
- Brainbombs『Singles Collection』
- Destruction Unit『Negative
  Feedback Resistor』

Q: 私は気に入ったバンドがあると来日予定
があろうがなかろうがライヴパフォーマン
スを YouTube でチェックするのですが、A
Pregnant Light の動画は見つけられませ
んでした。A Pregnant Light はライヴパ

フォーマンスを想定していないプロジェクトという認識で合っていますか？　ブラックメタルでライヴをしないのは珍しくはないですが、理由があれば教えて下さい。

A：まあ、A Pregnant Light もいずれはライブをやるかもしれない。あくまでもメンバーの問題だよ。適切な人を見つけること。バンドを始めた時は、全部を自分でやらなければならなかったから、他の4人のスケジュールやアイデアに邪魔されることはなかった。でも今は、自分の中でしっかりと整理されていて、ヴィジョンもはっきりしているから、適切な人たちが集まってくれれば、ステージに命を吹き込むことができるかもしれないな。一番よく聞かれる質問が、「ライブをしますか？」というもの。僕はそうしたいと思っているし、それに向けて少しずつ努力しているよ。難しいね。ライブをすることがバンドを次のレベルに引き上げることになると思う。それはとても企業的に聞こえるかもしれないけど、お金や知名度のためじゃない。今までもそう。それと同時に、A Pregnant Light を愛し、聴いてくれる人たちと、この音楽を世界中で共有できたらいいなと思うんだ。アメリカはあまり気にしていないと思うけど、違うかもね。ロシア、日本、メキシコ、そしてヨーロッパのいくつかの地域は、A Pregnant Light にとってとても良い場所だ。丁寧に聴いてくれる世界中の人たちに、これらの曲を届けたいね。セットリストを考えるのは大変だ。曲が多すぎて。皆に伝えたいのは、もし何か夢やヴィジョンを持っているのであれば、躊躇しないでほしいということ。自分でできる範囲のことは自分でやってみる。理想とは違うかもしれないし、失敗するかもしれないけど、失敗も悪くない。続けていけばいいんだ。もし僕が、より優れたドラマーやベーシスト、あるいはギタリストやシンガーが現れてバンドを成長させてくれるのを待っている人間なら、まだ待っているだろうな。膨大なバックカタログを振り返ることも、自分の芸術的成長の具体的なプロセスや確信を得ることもできなかった。とにかくやってみるんだ。僕は、特にインターネット上で人がアドバイスをするのが好きじゃない。人を見下しているし、誰に何をすべきか教えるのは君たちだ。僕は皆のアイデアを聞くことにうんざりしていたんだ。僕は自分のアイデアを現実のものにした。君たちはそれらを聴くことができる、永遠にね。この曲は僕よりも長生きするよ。そうそう、もし A Pregnant Light で演奏したいなら、僕に連絡してね。僕を見つけるのは簡単だ。

Q：それでは最後に、日本のファンやあなたの音楽にまだ触れていない人にメッセージをお願いいたします。

A：もし君がリスナーだったら、「聴いてくれてありがとう」以外に言うことがない。もし興味があったら、ディスコグラフィーでたくさんチェックできるし、常に新しいものが出てくる。A Pregnant Light は人生のためのバンドで、君たちの人生のためのバンドだ。君たちはいつでもこの列車に乗れるし、何があっても前進し続けることを約束する。そして本当のメッセージは、僕が楽しんでいる音楽をたくさん生み出してくれた日本という素晴らしい国に感謝しているということだね。自分のことばかり話してきたけど、僕が存在し、インスピレーションを与えてくれた日本のバンドに感謝したい（順不同だよ）。Disclose、Hakuchi、Nightmare、Death Side、Human Gas、Lip Cream、Gauze、GISM、The Comes、SOB、Rapes、Confuse、Kikeiji、Zouo、そして Bastard。新しいバンドの Military Shadow もすごく好きだし、他にも覚えていないバンドがたくさんあるよ。

Abigail Williams

Becoming
Candlelight Records、Blood Music アメリカ 2012

セイラム魔女裁判で悪名を轟かせた女性の名を冠したアリゾナ州出身の
バンドで、デスコアから出発し、作品毎に音楽性を変えることで知られ
る。本作は、Altar of Plagues を彷彿させるアヴァンギャルドで暗黒的
なブラックメタルにチェロを使い、神秘的で優美な演出を施している。
「Ascension Sickness」は、荒涼とした風の中をゆったりと渦巻く、
冷たいトレモロと絶叫するヴォーカル、中東の民族音楽的な静寂パート
が、壮大な雰囲気を作っている。「Beyond the Veil」は、物悲しいチェ
ロに導かれる、分厚いギターのハーモニーとブラストビートで、巨大な音
の壁を建造している。

Abigail Williams

Walk Beyond the Dark
Blood Music アメリカ 2019

メンバーチェンジを繰り返し、Ken Sorceron 1 人となった 5 作目。
Fear Factory の Mike Heller らを客演に迎えている。アートワークを人
気の画家 Mariusz Lewandowski が手掛けた。トレモロリフで暗く陰惨
なメロディーを奏でる方向性は変わらず、『Becoming』をベースに、前
作『The Accuser』のダークでアヴァンギャルドな要素を兼ね揃えた。
「I Will Depart」は、邪悪で冷たいトレモロリフに威厳のあるヴォーカ
ルが乗り、優美で妖しい叙情を振り撒く。「Into the Sleep」は、凄まじ
い速度のブラストビートに、物悲しいメロディーとトレモロリフを細かく
刻み、呼応するかのように、哀しみを孕んだヴォーカルが吠えたてる。

Akaitsuki

Akaitsuki
アメリカ 2015

ロサンゼルスの謎めいたバンドの唯一作。詳細は不明だが、Edison なる
人物が中心のようだ。EDM やシューゲイザーをブラックメタルに組み込
むスタイルで、近年の Violet Cold に近い。積極的に女性ヴォーカルのコー
ラスや、キラキラと弾けるメロディーを仕込み、時折トレモロや絶叫ヴォー
カルを覗かせる。バンド名は日本語、数曲で琉球や沖縄をテーマにした点
も見逃せない。「Ryukyu Islands」は、柔らかなトレモロの揺らぎに、オー
トチューンをかけた歌声が爽やかに響く。「Death/Rebirth」は、サンプ
リングした波の音にブラストビート、ざらついたトレモロ、絶叫が乗るト
ロピカルなブラックゲイズ。

An Open Letter

An Open Letter
自主制作 アメリカ 2015

Sadness こと Damián Antón Ojeda を擁する、テキサスのバンドの
EP。だが本作に、Damián Antón Ojeda は参加していない。高音域で
トレモロを炸裂させる、ブラックゲイズそのもののスタイルで、血管が切
れそうなスクリームも含めて、Deafheaven の影響が色濃い。「Coma」
は、軽めの疾走の上で、トレモロがやりすぎなくらい美メロを放射してお
り、長めの曲も飽きさせない。「Reveal」の木漏れ日のようなアルペジオ
に一息つけば、Deafheaven 直系の衝動的なハードコアに突入する。本
作は季節の移り変わりをテーマにしており、音楽性に綺麗にマッチしてい
る。

Anagnorisis

Peripeteia	アメリカ
Vendetta Records	2016

過去に Arafel や All Shall Perish のメンバーも在籍していた、ケンタッキー州ルイヴィル出身の 3 作目。元々ブルータルなブラッケンド・デスメタルを演奏していた。本作から様変わりし、Deafheaven を彷彿させるブラックゲイズのスタイルへと変貌した。「Disgust & Remorse, Pt II」では、悲愴感を増した咆哮を冷えきったトレモロに乗せ、暴虐性が揺らいでいないことを示す。一方、「Metamorphosis」は、明るく柔らかなタッチのギターフレーズと、流麗ギターソロのシュレッドでメロディックなアプローチを設け、剛性の強いドラムとの対比を際立たせている。

The Apache Revolver

The Morningstar	アメリカ
自主制作	2014

弦楽器とヴォーカルを担当する Joey Schroeder とピアニストでありパーカッショニストの Carl Rettke による 2 人組。ウィスコンシン州出身ということ以外不明だが、本作はデビュー EP。19 世紀のギャングが使用した喧嘩道具の名を冠した物騒なバンド名に反して、爽やかなアートワークや、サーフロックを参照したらしい爽快感のあるブラックゲイズが持ち味。過去には Meshuggah のカバー EP を出したこともある。「Drink To Your Destruction」は、強靭で暴虐的なドラムの前のめりなアグレッションに、聴き取りやすいギターフレーズと厳つい絶叫が陽気な印象を与えるキャッチーな曲。

Ashbringer

Absolution	アメリカ
Prothetic Records	2019

カオティック・ハードコア Xythlia の Nick Stanger が中心となり、ミネソタ州のミネアポリスで結成した 4 人組。本作は Prosthetic Records からリリースした 3 作目。マスタリングに Jack Shirley を迎えた。前 2 作のカスカディアン・ブラックに寄ったアトモスフェリック・ブラック然とした雰囲気はそのままに、シューゲイザーやポストロックに連なる儚さや淡さを強調した作品だ。滾るアグレッションよりも、トレモロの溶けそうなメランコリーや哀しみに暮れる絶叫をじっくり聴かせる。「Dreamscape」は、ノイジーなトレモロによる切ないメロディーと重苦しい絶叫が乱反射するブラックゲイズ。

Astronoid

Air	アメリカ
Blood Music	2016

ブラックゲイズとメロディックスピードメタルを組み合わせ、「Alcest meets DragonForce」とも言われる、マサチューセッツ州出身のバンド。Vattnet のメンバーで構成されている。本作にハーシュヴォイスはなく、ハイトーンやウィスパーといった、クリーンヴォーカルが主体。「Up and Atom」は、華麗なシュレッドを支える容赦のないスピードのドラムと、他人事のようなヴォーカルが爽やかな聴き心地。「Trail of Sulfur」は、シューゲイズ由来の切ないギターノイズと、ドリーミーに聴かせる甘いヴォーカルのコンビネーションが、アルバムのクライマックスを見事に飾る。

Astronoid

Astronoid
Blood Music

アメリカ
2019

前作で「メロディック・シューゲイジング・メタル」と評された路線に、Djent 的なリズムアプローチも取り入れはじめた。ヴォーカルはさらに甘くなり、ブラックメタル的な雰囲気はさらに減退。そのため、TesseracT のような佇まいも加わった。「Lost」は、澄んだギターとディストーションのハーモニーの爽やかさで、エモのように聴かせる。「I Wish I Was There While the Sun Set」は、Djent のようなリズムと速いスネアのコンビネーションで、起伏の激しい曲だ。「Ideal World」は、ザクザクしたリフとリヴァーブの浮遊感を合わせ、爽快なパワーメタルに仕立てている。

Axioma

Crown
Translation Loss Records

アメリカ
2019

オハイオ州クリーヴランドの 4 人組で、ストーナー・メタルの Keelhaul でもヴォーカルの Aaron Dallison を中心としている。「Dark Sonic Nihilism」なる標語を掲げ、デスメタル、スラッジ、クラストを織り込んだブラックメタルを演奏しており、退廃的で殺伐とした音楽性だ。「Cult of Moloch」は、スラッシーなリフを刻み、カビ臭く暗いメロディーで陰湿なアグレッションを作り上げる。「Angel」は、不穏なディストーションのリフを転がし、Massive Attack の人気曲を、メランコリックな原曲の大枠を壊さず暗鬱極まるスラッジナンバーに仕立て直している。

Barbelith

Mirror Unveiled
Grimoire Records

アメリカ
2014

デプレッシヴ・ブラックの Nostalgique こと W を擁する、メリーランド州出身のバンド。Deafheaven に影響を受けたブラックゲイズと、カオティックなハードコアをブレンドしている。特に、豪放磊落なドラミングは、ライヴのパワフルで生々しい迫力を伝えるのに一役買っている。「Astral Plane」は、剛柔を忙しなく行き交うが、衝動的なドラムにより、ギターの残響が艶かしい静寂でも気を急く雰囲気がある。「Reverse Fall」は、暴力的なベースラインに漂う Converge の空気、乱反射するトレモロを尻目に、怒れるヴォーカルと前のめりのドラムが吠え狂っているハードコア・ナンバーだ。

Black Table

Obelisk
Silent Pendulum Records

アメリカ
2016

Downfall of Gaia の Mike Kadnar が在籍するアメリカのバンドのデビューアルバム。絶望感の強いブラックメタルに、スラッジやハードコアをブレンドした音楽性。「Obtuse」は、衝動的に乱打されるドラムの極めて強いアグレッションが際立ち、Deathspell Omega 影響下の不協和音リフが頭を揺らせる。「巨人」を意味する「Gargantua」は、豪快なドラムが作り出すグルーヴに、High on Fire を思い出させる。歌詞はネイティヴアメリカンの伝聞のようなタッチで書かれ、クロマニョン人など原始人類を冠しているタイトルもあり、人類の進化の歴史をなぞった作品になっているようだ。

Blue Noise

World of Harm　　　　　　　　　　　　　　　　　アメリカ
Zegema Beach Records　　　　　　　　　　　　　　　2020

ミシガン州アナーバーで活動する独りバンド。エモ・ヴァイオレンスやポスト・ハードコアをブラックメタルやポストロックに落とし込んだスタイルを演奏している。もったりしているがリズミカルに動くドラムとリフワーク、ハイテンションな喚き声やサイケデリックなトレモロの妖しさが、独自性を打ち出した。「What a Shame」は、絶叫に次ぐ絶叫、蕩けそうなトレモロを全面に押し出し、Deafheaven への憧れを隠そうとしないブラックゲイズを聴かせる。「Liturgy」は、淡いギターによる朧気なメロディーを美しく響かせ、血反吐を吐きそうなヴォーカルが喚き散らしているが、壮大なバラードにも聴こえる歌だ。

Bosse-de-Nage

All Fours　　　　　　　　　　　　　　　　　　　アメリカ
Profound Lore Records　　　　　　　　　　　　　　　2015

サンフランシスコで活動する４人組の４作目。正式な結成日時は不明だが、2006 年には存在していた。バンド名はアルフレッド・ジャリの小説が由来。激情ハードコアに寄ったスタイルをブラックメタルの比重を高めた路線にシフトした。マスコアのような立体的なドラムや扇情的なトレモロを重視し、Krallice を彷彿させる作品だ。「The Industry of Distance」は、ノイジーなベースの立ち上がりから、原始的なドラムや絶叫、暴力的なトレモロに雪崩れ込む。「To Fall Down」は、明るいメロディーと壮絶なスクリームで美醜の対比を描く、親交のある Deafheaven に寄せた印象の曲だ。

Bosse-de-Nage

Further Still　　　　　　　　　　　　　　　　　アメリカ
The Flenser　　　　　　　　　　　　　　　　　　　2018

Flenser からリリースした５作目。Deafheaven の作品全てに携わるプロデューサー Jack Shirley がマスタリングとミキシングを担当した。前作の流れを汲む激情ハードコアとブラックメタルをミックスしたスタイルを踏襲しているが、初期に立ち戻ったかのように荒々しく衝動的。特に肝となるのが粒立ちのいいドラム。極めて性急なタイム感でストップ＆ゴーを繰り返し、ハードコアらしさを強めている印象だ。生々しいプロダクションも拍車をかけている。「Down Here」は、重たいベースとけたたましいドラムに負けない明るいトレモロの中、ヴォーカルが粘っこい絶叫を響かせるブラックメタルとハードコアの融合。

Brought to the Water

Complex　　　　　　　　　　　　　　　　　　　アメリカ
自主制作　　　　　　　　　　　　　　　　　　　　2019

ノースカロライナ州出身で、Deafheaven の曲名からバンド名を取っている。素性を全く明かさないが、プログレッシヴ・デスメタル Camden Tuttle と相関関係にあるようだ。高音域のトレモロと陽光のようなメロディーという、Deafheaven スタイルのインストゥルメンタルを聴かせる。「Complex」は、重たいリフをリズミカルに刻むパンキッシュなパートに、浮遊感のあるブレイクや、アンビエントの陽だまりの美しさを盛り込む。「The Lies They Tell Us Part: 2」は、ジャジーなリズム感やピアノに反して、ノイズと不安を煽るクリーントーンのギターが、乱反射し続ける。

Cailleach Calling

Dreams of Fragmentation	アメリカ
Debemur Morti Productions	2022

元 White Ward の Yurii Kononov、Dawn of Ouroboros の Chelsea Murphy、Tony Thomas がオークランドで結成したバンド。Déhà がマスタリングを担当。少し粗い音質だが、勢いあるドラムや都会的な空気のキーボード、幻想的なトレモロでストレートなブラックゲイズを表現する。無軌道で感情的な絶叫が、一抹の儚さを強調する印象だ。「Bound by Neon」は、冷え切ったトレモロの可憐なメロディー、荒ぶるドラムや断末魔の叫び声が激しく美しい曲。「Cascading Waves」は、アンビエントタッチの前半から暴虐性を撒き散らす爆走へ繋ぐ 15 分ある大作だ。

Cara Neir

Part I / Part II	アメリカ
自主制作	2009

テキサス州ダラス出身の 2 人組で、喧しいドラムで突っ走るグラインドコアの勢いに、青いメロディーのトレモロを合わせる。本作は、デビューEP と 2 作目の EP をカップリングした作品。『Part I』は、3 分以下のショート・チューンを敷き詰め、洗練さより爽快感が勝る仕様だ。対して『Part II』は大曲志向で、彼らの二面性が窺える。「Nihilanth」は、荒々しいギターと暴風のようなドラムの乱打で突進して、Marduk に通じる暴虐性を振り撒く。「Untouched」は、11 分の大きな流れに、自由奔放なリズムパターンや、太陽の暖かさに似たメロディーを紡ぐトレモロが降り注ぐブラックゲイズだ。

Cara Neir

Portals to a Better, Dead World	アメリカ
Broken Limbs Recordings	2013

グラインドコアからクラストに軸足を移し、ネオクラストに近い音楽性に変化した 2 作目。初期には完全に切り離していた、動と静を 1 曲の中に封じ込めて整合性を持たせている。無鉄砲な勢いは若干弱まり、クラスト由来のソリッドなアグレッションは強まっている。「Peridot」は、悲壮感と明るさをない交ぜにしたトレモロリフと、やけっぱちの獣のようなヴォーカルが軽やかに走り抜ける、クラスト・ハードコアの雰囲気を感じさせる。「3,380 Pounds」は、スペーシーな広がりのキーボードや変則的なドラム、淡いトレモロで描くしっとりとしたメロディーを下地にして、絶叫や何かの寸劇を聴かせるヴォーカルパートが楽しい曲だ。

Cara Neir

Part III / Part IV	アメリカ
自主制作	2019

初作と同様に、2 枚の EP をカップリングした体の作品。本作は、クラストからポストハードコアに移行しかけている作品で、キャッチーでエモに寄せたクリーンヴォーカルを大々的に導入している。アグレッションの強いパートでブラックメタル要素が減退している反面、静寂パートのメロディータッチはブラックゲイズの雰囲気を残したままだ。「Absolution」は、ネオクラストの黒々としたリフ、変則的なリズムと激情的なヴォーカルを叩きつけてくるエモーショナルなハードコア。「April Ruin」は、複雑なドラムのリズムアプローチを主役にしているが、メランコリックなギターフレーズに、ブラックゲイズの名残がある。

Castevet

Mounds of Ash	アメリカ
Profound Lore Records	2010

ニューヨーク市出身のバンドで、Krallice のベーシスト Nicholas McMaster が在籍していた。歯切れの良いリフワークと、複雑怪奇なドラムパターン、喉を傷つけるような絶叫ヴォーカル、クラストに近いプロダクションが特徴だ。「Red Star Sans Chastity」は、ソリッドに刻まれるリフ、適度な疾走感を保つドラムが、Dream Death を連想する遅いスラッシュメタルのようだ。「Stones」は、邪悪なトレモロリフを中心に、ストップ＆ゴーを繰り返すドラムで Deathspell Omega を彷彿とさせ、メロディックハードコアのような青いメロディーを薄く聴かせる。

Celestial Dirge

Æon Æther	アメリカ
Distant Voices	2015

アメリカの B. と S. による 2 人組で、フランスの Distant Voices からリリースした。淡々としたシンセサイザーを主役に据えたコールドウェイヴ、プリミティヴ・ブラックの割れそうな荒いトレモロリフや、何の感傷も抱かせないマシンドラムのブラストビートを混ぜ合わせたスタイルの、インストゥルメンタルを展開している。「CRFT 2 NR」は、気の遠くなるようなシンセサイザーの冷たさをバックに、プリミティヴ・ブラックメタルバンドがリハーサルをしているような、奇妙な錯覚に陥る。「CLSTL TXTRS」は、チリチリしたトレモロの残響が人の声のように聴こえ、Burzum を彷彿とさせる邪悪さがある。

The Chemical Mind

Beneath the Shadow It Casts	アメリカ
自主制作	2019

テキサス州はダラス出身の Nick Krueger によるソロアクト。ピアノのアンビエントやヴェイパーウェイヴ、テクノポップといった様々な音楽表現をする彼が、ブラックメタルを表現する場として構築したのがこのアクトのようだ。アンビエントやヴェイパーウェイヴの要素を、ノイズ・ブラックの形態に落とし込み、独自性を獲得した。「Still and Silent」は、ピアノの静けさに、ロマンチックなトレモロを重ねて、ハーシュヴォーカルや朗々とした歌声で、悲しみや暴力性を表現する。「Refraction」は、執拗に反復するビート、シューゲイザーに寄せた淡いトレモロ、ドリーミーな絶叫が、メロディーに溶けている。

The Chemical Mind

That Benign Terror	アメリカ
自主制作	2020

Matt Clepper というギタリストをフィーチャーし、インダストリアル要素を導入した 2 作目。ドリーミーだった前作より、異様に高いテンションとハードコアに近い衝動で、雑多なジャンルをまとめている。ノイジーでチープなドラムトラックや歪んだ質感のトレモロは、プリミティヴ・ブラックのような雰囲気。「Dominion」は、キャッチーなリフワーク、マスコアに似たリズムアプローチを際立たせ、アンビエントタッチの自由奔放なギターによるインプロヴィゼーションが鬼気迫る曲だ。「Ophanim」は、軽やかなストロークでメロディアスな疾走感を出し、悪辣なハーシュヴォーカル、神聖なアンビエントを壮大に聴かせる。

Chrome Waves

A Grief Observed	アメリカ
Disorder Recordings、Avantgarde Music	2019

シカゴを拠点に活動する3人組で、Abigail Williams や Krieg にいた Jeff Wilson、Amiensus の James Benson が在籍する。本作はドラマーの Bob Fouts が、生前最後に参加していた作品だ。トレモロやアルペジオ、チェロで幻想的な雰囲気を作り、ブラックゲイズやグラスゴーのポストロックに近い清らかさを演出する。「Burdened」は、透き通ったトーンのアルペジオをしっとり響かせ、枯れたグロウルやクリーンヴォーカルを力強く聴かせる。「Take Another Sip」は、重たげに走るドラム、高音域のギターを、ノイズで輪郭を曖昧にしたブラックゲイズだ。

Chrome Waves

Where We Live	アメリカ
Disorder Recordings	2020

前作では控えめだったチェロを目立たせてクラシカルな優美さを前に出すことで、動と静のダイナミズムが際立った2作目。Skeletonwitch の活動で知られる Dustin Boltjes を正式なドラマーに迎え、従来のポストパンクに近いリズムの強弱が明瞭になっている作品だ。「Gazing into Oblivion」は、悲哀に暮れるトレモロを力強いドラムで鼓舞し、クリーンヴォーカルのコーラスも相俟ってキャッチーに聴かせる。「Spoonfed」は、暗く透明なギターアルペジオにチェロを絡ませ、クリーンヴォーカルを主体にしており、Radiohead や Nine Inch Nails に近い繊細さがある。

Clad in Darkness

Decathect	アメリカ
自主制作	2013

シカゴとミネアポリスを拠点にするバンドで、線の細いギターと荒々しいドラムやヴォーカルを中心に、ハードコアとブラックゲイズを合わせたスタイル。ジャズを参照したリズム感や、一瞬顔を出す中国の大河ドラマに使われそうなメロディーといった、個性的な部分もある。「Revelries & Silence」は、吹雪のようなトレモロ、ジャジーなドラム、大自然に平伏すような雄大なメロディーに反して、振り向いてくれない異性への失望を歌っている。「Forestall」は、けたたましい絶叫や乾いたドラムの疾走によるメロディック・ブラックから、透明なトーンのギターを織り交ぜ、恋破れて酒に溺れる男の悲哀が滲む。

Clouds Collide

All Things Shining	アメリカ
Transcending Recordings	2015

ペンシルベニア州の Chris Pandolfo による独りバンドで、澄みきったギターの美しさが特徴的な作品。「Turquoise Rose」の一点の濁りもない穏やかさに心を洗われる幕開けは、Coldplay や Travis といった UK ロックに並ぶ爽やかさがある。「Admiring the Clouds」の力強いリズムと、空中で炸裂する美しいトレモロや、「Perihelion」の嵐のような激しいドラムと絶叫に、時折 Deafheaven や Falaise の横顔がちらつく。ブラックゲイズとしての要素はほぼヴォーカルのみであり、アグレッションは皆無だが、安らぎと郷愁を誘う美しさが聴く者を選ばない。

Clouds Collide

They Don't Sleep Anymore	アメリカ
自主制作	2019

ネオアコや Belle&Sebastian のアルバムみたいなアートワークがお洒落だが、前作よりも攻撃的な作品になった。基盤にある郷愁的で美しいメロディーは不変。「Entanglement」で聴ける咆哮は前作と比較しても、生々しく前に出ている。一曲が長尺化した分、ころころとドラムパターンが変化し続けるのが特徴的だ。メタルの重さは微塵もないが、低音をカットするブラックメタルの特色とも合っている。本作は、人気のポストロックバンド Godspeed You! Black Emperor に触発されており、アルバムの表題は同バンドの人気曲「Sleep」で使われたサンプリングに由来している。

Culak

Imagine	アメリカ
自主制作	2020

テキサスを拠点にする、Christian Culak のソロプロジェクト。様々なスタイルの作品を作る彼の中でも、My Bloody Valentine のような甘い轟音にクリーンヴォーカルを淡く浮き上がるシューゲイザーと、Alcest に近い幻想的で力強いリズムが主役のブラックゲイズを折衷している。「Enchanted」は、トレモロリフによる轟音の隙間から立ち上る、儚いヴォーカルや現実感の乏しいメロディーが、夢見心地な微睡みを提供している。「Sown」は、緩やかなテンポで聴かせる甘美なギターフレーズやピアノ、クリーンヴォーカルの裏で囁くハーシュヴォーカルの対比が鮮やかな、ブラックゲイズだ。

Culak

Glass Sanctuary	アメリカ
自主制作	2021

11 作目。様々なスタイルの作品をリリースしている Culak がブラックゲイズに最も接近したアルバム。ステンドグラスを模した美麗なカバーアートは、ロシアのアーティスト Olya Chibrikova によるもの。郷愁を誘う明るめのトレモロピッキング、攻撃的なドラム、悲壮的なスクリームと優しげなクリーン・ヴォーカルのミックスが特徴的だ。「Of Matter & Mind」は、荘厳なキーボードと哀愁溢れるトレモロ、聖歌のようなコーラスとしゃがれた絶叫が渾然一体となった美しい曲。「Halo」は、きめ細やかなトレモロと、アグレッションを保持する重々しいトーンのドラムビートが押し寄せる疾走感あるブラックゲイズ。

Deadyellow

Deadyellow	アメリカ
自主制作	2021

ニュージャージー州ピットマンで活動する 3 人組のデビューアルバム。メンバー全員ステージネームをイニシャルで統一し、顔の判別できないアーティスト写真のみ公開している。衝動的なヴォーカルと物憂げなトレモロで押し切るスタイルで、Deafheaven と Tombs をミックスしたようなエモーショナルなハードコアに近い。「Predatorial」は、胸を掻きむしる叙情的なトレモロと調子の外れたような咆哮を主軸に爆走するパンキッシュなブラックゲイズ。「Oneself」は、仄明るいメロディーをなぞるトレモロの美しさと、押し引きを使い分けるドラムに乗る少々頼りなげに揺れるヴォーカルが印象的なポストロックに寄せた曲。

Deliria

Nausea
自主制作
アメリカ
2017

サンフランシスコを拠点にするバンドで、Dawn of Ouroboros の David Scanlon を擁する。デスメタルのように醜悪なアートワークに反して、淡いトレモロリフによるドリーミーなブラックゲイズ。「せん妄」の意味を持つバンド名に合致した、視覚と聴覚を撹乱する作品だ。「No Exit」は、不安定に揺らめくトレモロと、抜けのいい乾いたスネアの快感に、邪悪に吐き捨てるヴォーカルとの落差がフックになっている。「Hell is Other People」は、Botanist に近い清らかなメロディーに、ディストーションギターやブラストビートを添えた、17分半のメロディック・ブラックだ。

Desiderium

Sunless Meridian
Domestic Genocide Records
アメリカ
2013

Skyforest や Súl ad Astral の Michael Rumple によるノース・カロライナ州ケーリーで活動する独りバンド。本作はダウンロードなどはなく、CD のみ存在している。Súl ad Astral に近い明るいトレモロや透き通ったキーボードで、叙情的な雰囲気を作るスタイル。やや頼りなさげなクリーンヴォーカルの伸びやかさやアグレッションの強い演奏は、パワーメタルの素養を感じさせるもの。「The First Dawn」は、物寂しいアンビエントと囁き声主体の静寂に、躍動するドラムや揺らめくトレモロ、迫力あるグロウルで、攻撃的な肉づけをされていくドラマチックなブラックメタルを聴かせる。

Dust Sculptures

Far Above the Pines
自主制作
アメリカ
2014

テネシー州ナッシュビルの Josh Marberry による独りバンド。Slint や Rodan 由来の激しいポストロックを、ブラックメタルに落とし込む。抜けのいいドラムの複雑なパターンや、メランコリックなメロディーは、Tortoise らシカゴ音響派の影響も窺える。「Lies the Youngest Mountain」は、激しいドラムと絶叫ヴォーカルにブラックメタルの要素を残し、ユニークなフレーズのギターやスラッジ染みた重厚さを仕込み、凝った展開が楽しめる。「Life into These」は、トレモロとブラストビート吹き荒れるブラックメタルから、ノイズやハープ調のギターを織り混ぜるギャップに驚く。

Eave

Phantoms Made Permanent
Bindrune Recordings
アメリカ
2020

オレゴン州ポートランドの4人組で、ブラックゲイズに路線を変更した2作目。元はデプレッシヴ・ブラックで、発狂したようなヴォーカルに名残がある。「Funereal Burn」は、高音域のトレモロによる勇壮なメロディーと、世を儚む絶叫ヴォーカルのコンビネーションが、気持ちを鼓舞させる不思議な感覚を与える。「Gait of the Ghost」と「Mana Descending」は、組曲になっている。「Gait of the Ghost」は、亡霊の哀しみを振り撒く、悲壮美に満ちたトレモロが、慟哭に喚いている。「Mana Descending」は、前曲の悲哀を、リヴァーブの利いたリフが優しく包み込む。

Echoes of the Moon

Elusion	アメリカ
自主制作	2016

インディアナ州サウス・ベンドの独りバンド。激情ハードコアとブラックゲイズをミックスした Deafheaven に近いスタイルだが、音数を詰め込むタイプではない。大きく間を取るメロディーに、ペイガン・ブラックに近い土着的でおおらかな雰囲気を加え、本作の個性を象る。「Acquiescence」は、粗い音質で大自然の雄大さを表現したリフと、疾走と停滞を繰り返す軽い質感のドラムに、ヴォーカルが絶叫し続ける。「A Window of Perception」は、穏やかなトレモロの残響がフューネラル・ドゥームの分厚いリフの壁へ徐々にシフトし、激しく叙情的な爆走へ変化するドラマチックな 19 分の長旅だ。

Eclipsus

Yurei	アメリカ
自主制作、Talheim Records Germany	2021

ヴァージニア州ノーフォークで活動する CoughinWraught の独りバンド。CD は Talheim Records Germany からリリース。Unreqvited への敬意が伺えるバンドロゴから想像できる、アトモスフェリックな雰囲気のブラックメタルを展開。タイトルは「幽霊」、曲にも青木ヶ原樹海をあてがい、デプレッシヴ・ブラックメタルに通じる陰鬱な空気が作品を支配する。適度に明るいトレモロのブラックゲイズのような要素は、テーマの「自殺」へ救いを表現した印象だ。「Surrender, Aokigahara」は、穏やかなギターでメランコリックな叙情とざらついたディストーションで暗い感情を想起する曲。

Eye of Nix

Moros	アメリカ
Belief Mower Records	2015

ワシントン州シアトル出身の 5 人組。Hissing の Zach Wise が在籍する。アヴァンギャルド・ドゥームと言われるだけあり、重たく複雑に入り組むリズムパターン、神秘的なオペラを模した女性ヴォーカルが中心だ。ブラックメタルの冷たいリフワークや絶叫、疾走をフックに使い、異様なテンションを印象付けている。「We Perish」は、Jarboe の因子を継ぐシャーマニックで深いヴォーカルを主役にした静寂と、荒々しい濁声とざらついたスラッジーなリフによる喧騒が交錯する。「Turned to Ash」は、乾いた鳴りのストップ & ゴーを繰り返す呪術的なドラム、伸びやかなヴォーカルで儀式的な雰囲気を構築している。

Eye of Nix

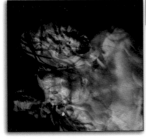

Black Somnia	アメリカ
自主制作	2017

前作では男性ヴォーカルのグロウルが目立っていたが、本作から Joy Von Spain のヒステリックなスクリームを大々的に導入している。無論、彼女の神秘的なオペラヴォーカルは健在だ。悲壮感の強調に加え、ドゥーム由来のグルーヴの減退に反比例し、スラッジやポストメタル的な音響が張り出している。「Fear's Ascent」は、淡々としたリズムと重層的なコーラスワークで、催眠に似たサイケデリックな雰囲気を構築し、短い小節の疾走感で、トランス状態に拍車をかける。「Toll On」は、透き通ったヴォーカルと重たくバウンドするリフ、メランコリックな雰囲気を押し出すトレモロ、抑制したグルーヴが酩酊感を煽る。

Eye of Nix

Ligeia アメリカ
Prophecy Productions 2020

歌声を聴いた者を死に至らしめる、ギリシャ神話のセイレーンを自身になぞらえた３作目。エドガー・アラン・ポーの小説『ライジーア』から名付けられた。前作よりも邪悪なブラックメタルとしての表情を濃くし、耽美さを増大させている。冴えたオペラヴォーカルと、抜けのいいドラムのコンビネーションは健在だ。「Pursued」は、冷えた轟音を構築するリフに、獣のようなグロウル、魔女の喚き、伸びやかで呪術的な歌声と、様々な声を聴かせるブルータルなブラックメタルだ。「Ligeia」は、透明度の高いトレモロの執拗な反復、ブラストビートを交えた強靭なグルーヴ、呪詛を吐き出す悪辣なヴォーカルが、生々しい迫力を伝える。

Fatal Nostalgia

Quietus アメリカ
2014

アメリカ出身の独りバンドらしいこと以外不明な謎めいたバンドの２作目。ギリシャ神話における来世の概念をモチーフにした、インストゥルメンタルのアルバム。カバーアートはオレスト・キプレンスキーによって 1817 年に描かれた『庭師の少年』という絵画。ブラックメタルとしての狂暴さは皆無で、ドリーミーなインストゥルメンタルのため、ポストロックとして聴ける。「Elysium」は、幻惑的なトレモロをゆったりと弾き、シンセサイザーによる神秘的なアンビエントを、ジャジーなリズムセクションに流し込む曲。「Tartarus」は、水滴のような朴訥としたドラムを主役に、少し重たいリフが全体を締める。

Fatal Nostalgia

HYACINTHE

Hyacinthe アメリカ
2018

愛をテーマに、自身の恋人に捧げたというロマンチックな３作目。本作のカバーアートは、1801 年にフランスの画家ジャン・ブロックによって描かれた『ヒュアキントスの死』。前作よりもエレクトロの比率が高く、アンビエント的な側面を強める反面、力強いドラムが全体を引き締めるメタル的な表情を濃くする。「Hyacinthe」は、淡々としたビートやピアノで織り上げたトラックに Nujabes らジャジー・ヒップホップを思い出すが、薄く揺らめくトレモロが、辛うじてブラックゲイズ然とした主張をしている。「Crow Spirit」は、カラスの鳴き声をサンプリングし、柔らかなビートの緩やかな歩調が素朴なエレクトロニカ。

Feral Light

Void/Sanctify アメリカ
Init 2017

ミネソタ州のミネアポリスで結成された２人組。密室的なブラックメタルを下地に、ロックンロールやサザン・ロックの要素を大々的に盛り込んだ、Cobalt と High on Fire を混ぜたようなスタイル。高音域のヴォーカルのテンションの高さが、何より凶暴だ。「House of Light and Grey」は、甲高いリードギターとリズミカルに刻むスラッシーなリフのハーモニーや、ヒステリックにがなるヴォーカルの凶悪さが、異様な熱気と緊張感を生んでいる。「Twisted Monolith」は、ルーズなリフワークによる躍動感の心地好さを軸に、要所要所でハイハットが入ることで、妖艶なグルーヴを練り上げている。

Funeralbloom

Petals アメリカ
Broken World Media, More than Me Records 2014

テキサス州オースティンやダラスを拠点にする5人組。乾いた質感のドラムの太い音に、ノイジーなリフや幻想的なトレモロ、喚き声やソウルフルなクリーンヴォーカルを乗せるスタイル。緻密な楽曲展開だが、一発録りのように生々しく迫力ある音像に、Steve Albini がプロデュースしたかの如き錯覚を覚えるほど。「Black Shoes」は、精緻なリズムを刻む淡々としたドラム、美しい残響を鳴らすギターの物憂げなフレーズや荒々しいディストーションに乗せて、ヴォーカルがハードコアの気迫を叫ぶ。「Naked」は、悲鳴に似たヴォーカルと幻惑するトレモロ、ハイハットの細波に煽られて、静かに激情が込み上げる。

Ghost Bath

Funeral アメリカ
自主制作, Pest Productions 2014

ノースダコタ州はマイノット出身の丹尼斯こと Dennis Mikula を中心に活動するバンド。名前は、詩人シルヴィア・プラスが試みた入水自殺にちなんでいる。デビュー時は、「鬼浴」と表記されたバンド名やメンバーの名前から、中国のバンドだと錯覚した人も多い。デプレッシヴ・ブラックメタルをベースにしているだけあり、非常に陰鬱なトレモロや、絶望した脱力的なスクリームを多用する。「Burial」は、女性の悲嘆にはじまり、鬱々としたメロディーや泣き喚くヴォーカルが追いすがってくるような、気の滅入る雰囲気を湛えた曲だ。「Forever」は、淡いトレモロと明瞭なスネアが、3分に満たない中で美しさを表現する。

Ghost Bath

Moonlover アメリカ
Northern Silence Productions 2015

泣き喚く絶叫ヴォーカルにのみデプレッシヴ・ブラックの要素を残して、シューゲイザー・ブラックの感触を増強した2作目。Northern Silence 盤は完売したが、レーベルを Nuclear Blast へ移籍したタイミングで再発した。前作の陰鬱さが儚い美しさにスライドし、向上したプロダクションの影響で、敷居を低くした印象だ。トレモロ一辺倒で突っ走るだけでなく、ピアノで美しい静寂を作るなど、爽やかさを感じさせる。「Golden Number」は、Deafheaven の『Sunbather』を彷彿とさせる明るいメロディーを放出する爆走パートから、柔らかなピアノソナタへと変貌する、構築力に優れた曲だ。

Ghost Bath

Starmourner アメリカ
Northern Silence Productions 2017

メロディーにシューゲイザーの甘さが強まり、輪郭をより明瞭にしたギターを弾き倒す3作目。元々大曲志向の傾向を持っていたが、本作は70分を超える大ボリュームの作品になっている。ヴォーカルのみ相変わらずデプレッシヴ・ブラックのスタイルだが、前作より格段に向上したプロダクションの影響で、特異な存在感を放つ。アートワークの美しさを体現したアンビエントを仕込むことで、圧の強いドラムやギターとの剛柔のコントラストを浮き彫りにしている作品だ。躍動するリズムで目映い叙情を放射するポップなブラックゲイズを聴かせる「Celestial」では、苦悶の呻きやグリッチをちりばめたエレクトロニカを披露し、幅を広げている。

Ghost Bath

Self Loather
Northern Silence Productions、Nuclear Blast
アメリカ
2021

CDとカセットはNorthern Silence Productions、デジタルはNuclear Blastからリリースした4作目。Jack Shirleyがレコーディングを担当。Thy Art Is MurderのCJ McMahonやPsychonaut 4のGrafが参加。大作志向だった過去作に比べ、長くても6分台とコンパクトになった。デプレッシヴ・ブラックの陰鬱さに重厚さを加えて、メリハリの利いたダイナミックな作品だ。「Hide from the Sun」は、荘厳なクワイアと女性の号泣する声をバックに、寂しげなトーンのリフと激しく疾走するドラムで小気味良く聴かせるキャッチーな曲。

Glassing

Light and Death
Tulpa
アメリカ
2017

テキサス州オースティンの3人組のデビューアルバム。ハードコアの激情をぶちまける悪魔的なヴォーカルを中核に置き、マスコアから吸い上げた複雑なリズムアプローチ、スラッジの重たいリフとブラックメタルの冷たいトレモロをごった煮にしたスタイル。本作は、溢れんばかりの衝動性を全面に押し出し、時々Deafheavenに近い繊細さが顔を覗かせる。「Life Wrecker」は、アンビエントやシューゲイザーの美しさを、荒々しいブラストビートや感極まったようなヴォーカルが汚したくる。「Memorial」は、リヴァーブをかけたヴォーカルと重々しく硬いリフの刻みが、痙攣するような変則的なドラムに翻弄される。

Glassing

Spotted Horse
Brutal Panda
アメリカ
2019

マスコアのような複雑さを持つドラムや、甲高く叫ぶヴォーカルはそのままに、よりブラックメタルに接近した退廃的なメロディーを強化した2作目。反面、ハードコアの衝動性は若干減退しているが、急激に緩急の落差をつけることで、メリハリが生まれている。「A Good Death」は、ジャズに影響されたリズムアプローチを取り入れ、暗い響きのトレモロとノイズを乱反射するシューゲイザーに近い轟音の中、ヴォーカルが悲愴感たっぷりに喚き散らしている。「Way Out」は、Jesuを彷彿とさせるヘヴィ・シューゲイザーを構築するギターノイズと、嵐のように乱打される怒涛のスネアと絶叫が、ハードコア色を強めている曲だ。

Great Cold Emptiness

Death Gifted a Bouquet
自主制作
アメリカ
2020

メイン州セント・アガサのバンドで、Nathan Guerrette以外のメンバーは流動的に入れ替わるようだ。透き通ったギターのトーンや力強いドラムの緩急で、ダイナミックな展開を作る。本作は、3年に渡る愛とその終焉をテーマに、愁嘆に適した切ないアンビエントが主役。「The Erotic Waltz」は、キーボードの透明な音色を幾重にも重ねたメロディーに、哀しみに暮れるヴォーカルや淡々としたビートが、感情に寄り添い演奏している。「The Withering Pyre」は、澄んだコズミックなシンセサイザーと分厚く歪んだリフの対比、エレクトロドラムの軽やかさが、22分の壮大な旅を飾りつける。

Greywoods

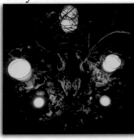

Hellgazer	アメリカ
Meltface Music Faction	2017

テネシー州のナッシュビルを拠点にするバンド。Corey Taylor が中心人物だが、Slipknot とは無関係。スラッジバンド Evil Bebos を母体とし、スラッジやドゥームメタル由来の豪快なドラムが主導する重厚さに、悲壮的なトレモロやノイズを混ぜたブラックゲイズを折衷した音楽性。「Hellgazer」は、クラストやデスメタルに近い黒々としたアグレッションに、絞り上げるハーシュヴォーカルと退廃的なメロディーを表現するトレモロで、ブラックメタルらしさを織り込んでいる。「Hatred」は、不安定に揺らぐギターフレーズを複雑だが軽やかなドラムに乗せ、爆走と停滞を繰り返し、陰影に富んだ展開を楽しめる。

Griefloss

Griefloss	アメリカ
自主制作	2019

ワシントン D.C. で活動するバンドの 2 作目。冷たいトレモロに切なく歌い上げるクリーンヴォーカルや絞り上げるスクリームを乗せ、重厚なドラミングやベースでしっかりした下地を作る。A Perfect Circle や Godsmack を彷彿させるニューメタルと、ブラックメタルをミックスした音楽性だ。「Anneliese」は、繊細なトレモロリフによるメランコリックな雰囲気で、哀愁ある歌声が切なく歌い上げ、暴虐的なメロディック・ブラックと交錯する忙しない曲だ。「Total Hate」は、エフェクトをかけたヴォーカルとエレクトロドラムを基盤にして、暗いアンビエント・ポップ風のバラードに仕立てる。

Hallowed Hands

Hallowed Hands	アメリカ
Blue Bedroom Records	2015

ウィスコンシン州マディソン出身。豪快なリズム感と汚く喚き散らすヴォーカルにスラッジを、うっすらとディストーションを効かせたギターの冷たさに、ブラックメタルを感じさせるアンサンブル。Nine Inch Nails を参照したようなノイズのアレンジメントを組み込み、インダストリアルメタルの様相もある。「God Mode」は、サザンロック調の乾いたプロダクションに、冷ややかなメロディーをさりげなく被らせることで、ブラックメタルとして聴かせる。「Radiation Season」は、Godflesh を彷彿させるノイズとハンマービートの嵐に、メロディックなリフを這わせ、物悲しい雰囲気を築く。

Harrower

Remembrance	アメリカ
Anthrazit Records	2018

ニューヨーク州ニューパルツの 4 人組による唯一作。ハドソン渓谷周辺の自然や動植物、季節の移ろいにインスピレーションを得た作品で、素朴でメランコリックなギターによる叙情を主眼としている。カスカディアン・ブラックに似た叙情性だが、キーボードでアトモスフェリックな色はつけず、あくまでギター・オリエンテッドなポストロックを採用している。「November」は、切ないトレモロリフ、爆走と停滞を繰り返すドラマチックなブラックゲイズを聴かせる。「Harrower」は、甲高いトレモロリフ、しっとりしたアルペジオの静寂やメランコリーを強調したディストーションギターを用い、セルフタイトルに恥じない劇的な展開の曲だ。

Jute Gyte

Young Eagle
Jeshimoth Entertainment
アメリカ
2010

ミズーリ州スプリングフィールドで活動する Adam Kalmbach による独りバンド。ライヴに一切興味を示さないことでも知られる。極めて多作で、即興性の高いブラックメタルと完全にメタルを排除したアンビエントと、二極化した要素を中心にする。本作はプリミティヴ・ブラックにノイズを這わせた粗暴な作品だ。「Glory at Hand」は、陰惨で残忍なギターを主軸に、フリージャズのような自由奔放なリズムセクションや、強靭な速度で突っ走るファスト・ブラックから狂ったアンビエントまで行き交う曲だ。「Young Eagle」は、劣悪な録音だが心地好さを追求したテンポと、狂気的なギターのアンサンブルが味わえる。

Jute Gyte

Ressentiment
Jeshimoth Entertainment
アメリカ
2014

偏執的にレイヤーを重ねたギターに、My Bloody Valentine の『Loveless』をブラックメタルで再現した錯覚に陥るアルバム。荒々しく精緻な演奏が基盤だが、全く合わせる素振りのないトレモロリフに、不思議とシューゲイザーのフィードバックノイズに接近した感覚を覚える。「Mansions of Fear, Mansions of Pain」は、殺伐としたノイズや三半規管を狂わせるギターが悪趣味なメロディーを弾く、狂人の頭蓋を覗くようなブラックメタルだ。「The Grey King」は、珍妙なフレーズの残響が重なり、甘美さの欠片も感じられない狂気的なシューゲイザー・ブラックを表現する。

Jute Gyte

Birefringence
Jeshimoth Entertainment
アメリカ
2019

常軌を逸したテンポのドラムトラックや、相変わらずの狂ったようなフレーズが際立つアルバム。本作は、John Zorn のようなテイストを取り入れた、即興音楽的なアプローチが際立った怪作だ。狂気的で残忍なトレモロは薄気味悪さを増し、グリッチノイズを取り入れることで、ダークアンビエントの表情も混在している。「Dissected Grace」は、透き通ったトレモロの美しさをポストパンクのリズムに乗せるブラックゲイズのパートと、気の触れた奔放なドラムとの対比が、聴く者の情操を激しく撹乱する。「New Plastic」は、恐怖と強迫観念を煽るノイズを中心に、ホラー映画の劇半を思わせるインストゥルメンタル。

Karas

Karas
自主制作
アメリカ
2018

カリフォルニア州リヴァーサイドのバンドで、デスメタルバンド Teeth の Alex Aranda が在籍する。ハードコアの激情、淡く暗いトレモロ、ジャズを参照したドラムを組み合わせるスタイル。組曲を構築するプログレッシヴな要素を持ち、目まぐるしく曲を変化させる技巧的な側面も強い。「Molten Amnesia」は、軽妙なリフワークと重厚な刻みを操るギターに、悲痛に叫ぶヴォーカル、複雑なリズムキープをこなすドラムに高い技術を感じるが、聴き心地はとても儚い。「Violent Design」は、余韻を与えるトレモロピッキングと、絶叫とクリーンを行き交うヴォーカルを主役に据え、シンプルさが際立つ。

Kataan

Kataan	アメリカ
Prosthetic Records	2021

元 Vattnet (Vattnet Viskar) の Nicholas Thornbury、Astronoid の Brett Boland で結成したニューハンプシャー州プレイストーの２人組の EP。「メロディック・ブラッケンド・デスメタル」の標語だが、シューゲイザーやポストロックを注入するスタイル。スラッジ寄りの圧殺感が強く、ポストメタルとの近似性をも感じる作品だ。「Abyss」は、哀愁あるトレモロとしゃがれた絶叫や爽やかなクリーン・ヴォーカルを中心に、ゆったりしたテンポで重厚感と儚さを押し出す。「Vessel」は、軽やかな疾走を清廉な鳴りのギターで華やかに彩る、ブラックゲイズとスラッジを折衷した曲。

Kivelak

The Spiral	アメリカ
自主制作	2020

ミズーリ州のセントルイスを拠点にする独りバンド。グリッチノイズをちりばめたインダストリアル・ブラックを基盤にしている。邪悪な雰囲気だけに留まらず、幻想的なブラックゲイズが顔を出し、スパイスになっている。キーボードによるアンビエントな音処理を施し、スペーシーな雰囲気を出した SF 的な要素を仕込んでいるのも、独自性が強い。「2 Below」は、淡々としたビートに神経を引っ掻くようなノイズギターを合わせて、壮絶な絶叫や鋭いリフの刻みといった、暴虐的なブラックメタルが浮き彫りになる。「Catabolism」は、歪んだヴォーカルと無機質なマシンビートにノイズをぶちまけ、荒涼として美しいトレモロが余韻を残す。

Locrian

Rhetoric of Surfaces	アメリカ
	2008

メリーランド州ボルチモアで活動するバンドで、インダストリアルやノイズを取り入れたブラックメタルを演奏している。本作はドローンを主体とし、メタルバンドとしての骨格を完全に解体しているため、Gnaw Their Tongues に近い雰囲気がある。荒涼としたギターの残滓をノイズに加工し、ダーク・アンビエントとしての側面が強い、人を選ぶ作風だ。「Burying the Carnival」は、即興のようなギターに亡者のうめきに似た人の声を乗せ、無機質で恐怖感を煽るインストゥルメンタル。「Amps into Instruments」は、寂しげなノイズの反射を延々と垂れ流し、読経に似た声が聴こえる儀式的な曲だ。

Locrian

Infinite Dissolution	アメリカ
Relapse Records	2015

ノイズの殺伐とした要素はそのままに、過去作と比較して、メロディアスなブラックメタルを演奏している。Pelican や Russian Circles を手掛けた Greg Norman がプロデュース。即興的な表現はあるが、曲としての輪郭を保っており、幻惑的なトレモロの美しいフレーズなどは、過去にあまり見られなかったものだ。「Dark Shales」は、物憂げなコーラスで神聖さを演出し、ループするノイズや耽美なトレモロが、淡々と展開していく。「An Index of Air」は、ラジオノイズのような耳障りな音に、凝ったリズムセクションや絶叫ヴォーカル、幻想的なトレモロによる、生々しいセッションだ。

Lonely Star

My Personal Heaven
自主制作
アメリカ
2017

ニューヨーク州ウォータータウンの Alicia Mellows による独りバンド。壮麗なギターとキーボードのハーモニーと、聖歌隊のようなコーラスを合わせたブラックゲイズを演奏している。壮絶な金切り声やディストーションギターの荒々しさはあるが、全体的に透徹した雰囲気だ。「Breath of a Sleeping City」は、ざらついたギターに冷たいキーボードを絡ませ、正気を失ったような絶叫とソプラノのコーラスをミックスする、デプレッシヴ・ブラックに近い佇まいの曲だ。「My Personal Heaven」は、緩やかなテンポで、厳かなコーラスワークとトレモロによる清らかな情景を聴かせる。

Lonely Star

Love & Loss
自主制作
アメリカ
2018

愛と喪失を描いたアルバムで、前作よりも音がまろやかになっている。トレモロの儚さが印象的で、ディストーションギターを薄く這わせることで、浮遊感やメランコリーを強調した。程好いテンポ感や壮絶な叫び声で、甘さだけでない冷たさや荒々しさを表現していることも、本作の特徴だ。「Love & Loss」は、物憂げなメロディーを弾くギターや絶叫するヴォーカルを軽めのビートを叩くドラムのポップな疾走感で支え、爽やかな聴き心地を与える。「Departure」は、前のめりに走るアグレッシヴなドラムと発狂するヴォーカルでデプレッシヴ・ブラックの陰鬱さを表現し、トレモロの美しさと相俟って耽美な雰囲気を作っている曲だ。

Love // Paranoia

Hanashi
自主制作
アメリカ
2018

テキサス州ヒューストン出身の4人組によるアルバム。2022年に解散した。Deafheaven をマイルドにした印象のブラックゲイズを展開している。明るいトーンのトレモロや、歯切れ良く聴き取りやすい獰猛なヴォーカル、確かな推進力で緩急自在に叩くドラムといった要素は、Møl とも共通項を見出せる。「Where Sunlight Last Burned」は、穏やかなギターと切なげに歌われるクリーンヴォーカルが、高音域のトレモロに飲み込まれて爽やかなコーラスに繋がる、エモと形容していい曲だ。「Imperfect」は、美しく乱反射するトレモロとブラストビートによる叙情的な演奏に合わせて、噛みつくヴォーカルが映えるブラックゲイズ。

Mamaleek

Kurdaitcha
Enemies List
アメリカ
2011

アメリカ出身で現在はレバノンのベイルート在住らしい、兄弟であること以外、特に身分を明かしていない。様々な音楽ジャンルを気ままに混ぜる実験的なバンド。「Mamaleek」は、アラビア語で「奴隷」を語源とする。本作は、エキゾチックなマシンビートに、ノイズギターをブレンドしたアルバムだ。「Wake Up, Jacob」は、ノイズで歪んだプリミティヴ・ブラックのような荒々しいリフと、淡々とした呪術的なビートで踊らせ、緩急を作る。「The White Marble Stone」は、無機質なドラムマシンと、アンビエントの儀式的な雰囲気の中、亡者の絶叫が飛び交い、Burzum に類した絶望を漂わせる。

Mamaleek

Come & See
The Flenser アメリカ 2020

ジャズとトラップをミックスした前作を飲み込み、ジャンクなノイズロックと、ブラックメタルの融合を図ったのが、本作だ。「Eating Unblessed Meat」は、美麗なギターが奇怪なフレーズに変貌し、時折、砂嵐のようにギターを吹き荒れさせる。「Whites of the Eyes（Cowards）」は、管楽器の艶かしい音色とフリーキーなビート感に、John Zorn が乗り移ったかのような、ミニマルなフリージャズだ。「We Hand Because We Must」は、Burzum のタッチを残した薄いディストーションギター、呪詛と怒号を交錯させ、病んだメロディーをドラマチックに聴かせる。

Mare Cognitum

An Extraconscious Lucidity
Lunar Meadow Records アメリカ 2012

オレンジ・カウンティからポートランドに拠点を移した独りバンドによるアルバム。本作は、Darkspace に通じるコズミックなアンビエントと、Leviathan を彷彿させる鬱々としたリフワークやがなるヴォーカルを聴かせる。暗黒的なトレモロや過剰なリヴァーブが目立つ、ブラックゲイズの要素もある。「Collapse into Essence」は、スペーシーな音響効果のSE や、神秘的なアンビエントをゆったり展開し、ブラストビートが走り抜ける暴虐的な曲だ。「Ergosphere」は、風を模したノイズと悠然としたシンセサイザーに、寒々しいリフと心地好い爆走を織り込むアンビエント・ブラックだ。

Moat

Night Necromancy
自主制作 アメリカ 2017

ロサンゼルスの独りバンドで、デプレッシヴ・ブラックとジャズをミックスした音楽性。本作はチリチリした音質だが、気の滅入る叙情性や生々しいアグレッションは、きっちり保持している。苦悶する歌声が鬱々とした空気を増強しているが、ピアノジャズのようなダークなスキャットを、数曲収録しているのも見逃せない点だ。「Ghostly Mist」は、反復するトレモロの陰湿なフレーズ、悪辣なヴォーカル、チープな打ち込みトラックがループするような、悪夢に似た雰囲気を持つ。「Darkest Night in Edendale」は、ほのかに明るいリフワークや爽やかなキーボードを軽い疾走感に乗せ、走り抜ける。

Morari

The Light
自主制作、A Pile of Graves Records アメリカ 2017

ロサンゼルスの2人組で、絶望からの希望をテーマにしたデビューアルバム。輪郭のはっきりしたギターメロディーと、包むような優しいトレモロ、穏やかなクリーンヴォーカルや深みを感じさせるグロウルを聴かせるブラックゲイズだ。憂鬱な雰囲気を撒き散らして軽やかに疾走するため、聴きづらさはない。タイトル通り空を飛ぶようなトレモロの美しさに酔う「I Dream of Flight」は、ディープなヴォーカルに反して、淡い軽やかさが際立っている。「Emptiness」は、喪失感のあるメロディーの哀しみや、悲嘆に暮れるヴォーカルが、後半に進むにつれ、光輝く希望を感じさせるブラックゲイズを演奏している。

Morrow

The Weight of These Feathers	アメリカ
自主制作	2018

ワシントン州シアトルの５人組で、耽美なタッチのトレモロや穏やかな
アコースティックパートなど奔放に弾かれるギターが、フォークロックや
ブルースに似た味わいの音楽性だ。メタル的な攻撃性を全面に出さない
が、スラッシーなリフや乾いたドラムの疾走感を盛り込み、ダイナミック
な展開が持ち味になっている。「Hiraeth」は、しっとりしたトーンのギター
を叙情的に掻き鳴らし、緩やかなテンポのドラムや急激に唸りを上げるト
レモロが美しい、フォーキーなブラックゲイズ。「Embers」は、細波の
ようなドラムのタップに、ヴァイオリンやチェロといった弦楽器のアンサ
ンブルを乗せて、耽美でメランコリックなブラックメタルを聴かせる。

My Purest Heart for You

Both Paralyzed	アメリカ
自主制作	2018

サウスカロライナ州のマートルビーチの独りバンド。「ドローンゲイズ」
と称されるだけあるドローンノイズを闇雲なビートトラックに乗せ、淡い
トレモロを爆発させた Deafheaven に近いスタイル。ヴォーカルはひた
すらに絶叫しており、デプレッシヴ・ブラックのように陰鬱な雰囲気だ。
「My City's Glistening Lights」は、ブラストビートを模したマシンド
ラムに、素知らぬ様相のノイズやほのかに明るいトレモロを並走させ、
ヴォーカルが我関せずと叫び続ける。「A Banquet for Giving Up」は、
ヒステリックなノイズと邪悪な断末魔がディストーションギターの轟音に
飲み込まれる、荒々しい曲だ。

Noctcaelador

Caelum	アメリカ
自主制作	2015

コロラド州出身の Austin Minney が独りで全てをこなす、圧の強い、
Deafheaven からの影響を感じるブラックゲイズ。彼はそこに、Wolves
in the Throne Room 周辺の、アトモスフェリック・ブラックの空間演
出を取り入れた。「Drown//Out」は、美しいギターのフィードバックを
乱反射させた、素朴なチェンバーフォークと、ガリガリと引っ掻くリフが
荒ぶるブラックメタルを交錯させている。「Light//Removed」は、太い
ベースの荒々しいチューニングと邪悪に吐き捨てるヴォーカルにより、高
音域のトレモロを際立たせ、儚く爽やかなメロディーが芽吹いている。

Nullingroots

Take Care	アメリカ
自主制作、Maa Productions	2016

アリゾナ州フェニックスの独りバンド。元はインストゥルメンタルだった
が、本作は、ヴォーカルを大々的に取り入れている。哀しみを強調したト
レモロリフや、ピアノの感情的な演奏を、ブラックゲイズに昇華している。
ブラックメタルの王道を貫く荒々しい爆走パートをしっかり設けて、美し
さや優しさだけではないことを示している。「Please Respond」は、ざ
らついたトレモロの疾走が印象的なブラックゲイズを、肉感的なリフの坩
堝に放り込む、落差の激しい曲だ。「I'm so Proud of You」は、スラッシー
な高速リフや立体的なリズムの猛烈な勢いの中、優美で物悲しいトレモロ
が爽やかさを生んでいる。

Nullingroots

Malady's Black Maw　　　　　　　　　　　　　　　　アメリカ
自主制作、Beverina Productions　　　　　　　　　　　　　　2019

大幅にメンバーが加入し、フルバンド編成になって制作された。スラッジ経由のポストメタルを演奏していた前作『Into the Grey』と異なり、ブラックメタルに回帰した。独りバンドからフルバンド体制になったことで、肉体的な強度が増し、アンサンブルを強調したメロディック・ブラックを聴かせる。「Heaven Bending」は、淡さを際立たせたプロダクションで、物憂げなトレモロを基軸に、緩急をつけても失速しないドラムや鋭く刻むリフが、心地好いドライヴ感で走り抜ける。「Inculcate」は、精神を磨耗するようなトレモロリフを粗暴なドラミングで転がし、ジャジーなリズムセクションを挟む展開の妙が聴ける。

Prosperity Gospel

Violently Pulled from Bliss　　　　　　　　　　　　アメリカ
自主制作、Comfort Monk　　　　　　　　　　　　　　　　2021

サウスカロライナ州コロンビアで活動するバンドのデビュー作。Eddy Newman という人物が全てを手掛けるが、サイトによってはメンバーの名前が違い、アーティスト写真には 4 人いたりと実態は不明。シューゲイザーやドリームポップ寄りの幻想的なメロディーを主軸に、がなり声やギターのディストーション、ノイズでアグレッションを足している。「Scattered Between the Roots」は、穏やかなギターと適度に暴れるドラムやディストーションギターを丹念に切り替えて緩急が生まれるダイナミックな曲。「The Gleaners」は、ポストパンク調のクリーンパートと凶暴さを剝き出しにしたギターが無機質に響く。

Pyramids

A Northern Meadow　　　　　　　　　　　　　　　　アメリカ
Profound Lore Records　　　　　　　　　　　　　　　　　2015

テキサス州デントンを拠点とするバンドの 2 作目で、Krallice や Gorguts の Colin Marston をギターに迎えて制作された。その影響か、ドローンやアンビエントとしての側面が強いスラッジを演奏していた前作より、ブラックメタルの冷たさやシューゲイザーの甘酸っぱさを前面に出している。「Indigo Birds」は、単調なリズムに神聖な空気のトレモロが吹き荒れ、艶かしく歌い上げるクリーンヴォーカルに、少し線を細くした Jesu のような印象を受ける。「My Father, Tall as Goliath」は、美しいコーラスのハーモニーを、過剰に音量を上げたギターでゆったりとポップに聴かせる。

Sadness

Leave　　　　　　　　　　　　　　　　　　　　　　アメリカ
自主制作　　　　　　　　　　　　　　　　　　　　　　　2017

イリノイ州の村オーク・パークで活動する Damián Antón Ojeda による独りバンド。元は鬱屈したデプレッシヴ・ブラックだったが、本作から、Deafheaven と Lustre をミックスしたようなブラックゲイズに路線を転向しはじめた。本作はアンビエントを色濃く残し、蕩けるトレモロで都会の寂しさを描くような作品だ。「＿＿＿」は、ゆっくりした歩調のドラムに、柔らかいトレモロリフと薄くたなびく絶叫のコーラスを合わせた、現実感に乏しいブラックゲイズ。「Encontrarnos」は、約 23 分の長さに、分厚いトレモロの轟音や、軽快なドラムで駆けるキャッチーなパートを盛り込んだドラマチックな曲だ。

Sadness

Rain
自主制作 / アメリカ / 2018

方向性を定め、前作の路線を強化したアルバム。プロダクションが向上した結果、初期の劣悪さは消失した。タイトル通り、雨をテーマに、サンプリングした雨音を効果的に使用する。透き通ったキーボードを主役にした静かな作品だが、箍が外れたように暴走するドラムトラックで、ブラックメタルの狂的な側面を表現している。「Pure Dream」は、重苦しく軋むリフを随所に配置し、あどけないコーラスと絶叫による二面的なヴォーカルパートを挟む、物憂げなアンビエントとブラックゲイズの狭間に位置する。「River」は、張り詰めた残響のトレモロが荒れ狂うブラストビートで押し流され、表題通り川の流れを表現したドラマチックな曲。

Sadness

Circle of Veins
自主制作 / アメリカ / 2019

媒体によって、EP だったりフルレングスだったりと表記が変わる作品。柔らかなキーボードによるアンビエントタッチは残しているが、前 2 作と比較すると、圧の強いディストーションギターや淡いトレモロが主張する。特に耳を引くのはヴォーカル。聖歌隊に似たコーラスが前面に出て、絶叫ヴォーカルと混ざり合う独特の表現だ。「Eye of Prima」は、耳障りなギターと柔らかなトレモロで陽だまりのような明るさを描き、爽やかなコーラスが甘美に響くブラックゲイズ。「The Spring Sun on Summer Rain」は、ギターのフィードバックノイズで甘い叙情を奏で、絶叫が轟く Astrobrite のような趣だ。

Sadness

I Want to Be There
自主制作 / アメリカ / 2019

『Circle of Veins』の流れを汲む、圧の強いディストーションギターを主役に据え、ブラストビートの攻撃性もあるアルバム。静寂パートは、グリッチノイズを忍ばせたエレクトロニカのような佇まいだ。悲痛な絶叫ヴォーカルを主軸とするスタイルに立ち戻ったが、聖歌隊に似たコーラスパートを配置することで、荘厳さを増強している。「In the Distant Travels」は、切ないトレモロの轟音の中、絶望に暮れる絶叫や雄々しいコーラスが、揺らめくアンビエントに飲み込まれていく曲。「Somewhere」は、もの寂しいフレーズを壁と化したトレモロで表現し、美しい歌声や絶叫が甘く響くブラックゲイズだ。

Sadness

Alluring The Distant Eye
自主制作 / アメリカ / 2020

隙間を重視した印象のある作品。2015 年と 2018 年に書いたマテリアルを元に制作した。デプレッシヴ・ブラックからブラックゲイズへと移行していた時期ということもあり、近年の作品とは異なる陰鬱さがある。生々しくヴォーカルを録音しており、ライヴに匹敵する迫力を表現しているのが特徴的だ。静寂を描くトレモロと、ディストーションギターや荒っぽいハイハットとスネアによる爆発感の対比が極端なものになっている。「Sky You Feel」は、キーボードのうら寂しい音色を淡々と聴かせる前半から、風の音を模したアンビエントを経て、アグレッシヴな絶叫と歯切れのいいリフへ雪崩れる、ハードコアのフィーリングもある曲だ。

Saeva

All We've Lost We Carry with Us
自主制作 / アメリカ / 2022

「プログレッシヴ・ポスト・ブラックメタル」を標榜するコロラド州デンバーで活動する 3 人組のデビュー作。スラッジ／デスメタル Glacial Tomb のメンバー 2 人が在籍。内、ベースの D. Small は Khemmis のライヴメンバー。スラッジを出自に持つメンバーが中心にいることもあり、ブラックゲイズ寄りの儚さと共に終始息苦しい重厚感がつきまとうスタイルだ。厳つい咆哮よりストーナーで散見する倦怠感のあるクリーン・ヴォーカルが目立つ。「Dismantled//Dismayed」は、儀式的なコーラスと怒れるグロウルのスイッチ、重く刻むリフで攻撃性を付与するストーナーとブラックゲイズを合わせたような曲だ。

Sannhet

Known Flood
Sacrament Music / アメリカ / 2013

ブルックリンで結成。ヴォーカルはなく、インストゥルメンタルを聴かせるバンドによるデビューアルバム。ブラックメタル、スラッジ、ポストメタル、アンビエントと、ジャンルを交配させることに定評がある。本作は、プリミティヴ・ブラックとデプレッシヴ・ブラックの素養が色濃い、生々しい作品だ。サンプリングした声をループさせて楽器のように使用する実験的な側面もある。「Absecon Isle」は、豪放磊落なドラムに先導され、物悲しいトレモロが縦横無尽に駆けるブラックゲイズ。「Haunches」は、規則的なドラムで統制を取り、絶叫をループしてあたかも歌っているような錯覚を起こす無機質な曲だ。

Sannhet

Revisionist
The Flenser / アメリカ / 2015

方向性を絞り、ブラックゲイズの比重を高めた 2 作目。絵画を引用したアートワークの洒脱さが目を引く。前作同様、The Flenser からリリースした。プリミティヴ・ブラックのような粗さはなく、整合性の取れたプロダクションで録音している。その影響か、淡いトレモロが以前より前に出て、儚さを強調した印象だ。「Revisionist」は、小気味良いスネアのドライヴ感とトレモロがうまく噛み合い、物憂げな叙情と激しさのハーモニーを綺麗に描いていく。「Mint Divine」は、反響する人の声や The Durutti Column を思わせるミニマルなギターに、宇宙空間に放り込まれたような錯覚になるアンビエント。

Sannhet

So Numb
Profound Lore Records / アメリカ / 2017

Mercury Rev や Interpol、The National といったバンドを手掛けた Peter Katis をプロデューサーに迎えた 3 作目。本作リリース後、2019 年にドラムの Christopher Todd は脱退している。カバーアートは恋人たちのじゃれ合う姿ではなく、母親が息子の目を塞いでいる場面。「過保護は誤った逃避や安らぎに向かう」というような意味を持つようだ。前作から凶暴なアグレッションを抜き、メランコリックな切ないメロディーを大幅に増強した作品だ。「So Numb」は、耳障りにぶつかり合うトレモロの反響が、陰鬱で美しい叙情を育む、シューゲイザーとスラッジをブレンドした曲だ。

Sleep White Winter

Dreamscapes
自主制作　　　　　　　　　　　　　　　　　　　　アメリカ
2013

カリフォルニア州サンディエゴで活動する 2 人組。デスメタルバンド Haunter のメンバーで、Ævangelist のライヴメンバーでもある Bradley Tiffin が在籍する。本作は、涼やかなトレモロを主役に静寂と轟音を行き交う、ポストロックとポストメタルの中間のような雰囲気がある作品だ。「Her Love Remains」は、穏やかなアルペジオを金切り声や鬱々としたディストーションギターで引き裂き、柔らかなピアノや不協和音リフを絡め、躁鬱激しい展開が堪能できる。「The End of the Cold」は、ゆっくりとした立ち上がりのドラムに儚いトレモロを重ね、優しい歌声が漂うブラックゲイズ。

Sleep White Winter

Sleep White Winter
自主制作　　　　　　　　　　　　　　　　　　　　アメリカ
2014

2013 年に解散し、翌年再結成してリリースした 2 作目。セルフタイトルを冠しているだけあり、路線が定まった印象だ。ポストロックやシューゲイザーの要素が強まり、Alcest や近年の Lantlôs を彷彿させる、ドリーミーなブラックメタルに移行した。ポストメタルやスラッジ由来の重厚さも健在で、作品に起伏を生んでいる。「Last Dying Dreams」は、ダイナミックなパターンを叩く豪快なドラムに反して、繊細なトレモロを聴かせるギターやヴォーカルが、爽やかに響く。「In Eulogy」は、4 分近いミニマルなアンビエントを終えれば、悲壮的なトレモロがドラムに乗って疾走する、凶暴なブラックゲイズ。

Sleep White Winter

Degeneracy of Nostalgia
自主制作　　　　　　　　　　　　　　　　　　　　アメリカ
2017

シューゲイザー化が進み、重厚なオルタナティヴロックと言った趣が強まった 3 作目。ディレイの重ね方は、My Bloody Valentine の『Loveless』に近い印象だ。がなり立てるヴォーカルや時々スタスタと疾走するドラムに、ブラックメタルの矜持を残している。「Altered Mesolimbic Pathways」は、寄せては返すようなトレモロのフィードバックノイズと凶悪な絶叫が絡まり合って、不思議な一体感を生んでいる。「Degeneracy of Nostalgia」は、軽やかなドラムに反して重たいチューニングのギターが、壮絶なグロウルや神聖なコーラスと合わさり、トランス状態へと導く。

Sleeping Ancient

There Is No Truth But Death
自主制作　　　　　　　　　　　　　　　　　　　　アメリカ
2019

テキサス州ヒューストンの 4 人組によるデビューアルバム。ブラックメタルとポストメタルを組み合わせた音楽性。分厚いリフや、淡いトレモロ、インダストリアルや EBM の無機質なビートを組み込み、Blut Aus Nord に近い前衛的な雰囲気がある。絶叫するヴォーカルがノイズに埋もれる様はシューゲイザー的だが、ポストメタル由来の重厚さを殺がないため、Chrome Waves とも共通項を見出しやすい。「Writhing in the City of Dregs」は、不協和音に軋むリフや激しく疾走するドラム、ヴォーカルの激情全てを飲み込んでいくトレモロが美しい、スラッジとブラックゲイズをミックスした轟音だ。

So Hideous

Last Poem/First Light アメリカ
自主制作 2013

ニューヨーク市で結成した4人組のデビューアルバム。元は So Hideous, My Love... という名前で、孤独感の強いデプレッシヴ・ブラックに近いスタイルで演奏していた。改名後にリリースした本作では、シューゲイザーやクラシックの要素を取り込み、元来の絶望感や孤独感を補強する。「Stabat Mater」は、落ち着いたアルペジオに優美なストリングスを乗せ、衝動的に爆発するようなトレモロやドラムのアグレッションに乗せ、叫び倒すヴォーカルがハードコアのようだ。「Glory」は、柔らかなコーラスパートと高音域のトレモロで壮大さを構築する反面、悲痛な絶叫が陰鬱な雰囲気に拍車をかける。

So Hideous

Laurestine アメリカ
自主制作 2015

クラシカルな側面を増強して、ポストメタルとして路線を移行しはじめた2作目。2016年には、本作にオーケストラアレンジを施したインストゥルメンタル作品をリリースしている。前作にあったデプレッシヴ・ブラック由来の陰鬱さは消失し、トレモロよりも、たおやかなキーボードが際立つ優美なアルバムだ。そのため、以前と変わらない熱量の絶叫ヴォーカルでも、陰鬱な印象が払拭されている。「Relinquish」は、物悲しいストリングスを規則的なリズムで徐々に盛り上げ、華やかなトレモロと絶叫が顔を出すブラックゲイズ。「The True Pierce」は、清らかなトレモロリフと断末魔が、壮大なメロディーと共に昇り詰める。

So Hideous

None but a Pure Heart Can Sing アメリカ
Silent Pendulum Record 2021

元 The Dillinger Escape Plan の Kevin Antreassian がレコーディングに携わる3作目。Downfall of Gaia の Mike Kadnar、Black Table の DJ Scully が加入。アフロビートなどを取り入れ、忙しないリズムで聴く者を翻弄する。優美な雰囲気は減退したが、管弦楽器で攻撃的な演奏に華やかさを加える。「The Emerald Pearl」は、幽玄なイントロから鋭いドラムと妖艶なサックスが暴れるハードコアのような曲。「Motorik Visage」は、線の細いトレモロや絶叫、ブラストビートで爆走と停滞を繰り返し、11分間を聴き疲れさせない。

Starer

18˚ Below the Horizon アメリカ
Fólkvangr Records、Snow Wolf Records、Adirondack Black Mass 2021

Bihargam など数え切れないプロジェクトを抱える Josh Hines による独りバンドで、ケンタッキー州ボーリング・グリーンにて活動している。演奏、マスタリング、アートワークにいたるまで彼自身が手掛ける。荒々しい音質で凶暴性を発揮するギターやドラムと、幻想的なキーボードのコンビネーションが持ち味のスタイルだ。シンフォニック・ブラックを下地にするが、絢爛な印象はあまり与えない。「Dayspring」は、頭から一定のテンポで爆走するマシンドラムと、倦怠感を煽るトレモロが耳を引く曲。「Vessel」は、華やかなキーボードを前面に出した戯曲的な雰囲気に、90年代の北欧ブラックに通じる冷たさがある。

Starer

The What It Is To Be	アメリカ
自主制作、Fólkvangr Records、Onism Productions	2022

連発していたシングルを含まない2作目。マスタリングのみ、Fornicus の Scott Briggs が手掛けた。シンフォニック・ブラックを基調とした路線は継続しているが、前作より明瞭になったプロダクションの影響か荒々しさは大きく減退。反面、広がりあるキーボードや爆走に頼らない曲作りに、アトモスフェリック・ブラックへの接近が伺える。クラシカルなメロディー使いも特徴的だ。「What Became of Those Who Were Before」は、22分と長大な時間の中で、ドゥーム直系の重たさやブラックメタルらしい疾走感をスイッチし、ポストロックを彷彿させるダイナミックな展開で工夫を凝らしている。

Synthvvitch

Destroyer	アメリカ
自主制作	2020

ニューヨーク州ロチェスターで活動するバンド。情報がほぼないが、ギターではなくシンセサイザーを主役にしたブラックメタルが信条。耽美なエレクトロ・ポップの装いを前面に出しているが、思いの外アタック強めなドラムトラックや、がなり立てる歪んだヴォーカルがブラックメタルとしての体裁を保つ。「Destroyer」は、脈打つカウントを取るチープなトラックを下地に、透き通るシンセサイザーとかすれた絶叫が一抹の侘しさを感じさせる。「Even During the Best Moments」は、美しいキーボードに歪みを生じさせ、変則的に撃ち込むビートが力強い疾走感を持つエレクトロ・ブラックゲイズといった趣の曲だ。

Tanpopo Crisis

Everything Flows	アメリカ
自主制作	2016

日本のアニメをネタにしたグラインドコアで一部話題になった Fucked こと Tanpopo Crisis による、サウスカロライナ州のマートルビーチを拠点にする独りバンド。Fucked に近いグラインドコアから一転、Deafheaven の影響を受けた明るい叙情が映える、ブラックゲイズとグラインドコアを折衷したスタイルに変貌した。圧の強いトレモロリフを骨太で明瞭なドラムに合わせて、絶叫ヴォーカルを聴かせるが、バンド名を除いてアニメっぽさはない。「Citrus」は、トレモロによる甘酸っぱく爽やかなメロディーと、三半規管を狂わせるリフをブラストビートに乗せて駆け抜けていく、エモのような爽快感が心地好いブラックゲイズ。

Tanpopo Crisis

Millennium Flower	アメリカ
自主制作	2017

タトゥー・デザイナーの Carrionblossom による、Deafheaven の『Roads to Judah』をオマージュした印象のカバーアートが目を引く作品。ブラックゲイズに変わってから2作目。前作同様、底抜けに明るいメロディーと爽やかなトレモロ、血反吐を吐くような絶叫、ブラストビートの暴虐性を存分に聴かせる。「Lunar Tear」は、爆走するリズムトラックに被さる淡いタッチのトレモロに、絶叫するヴォーカルが轟く Deafheaven へのリスペクトに溢れたブラックゲイズ。「Old Home」は、緩やかなテンポのドラムと絶叫のコンビネーションを主軸に、トレモロで音の壁を築く壮大な曲だ。

Underling

Bloodworship
自主制作、Neuropa Records
アメリカ
2015

ロサンゼルス出身。元 Fallujah の Antonio Palermo と Rob Morey、Trivium の Alex Bent が在籍する 5 人組。アトモスフェリック・ブラックに、メタルコアの瞬発力や叙情的なハードコアを取り入れたアルバムだ。極悪なグロウルや速度を緩めないドラム、シンフォニックなアレンジを取り入れ、良好な音質も手伝って敷居が低い。「Blackout」は、ブルース調の幕開けからソリッドなリフの刻み、ブラストビートを要所要所に挟み、叩き落とすブレイクダウンに出自が感じられる。「Stay」は、目も覚めるような怒号や眩暈を誘発する幻惑的なトレモロに、ブラックゲイズの名残がある曲だ。

Vattnet Viskar

Settler
Century Media Records
アメリカ
2015

ニューハンプシャー州ブレイスト一出身。バンド名はスウェーデン語で「水が囁く」の意。Astronoid や Soul Remnants のメンバーが在籍。Vattnet に変名したが、2018 年に解散。本作は 2 作目で、Brutal Truth を手掛けた Sanford Parker をプロデューサーに迎えている。カバーアートは Megadeth も手掛けた Josh Graham。前作のアトモスフェリック・ブラックは減退、グルーヴ感のあるリフや衝動的なヴォーカルが主張する。ハードコア寄りのアグレッションは Woe に近い。「Heir」は、速いテンポで急かすドラムとリフ、儚いトーンのトレモロが美しく叙情的な曲。

Vaura

Selenelion
Wierd Records
アメリカ
2012

ブルックリンで活動するバンド。Kayo Dot の Toby Driver、元 Tombs の Charlie Schmid、Gorguts の Kevin Hufnagel が在籍する。ヴォーカルは元 Blacklist の Josh Strawn。本作は、豪胆なドラムやきらびやかなギターでサイケデリックな雰囲気で、Gone Is Gone と Deafheaven をミックスしたような作品だ。「Drachma」は、図太いドラムに繊細なトレモロを合わせ、妖艶なヴォーカルを中心に据えた曲。「The Zahir」は、重苦しいリフやリズムで構築したスラッジに、囁きにもがなり声にも聴こえるヴォーカルが映える。

Vaura

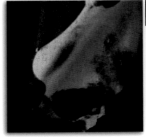

The Missing
Profound Lore Records
アメリカ
2013

Tombs への参加経験を持つ Terence Hannum がカバーアートを手掛けた 2 作目。ミキシングとマスタリングを Gorguts の Colin Marston が担当し、Profound Lore Records からリリースした。レーベルカラーとそぐわないほど明るく、ブラックゲイズとストーナーの中間のような音楽性にシフトした。前作よりもわかりやすくブラックメタルの要素が表出している。「The Fire」は、前のめりに疾走するドラムや空間を埋め尽くすトレモロの美しさに、柔らかなヴォーカルが映える。「Abeyance」は、乱反射するギターと絶叫ヴォーカルが、サイケデリックな雰囲気を生むブラックゲイズ風の曲だ。

Woe

A Spell for the Death of Man
Stronghold Records
アメリカ
2008

現在はブルックリンで活動するバンドのデビューアルバム。元 Krieg で Unrest の Chris Grigg を中心とした 4 人組だが、本作は Chris Grigg 独りで制作した。2016 年にリマスタリングを施し、デジタルと LP を再発している。ブラックメタル由来の陰鬱なトレモロが目立つが、Unrest に近いグラインドコアのような尋常でないスピードに、まず耳がいく作品だ。「Solitude」は、丁寧にトレモロを重ね、耳を削るベースや前のめるドラムへともつれ込み、怒号が響き渡る。「Wake in Mourning」は、淡い輪郭のリフに反して、狂暴なドラムの喧騒がキャッチーな印象を与える。

Woe

Quietly, Undramatically
Candlelight Records
アメリカ
2010

The Green Evening Requiem で組む Shane Madden や Evan Madden、現在に至るまで Chris Grigg の右腕 Grzesiek Czapla が加入した 2 作目。グラインドコアの圧倒的な速度こそ健在だが、スラッジの重厚さやポストメタルに類する儚さが際立つスタイルで、Celeste に通じる方向性だ。「The Road from Recovery」は、高速のクランチリフを随所に盛り込んでスラッシーに突進し、熱狂を呼び起こす。「Full Circle」は、衝動的なハードコアの序盤、轟音を鳴らす中盤、ブレーキの壊れたような爆走を繰り広げる後半と、展開が目まぐるしい。

Woe

Withdrawal
Candlelight Records
アメリカ
2013

Master の Ruston Grosse をドラムに迎えた 3 作目。本作はデジタルリリースはしておらず、CD と LP、サブスクリプションのみだ。前作のスラッジやポストメタルの要素を大きく減らした、ネオクラストやブラッケンド・ハードコアに近い爆発するようなスピードとハイテンションな作品だ。一部の曲で物憂げなクリーンヴォーカルを導入し、シューゲイザーの感触も付与している。「Carried by Waves to Remorseless Shores of the Truth」は、後ろから火を点けるような焦燥感を煽るベース、陰鬱なトレモロ、怒りに任せた絶叫、ブラストビートが渾然一体となって襲いかかる。

Woe

Hope Attrition
Vendetta Records
アメリカ
2017

ドラムに Krallice の Lev Weinstein、ギターに Belus の Matt Mewton を新たに迎えた 4 作目。ブラックメタルの表情が色濃い作品になっており、グラインドコアの勢いは減退した。線の細いトレモロによる陰鬱な叙情は、緩急をつけたドラムとの相性も良く、Krallice の『Diotima』に近い印象だ。「Unending Call of Woe」は、強弱をつけたドラムに暗いトレモロリフをブレンドし、爆走せずにじっくりと聴かせる彼らの新機軸。「Drown Us with Greatness」は、凄まじく速いブラストビートだが、北欧ブラックのように寒々しいトレモロが主役の王道的な曲。

Wounds of Recollection

An Undying Winter	アメリカ
自主制作	2015

ジョージア州アトランタ在住の Annos による独りバンド。デプレッシヴ・ブラックを掲げるが、陰鬱さよりもトレモロの儚さや過剰さを際立たせたブラックゲイズに寄せたスタイル。An Autumn for Crippled Children や Sadness と共通項を見出だしやすい変遷を辿っている印象だ。テンポ自体速くなく、ざらついた録音と凶悪に歪んだヴォーカルの影響で、ハードコアに通じる衝動的な作品に仕上がっている。「In the Caress of Eternity」は、甘さの薄いメロディーを軸に、血反吐を吐く絶叫や緩やかなテンポのドラムがシューゲイザーのようにトレモロリフに覆われる寒々しい曲。

Wounds of Recollection

Nowhere Else Feels More like Home	アメリカ
自主制作、Realm and Ritual	2020

デプレッシヴ・ブラックの要素をさらに減退させた作品。強いパッセージのトレモロや絶叫ヴォーカルにブラックメタルの要素を残すが、緻密な音響処理は My Bloody Valentine の『Loveless』を彷彿させる。立体的に組み上げられたドラムにはマスコアの複雑さもあり、Krallice を参考にした印象だ。「Limping Away from the Water」は、荒っぽい乱打で突っ走るドラムの軽快さ、煌びやかなトレモロが絶叫ヴォーカルに噛み合う爽やかなブラックゲイズ。「Sanctuary」は、ブラストビートに反して穏やかで美しいギターを暴走させることなく、じっくり聴かせるバラード調の曲。

Wounds of Recollection

Deathbed	アメリカ
Flowing Downward	2021

アルツハイマーと闘病の末亡くなった祖母との交流を避けていたことへの後悔や、罪悪感を持つ自身と祖母の架空の会話をコンセプトにした、パーソナルな作品。トレモロの幻惑的な美しさを基盤に、精神を引っ掻くディストーションや荒々しいドラムで嵐に似た日々を描くブラックゲイズを聴かせる。ほのかに明るいメロディーが優しさを感じさせるが、テーマに沿った暗さが全体を支配し、デプレッシヴ・ブラックに近い。「Blightly Burning Deathbed」は、柔らかなキーボードや小鳥の声などを最初と最後に配置、雷撃を思わせるブラストビートに心を苛むようなトレモロや絶叫を乗せて爆走するエモーショナルなブラックゲイズ。

Wreche

Wreche	アメリカ
Fragile Branch Recordings	2017

ロサンゼルスで結成し、現在はオークランドで活動する2人組。Blood of Martyrs の Barret Baumgart が在籍。レコーディングは Krallice の Colin Marston。ギターを廃してピアノとドラムだけでブラックメタルを表現するスタイルで、Botanist と共通項を見出だせる。ピアノによる優雅さでシンフォニック・ブラックに連なる絢爛な雰囲気があるが、ドイツのポスト・クラシカル Grandbrothers にも似た清涼感もある。「Fata Morgana」は、原始的なドラムの乱打を主軸に、不穏さすら潜ませるピアノの連弾と複雑怪奇なメロディーが疾走する、恐怖感を煽るブラックメタル。

Wreche

All My Dreams Came True
Acephale Winter Productions

アメリカ
2021

John Steven Morgan の独りバンドとして発表した 2 作目。前作で
もエンジニアとして参加していた Crosby Morgan がドラムのエンジ
ニアとして参加。脱退した Barret Baumgart の素材も使用している。
前作の延長線上の恐怖感を煽るピアノが乱舞する作品だ。耽美なメロ
ディーを強調したホラー映画の劇伴音楽みたいな佇まいを濃くしている。
「Scherzo」は、圧の薄いドラムに線の細いピアノを重ね、悲壮感たっ
ぷりのヴォーカルがノイズ混じりに吹き荒れる。凛としたピアノインスト
「I」とノイズと叫び声が地獄を作る「II」からなる「Les Fleurs」は、
最後まで絶望感を緩まない組曲だ。

Zeal & Ardor

Devil Is Fine
自主制作、MKVA、Reflections Records

アメリカ
2016

スイスのバーゼル出身の Manuel Gagneux を中心に、ニューヨーク市
で活動するバンド。「ブラックメタル＋ブラック・ミュージック」という
アメリカの掲示板サイトでの書き込みから生まれた。そのコンセプト通
り、ブルースやゴスペルといった黒人音楽にブラックメタルを組み込む一
風変わったスタイル。ソウルフルで滋味豊かなヴォーカルからハーシュ・
ヴォーカルへスムーズに切り替えたり、ゴスペル調のコーラスやスライド
ギターを合わせた表現で哀愁や憤怒を表現する。「Come on Down」は、
穏やかに歌い上げるコーラスや冷たいトレモロが吹き荒れるブラックメタ
ルパートを交互に組み込む、ジャンルレスで凶暴な曲だ。

Zeal & Ardor

Stranger Fruit
MKVA

アメリカ
2018

前作では独りバンドだったがフルバンドを編成した 2 作目。ブラックメ
タルとソウル・ミュージックやブルースを折衷する基盤は変わらないが、
肉感的な厚みを体得してよりバンド感を増した作品だ。Burzum に影響
を受けたブラックメタルの要素が前作よりも複雑に織り込まれ、静と動の
ダイナミックな移ろいを重厚に表現した。「Servants」は、ソウルフル
なヴォーカルや荘厳なキーボードにヘヴィなリフや絶叫が重なり、悲壮的
な雰囲気が印象に残る。「Stranger Fruit」は、淡々としたシンセサイザー
のリフレインと穏やかな歌が切迫感を増し、Emperor に通じる邪悪で冷
たいシンフォニック・ブラックに変化する曲。

Zeal & Ardor

Zeal & Ardor
MKVA

アメリカ
2022

3 作目。Fit for an Autopsy の Will Putney がミックス等に参加。前作
同様ほぼ全ての楽器を Manuel Gagneux が担当。アートワークのエリ
ファス・レヴィ画「メンデスのバフォメット」の手を模した黒人の掌、印
字した「Solve Coagula（溶かして固めよ）」で錬金術というコンセプト
を明確にした。従来のスタイルに、インダストリアルやニューメタルの閉
塞感を加え、暴虐性を増した。反面、ブラックミュージックの滋味豊かさ
は自然な形で結合、ブラックゲイズの儚いトレモロをも随所で差し込む作
品だ。「Run」は、悪辣なヴォーカルと分厚いリフ、乱打するドラムで駆
け抜けるブルータルな曲。

美を極めたアトモスフェリックな雰囲気に鬼の絶叫が轟く若き実力者

Unreqvited

◎ The Ember、The Ash
🕐 2016 〜
👤 鬼

🌐 カナダ、オタワ

「Depressive & Uplifting」をキャッチコピーを掲げ、カナダのオンタリオ州オタワを拠点にする鬼によるソロプロジェクト。2016 年に『Disquiet』でデビュー。アトモスフェリック・ブラックメタルをベースに、デプレッシヴ・ブラックメタルやポストロックなどを組み込んだスタイルを表現する。本名は公表しておらず、ステージネームの「鬼」とは、彼曰く「幽霊」と同義に近く、中国の幽鬼のようなものらしい。日本の鬼もその意味に含まれる。「自分の作る音楽が人間の作ったものと思わせたくない」というのが、その名の由来だ。その影響か、Unreqvited におけるヴォーカルの役割は叫びや呻きといった「言葉」ではなく「音」を重視したものとして、表現に組み込まれている。2016 年のデビュー以降、ほぼ毎年のようにリリースを重ねる。特に彼の名前を飛躍的に高めたのは、2018 年発表の『Stars Wept to the Sea』。本作は曲のタイトルに日本語を使ったものが多く、日本でも話題になった。幻想的な一日の流れを描いたコンセプトアルバムの連作『Mosaic I: l'amour et l'ardeur』(2018) と『Mosaic II: la déteste et la détresse』(2020)、メロディーに焦点を絞った『Empathica』(2020) と矢継ぎ早に発表し、いずれも評価が高い。自身の音楽のみならず、Falaise などのスタッフとして参加したり、Violet Cold や Sylvaine らとスプリット作品をリリースするなど、精力的に活動している。元々 Unreqvited に近いアトモスフェリック・ブラックメタルのスタイルだった別プロジェクト The Ember, The Ash では、シンフォニック・デスコアとして新たな表現を追究している。

Unreqvited

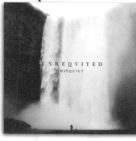

Disquiet
自主制作
カナダ
2016

自然への憧憬と崇拝を描いたデビューアルバム。マスタリングやミキシングまで、全て鬼が手掛ける。緩やかなテンポにトレモロが炸裂したブラックメタルをベースに、キーボードで神秘的な演出を施すスタイル。また、雨音や雷鳴、小鳥の鳴き声など、サンプリングした自然音を積極的に盛り込んでいる。特徴的なのがヴォーカルで、力の限り叫んでおり、自然の前になす術を持たない人間を表現している印象だ。「The Autumn Fire」は、透き通ったトレモロにキーボードを重ね、マーチングのリズムを刻むトラック、慟哭の絶叫が躍動感を付与する。「Afterlands」は、ディストーションが郷愁を誘うドリーミーなブラックゲイズ。

Unreqvited

Stars Wept to the Sea
自主制作
カナダ
2018

死後の世界をテーマにした2作目。精緻でファンタジックなカバーアートは、イラストレーターの Saprophial によるもの。地獄を表現するのではなく、天上世界をコンセプトにしているようだ。自然をテーマにした前作よりも音圧を強めており、陰鬱ではないが悲哀に満ちたトレモロを聴かせる。相変わらず歌詞はないため、絶叫ヴォーカルを一種の楽器として機能させているのが、特筆すべき点だ。数曲で日本語タイトルをつけるなど、コンセプチュアルなテーマを補強している印象だ。「Kurai 暗い」は、キーボードで表現した神秘的なアンビエントにトレモロや美麗なシュレッドギターを合わせる美しい空間で、抑揚をつけた絶叫が響き渡る。

Unreqvited

Mosaic I: l'amour et l'ardeur
自主制作
カナダ
2018

「愛と熱情」という意味の副題をつけられた3作目。次作と合わせて1つの物語になっており、単独のエディションと別に、次作と抱き合わせたメディアブック仕様の2枚を Prophecy Production からリリースした。アートワークも表裏一体で、本作は「昼」をイメージしているようだ。透き通ったキーボードと言葉にならない絶叫というスタイルは変わらない。キーボードの比重が高まっている印象で、より華やかな表現を追究している作品だ。「Dreamscape」は、キレのあるリフに清々しいトレモロを重ね、程好い疾走感のドラムが心地好さを演出する、アトモスフェリック・ブラックとブラックゲイズの中間にある曲。

Unreqvited

Mosaic II: la déteste et la détresse
自主制作
カナダ
2020

「憎しみと苦しみ」という意味の4作目。前作の続編で、「夜」をテーマにしている。キーボードよりも圧の強いディストーションギターを前に出し、前作よりも悲壮感を強めた作品だ。反面、後半の組曲でノイズやアンビエントとクラシックを融合させており、新機軸を見せている。「Wasteland」は、Dimmu Borgir を想起するオーケストラ、激しく疾走するドラム、寒々しいトレモロや絶叫が闇夜を駆けるシンフォニック・ブラックを聴かせる。「Transience III: The Static」は、Burzum のような狂気的なトレモロリフを、ノイジーなアンビエントに昇華した、恐怖感を煽る組曲の最終章。

Unreqvited

Empathica	カナダ
自主制作、Northern Silence Productions	2020

5作目となる本作は、鬼がほぼ全てを監修する体制は変わらず、マスタリングに Nekkomix を起用した。Northern Silence Productions からリリース。過去作よりもアトモスフェリック・ブラックの表情を濃くし、アートワークからカスカディアン・ブラックとの共通項も見出せる作品だ。反面、メタルの攻撃性は減退し、アンビエントに寄った。「Crystal Cascade」は、本作唯一のブラックメタルで、暴虐的なブラストビートを打ち込むトラックに乗せ、絶望感に満ちた絶叫や寒々しいトレモロが疾走する。「The Permafrost」は、神秘的なキーボードの美しさとトレモロが交錯する壮大なインストゥルメンタル。

Unreqvited

Beautiful Ghosts	カナダ
Prophecy Productions	2021

「愛」や「献身」をテーマにした6作目。Prophecy Productions からリリース。言葉にならないヴォーカルの叫びや優美なメロディーといった持ち味は健在。これまで以上に「デプレッシヴ」と「アップリフティング」のコントラストが効いている。前作に存在した牧歌的なアンビエント要素は華やかで明るいものに取って代わられ、強いパッセージのトレモロや疾走するドラムの軽快さが目立ち、彼の作品でも非常にわかりやすい。「Beautiful Ghosts」は、キーボードの可憐なメロディーに肉付けされたアンビエントにより静寂と苛烈極まりない暴虐的な爆走との極端な落差が、聴く者の感情を揺さぶるドラマチックな曲。

Unreqvited インタビュー

2021年2月

Q：あなたは何歳の頃、音楽に出会いましたか？ 最初に「音楽って凄い！」と感じたエピソードを教えてください。

A：僕はオンタリオ州のオタワで育ち、今でもここに住んでいるよ。ほとんどが官公庁の街だから、住むには退屈なところだね。周囲にはハイキングスポットもあるから、都会に飽きたら自然の中に逃げ込むことができたんだ。生い立ちは全体的にとても楽しく、素晴らしい子供時代を過ごし、素晴らしい家族に恵まれたよ。幼少期は片方の親が都会に、片方の親が田舎に住んでいたから、景色のバランスが取れていたんだ。

音楽は幼い頃から好きだったよ。父が車の中で Metallica や Megadeth などのアーティストの曲をかけていた頃から興味を持ちだしたんだ。思い出すのは、雑誌『Metal Hammer』を買ってきて、何日もかけて掲載されているアーティストを調べ、音楽をダウンロードしたことだね。これは、僕にとって大きな発見だった。

Q：初めて使用した楽器は何ですか？ 最初にカバーした、練習した曲について覚えていますか？

A：初めて楽器を持ったのは14歳の頃で、最初にフルカバーしたのは「Detroit Rock City」だったかな。すぐにヘヴィな曲に手を出そうとして、もっと練習しないと弾けないことに気付いたんだ。

Q：ブラックメタルに出会ったきっかけは何ですか？ ブラックメタルを演奏しようと思ったきっかけについても教えてください。

A：どのようにしてブラックメタルに出会ったのかちゃんとは覚えてないけど、90年

代のアーティストの多くは、最初はあまり自分の好みではなかったのは覚えてる。最初に興味を持ったのは Carach Angren の『Lammendam』というレコードで、今でもお気に入りの1枚だよ。そこから遡って、たくさんの古い作品に手を出し始めた。Emperor、Dissection、Dimmu Borgir などだね。Lightfox の YouTube チャンネルが、アトモスフェリック・ブラックメタルの新しいアーティストが積極的に紹介していて、僕もこのジャンルに興味を持つようになったよ。Noisey の『ワンマン・メタル』のドキュメンタリーを見た時、すぐにソロ・プロジェクトを始めようと思ったんだ。

Q：あなたの音楽はとても美しいです。どこからイマジネーションを得ていますか？ あなたのコンセプト『Depressive & Uplifting』についても教えて下さい。

A：嬉しい言葉をありがとう。「Depressive & Uplifting」というキャッチフレーズは、非常にストレートでシンプルに音楽をまとめたものだと思ったんだ。一面的な人間じゃなくて、様々なものが好きだ。自分が感じていることや、全体的な気分を反映した音楽を作りたいと思っている。気分がハイな時とロウになる時が長くなることが多いから、リリースの多くは、高揚サイドと憂鬱サイドのどちらかに傾いているね。

Q：これはずっと聞きたかったことなのですが、あなたのステージネームは「鬼」ですよね。この名前をつけた理由を教えて下さい。

A：僕の理解だと、「鬼」という漢字は、日本語では鬼、中国語では guǐ（幽霊）を意味するんだよね。僕はこの漢字から幽霊という言葉を連想し、多くの人が僕のことをそう呼んでいる。僕がこの文字を選んだのは、音楽を生み出す存在を、音楽そのものと同じように、幽玄で異世界的なものにしたかったからだね。人間が作った音楽であることを感じさせたくなかったんだ。

Q：Unreqvited の曲には、日本語のタイトルがいくつかありますよね。例えばアルバム『Stars Wept to the Sea』にも。少し驚いて、とても嬉しかったです。日本の文化からインスピレーションを得たことはありましたか？

A：それが、自分を表すために漢字を選んだもう1つの理由なんだ。僕は日本に行ったことはないけど、以前から日本の芸術や音楽、文化全般に魅了されていたよ。いつかは行ってみたい場所の筆頭だね。

Q：あなたは、2016年に最初のアルバムをリリースしてから、毎年リリースしています。ペースが落ちないのは、凄いですね。アルバムは、テーマを決めて作っていますか？

A：音楽を作ることは本当に幸せだし、充実感を与えてくれる唯一のことだからたくさんの音楽を作るんだ。僕は大体、複数のプロジェクトを進行中で、一度に複数のアルバムを書く。いつもは、作曲を始める前にすでにコンセプトが決まっていて、どのアルバムのため

に書いているのかがわかっているよ。

Q：あなたの音楽は、ゲームの音楽や映画のような幻想的なフィーリングがあります。例えば、ファイナルファンタジーシリーズみたいな。あなたのルーツに、そういったものはありますか？

A：映画やゲームのサウンドトラックにとても興味があって、時期が来れば追求してみたいと思っているよ。子供の頃にはたくさんのゲームをして育ったけど、その後、趣味としてのゲームからは離れてしまったんだよね。でも、スコアを聴くのは好きだよ。

Q：カナダの自然にインスパイアされているようなサウンドスケープもありますよね。

A：そうだね。僕は辺境の地に住んでいるわけではないんだけど、大都会に住んでいても、インスピレーションが欲しい時に訪れることのできる美しい場所が近くにたくさんあるんだ。

Q：あなたの作品は、アートワークにもこだわりがあって美しいです。アートワークはあなたが描いているのですか？

A：いや、アートワークはいつも外注してい

るよ。僕はいつも、アルバムの作曲が終わる前にアーティストに連絡してアートワークを作成してもらい、その最終的な作品を使ってアルバムの残りの曲作りにインスピレーションを与えるようにしているんだ。

Q：コラボレーションもしていますよね。Sylvaine とスプリットを出しましたし、Morwinyon のアルバムも手掛けています。明日の叙景とのスプリットも良かったです。彼らとの仕事はどうでしたか？　また、どういう経緯でコラボレーションすることになったのですか？

A：これらは全て、素晴らしいコラボレーションの経験だったよ。他の人と一緒に仕事をするのは、いつも好きなんだ。そうすることで、僕は別のやり方で音楽に取り組むことができるし、自分が書いた曲を他のアーティストの音楽と一緒に使ったり、褒めたりすることができるからね。Sylvaine には「一緒に仕事をしたい」と連絡したし、Morwinyon には「ゲストとして仕事をしたい」と連絡したんだ。そして明日の叙景とのスプリットは、僕が「彼らと仕事をしたい」とツイート

したところ、EP をリリースしたレコード会社「Tear Water Records」が僕に代わって彼らに連絡を取ってくれて実現したんだ。

Q：あなたが影響を受けた、または音楽の旅において刺激を受けた映画、小説、食べ物などはありますか？

A：読書に目覚めたのは最近のことで、最初は主にファンタジー小説、つまりスティーブン・キングの本を読んでいたんだ。最近読んだシリーズは『Dark Tower』シリーズだね。最近では、哲学の本を読むことに興味を持っているよ。僕は映画をよく見るから、それが僕の音楽、特にスコアに影響を与え続けているよ。僕は食べることが大好きだけど、それがどれだけ音楽に影響を与えるかは分からないな。COVID 以前は、愛する人たちと食事に行くことが、頭をスッキリさせ、創造性をリセットするのに最適な方法だったから、そうした経験がインスピレーションを維持するのに役立っているのは間違いないよ。

Q：影響を受けた、もしくはお気に入りのメタルアルバムについて教えて下さい。

A：僕はいろいろな種類の音楽を書くから、インスピレーションを受けたアルバムは本当にあちこちにあるよ。Unreqvited の音楽では、いつもアトモスフェリックなブラックメタルやポストロックに注目しているんだ。

- Agalloch 『Ashes Against the Grain』
- Ghost Bath 『Moonlover』
- Maybeshewill 『Fair Youth』
- Alcest 『Écailles de lune』
- Paint the Sky Red 『Not All who Wonder are Lost』

などのアルバムだね。

Q：メタル以外のアルバム、アーティストについて好きなものについても教えて下さい。

A：

- The 1975 『I Like It When You Sleep, for You Are So Beautiful yet So Unaware of It』
- Nothing,Nowhere. 『Reaper』
- Chase Atlantic 『Chase Atlantic』
- Delusional Thomas 『Delusional Thomas』
- Hands Like Houses 『Unimagine』
- Kubbi 『Ember』
- Sabrina Claudio 『About Time』
- Movements 『No Good Left to Give』

メタル以外にもたくさんの音楽を聴いているけど、頭の中で思いついたものをいくつか挙げてみたよ。

Q：あなたのお気に入りのミュージシャンやアーティストは誰ですか？

A：自分でもよくわからないんだ。僕は個々のミュージシャンを尊敬するよりも、バンドやアルバム全体が好きだからね。あえて言うなら、Nightwish の Tuomas Holopainen。彼は絶対的に非現実的な作曲家で、僕もいつか同じようなレベルの音楽を作りたいと思っているんだ。

Q：この呼び方が定着してしばらく経ちます。ポストブラックメタルというジャンルについて、どう思っていますか？　また、あなたにとって音楽とは何ですか？

A：最近、ジャンルについてあまり考えないようにしているんだ。「ポスト・ブラック」というタグに当てはまる音楽を作ろうとは思っていないから。僕がこのカテゴリーに当てはまる音楽を作る理由は、ブラックメタルとポストロックが好きだからだと思うけど、この２つの組み合わせがどれほど好きかということとは比較にならないよ。

音楽は、自分の毎日を充実したものにしてくれる唯一のもので、それがなければ、僕は何をしていたのかわからないほどだよ。音楽は、僕の声であり、慰めであり、幸せのほとんどの源なんだ。この仕事は、僕の体と心が完全に限界に達するまで続けるものだと確信しているよ。

Astral Path

An Oath to the Void
カナダ
Avantgarde Music
2016

自然や宇宙をテーマに掲げた、オンタリオ州はオタワの2人組の唯一作。フィールドレコーディングによる自然音や、陶酔感のあるアンビエントを、メロディック・ブラックに注入する。Justin Bourdeau の繊細な絶叫が炸裂する「Maroon Sea」は、初期 Alcest のような荒々しいブラックゲイズ。「Between Appalachia and the Shield」は、Naglfar に通じる寒々しさと、キーボードの涼やかな囁きが余韻を残す。大曲志向の本作において、「A Virulent Delusion」は4分程度の暴虐的なメロディック・ブラックで、アクセントとして機能しており、目も覚める仕上がりだ。

Basalte

Vertige
カナダ
GBS Records
2018

カナダはケベック州モントリオールで結成され、Serocs や Sutrah で知られる Laurent Bellemare、Spectral Wound の S が在籍する。重苦しく冷たいギターと、トリプルヴォーカルによる暗黒的な表現を信条としており、Deathspell Omega の影がちらつくスタイルだ。「Ce que le corps doit au sol」は、薄暗い叙情性を振り撒くギターと優しく叩かれるドラムに、アトモスフェリックな空間を作るトレモロとハーシュヴォーカルが入り乱れる。「Acouphène」は、緩やかなリズムで神経に障る禍々しいリフをバウンドさせ、気の滅入るメロディーが木霊する曲だ。

Existe

Esprit sensible, monde fragile
カナダ
Atondo Musique
2016

ケベックシティで活動する4人組のデビューアルバム。Malebranche の Émile Savard、元 Basalte の Etienne Maurice が在籍。タイトルは「繊細な心、壊れやすい世界」という意味。悲愴感に溢れた絶叫を主役にしたデプレッシヴ・ロックにシューゲイザーやハードコアを合わせる。衝動的な演奏に、Mineral や Glassjaw らエモの影響を感じるスタイルだ。「La Fin du Jour」は、柔らかく美しいギターに断末魔に似た叫びが木霊する弾き語り。「Frivole」は、荒々しいドラムと塊のようなリフで轟音の壁を作り、青臭いメロディーを叩きつけるようなインストゥルメンタル。

Existe

Vivre et laisser mourir
カナダ
自主制作
2018

Cyril Tousignant と Arnaud Fillion の2人組になって発表した2作目。現在は4人組に戻った。グロッケンシュピールとクラリネットをゲストに迎え、フォークトロニカやポストロックの趣きがある作品だ。悲壮感のあるヴォーカルにブラックメタルの要素を残し、ドラムを際立たせたポストパンクも色濃い。「Les souvenirs souffrants」は、明るいトレモロと性急なリズムで軽やかに疾走するポストパンクだが、悲しみを撒き散らす絶叫が個性的だ。「L'atténuement」は、流麗なギターの美しさと太いベースラインがぶつかる幻想的な曲。

Finnr's Cane

Elegy	カナダ
Prophecy Productions	2018

カナダのオンタリオ州サドベリー出身の男女混合３人組で、ステージネームはそれぞれ「吟遊詩人（The Bard）」「農民（The Peasant）」「奴隷（The Slave)」を意味する。アトモスフェリックなメタルとブラックメタルの複合を目指した音楽性だが、本作はアンビエントを効果的に配置したメロディック・ドゥームの様相を持つ。「Elegy」は、ゆったりしたテンポに、艶かしく物憂げなトレモロリフを合わせて、遠くで歌っているようなクリーンヴォーカルや悲しみに暮れる絶叫で、悲恋を歌っている。「Lacuna」は、キーボードの澄んだ音色と歪んだディストーションギターが拮抗し、ドゥーミーな重さを保持するバッキングの影響で、Swallow the Sun に近い聴き心地。

Forlesen

Hierophant Violent	カナダ
Hypnotic Dirge Records	2020

Lotus Thief や Botanist に在籍していた Alex Lindo と Bezaelith が結成したカナダの２人組。ダーク・アンビエントとエピック・ドゥーム、ブラックメタルをミックスしたスタイルで、２曲で 36 分の大作デビューアルバム。カナダの Hypnotic Dirge Records からリリースした。速度はほとんどないに等しく、アンビエントによる神秘的な美しさが全面に出ているため、人によっては聴きづらさを感じるだろう。「Following Light」は、起伏の乏しい静かなアンビエントに美しいヴォーカルをゆったり差し込ませ、ガリガリと引っ掻くようなリフワークが鬱々とした心情を表現する。

Ghosts of Neskowin

Heritage	カナダ
自主制作	2017

ブリティッシュコロンビア州のケロウナで活動するバンドの唯一作。メンバーや形態は不明。バンド名は、オレゴン州ネスコウィンにある海水の塩によって枯死する森林を由来にしている。ディストーションギターの厭世的な感情を呼び起こすような鳴り、荒ぶるドラムの躍動感、メランコリックなメロディーに Panopticon を想起するスタイルだ。加えて極端にスピードを落とし、奈落に引きずり込む鈍重なパートは、ドゥームメタルに匹敵するヘヴィネスだ。「Absent of Life/Void of Hope」は、繊細なアルペジオから一転、辛味の強い暴力的な爆走、残響を活かしたトレモロの美しさが代わる代わる顔を覗かせるドラマチックな曲。

Gilded Lily

Mongrel's Light	カナダ
Lion's Jawbone	2016

カナダ・オンタリオ州バリーで活動する３人組。生々しく激情的なハードコアをベースにしており、冷たいトレモロによるブラックメタル由来のメロディータッチが、随所で顔を出す。厳つい咆哮のスクリームヴォーカルやスラッシーなリフワークを織り交ぜ、Ringworm 周辺の雰囲気がある。「Weakling Sun」は、熱気のこもった激情的なヴォーカルと、音の塊としか形容できない凶暴な演奏が襲いかかるハードコアだ。「Tall Column of Light」は、キャッチーなリフによる邪悪なメロディーにブラックメタルの要素を感じさせるが、A Pregnant Light に近い退廃的なアグレッションが聴ける。

Hell Is Other People

Embrace	カナダ
自主制作、CDN Records	2017

オンタリオ州ウィンザーの5人組で、バンド名は哲学者サルトルの書籍から名付けられている。ジャズ由来の強弱をつけるドラムや、甲高く吹き荒れるトレモロや獰猛に噛みつくヴォーカルが際立つ、メロディック・ブラックにブラックゲイズをブレンドした音楽性だ。ゲイン高めの耳に優しくないプロダクションは、Ulver の初期作に通じる。「Embrace」は、悲愴感の強いトレモロ、暴虐的なドラムを、荒い音質で叩きつけることで、激しさの裏に滲む儚さを表現している。「The Colour Returns」は、抜けのいいスネアとベースのドライヴ感にざらついた喧しいリフを乗せ、ジャズを導入した中盤のアンサンブルが美しく映える。

I Believe

Stars are dying	カナダ
自主制作	2020

モントリオールのバンドで、メンバーの構成や名前、人数を一切明かさない。デプレッシヴ・ブラックに近いバンドコンセプトを下地に敷く。ジリジリしたディストーションギターや美しく揺らぐトレモロ、邪悪なしゃがれ声によるスポークン・ワードが特徴的だ。「Forgiveness」は、叙情的なリフの先導で、ドラムの軽い疾走感、邪悪に囁くヴォーカルにより、シューゲイザーをそのままブラックメタルに落とし込んだ感触がある。「Dreaming of Satan」は、ピコピコしたシンセサイザーや明るいメロディーを弾くギターに、クリーンヴォーカルのスポークン・ワードで、ポップなテクノポップを聴かせる。

Malebranche

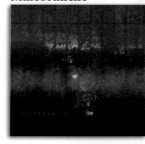

Morcelé	カナダ
自主制作	2021

モントリオールで活動する4人組。Gevurah の Tehom Productions がミキシングで参加。バンドのテーマに「不幸や苦悩」がある。本作のトレモロには Alcest を彷彿させる仄明るさがあるため、暗い雰囲気ではない。ヴォーカルはデプレッシヴ・ブラックによくある虚脱した絶叫に近い。「Urgence aveugle, lames glissantes」は、精神を摩耗する反復するトレモロに明るいメロディーを織り込むことで、厭世的なブラックメタルを表現する。「Morcelé」は、じりつくトレモロや遅めの BPM でポストメタルに接近、後半に配置したホワイトノイズで全てを押し流すスピリチュアルな曲。

Naarvhal

Naarvhal	カナダ
自主制作	2015

ケベックの S.P. という人物が独りでやっていること以外に、情報が全くない。スタイルとして、自然崇拝の念を色濃く感じるアトモスフェリック・ブラックを主軸にしているが、無感情なノイズや、インダストリアルをも組み込んだ音楽性だ。「Toutatis」は、殺伐としたハンマービートに、マイナーコードの寒々としたディストーションギターが吹き荒れ、Blut Aus Nord の要素を感じ取れる。「Above the Nether」は、淡々としたドラムの力強さや、声高に振り絞るハーシュヴォーカルの圧の強さに反して、ダークなメロディーが徐々に宗教的な色を帯び、Behemoth のような雰囲気を増大させている。

Numenorean

- ⦿ Krepitus、Inverted Serenity、Damascus
- 🜨 2011 ～ 2021　　　　　　　　　　　　　　🌐 カナダ
- ⦿ Byron Lemley、Brandon Lemley、Roger LeBlanc、Tomas Ingham、Jordan Diakur、Harley D'orazio

アルバータ州カルガリーで活動していた 6 人組で、Byron Lemley と Brandon Lemley の 2 人組として 2011 年結成。2014 年にはデモを発表。徐々にメンバーを増やし、2016 年に『Home』で Season of Mist からアルバムデビュー。ブルータル・デスメタルも顔負けの凄惨な少女のジャケットで国内外から話題を集める。精力的にライヴをこなしていき、6 人組へと編成を変えた。2019 年には『Adore』をリリースし、足場を固める。3 作目となるフルアルバムのレコーディングとそれに伴うワールドツアーの準備をはじめていたが、2021 年 9 月、Facebook 上で突如解散を発表した。

Numenorean

Home
Season of Mist　　　　　　　　　　　　　　　カナダ
　　　　　　　　　　　　　　　　　　　　　　2016

カルガリーで結成したバンドのデビュー作。血糊のようなバンドロゴや、傷だらけの少女という陰惨極まりないカバーアートから想像できないほど、明るいトレモロが主張するブラックゲイズを聴かせる。本作のテーマは「無垢」と「死」で、カバーの少女がその象徴だ。「Home」は、女性の悲鳴から高らかな絶叫を皮切りに、柔らかなトレモロの美しさや乱打されるドラムのアグレッションが渾然一体となって押し寄せる、エモーショナルな曲だ。「Devour」は、12 分 30 秒という長さで、感情の押し引きを体現したヴォーカルや、緩急自在のドラムや甘美なトレモロが吹き荒れる、ドラマチックなブラックゲイズ。

Numenorean

Adore
Season of Mist　　　　　　　　　　　　　　　カナダ
　　　　　　　　　　　　　　　　　　　　　　2019

大曲志向をやめコンパクトになった影響で、逆にスケールを大きくした 2 作目。Ghost Bath の『Starmourner』を手掛けた Josh Schroeder をプロデューサーに迎えている。基盤にあるブラックゲイズに変化はないが、強弱の境目がはっきりしたダイナミックな作品に仕上がっている。「Portrait of Pieces」は、悲壮感のある呻きを伴って揺らめくトレモロの美しさや、凶悪な音圧で迫るキャッチーなリフやドラムで緩急の落差をつける構築力の妙が光る曲。「Adore」は、骨太なベースやドラムのアグレッション、合唱を煽るコーラスワークが表現する雄々しさに、ライヴでの熱狂が目に浮かぶようだ。

Numenorean インタビュー

2021 年 5 月

Q：Numenorean は、ポストブラックメタルと言われるバンドの中でもアグレッシヴでドリーミーな音を聴けます。
最初は 2 人組からスタートしたと聞きましたが、どういった経緯でブラックメタルと出会い、それを表現しようと思いましたか？
Byron：ああ、元々このバンドは、2011

年に双子の兄弟である Brandon Lemley と 2 人で始めたプロジェクトだったんだ。僕は 10 代後半にブラックメタルに出会った。Enslaved や Drudkh のようなバンドから、Agalloch、Alcest、Fen、Woods of Desolation のような、より感情的なブラックメタルへと繋がっていった

よ。それまではデスメタルのバンドで演奏していたんだけど、それらのプロジェクトにはいつも何かが足りないと感じていた。2011年にバンドを始めた時は、全ての曲を自分で書いて録音するつもりだった。というのも、僕の周りには、攻撃性や雰囲気の良さが混じった、深く悲しくて傷つきやすい音楽を作るという点で、同じ考えを持ったミュージシャンがいなかったからね。幸いなことに、2014年にデモをリリースしたところ、多くの人がこの旅に参加したいと思ってくれたんだ。

Q：Numenorean という名前は、非常にインパクトがあります。Christophe "Volvox" Szpajdel によるロゴも強烈ですね。この名前の由来を教えて下さい。

Byron：Numenorean という名前は、トールキンの中つ国（『指輪物語』に出てくる地名）に由来しているよ。これは、人間の利益のために全てのものが破壊されている僕らの世界とほぼ同じなんだよ。

Q：1stアルバムのアートワークはとてもインパクトがありました。あのインパクトだけで語るのは危険だと思いますが、どういった流れであの写真を選出しましたか？

Roger：不条理演劇（※不条理演劇（ふじょうりえんげき）とは、人間、特に現代人の不条理性や不毛性を描こうとする戯曲や演劇の手法もしくはその手法に基づく演劇活動そのもののこと）には、第四の壁を破り、観客がただの観客であることに安住しないという、僕が魅了される特質がある。不条理演劇は、受け身な観客の自己満足に対抗するためにこ

のようなことを行い、参加者に自分が提示されているものに疑問を投げかけるんだよ。僕はそれを音楽に反映させたかった。最初に目にした瞬間から興味を持ってもらえるようなものにしたかったんだ。このジャケットを選んだ理由は、もちろん他にも個人的、創造的な理由があるけど、不条理演劇の自由さに大きな影響を受けたね。

Q：『Home』はデプレッシヴ・ブラックの要素も感じる、長尺の曲もあるアルバムですよね。それでいて、メロディック・デスメタルのようなわかりやすさもあります。このようなスタイルに落ち着くきっかけはありましたか？

Byron：それは、僕らが影響を受けた全ての要素を、それぞれのパーツの構成やアレンジに壁を作らずに存在させることだね。 全てを直感的に感じなければ、価値のない努力になってしまうからさ。

Q：Numenorean の曲で、一番象徴的に感じるのは私は「Devour」なのですが、この曲に代表されるようなくっきりとしたプロダクションや強いパッセージに淡いアルペジオを共存しているスタイルはなかなか類を見ないです。これをこなすコツはありますか？

Roger：自分の声を見つけるんだ。誰かと同じにしようとすると、創造性が失われる。ファンクであれ、カントリーであれ、EDMであれ、自分が影響を受けたものを信じて。それらを受け入れ、導いてもらうんだよ。誰にも君のやり方を教えてもらっちゃダメだ。君が自分のやっていることを信じていれば、観客は君を信じるだろう。メタルは非常に堅苦しく、枠にはまることを勧める根拠のないイデオロギーに満ちていることがある。そのようなデタラメはすべて無視してくれ。僕らは何かを計画することはないんだ。それは偶然であり、構造を考えて何かに入ることはない。誰かのマネやコピーをしようとしないでくれ。むしろ、それらのアーティストに影響を受けてくれ。君の聴きたいと思う音楽を作ってくれ。他の人はどうでもいいからね。

Q:『Adore』は『Home』に対して、非常にコンパクトになってダイナミックです。加えて美しくもあります。『Home』を経て『Adore』にたどり着いたプロセスや苦難を教えてください。

Roger:『Adore』は僕らに多くのことをもたらしたよ。あんなアルバムを毎回作れるとは思えない。それは大変だろうな。このアルバムは、よりアクティブなものになっているよ。動きがあるんだ。『Home』とは違って、もっと浮遊感やエーテル感があると思う。また、プロデューサーの Josh Schroeder との共同作業は、このアルバムに大きな影響を与えた。彼がいなかったら、『Adore』は今のようにはならなかっただろうね。よりパーソナルなアルバムで、僕はその間、中毒の最悪の状態だったから、そのアルバムに戻ったり、ライヴで曲を演奏したりするのは、いつも苦痛なんだよね。『Adore』には感情的なエネルギーが多く含まれているから、その正直さに導かれたんだと思う。だからこそ、人々は僕らの音楽に共鳴してくれるんだと思う。僕らの音楽には、でたらめではない考え方がある。

Byron:僕らは皆、薬物乱用の問題や未解決のトラウマと戦っていたから、アルバム全体を通して音楽が非常に偏ったものになってしまったのだと思うよ。

Q:あなたがたのライヴはアルバムと違って、野性的でタフな印象を受けます。ライヴパフォーマンスで意識していることなどありますか?

Roger:僕は個人的なことしか言えないよ。もし、ショウの後に気絶しそうにならなければ、自分の仕事をしなかったということだ。僕は、自分の全てを観客に差し出したいと思っていて、人々はそれを尊重すると思っている。ステージ上では、良いことも悪いことも、全てを自由にしている。時が経つにつれ、それらをコントロールし、観客との会話を生み出すために活用することを学んできた。パフォーマンスとはそういうものだよ。観客との会話だ。脆弱性から生まれるエネルギーは、僕らのパフォーマンスを別のレベルに引き上げてくれるんだ。

Q:カナダのメタルバンドはブルータルなバンドやクレイジーなバンドが多いですよね。例えば Cryptopsy や Devin Townsend など。カナダの音楽シーンはあなたたちにどういった影響を与えていますか?

Roger:メタルというよりは、カナダの古典的なアーティストに影響を受けているね。Neil Young、Rush、そしてもちろん The Tragically Hip のようなアーティスト。また、Godspeed You!Black Emperor、Chastity、Dilly Dally、Weed、Woolworm、クラストパンクバンドの Iskra など、カナダの新しいバンドにもとても影響を受けている。これらのバンドからは、カナディアン・メタルや一般的なメタル・ミュージックよりも多くの影響を受けているよ。

Byron:Cryptopsy と Devin Townsend は、カナダが誇る輸出品の1つだね。Woods of Ypres もそうだ。カナダのアーティストも大好きなんだけど、それよりも太平洋岸北西部のシーン、特に Agalloch、Skagos、Fell Voices などのアメリカとカナダのブラックメタルのムーヴメントに繋がり、影響を受けているよ。これらのバンドは、地理的には Woods of Ypres や Devin Townsend よりもずっと近い存在だよ。

Q:日本に来たことはありますか?

Roger:いいや! でも、すぐにでも訪問する予定だよ。日本の芸術や文化が大好きなんだ。日本にはいつも特別な親しみを感じている。西洋が必死になって真似しようとしても、ほとんど毎回失敗してしまうような、人間の状態に対する非常に新鮮な把握と解釈を持っている。ジャパニーズ・ホラーはその典型だよ。それらの映画には、何か独特のもの

があるね。日本のアーティストや映画監督は、人間の暗黒面を非常に興味深く把握してて、それが僕にとって新鮮で魅力的なんだ。舞踏もその典型的な例ですね。僕は、富士山をハイキングして、たくさんの食べ物を食べたいんだ。あと、お餅！　お餅が大好きだよ。僕はお餅がとても好きなんだ。

Q：影響を受けた、あるいは大事なアルバムについて5つほど教えてください。

A：Roger：

Third Eye Blind『Third Eye Blind』

Deftones『White Pony』

Nirvana『Bleach』『Nevermind』『In Utero』

Bush『Razorblade Suitcase』

The Smashing Pumpkins『Melancholy and the Infinite Sadness』

Byron：

Enslaved『Below the Lights』

Agalloch『Marrow of the Spirit』

Gojira『The Way of All Flesh』

Bon Iver『For Emma, Forever Ago』

Opeth『Watershed』

Q：抽象的で申し訳ないですが、ポストブラックメタルについてどう思われますか？　また、自身のスタイルがそう呼ばれることに抵抗はありますか？

Roger：以前はレッテルを貼られるのが嫌だったけど、年を重ねるごとにパトロンにとっての重要性がわかってきた。どんなバンドかと聞かれたら、僕はただ「エモーショナル」と答える。正直でリアルなものはすべて僕のジャム。ジャンルは問わない。「リアルな CVLT ブラックメタルだけが好きなんだ！」というような人にはなれないね。つまり、人それぞれなんだ。しかし、僕は君がそこにある多くの素晴らしい音楽を自分から奪っているようにも感じる。ポスト・ブラックメタルに対する僕の考えも同じだね。感情と誠実さがあれば、それを支持するけど、もしそれが Deafheaven や Alcest のクローンであるならば、すぐに飽きてしまう。どんなジャンルでも人気が出てくると、その影響を受けてポスト・ブラックメタルに独自の解釈を加えようとするのではなく、自分たちのインスピレーションを再現しようとする多くの人たちで溢れかえるものだよね。僕は、何かが正直に表現されているのか、それとも他の何かを模倣しようとしているのかは、大体わかると思うよ。

Q：日本のファンにメッセージをお願いいたします。

A：皆のサポートに感謝している。このバンドの寿命の中での目標の1つは、そちらで演奏することだよ。

Précipices

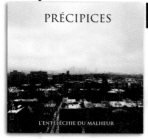

L'entéléchie du malheur
Matière Noire / カナダ / 2020

モントリオール出身の２人組。テクニカル・デスメタル Humanity's Disgrace の Karl Delorme が在籍する。バンド名はフランス語で「絶壁」の意だ。本作は、激しく疾走するドラムや、淡く寒々しいトレモロリフが主役のメロディック・ブラックだ。吐き捨てるヴォーカルは、メロディック・デスメタルのよう。「Idées éparses」は、哀しみを放つトレモロや慟哭するヴォーカルを、軽妙なドラムが淡々と支える叙情的な曲だ。「L'inextricable vacuité de l'être」は、テンポの速いドラムと絶叫を儚いトレモロで彩り、流麗なギターソロが華を添えるブラックゲイズ。

Respire

Gravity and Grace
Zegema Beach Records / カナダ / 2016

オンタリオ州のトロントで活動する６人組のデビューアルバム。アートワークは Amanda Elledge という写真家が撮影したものを元に、メンバーの Egin Kongoli が手掛けた。エモやポストロック、シューゲイザーをベースに、ブラックメタルや激情ハードコアをミックスしたスタイル。本作は、ダークな要素と明るくドリーミーなメロディーが結実した独特な作品だ。さらに、ヴァイオリンやグロッケンシュピール、トランペットなどを加えて、芳醇な室内楽の様相で魅せる点も特筆すべき点。「Eternal Light」は、木訥としたアルペジオに寄り添うトレモロ、トランペットや重たいリズムが絶叫へと集約するエモーショナルな曲。

Respire

Dénouement
Zegema Beach Records / カナダ / 2018

マスタリングに Deafheaven を手掛けた Jack Shirley を迎えた２作目。前作よりも華やかさを増し、ブラックゲイズに通じる儚いトレモロを主役にしている。バンドメンバーだけでなく、サックスやヴァイオリン、トロンボーン、アコーディオンといった楽器が客演し、オーケストラのような佇まいになった。凶暴さや衝動的なアグレッションが控えめになった反面、ドリーミーなメロディーを磨き抜いている印象だ。「Shiver」は、もの悲しいトレモロリフを震わせ、適度な疾走感と共に絶叫が轟くブラックゲイズ。「Virtue」は、管楽器による壮麗なパートと激しく駆けるブラックメタルが交錯するドラマチックな曲だ。

Respire

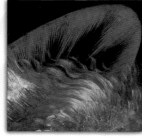

Black Line
Church Road Records / カナダ / 2020

前作に続き Jack Shirley をマスタリングに迎えた３作目。前作までと異なり様々なフォーマットでリリースしている。パーマネントな楽器以外の管楽器やストリングスによる客演は変わらない。本作は前作と前々作の良いところを結集したような印象で、エモやハードコアの衝動性が全面に出たダイナミックな作品だ。その影響で、Deafheaven に近いブラックゲイズが色濃く表出した。管楽器の華やかさは従来より活躍しているため、Liturgy の近作に似たオーケストラの感触がある。「Tempest」は、耽美なメロディーをなぞるトレモロに厳つい咆哮や絶叫が重なり、ばたついたドラムと相俟って文字通り嵐のように荒れ狂う。

Scars from a Dead Room

Vengeance	カナダ
Distant Voices	2016

モントリオール出身で、バンドの情報を一切明かしていない。本作は 2 作目。2019 年に、本作のリマスターをリリースした。デプレッシヴ・ブラックをベースに、Deathspell Omega の影響を感じるリフや、シューゲイザーに感化された淡い轟音を加えたスタイルだ。陰鬱になりすぎないよう、悪辣なヴォーカルや攻撃的なドラムがバランスを保つ。「A Prophecy of Doom」は、密室的で病んだ空気を充満するリフや絶叫に反して、高く伸びるトレモロの美しさがカオスを生んでいる。「Hubris」は、トレモロの儚い轟音と変則的なリズムのドラムで聴く者を惑わせる、サイケデリックなブラックメタルだ。

Vitrail

Les pages oubliées	カナダ
自主制作	2021

ケベックシティで活動する 3 人組。ドゥームメタルバンド Sons of Geezora の Simon Tremblay の独りバンドで 2019 年始動。2020 年に 3 人編成となってのデビュー作。ドゥームメタルの要素はなく、抜けのいいドラムによる軽快さや儚いタッチのトレモロが主体のブラックゲイズを表現する。ヴォーカルのみ 90 年代北欧のブラックメタルらしいがなり声だ。「La tempête apaisée」は、寒々しいトレモロと荒々しいドラムが胸をかきむしるヴォーカルを引き立てる。「Sur la montagne」は、ディストーションギターが光を感じるメロディーを弾く、切なく疾走するブラックゲイズ。

Within Nostalgia

Conjuring a New Reality	カナダ
自主制作	2019

Empyrean Plague の Kye Bell を中心にしたカナダのオンタリオ州ノース・ベイで活動する男女 2 人組。本作はフルバンド編成で制作。シューゲイザー特有の甘酸っぱいメロディーと土着的な叙情が溶け、アトモスフェリック・ブラックに近い雰囲気だ。ぎこちないドラムの影響で、垢抜けないのも特徴的。「Heart in the Eye of the Skull」は、左右のチャンネルに振り分けてユニゾンする物憂げなギター、ばたついた疾走に乗せしゃがれたヴォーカルが丁寧に歌う。「Death Lifes' Lover」は、ブルージーな分厚いリフを目立たせ、クラシックロックとブラックメタルが共存する曲だ。

A Rose Dying in the Rain

Por siempre tú	メキシコ
自主制作, Silentium in Foresta Records	2021

メキシコのグアダラハラで活動する独りバンドによるデビューアルバム。デジタルは自主制作、CD は Silentium in Foresta Records からリリース。タイトルの「Por siempre tú」はスペイン語で「Forever you」というような意味。トレモロが掻き鳴らす切ないメロディーを武器にしており、軽い打ち込みドラムと相俟ってデプレッシヴ・ブラックに通じるスタイルだ。伸びやかなトレモロの過剰さに、Sadness と類似性を見出せるメランコリックなブラックゲイズを表現している。「Existirás」は、可憐な単音フレーズを丁寧に爪弾き、徐々に華やかに疾走するドラマチックな曲。

A Rose Dying in the Rain

Cartas de Melancolía	メキシコ
自主制作、Silentium in Foresta Records	2021

前作から４ヶ月で発表した「憂鬱な手紙」というような意味の２作目。手書きのラフスケッチ風のカバーアートが目を引くが、CD も存在する。前作に続き Silentium in Foresta Records からリリース。こもった質感のディストーションギターやキーボードが、ドリーミーで物憂げな表現を強調したアルバムだ。「I Don't Want to Forget」は、速いテンポのドラムに合わせてざらついたギターの壁や線の細いキーボードが、遠くで絶叫するヴォーカルを引き立てるブラックゲイズ。「Aún vives en mis sueños」は、雨音と美しいピアノにトレモロが優しく乗るノイジーだが静かな曲。

An Ocean of Light

Vestigios de melancolía	メキシコ
Aleister Records	2020

Kolldbaakhel のメンバー２人を擁する、メキシコのバンドの２作目。シューゲイザー・パンクだった前作から、トリップホップの浮遊感を取り入れたポストブラックへと、大きく路線を変えた。「El Ocaso Del Ser」の前のめりのドラムに、前作のメロディックハードコアのようなエモの残滓は残っている。「En El Abismo De La Mente」の、マイナーコードの美しさと苛烈なドラムが入り交じる様に、Deafheaven の因子を感じ取れる。そのため、エモの爽やかさが残った、激情ハードコアのアルバムとしても聴ける。ただ、ヴォーカルの悲愴感は、デプレッシヴ・ブラックに近い。

Dotzd

Tempo	メキシコ
自主制作	2020

楽器演奏や歌、アートワークまでこなす Ashel による、メキシコのメキシコシティを拠点とする独りバンド。本作は、華やかで明るく、少しだけ寂しげなトレモロリフをかき鳴らす、直球のブラックゲイズだ。音の塊となったギターに紛れ、時折悲痛な叫びが木霊する。「Alba」は、揺らめくギターの轟音にヴォーカルの絶叫が被さる、美しいブラックゲイズ。「Capicua」は、ディストーションと遅いリズムでアンビエントを強調し、フューネラル・ドゥームの聴き心地がある。「Plétora」は、ドラムのハイハットによる細波に、荒波のようなトレモロが寄せては返し、ストップ＆ゴーを繰り返している。

ILU

Insomnia	メキシコ
自主制作	2020

メキシコの Jorge Lugo による独りバンドの唯一作。「不眠症」のタイトルが示す通り、揺らぐトレモロが織り上げる、幻惑的なブラックゲイズだ。反面、荒々しいドラムやブラックメタルらしいがなり声のヴォーカルは、病に苦しむ人の切迫感を表現しているよう。「Chateau」は、トレモロの反復に Burzum を、眩いメロディーと走り続けるドラムのアグレッションに Deafheaven を彷彿とさせ、サイケデリックな聴き心地。「You're Too Small」は、穏やかなストロークに猛烈なリフの嵐が被さり、間にはパイプオルガンによる厳粛な静寂を設けたり、幻想的でフィクション性の強い歌詞に説得力を持たせている。

Kolldbaakhel

Onírica esencia de un tiempo desapercibido メキシコ
自主制作、Silentium in Foresta Records 2019

「冷たい骸骨」という意味のメキシコの5人編成バンドで、ギタリスト2人は An Ocean of Light のメンバー。デプレッシヴ・ブラック由来のディストーションギターの荒々しさを、エヴァーグリーンなトレモロで、優しく包み込む美しさが軸となっている。Burzum 由来の、陰惨な反復で神経を蝕む「Dustbath」は、13分と長いが、緩急自在で、特にクリーンのギターの流麗さが際立つ。「Moongaze」の繊細なアルペジオが徐々にノイジーな荒々しさをまとっていく様は、初期の Alcest に通じる。朴訥な声質のクリーンヴォーカルと、治安の悪さを感じさせるハーシュヴォーカルは、良い対比になっている。

Oculi Melancholiarum

Noche azul メキシコ
BMC Productions、V.C.H. Music 2022

メキシコで活動する19歳の若き才媛 Nox Victoria による独りバンドのデビューアルバム。CD はブルガリアの BMC Productions からリリース。デジタルはサイトによって収録曲が異なる。チープなマシンドラム、感情を刺激する繊細なトレモロ、堂に入ったグリム・ヴォイスが渾然一体となった演奏を聴かせる。デプレッシヴ・ブラックを主軸にするが、儚いギターにブラックゲイズとの共通項がある。「The Presence」は、現実感を消失する蕩けそうなトレモロに壮絶な絶叫や暴虐的な爆走が絡む壮大な曲。「Niebla de mar」は、穏やかなメロディーと力強いドラムが余韻を残すインストゥルメンタル。

Potemtum and Solitude

Good Bye My Love コロンビア
自主制作 2020

コロンビアのビジャビセンシオで結成、メキシコを拠点にする2人組。自らのスタイルを「ドリーム・ブラックメタル」と名付けている。デプレッシヴ・ブラックメタルを基盤にシューゲイザーやポストロックを盛り込み、絶望感の強い病んだメロディーを聴かせる。荒々しいプロダクションによる破滅的な雰囲気が濃く、ドリーミーな風情ではない。「Schizophrenia」は、しとどに降る雨音をかき分けるような繊細なトレモロや絶叫が、仄かに明るいメロディーに映えるブラックゲイズ。「Leave Me!」は、か細いトレモロと圧の強いディストーションとの落差やポストパンク調に疾走する演奏に、Amesoeurs の影響が伺える。

Walking over Strings

I, emotion ベネズエラ
自主制作 2017

ベネズエラはカラカス出身の Efraín Alejandro Méndez による独りバンド。本作は、長年暖めていた彼のアイデアをブラックメタルに盛り込んだもの。ブラックメタルに Mogwai らポストロックを大々的にミックスしたインストゥルメンタルを聴かせる。陰鬱さは皆無だが、生々しい感情の流れや荒々しさをパッケージした作品に仕上がっており、瑞々しい。「Goodbyes」は、強いパッセージのトレモロや、チープだがしっかり撃ち込まれるリズムの疾走感が激しさを生んでいる。「Loved」は、柔らかなキーボードのか弱いタッチに物悲しいトレモロを合わせることで、感情の揺れを表現した美しい曲だ。

Walking over Strings

Neon Borealis
自主制作 베네즈エラ

2017

前作を経て、よりブラックメタルのアプローチを目立たせた作品。本作は、架空のナイトクラブを舞台にした物語を敷いている。ナイトクラブの名前が、本作のタイトルだ。舞台に設定した 1988 年という年にも合致する煌びやかなディスコポップ調のアレンジを施し、EDM にも近い大胆さが持ち味だ。「Horrors of the Night」は、ミラーボールが似合う毒々しいエレクトロに、ざらついたトレモロをうっすら被せる新感覚の味わいを付与した曲に仕上がっている。「Enter the Neonwalker, The Marauder Avenger」は、ブラストを模したビートを下地に、キーボードでキャッチーさを演出した、産業ロックに似た感触のブラックゲイズだ。

Dreams of December

Ashes of a Decadent Life
自主制作 ブラジル

2021

ブラジルのミナスジェライス州を拠点にデプレッシヴ・ブラックメタル Dereallization でも活動する Sigma による独りバンド。デジタルのみだが、Bandcamp と各種サブスクではカバーアートが異なる。ベースはブラックゲイズだが、デプレッシヴ・ブラック由来の鬱々としたメロディーや極端に歪ませたヴォーカル、粗いプロダクションで孤独感を強調した作品だ。タイトなリズムや時折狂ったように掻き鳴らされるギターにポストパンクの要素がある。「Dreams of December」は、嵐の音をサンプリングした背景に冷たく淡いトレモロをじんわり響かせ、適度な疾走感や絶叫がブラックメタルの矜持を感じさせる曲。

Gray Souveniers

Letters to the Forgotten Spring
自主制作 ブラジル

2018

ブラジルの Putrefactus による独りバンド。本作は、「自然と郷愁」をテーマにしている。主題にしている「春の日々」を、ポストロックのダイナミックで繊細な楽曲展開とブラックメタルのトレモロやディストーションを合わせて表現した。「A Letter Written in Ambar」は、素朴なギターのストロークを主に扱い、トレモロによる華やかなメロディーを乗せ、春の訪れを丁寧に描いたインストゥルメンタルだ。「You're Awake in My Dreams」は、厳かなキーボードに乗る優しげなクリーンヴォーカルから、春の嵐みたいなギターのディストーションとガテラルへの、急激な落差が効いている。

Kaatayra

Só Quem Viu o Relâmpago à Sua Direita Sabe
自主制作 ブラジル

2020

ブラジリアで活動する Caio Lemos の独りバンド。プリミティヴ・ブラックとアトモスフェリック・ブラックの中間に位置する音楽性だった。「右手の稲妻を見た者だけが知っている」と名付けた本作で変化し、南米の大衆音楽フォルクローレを取り入れた印象の作品だ。清廉なアコースティックギターにブラストビートや絶叫を織り込む様は、エレクトリック・フォルクローレの名手 San Ignacio と Darkthrone によるセッションを聴いているかのようだ。「Chama Terra, Chama Chuva」は、清らかなギターの澱みない奔流を、雷撃の如く性急なドラムや喚き声で切り裂き、シャーマニックな歌が響き渡る。

Kaatayra

Inpariquipê	ブラジル
自主制作	2021

活動休止前に発表した5作目。南米フォルクローレを思わせるアコース
ティックな演奏とブラックメタルの融合は順当にアップデートした印象
だ。そこにサンバに近いリズム感を加えることで、トロピカルな雰囲気の
ブラックメタルを構築した。「アコースティック・ブラックメタル」を標
榜するだけあってメタリックな重厚さは皆無だが、性急なドラムや絶叫で
攻撃性を保持する。「Inpariquipê」は、清廉なギターとパーカッシヴな
ドラムで作る密林のような湿度を感じる演奏に、優しい歌や絶叫が乗る。
「Iasá」は、奇妙な響きが特徴的な打楽器に先導されてサンバやフォル
クローレが顔を出し、終盤にブラックメタルらしい疾走に雪崩れる曲。

Morte Rubra

Fadário Dizimado	ブラジル
Póstumo Sólsticio Records	2018

ブラジル北東部で活動していた2人組。治安の悪そうなジャケットに反
して、鬱々とした叙情的な演奏を聴かせる。お世辞にもプロダクションは
いいと言えないが、ジリジリとしたギターの背後で揺らめくキーボードは
妖しく、荒々しいドラムや獣のようなグロウルとの対比になっている。
「Perdido Em Devaneios Longínquos」は、麗しいシンセサイザー
で、シンフォニック・ブラックのような優美さに、生々しいドラムの猛々
しさや血反吐を吐くようなハーシュヴォーカルが喧しく吠えたてている。
「Mãos Vazias」は、殺伐としたトレモロと煽動するヴォーカルで、南
米らしい血腥い雰囲気を作り、甘さは全くない。

Octobre

There Is a Heaven in Me	ブラジル
自主制作	2019

ブラジルのサンパウロで活動する独りバンドの唯一作。シューゲイザーの
感触を付与されたデプレッシヴ・ブラックを表現しているが、陰惨さは存
在しない。粗いトレモロの圧の強さでメタルの強度を保持している。反面、
ピアノやストリングスをふんだんに使い、鬱々とした雰囲気を中和する優
美さがユニークだ。「Diamonds」は、ピアノの美しいフレーズのループ
にギターやドラムが乗っかり、トレモロを強調するギターで、ストーリー
性を増している。「There Is a Heaven in Me」は、穏やかなピアノやア
コースティックギターによる、クリーンヴォーカルの穏やかさと悪辣な絶
叫を交えるメランコリックなバラード。

Sabackthanny

Dopamina	ブラジル
自主制作	2020

ブラジルのマナウス出身。シューゲイザー Sabactâni でも知られる
Jhef Martim による独りバンド。2020年活動開始だが、すでに何枚か
のアルバムをリリースしている。本作はブラックゲイズに寄せており、プ
リミティヴな音像に儚いトレモロと苦悶を乗せた作品だ。ブラックメタル
の中でもキリスト教世界を歌ったアンブラックやクリスチャン・ブラック
と呼ばれる世界観のため、特有のクリスタルのような澄んだメロディーが
特徴。「[I.N.F.I.N.I.T.A] Síndrome de Abstinência」は、小気味良い
テンポで疾走するドラムと気を殺ぐようなトレモロや苦い絶叫が溶けるよ
うなブラックゲイズ。

Shyy

Shyy	ブラジル
自主制作	2018

ブラジルのサンパウロで活動する4人組。幻想的なタッチで目を引く本作のカバーアートは、José Correa Rangel という画家が1799年に描いたもの。本作は、ヴォーカルの録音がやけに前へ出たプロダクションを除けば、ブラックゲイズの影響下にある儚いトレモロやポストパンク調のリズムが耳に残る、一風変わったブラックメタルだ。「Desfalecer」は、物悲しさを反復するトレモロを押しやる荒っぽい濁声が治安の悪さを感じさせる、不思議な感覚を与えるブラックゲイズ。「Ainda Vivo」は、前のめりに疾走するドラムに乗る儚いメロディーや、リヴァーブのかかったノイジーなギターが美しく乱反射する。

Solifvgae

Avenoir	ブラジル
自主制作	2016

ブラジルのリオデジャネイロで活動する、ブラッケンド・デスメタルバンド Vociferatus のメンバー4人を擁する5人組。緩急をつけたドラムや、ドスのきいたグロウルや喚きを混ぜたヴォーカル、繊細なメロディーを表現するトレモロをシンプルに組み合わせたブラックゲイズだ。野犬の遠吠えや風の音を取り入れ、自然への憧憬がアルバムの随所で聴ける。「Undertow」は、低く唸るグロウルとがなり声のハーモニーを軸に、トレモロでじっくりと練り上げた淡いメロディーが、丁寧に花開いていくような印象の曲だ。「Pathway」は、か細く揺れるトレモロに反して、小気味良いスネアが軽やかに響くキャッチーなブラックメタル。

Tiyug

Hymns to Anhangá	ブラジル
自主制作、Silentium in Foresta Records	2017

ヴィトリア・ダ・コンキスタで活動する Gray Souvenirs の Putrefactus による独りバンド。メキシコの Silentium in Foresta Records からリリースした2作目。「Tiyug」は、「腐った液体」の意味。前作はアトモスフェリック・ブラックとプリミティヴ・ブラックの中間に位置するスタイルだった。本作でもそれに変更はないが、シューゲイザーの淡く甘酸っぱいギターノイズやポストロックのダイナミックな曲展開を注入している。「White Deer」は、Deafheaven を参照したような陽光を思わせるノイジーなギターと苦悶に満ちた低音グロウルの対比が際立つブラックゲイズ。

Yvyy

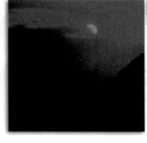

Metaphysics	ブラジル
自主制作	2018

ブラジルのサンパウロを拠点にする Gabriel Eduardo と Tsar による2人組のデビューアルバム。各々の担当楽器は不明。デジタルのみだが、リリース当初と現在でカバーアートが異なり、タイトルも『Metaphysics of Death』で曲順ばかりか曲名も違っていた。劣悪な音質のトレモロによるデプレッシヴ・ブラック然とした感触と寸断されてズタズタなビートを組み合わせ、ブラックゲイズとヴェイパーウェイヴをミックスした奇を衒った作品だ。「Eternal」は、ヘリコプターのプロペラ音にも聴こえるマシンビートと、シューゲイザーに近い轟音ギター、時折喚くような絶叫が入り交じる薄闇のブラックゲイズ。

Huszar

Los Nuevos Absolutos : Acto Segundo アルゼンチン
自主制作 2017

アルゼンチンのサン・アントニオ・デ・パドゥアを拠点にする Marc Huszar による独りバンド。本作は、アンビエントやエレクトロをブラックメタルに組み込み、プログレッシヴ・ロックに寄せた展開から Ulver や Germ を彷彿させる。「Urgencia, O La Celebración De Las Auroras Negras」は、ゆったりしたテンポでディレイをかけた美麗なギターが、暴虐的なトレモロ吹き荒れる演奏に雪崩れ込むシューゲイザー・ブラックだ。「Ira Astral (Plutón Parte 2 : Prodótis)」は、荘厳なコーラスワークと、トレモロのユニゾンを美しく聴かせる。

Huszar

Providencia アルゼンチン
自主制作 2017

「摂理」と名付けられた 6 章からなるコンセプトアルバム。登場人物の旅路を描いた神学的な物語で、難解な歌詞が特徴的だ。アトモスフェリック・ブラックに通じる、大きく間を取ったドラムや空間演出を重視したトレモロが目立つ。激しく疾走するパートはメロディック・ブラック風で、爽やかなシューゲイザーやアンビエントタッチの表情も見せる。「Providencia II」は、鐘の音を模したアンビエントの澄んだ空間を、ブラストビートに揉まれて荒々しいリフが切なげに疾走する、約 19 分の大曲だ。「Providencia V」は、揺らぐキーボードや爽快なトレモロで描くサイケデリックな空間で、悲壮的なヴォーカルが吠え立てる。

Ghâsh

Goat チリ
Pest Productions 2017

チリのサンティアゴで活動する独りバンドによる EP だが、フルサイズに近いボリュームがある。「Ghâsh」とは、トールキンの「指輪物語」に出てくる種族オークの言葉で、「火」を意味する。オークのような厳つい咆哮とは裏腹に、高音域のトレモロによる荒いが繊細なメロディーで、幻想的なブラックゲイズを聴かせる。「Waterfall」は、幻想的な雰囲気を構築するディストーションとトレモロのコンビネーションや、ゆったりした荒くチープなドラムの中、治安の悪そうなヴォーカルが物悲しく響く曲だ。「Change」は、悲愴感を撒き散らすトレモロの繊細さと、泣きに近いメロディアスなフレーズが印象的な、美しいブラックメタル。

Lascar

Saudade チリ
自主制作、A Sad Sadness Song 2017

チリのサンティアゴ出身の独りバンドで、自然崇拝型のアトモスフェリック・ブラックに、粗いディストーションギターでシューゲイザーに近い感触を付与したブラックゲイズを演奏する。荒々しい録音だが、メロディータッチは優しく繊細で、表題通り郷愁を誘う儚さがある。「Tender Glow」は、分厚いトレモロをノンビートに近いリズムを覆うフューネラル・ドゥームに通じる鈍重なスロウパートと、稲妻のようなドラムの激しさで駆け抜けるアグレッションのスイッチに、構築力が光る曲だ。「Bereavement」は、ゆったりと弾かれるリズミカルなリフで曇天に似た叙情性を放射することで、爆走するコーラスパートが映えている。

Lascar

Wildlife
自主制作
チリ
2018

前作よりもデプレッシヴ・ブラックに近い陰鬱さを持たせた作品。本作は、長くても8分、基本は6分前後にまとめ、コンパクト化を図っている。淡く溶けるような叙情性は健在。緩急の落差が激しかったドラムに、適度なテンポと以前よりはっきりした輪郭が生まれている。「Petals」は、聴き取りやすい明瞭なメロディーの切なさや、心情を隠そうとするディストーションのカーテン、心地好い疾走感に、確かなダイナミズムが生まれている。「The Majestic Decay」は、繊細なトレモロのブラックゲイズ然とした明るさに、歯切れ良く刻むリフやストップ&ゴーを繰り返すドラム、絶叫し続けるヴォーカルが、詰め込まれている。

Lascar

Distant Imaginary Oceans
自主制作
チリ
2020

プロダクションが向上し、デプレッシヴ・ブラックの粗さは薄れている。従来より展開の速度を速めたことで、強弱が明確になった。以前はフックとして使用していた、ストレートに疾走するメロディック・ブラック然としたパートを表出させており、本作の利点になっている。「Novelization」は、小気味良い疾走感を出すドラムやトレモロピッキングの冷たさにブラックメタルの矜持を感じさせ、噛みつくヴォーカルの哀しみが、浮き彫りになるフォーキッシュなメロディック・ブラックだ。「Ode to the Sea」は、大きく跳ねるリズムと怒号に、大波を模したディストーションを被せ、ビターなブラックゲイズに仕立てている。

Silence of the Old Man

Under the Grey Sky
Pest Productions
チリ
2015

In Luna の Aukka によるチリのアントファガスタで活動する独りバンド。本作は Pest Productions からリリースした EP で、6曲35分とボリュームがある作品だ。In Luna のデプレッシヴ・ブラックに寄せたスタイルと違い、こちらは淡く甘いトレモロを炸裂させたブラックゲイズだ。無軌道な絶叫に陰鬱さがあるが、甘いメロディーに程好く馴んでいる。「Cancer」は、少しざらついたギターを下敷きに儚いトレモロと絶叫がない交ぜになったドリーミーな曲。「Weepingwind」は、澄んだ美しいトレモロやブリザード・リフが渾然一体となったメロディック・ブラックとシューゲイザーのミックス。

Sunvher

Sunvher
自主制作
チリ
2020

チリのコキンボ出身の独りバンドで、プリミティヴな質感の演奏に、打ち込みのチープなドラムトラックとトレモロリフが主体。プロダクションは良好で、淡いクリーントーンのギターメロディーは Alcest に通じる。クリーンヴォーカルのパートは、The Cure あるいは Joy Division のような暗さがある。「Broken Clocks」は、Alcest の『Écailles de lune』を参照したメロディーとドラムに、細やかなディストーションが叙情を撒き散らす。「When Winter Died」は、ぼやけたクリーンヴォーカルに幻想性を付与し、ほのかに明るいトレモロリフを主役にしたブラックゲイズだ。

My Bloody Valentine と Slowdive がブラックゲイズに与えた影響

　本書でも度々出てくる My Bloody Valentie と Slowdive。この２つのバンドが、ブラックゲイズに与えた影響は大きい。Alcest や Fen はお気に入りのアルバムに Slowdive を挙げている。特に Fen は意識的にブラックメタルに Slowdive のようなシューゲイザーの要素を盛り込んで、『The Malediction Fields』を作り上げていったという。My Bloody Valentine にしろ、ブラックゲイズの発展の裏にシューゲイザーが横たわっている以上、避けては通れないバンドである。

　Alcest がデビューアルバムをリリースした当初、周りのオルタナティヴ・ロックファンが強く反応していた。これは、ブラックゲイズの持つブラックメタル由来の冷たいトレモロが、新鮮に映ったからに違いない。ブラックゲイズの冷たさが、シューゲイザーの甘美な轟音と同じフィーリングで響いたのだと言える。

　そして Deafheaven の登場によって、シューゲイザーとブラックメタルが完全に結合した実感がある。Blut Aus Nord の『The Work Which Transforms God』にせよ、Alcest の『Souvenirs d'un autre monde』にせよ、意識的に自らシューゲイザー・ブラックメタル（ブラックゲイズ）を構築したわけではなく、後から名付けられた標語だからだ。

　当の Deafheaven は My Bloody Valentine の要素を色濃く受け継いだドリーミーなブラックメタル／ハードコアとして称賛されたことは、記憶に新しいことだろう。

　そんな両者について、簡単にプロフィールを紹介しておきたい。

My Bloody Valentine

1984 年、アイルランドのダブリンで結成。メンバー編成に伴い、音楽スタイルも徐々に現在に繋がるものへと変化。Oasis らを見出したアラン・マッギーが運営する Creation Records から 1988 年『Isn't Anything』をリリースし、アルバムデビュー。1991 年に発表した２作目『Loveless』は、幾重にも重ねられたギターレイヤーが作り出す甘い轟音が美しい、シューゲイザーの金字塔と呼ばれ、多くのフォロワーを生んだ。長い沈黙の後、2013 年に３作目『m b v』を発表。なお、『Loveless』制作時、こだわりすぎるあまり制作費を 25 万ポンド（当時の日本円で約 4500 万円）使ったために Creation Records が倒産する原因の一端を担っていたことは、話が独り歩きしている節もあるが、あまりにも有名。通称はマイブラ。中心人物の Kevin Shields は、Primal Scream のメンバーでもあった。

Slowdive

1989 年、イングランドのレディングにて結成。1990 年、Creation Records から EP『Slowdive』をリリースし、デビュー。翌年、アルバム『Just for a Day』を発表。1993 年に発表した２作目『Souvlaki』には、Brian Eno が２曲でコラボレーションし、話題を呼んだ。なお、元々は Brian Eno にアルバムプロデュースしてもらいたい意向だったが、Eno の予定の都合により、コラボレーションに留まっている。1995 年には、これまでのシューゲイザーから距離を置いたエレクトロニカやミニマリズムを取り入れた『Pygmalion』を発表するが、解散。解散後に Mojave 3 を結成し、数枚の作品を出す。2014 年に再結成。フジロック・フェスティバルで初来日した。2017 年には、再結成後初となる自身 4 枚目のフルアルバム『Slowdive』をリリースし、好評を博した。

Chapter 4
Oceania, Asia, Africa and Others

オーストラリアではバンドの数自体は少な
いが、Germが隠れた名バンドとして知
られている。ジャンルとジャンルをクロス
オーバーして魔改造することに長けた日本
では、Alcestの台頭以前からVampilliaが
蠢動していた。また、近年では明日の叙景
やShadowgazerらが名を上げてきている。
ポスト・ブラックメタルやデプレッシヴ・ブ
ラックメタルの宝庫として知られはじめてい
る中国、ブルータル・デスメタルのみならず
ブラックメタルでも頭角を現してきたインド
ネシア、国を超えて結束した多国籍バンドを
この章では取り扱う。

デプレッシヴ、プログレッシヴを組み合わせるトリックスター

Germ

◉ Austere、Battalion、Autumn's Dawn
🕐 2003 ～
👤 Tim Yatras

🌐 オーストラリア、ニューサウスウェールズ州ウロンゴン

オーストラリアのニューサウスウェールズ州ウロンゴンを拠点にする Tim Yatras のソロプロジェクトで、2003 年には既に名前が存在している。プロジェクトの意味は「胚芽」あるいは「病原菌」といったもの。人気の高いデプレッシヴ・ブラックメタル Austere、カルト的な人気のあるブラックメタルバンド Battalion といった活動を経て、2012 年『Wish』を Eisenwald からリリース、アルバムデビュー。デプレッシヴ・ブラックメタルから吸い上げた陰鬱なギターサウンドやクリーン・ヴォーカルも導入し、Alcest らからの影響も色濃い幻想的なタッチで描くブラックメタルのスタイルで話題になる。EP『Loss』(2012)、アルバム『Grief』(2013) を立て続けにリリース。作品を重ねる毎に優美さやクラシカルな要素が磨かれ、存在感を増していった。2013 年には、Enslaved のサポートで初ライヴを敢行した。2016 年には名門 Prophecy Productions と契約、元 Amesoeurs の Audrey Sylvain も参加した『Escape』をリリース。2003 年発足から現在に至るまで EP やシングルを含めても 5 作品しか音源が存在しておらず、寡作なことでも知られている。ネットに存在しているインタビューでは、インタビュアーを煙に巻く言動をしていたりと、ミステリアスでトリックスター的な立ち振舞いが目立つ。海岸沿いに居住していることもありサーフィンが趣味。サーフィンをしている最中に曲や歌詞を思いつくことがあることも明かしている。また、Opeth の Mikael Åkerfeldt とは、過去にペンフレンドでもあったようだ。Tim Yatras のプロジェクトは多岐にわたるが、現在はアトモスフェリック・デプレッシヴ・ブラックメタル Autumn's Dawn を精力的に動かしている。

Germ

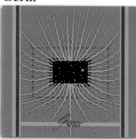

Wish
Prophecy Productions

オーストラリア
2012

美しいシンセサイザーの鮮烈な幕開けが印象的なデビュー作。不安定さを残したクリーンヴォーカルに The Cure や Joy Division を、絶叫する断末魔のヴォーカルに Lifelover や Silencer を感じる。華やかで、オルタナティヴ・ロックやエレクトロニカを大きく盛り込んでいるのが、個性的な面だ。「An Overdose on Cosmic Galaxy」は、ピアノのクラシカルな音色とエレクトロを最後まで貫き、クリーンとハーシュの対比を、淡いトレモロに乗せる。「Your Smile Mirrors the Sun」は、荘厳に疾走するキーボードや絶叫やハイトーンが、様々な表情を作り上げる。

Germ

Loss
Eisenwald/Prophecy Productions

オーストラリア
2012

自身の音楽的なルーツを掘り下げた EP 作品。EP サイズだが、ボリューム自体はフルサイズに近い。エレクトロを大きく前面に出しており、明るいキーボードが基調になっている。それに相克して、デプレッシヴ・ブラックに通じる陰鬱さや脱力する絶叫が、存在感を示す。「So Lonely, Dead Lonely」は、クラシカルな優美さを湛えるシンセサイザーとディストーションのグラデーションが美しく、プログレッシヴ・ロックのようにスムーズに展開していく。「Cold Grey Dawn (A New Beginning)」は、華やかで切ないギターリフや紳士的な歌声が優しい、メロディアス・ハードのような曲だ。

Germ

Grief
Prophecy Productions

オーストラリア
2013

シューゲイザーとポストパンクをさらに盛り込んだ 2 作目。ドラムのアグレッションや泣きのソロを織り交ぜたギターで、楽曲の骨格やメタルとしての強度は、飛躍的に向上している。凶暴な側面を強めただけでなく、ピアノやエレクトロニクスによる優美な優しさの主張が、本作の特筆すべき点だ。「Butterfly」は、客演した元 Amesoeurs の Audrey S の物憂げな歌声や、疾走感のあるドラム、浮遊するようなトレモロの揺らぎに、キャッチーなポップ感が甘さを残している。「It's Over...」は、シンフォニック・ブラックに近いブラストビートやトレモロが鮮やかに映え、鬱を誘発するヴォーカルの絶叫が耳に残る。

Germ

Escape
Prophecy Productions

オーストラリア
2016

初期から表現してきたポストパンクやシューゲイザーをデプレッシヴ・ブラックに混ぜ込むスタイルに、Ulver に近いフィーリングのプログレッシヴ・ロックの感触を付与した 3 作目。本作は、凶悪なギターの鳴りや力強いドラムの圧を強調していて、ヴォーカルの凶悪さも増し、ブラックメタルとしての強度が上がった。「I'll Give Myself to the Wind」は、トレモロリフによる翳る叙情に、緩急自在のドラミングで疾走感と躍動感を添え、耽美なメロディック・ブラックを演奏する。「Closer」は、緩やかなテンポに乗せて、明るいトレモロによる壮大な轟音を噴き上げ、優しい歌声がゆっくり響く、美しいバラードだ。

Aquilus

Griseus オーストラリア
自主制作、A Sad Sadness Song 2011

オーストラリアはメルボルン出身、「アトモスフェリック・メタル」を掲げる、Waldorf という人物の独りバンド。シンフォニック・ブラックに、ネオクラシカルやフォークを取り込んだ音楽性で、圧の強いディストーションギター、歯切れのいいドラムに、劇伴のようなピアノやストリングスが合わさる。「Loss」は、華やかなピアノに雄々しいコーラスが被さり、リズミカルなドラムやリフが、ヴォーカルと共に、嵐のような暴力性を叩きつける。「Latent Thistle」は、無機質な絶叫に、優美なメロディーを描くトレモロリフや、ブラストビートといった暴虐的なブラックメタルが、ケルトの民族音楽に似たフォークに表情を変える。

Christian Cosentino

Lawn オーストラリア
自主制作 2021

オーストラリアはゴールドコーストで活動する独りバンドの1作目。タイトルは「芝生」という意味。自身の本名をプロジェクトに冠しているため、シンガー・ソングライターの印象を与える珍しい存在だ。歌詞をDrew Straker なる人物が手掛ける。本作は「少年時代の感情」をテーマに敷き、ピアノやキーボードによる華麗でクラシカルなメロディーを、強いパッセージのトレモロやブラストビートでスピーディーな曲展開を聴かせる作品だ。「Lawn」は、オーケストラに派手なトレモロが炸裂するAstronoid に通じる曲。「Psychogenic」は、華やかなキーボードとノイジーなギターで爆走する暴虐的なブラックメタル。

Hope Drone

Cloak of Ash オーストラリア
Relapse Records 2015

オーストラリア・ブリスベンの4人組のデビューアルバム。バンド名が示す通り、ドローンノイズを前面に出し、Godflesh と Alcest が邂逅したかのような世界観を表現する。スラッジに似た重たさや残響はポストメタルを参照しているし、ブラックメタル由来の猛吹雪の叙情性も色濃い。「Unending Grey」は、緩急自在の豪快なドラムにブリザードリフを乗せる爆走と、ロマンチックな静寂を交互に展開し、壮大なメロディーを展開する20分の大曲だ。「The World Inherited」は、大きく間を取るリフの重厚感とテンポを削ぎ落としたドラムにより、フューネラル・ドゥームに通じる絶望感を聴かせる。

Hope Drone

Void Lustre オーストラリア
Moment of Collapse Records 2019

スラッジの粗暴さを増したが、ブラックメタルとしての冷涼さも忘れていない2作目。増強された重圧感は息苦しく、そこから抜け出すようにもがくブラストビートや邪悪なトレモロは、前作を順当にアップデートした作りだ。結果として、プリミティヴ・ブラックに近い雰囲気を増したのが、興味深い。「Forged by the Tide」は、激しく疾走するドラムで基盤を作り、高音域のトレモロで悲壮的な雰囲気のブラックゲイズを表現している。「This Body Will Be Ash」は、激情的なドラムの乱打と体感速度にDeafheaven を想起させるが、伝統的なブラックメタルの冷たいリフの執拗な反復が、終始付きまとう。

Illyria

Illyria	オーストラリア
	2016

オーストラリアのパースを拠点にするバンドで、Deafheaven 直系のブラックゲイズにメタルコアやポスト・ハードコアを織り込み、シンフォニック・ブラックに接近したオーケストラ調の派手な演奏を聴かせる。解放感のある轟音は、ポストロックのダイナミックな構築力に匹敵するほどで、絶叫するヴォーカルは物悲しい。「Sarim」は、叙情的なアルペジオで幕を上げ、明るいトレモロによる希望を感じさせるメロディーや、爽やかなクリーンヴォーカルがポップな感触を与える。「Origins」は、バラード調のテンポに鮮やかなギターを弾く華やかなアンビエントや、眩いバーストギター主導の激情ハードコアと様々な表情が楽しめる。

Imperfectionist

Nausea	オーストラリア
自主制作	2019

オーストラリア・ニューキャッスル出身のバンド。暗いトレモロを基調とした、陰鬱なブラックゲイズを演奏している。独特なのは、フューネラル・ドゥームやデスメタルで見られる、極めて低音域のグロウルを使用している点だ。頻繁にリズムチェンジを行うため、Gorguts のようなテクニカル・デスメタルに近い印象がある。「Bloom」は、黒々として叙情的なギターの淡いタッチや、急激なスローダウンや加速を織り交ぜ、低いグロウルと甲高いスクリームが交錯している。「Navelgazing」は、ガテラルによる邪悪さに Archgoat のような野蛮さや、地獄の底を思わせるギターの重々しさに、陰鬱なアグレッションを感じさせる。

Internal Harvest

Ethereal Struggle	オーストラリア
自主制作	2012

オーストラリアはメルボルンで活動していた 3 人組のラストアルバムとなる 2 作目。ピアノや儚く揺れるトレモロ、調子の外れたファルセットや喉を枯らす絶叫を駆使するヴォーカルが目立つ音楽性。デプレッシヴ・ブラックから脱却しきれていないが、陰鬱さと奇妙な躁が交じり合い、一風変わった作品になっている。「Abysmal Sea」は、美しい残響を残すギターのさざめき、ハイハットや小さなスネアによる静かな幕開けに、薄気味悪いファルセットや重たくバウンドするリフが淡々と展開していく。「Longing」は、美麗なトレモロに反して荒っぽいドラムの激しさ、音程の怪しいヴォーカルと、合わせる気を感じられない演奏が生々しい。

Joy

When I Die of Madness	オーストラリア
自主制作	2020

ニューサウスウェールズ州アーミデールの Alex Bjørn による独りバンドで、様々な名義のソロプロジェクトを使い分けている。本作は、気を病むような陰鬱なアンビエントと淡いトレモロを淡々と聴かせるデプレッシヴ・ブラックに近い。3 曲で 40 分を超える収録時間で、聴き手を拒絶する仕様も特徴的だ。苦悶に満ちたヴォーカルや透き通ったキーボードを被せる様に、A Light in the Dark に通じる部分がある。「I've Gone Mad」は、暗黒的なアンビエントを描くキーボードで幕を上げ、鬱々としたディストーションギターの執拗な反復、苦悶や笑い声、絶叫と気の触れたようなヴォーカルが、15 分間押し寄せる。

Mesarthim

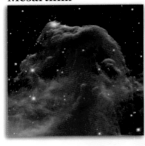

Isolate	オーストラリア
自主制作、Avantgarde Music	2015

オーストラリアの２人組で、宇宙をテーマにしたアンビエント・ブラックを展開する。コズミックなシンセサイザーを、デプレッシヴ・ブラック由来のディストーションギターの陰鬱な壁に被せ、軽めの Darkspace といった趣だ。本作は、ポストロックやシューゲイザーのドリーミーな感触が残されており、ブラックゲイズとしても聴ける。「Declaration」は、爽やかなトレモロやキーボードの音色の美しさに、壮絶なヴォーカルの断末魔が轟き、明るさと物悲しさが同居する曲だ。「Isolate」は、耳障りなノイズギターと幻想的なフレーズを弾くキーボードが、淡々としたリズムに映える、孤独感の強いインストゥルメンタル。

Oar

The Blood You Crave	オーストラリア
自主制作	2022

シドニーで活動する４人組のデビューアルバム。Remember That You Will Die のメンバーを擁する。本作は「抑圧」「自己嫌悪」「復讐」をテーマにし、スラッジに近い重苦しさや苦悶に満ちたしゃがれたヴォーカルを中心に据えている。適度に疾走感を取り入れ、モダンなプロダクションにメタルコアを想像するスタイルだ。「Doomed and Damned」は、儚いトレモロを随所に忍ばせ、筋肉質でアグレッシヴな演奏とのコントラストを強調した曲。「What Once Used to Bloom」は、寂寥感を表現する極端に溜めるドラム、トレモロによる暗い轟音の絶望感がフューネラル・ドゥームのようだ。

Skyborne Reveries

Drifting Through the Aurorae	オーストラリア
自主制作、Naturmacht Productions	2017

プログレッシヴ・デスメタル Sun of Gaia のベーシスト Nathan Churches による、オーストラリアはアデレードの独りバンド。極めてノイジーなギターに、澄んだキーボードを重ねる。速度のない An Autumn for Crippled Children といった趣で、陰鬱さもある作品だ。「To Fly Through Frostbitten Winds」は、神経を磨耗するノイズギターと重さのない疾走感に、厳つい咆哮が歌い上げるビターなブラックメタル。「Weeping Moon」は、エレクトロニカ調の美しい電子音にトレモロが重なる、ヴァイキング・メタルに似た雄々しいインストゥルメンタル。

Skyborne Reveries

Winter Lights	オーストラリア
Naturmacht Productions	2018

ノイジーなギターは健在、キーボードの透明感が際立つ２作目。Nathan Churches が全てを担うが、Havukruunu を手掛けたことで知られる Lebensnacht の Robert Brockmann がマスタリングを担当した。土着的な叙情が強まっており、前作に存在していた鬱々とした雰囲気を薄めているのが特徴的だ。「Winter Lights」は、冷えた冬の星空をイメージする澄んだキーボードに歪んだギターを這わせ、ゆっくりした歩調でヴォーカルが絶叫するイマジネーション豊かな曲だ。「The Forgotten」は、軽快なドラムトラックに乗せて、キーボードやノイズギターが、絶叫と共に駆け抜ける。

Skyborne Reveries

Utterly Away
Naturmacht Productions

松尾芭蕉の俳句をモチーフにした3作目。句をタイトルや歌詞にちりばめ、例えば1曲目の「Ikameshiki」は、「いかめしき音や霰の檜木笠」の初五。過去2作のノイジーなギターはマイルドに抑えられ、輪郭がはっきりした作品だ。彼なりの解釈を切り出し、もの寂しいギターソロ、穏やかな歌や絶叫が聴ける。「In Windy Moors of Memory」は、軽快なリズムに澄んだキーボードやトレモロを重ね、「夏草や兵どもが夢の跡」に沿う世界観が美しい。芭蕉の辞世の句にちなんだ「Wandering Over Withered Fields」は、ガテラルに似た絶叫が壮絶に歌い上げ、激しい疾走を織り交ぜた曲だ。

Vixenta

Polarity
自主制作、Flowing Downward

オーストラリアのブリスベンで活動する2人組による2作目。元々は3人だったがドラムが脱退し、本作から2人になった。Germ の Tim Yatras がセッションドラマーとして参加。前作は生々しいデプレッシヴ・ブラックだったが、本作では Impeirum Dekadenz に通じる叙情的なトレモロを主軸としたスタイルに移行している。ドラムも前作より遥かにクリアで力強い。器用に歌い上げるハーシュ・ヴォーカルに反して、時々顔を覗かせるクリーン・ヴォーカルは自信なさげで頼りない。「Wicked Flame」は、溌剌としたドラムの疾走感や明るいトレモロによる優しいメロディー、血反吐を吐きそうな絶叫が印象深い曲。

Acrosome

Narrator and Remains
Dusktone

トルコのアンカラで活動する独りバンドの2作目。不安定なポストロックだった前作と比べて、シンフォニック・ブラック的な華やかさを取り入れた音楽性に変化している。クリーンとハーシュの2種類を使い分けるヴォーカルが、よりブラックメタルらしさを強めた。「First Step on to the World」は、北欧ブラックに近いトレモロで冷たいメロディーを鳴らし、淡々としたドラムや、絞り上げる苦悶のヴォーカルに、妖しげなオーケストラを付与して華やかさを演出している。「Accommodate」は、エレクトロビートにトレモロを乗せ、朗々としたハイトーンや呪術的な呟きを吐き出し続け、謎めいた儀式を行う不穏さがある。

Ketoret

Ketoret
自主制作

イスラエル・イェルサレムを拠点にするバンドで、ライヴ・レコーディングされたデビューアルバム。バンド名は、ケトレットあるいはケトレと読み、旧約聖書レビ記に出てくる香炉の灰のエピソードにちなむ。シューゲイザーに寄せた儚いメランコリックなトレモロを主役にしたブラックゲイズで、ライヴの生々しい迫力を堪能できる。「Ivy」は、繊細に揺らぐトレモロと荒いがメリハリのあるドラムを主軸に、静かなアコースティックパートと暴虐的な疾走を交錯させるブラックゲイズ。「Water Omen」は、トレモロのアトモスフェリックな轟音の中、邪悪なメロディーと穏やかな叙情、怒れる絶叫と優しい声が交錯する、二面性を強調した曲だ。

Etheraldine

A Picturesque Scenery　　　　　　　　　　　　　　イラン
自主制作　　　　　　　　　　　　　　　　　　　　　　2019

イランはテヘラン出身の Harpag Karnik による独りバンドで、ブラック
ゲイズや古典的なブラックメタル、ポストメタルを融合し、インストゥル
メンタルで聴かせる。アートワークにもこだわり、写真家を起用して瑞々
しい森の風景をコンセプトにしているようだ。「The Wistful Echoes」
は、美麗なアンビエントに、突如 Burzum のような薄いディストーショ
ンのかかったリフワークを降臨させ、徐々にブラストビートを加えていく
が、聴き心地はとても静か。「Resplendent Fall」は、ざらついたギター
と浮遊感のあるキーボードで、幻想的な空間演出が施されて雨上がりの森
のような光景が広がる。

Forelunar

Sonorous Colours of Dolour　　　　　　　　　　　イラン
自主制作　　　　　　　　　　　　　　　　　　　　　　2019

Etheraldine こと Harpag Karnik による独りバンド。写実的なポストブ
ラックを披露していた Etheraldine と異なり、Darkspace や Burzum
の影響を受けたアンビエント・ブラックとブラックゲイズを合わせる。狂
気的なヴォーカルと、キーボードとトレモロによる美しいサウンドスケー
プが特徴だ。「Epicede」は、打ち込みでチープな高速のドラムビート
と絶叫を、ノイズでぐずぐずに溶かし、美麗なキーボードによるスペーシー
なアンビエントに塗り替える。「Dolour」は、激しい雷雨を退廃的なトレ
モロとキーボードで切り裂き、土着的なブラックと、都会的なブラックゲ
イズが交錯している。

Sparkle

Time Fade　　　　　　　　　　　　　　　　　　　イラン
Spirits of the Air Records　　　　　　　　　　　　　2018

イランのイスファハーン出身で、ポストロックとブラックメタルを折衷す
るスタイルの独りバンド。Joy Division のような暗いポストパンクに、
Burzum みたいなジリジリしたトレモロを合わせる「Time Fade」が鮮
烈。ブラックメタルの要素は、ギターにしか感じ取れないが、ノリの良さ
もあり聴きやすい。聴いていると、脳内でブラックメタルのヴォーカリス
トががなり出す瞬間が訪れてきて、だんだん楽しくなる。スカスカではな
いが、そういった想像の余地もある。透き通った美しさにざらつくトレモ
ロが傷痕を残す「Silent Night」は、Alcest から Burzum に切り替わ
る狂気がほのかに漂う。

Nishaiar

Irix Zerius　　　　　　　　　　　　　　　　　　エチオピア
自主制作　　　　　　　　　　　　　　　　　　　　　　2018

エチオピアはゴンダール出身の４人組で、シャーマニズムに根差す世界
観を構築するようだ。ブラックメタルの凶悪な演奏よりも、澄みきった
キーボードが主役の作品。不思議とチベットのチベタン・シンギング・ボ
ウルに似た静かな聴き心地で、瞑想に適している。ヴォーカルも独特で、
がなり声よりも、様々な人の声をサンプリングしたコーラスの方が目立
つ。「Bewatar」は、原始的なリズムを主軸に、ブラストビートと絶叫も
飛び出し、アフロビートとブラックメタルを組み合わせた印象を与える。
　「Ahrien」は、デザート・ブルースみたいな出だしから淡いトレモロが
炸裂し、Tinariwen が Burzum をカバーしているような曲だ。

Constellatia

The Language of Limbs　　　　　　　　　**南アフリカ**

Season of Mist　　　　　　　　　　　　　　　　　　　2019

南アフリカのケープタウンを拠点にするバンドの唯一作で、「執着と克服」をコンセプトに敷いたアルバム。ブラックメタルにポストメタルやシューゲイザーを加えて、R&Bに似たコーラスパートを設け、健康的で清らかなブラックゲイズを表現している。「All Nights Belong to You」は、粗い粒のブラストビートを主軸に据え、煌めくようなキーボード、涼やかなトレモロ、爽やかな女性ヴォーカルと荒々しい絶叫を巧みに入り乱れさせている。「Empyrean」は、図太いスネアとブラストビートのコンビネーションで雄大さを表現し、清廉なギターの残響とハーシュヴォーカルで、大自然に翻弄される人を描いているようだ。

Raat

Déraciné　　　　　　　　　　　　　　　　　**インド**

自主制作　　　　　　　　　　　　　　　　　　　　　2019

インドのニューデリーで活動する Lesath こと S.R. による独りバンド。「Raat」とは、ヒンディー語で「夜」を意味する。アトモスフェリックだが王道に寄せた Lesath と異なり、こちらは淡いトレモロと繊細なドラムを主軸にしたブラックゲイズ。亡者の呻きを思わせるヴォーカルや美しい叙情が同居する作品だ。「Sacrament」は、柔らかなトレモロで作った陽だまりにも似た雰囲気を壮絶な絶叫や呻き声、ブラストビートで破壊的に塗り潰していく幕開けに相応しい曲。「Déraciné」は、歪んだリフや絶叫による生々しいブラックメタルとしての激しさと、静かな湖面を表現したような穏やかなトレモロが、1つに溶け込んでいる。

Raat

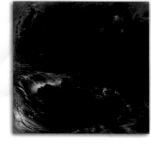

Raison D'être　　　　　　　　　　　　　　　**インド**

自主制作、Flowing Downward　　　　　　　　　　　　2020

ブラックゲイズとして完成度を高めた2作目。カバーアートは、19世紀ロマン派の画家ジョン・マーティンの1834年作『大洪水』。前作よりもアグレッションを強化し、クリーンヴォーカルを取り入れるなど、メタルの肉体性が明確になった印象だ。儚さと凶暴さを頻繁にスイッチすることで起伏が生まれ、ドラマ性を増した。「Never Forever」は、穏やかなトレモロを悲壮的なリフや悲痛な絶叫が切り裂き、往年のシューゲイザーを思わせる恍惚とした囁きを織り交ぜる、緩急の落差に翻弄されるブラックゲイズ。「Envie」は、ブラストビートに牽引される明るいトレモロと絶望的な嘆きのコンビネーションが美しい、壮大な曲だ。

Serigala

Fragments of a Shattered Soul　　　　　　　　**インド**

Eastbreath Records　　　　　　　　　　　　　　　　2020

インドネシアの東ジャカルタ市在住の Mochammad Jody による独りバンド。彼がほぼ全てを手掛けているが、「一匹狼」と書かれたカバーアートの詳細は不明。瑞々しいキーボードの美しさ、鬱々としたメロディーを描くディストーションギターやしゃくり上げるような高音域のがなり声が印象的なスタイルだ。疾走するドラムにはメロディック・ブラック然とした力強さがある。ブラックゲイズにブルータルなデスメタルの暴虐性を注入したような雰囲気がユニークだ。「Eternally」は、繊細に揺らぐギターの美麗さにアメリカのサッドコア Calla を思い出す、ブラックメタルとポストロックが融合した静と動が忙しなく交錯する曲。

Pure Wrath

- Perverted Dexterity、Lament、Cadavoracity、Omnivorous
- 2014 ～
- インドネシア
- Ryo

インドネシアのブカシ出身。ブルータル・デスメタル Perverted Dexterity や Cadavoracity で名を馳せた Ryo こと Januaryo Hardy が、2014 年に独りバンドとして始動。2017 年に『Ascetic Eventide』を Hitam Kelam Records からリリースし、アルバムデビュー。当初はアトモスフェリック・ブラックメタルのスタイルだったが、徐々に影響を受けた 90 年代のオーガニックな北欧ブラックの要素を取り入れる。別プロジェクトである Lament は彼が敬愛する Alcest のオマージュとしてスタートし、Pure Wrath とは全く異なる表現を追究している。

Pure Wrath

Ascetic Eventide	インドネシア
Hitam Kelam Records	2017

本作は、カスカディアン・ブラックに通じる自然崇拝や畏怖をテーマに、アトモスフェリック・ブラックを下地に敷いている。メロディック・ブラックにも引けを取らない疾走感や、噛みつくヴォーカルといった暴虐的な演奏に反して、メロディーそのものは極めて明るい。「Colourless Grassland」は、マイナーコードの冷たいトレモロと力強く疾駆するドラムビートから、花開くような柔らかなメロディーや牧歌的なキーボードが顔を覗かせる、美しい曲だ。「Pathetic Fantasies」は、疾走するドラムと叙情的なトレモロで Dissection を思い起こす寒々しく暴虐的なメロディック・ブラックを聴かせる。

Pure Wrath

Sempiternal Wisdom	インドネシア
Pest Productions	2018

Pest Productions からリリースした 2 作目。前作に続き、アートワークをブラックメタルやデスメタルを数多く手掛ける Aghy が担当した。アトモスフェリック・ブラック路線を増強し、ドラムの音作りが生の質感に近づいた。クリーンヴォーカルや美しさの増したメロディーは、Fen を想像するものだ。「Homeland」は、霧のようなトレモロとキーボードで叙情を浮き彫りにして、しゃがれた咆哮や優しいヴォーカルが自然や人間の営みを歌い上げる。「Elegy to Solitude」は、冷たいシンセサイザーと邪悪な濁声に先導されるメロディック・ブラックの合間に、ドリーミーな静寂が差し込まれる物悲しい曲。

Pure Wrath

Hymn to the Woeful Hearts	インドネシア
Debemur Morti Productions	2022

Debemur Morti Productions から発表した 3 作目。元 White Ward の Yurii Kononov がドラマーで客演。ポスト・ブラックメタルの要素は大きく減退。彼の言う通り、90 年代の北欧ブラックメタルを参照した攻撃的でオーガニックなスタイルに近づいた。反面、シューゲイザーやジャズを盛り込んだ静寂パートも存在し、ダイナミックな展開を体現。Lament との差別化を推し進めた印象だ。「The Cloak of Disquiet」は、冷たいトレモロと小気味良く疾走するドラムで強靭な演奏を聴かせ、老婆の語りらしきフォークロアも交えた叙情性でアトモスフェリックな雰囲気を撒き散らす曲。

Lament

Visions and a Giant of Nebula	インドネシア
自主制作、Pest Productions	2020

ジャワ島ジャカルタ郊外のブカシを拠点にする Pure Wrath こと Januaryo Hardy による独りバンド。Alcest 影響下のブラックゲイズを演奏しており、儚いトレモロとドリーミーなヴォーカルが中心だ。邪悪にしゃがれたスクリームも披露し、疾走するパートを織り交ぜて、ブラックメタルの体裁は保たれている。「Hellion」は、しっとりしたアルペジオに神聖なコーラスを重ね、荒いディストーションギターや優しげな歌声が、牧歌的な雰囲気にマッチしている。「Memoir」は、美しい残響を残すストロークや軽やかに走るドラム、高音域のハーモニクスやキーボードが、激しさの中にある繊細な静けさを表現している。

Pure Wrath インタビュー

Q：あなたはブルータル・デスメタル Perverted Dexterity でも知られていますよね。Pure Wrath はネイチャー・ブラックやアトモスフェリック・ブラックで、Perverted Dexterity とは全く音楽性が異なります。どういう経緯で Pure Wrath をやろうと思いつきましたか？

A：Perverted Dexterity を始める前から、僕はブラックメタルの大ファンだったんだ。自分でもブラックメタルのバンドをやりたいと思っていたから、始めてみることにした。僕にとって Pure Wrath は、自分の人生で持っているものや共有したいものを、よりリアルに感情的に感じられる場所。Perverted Dexterity での僕の音楽的な攻撃性の反対側のようなものだったけど、今では Pure Wrath が僕のメイン・プロジェクトになったんだよ。

Q：Pure Wrath の音楽性は、非常にメロディアスでどこか湿気があって印象に残りますよね。Pure Wrath では、インドネシアの自然や文化を表現していますか？　それでいて、『Ascetic Eventide』ではデプレッシヴな感触がアクセントになっているように私は感じました。

A：実は、Pure Wrath の音楽には「民族的」なものはなくて、インドネシアの民族的

な感覚を意図的に盛り込んだわけでもないんだよ。自然に出てきた音なんだ。そして、『Ascetic Eventide』は僕にとって非常にパーソナルな作品だ。このアルバムは、僕が人生で最も落ち込んでいた時期に制作されたんだよ。

Q：先ほど「自然に出てきた」とありますが、次の作品『Sempiternal Wisdom』でも『Ascetic Eventide』のフィーリングが引き継がれているように感じました。これはあなたが Pure Wrath についてヴィジョンを掴んだのですか？

A：そうだね、最終的にはそういうものだと思う。『Ascetic Eventide』の頃から、3枚目のアルバムを作っている今まで、同じように書いて、同じように録音しているんだ。違いはコンセプトだけ。というのも、『Sempiternal Wisdom』以降、僕は自分の血統の物語における喪失感や、悪い時期を通して歌詞を書いているからなんだ。ヴィジョンはあるけど、具体的なものはないよ。ただ、いつものように自然に、自分の心の中にあるものを書きたいと思っているんだ。4枚目のアルバムでは、最近のアルバムで達成したことを踏まえて、『Ascetic Eventide』の気持ちに戻ると思う。僕のヴィジョンは、音楽に対する僕の思考パターンに

A：実は、全然違うんだ。『Ascetic Eventide』をリリースした時、地元でのサポートの大半はデスメタルのシーンからだっ

沿っているような気がするね。

Q：あなたの数あるプロジェクトである Lament は、Pure Wrath とは違いますよね。Pure Wrath は生々しさを感じますが、Lament には幻想的で理想的なニュアンスを感じました。サウンドはよりベーシックなブラックゲイズだと思いますが、Lament をやるきっかけは何だったのですか？

A：Lament は 2019 年にスタートしたんだ。ポスト・ブラックメタル／ブラックゲイズ的なものへのより深いアプローチとしてスタートしたよ。デビュー作の『Visions and a Giant of Nebula』 は、Alcest へのオマージュとして制作したんだ。僕はこのバンドが本当に大好きで、Lament を始めるにあたり、多かれ少なかれ彼らから多くの影響を受けた。そう、それが Lament の始まりだったんだ。次のリリースでは、僕は全く違うことをするつもりだよ。別のサウンドになるだろうし、ブラックゲイズのようなサウンドは全くないかもしれない。実際のところ、僕は Lament を、幽玄なドリームポップに対する自身のアプローチの実験的なプロジェクトにしたいと思っているよ。

たんだ。僕はとても驚いた。僕の予想を超えていたんだよね。この国のデスメタルの人たちは、一般的にブラックメタルの側面も持っていると思う。この国では、ほぼ毎週のように新しいデスメタルのバンドが生まれているんだよ。ブラックメタルのように、音楽の飽和度を変えてリフレッシュすることが必要なのかもしれない。例えば、Vallendusk の Mithos、Dusk in Silence の H.、Sethos/Warkvlt の Daevas のようにね。毎週のように AK-47 の銃声みたいな残虐な音を聴かされる人生がどれほど退屈か想像できるだろう。そして面白いことに、Pure Wrath に興味を示すブラックメタルの人はあまりいない。彼らの中には、ある種の哲学を持った正しいブラックメタルのバンドになるためのメッセージを送り続けている人もいる。彼らは自分たちが何を言っているのかさえ分かっていないんじゃないかな。

Q：あなたが初めて聴いたブラックメタルのアルバムは何ですか？　どういう体験でしたか？

A：Darkthrone の『Transilvanian Hunger』 だったかな。友人からブート

レグのテープをもらって、興味を持ったんだ。それ以前にも、クリーンなブラックメタルは知っていたよ。Behemoth や Negator など。しかし、僕は一般的にあまりにも洗練されたサウンドが好きじゃないから、そのサウンドに驚くことはなかった。だから、『Transilvanian Hunger』から Emperor の『In the Nightside Eclipse』への道が開かれ、Sargeist や Horna などのフィンランドのブラックメタルに移っていったんだ。

Q：あなたは様々なプロジェクトを動かしていて、音楽性も多様に富んでいますよね。曲を作る時は、これはデスメタル、これはブラックメタルというように振り分けていますか？例えば、ブラックメタル用に作ったリフをデスメタルに変換したり、といったようなことはありますか？

A：僕は通常、自分のプロジェクトのための時間を分けている。1つのプロジェクトが終わったら、別のプロジェクトを進める。スタイルの違いについては特にないかな。Perverted Dexterity の場合は、基本的なことはわかっていて後は追加で作っていくだけだから、全てを完璧にこなせるんだ。だけど、Pure Wrath や Lament は違うよ。これらのプロジェクトはまだ実験中だから、通常は作曲が終わってから聴くのに時間がかかる。でも、とても楽しい。

Q：あなたは Perverted Dexterity で来日していますが、日本はどうでしたか？Pure Wrath でも是非観てみたいですね。

A：Perverted Dexterity で日本をツアーすることは、夢が実現したようなものだよ。今までで一番いい経験だったよ。人々はとても協力的で、とても親切だし、地元のバンドは完全にクレイジーだ。もう、すぐにでもカムバックしたくてたまらないよ。もちろん、Pure Wrath は必ず日本に持っていくよ。ただ、日本でのツアーを手配してくれるプロモーターを見つけるのが少し難しいんだ。次

はベストを尽くしたいと思っているよ。

Q：少し話が戻りますが、Lament がドリームポップなどクリーンな方向にいくかもしれないのですよね。そうなると Pure Wrath がよりブルータルなブラックメタルに変化する可能性もあるということですか？

A：実際にはそう思わないよ。ただ、『Ascetic Eventide』や『Sempiternal Wisdom』のような落ち着いた感じはなくなってしまうかもしれないね。『The Forlorn Soldier』はその2つに比べて大きな変化があるから。また、よりブルータルになっているということでもない。僕はギターワークに焦点を当てていて、エフェクトやシンセをあまり使わずにアルバムを良い音にする方法を考えているんだ。

Q：あなたが影響を受けた、あるいは好きなアルバムを5枚ほど教えてください。まつわる思い出などもあれば是非。

A：アルバムについては特に思い出はないよ。あまりにも多くのアルバムが僕に多くのインスピレーションを与えてくれたから、たくさんのアルバムを挙げることができた。しかし、僕の現在の執筆スタイルに大きな影響を与えた、より最近のアルバムを挙げることにするよ。

- Emperor 『In the Nightside Eclipse』
- Wodensthrone 『Curse』
- Sühnopfer 『Hic Regnant Borbonii Manes』
- Aorlhac 『L'esprit des vents』
- Vallendusk 『Fortress of Primal Grace』

Q：最後に、日本のメタルファンにメッセージをお願いいたします。

A：日本の友人の皆さん、こんにちは。この大変な状況の中、皆さんが元気に過ごしていることを願っているよ。日本に戻って Pure Wrath を届けるのが待ち遠しい。

Soulless

Lost in Mind	インドネシア
自主制作	2018

インドネシアのパダンで活動する独りバンドによるデビューアルバム。デプレッシヴ・ブラックを素朴で美しいブラックゲイズに昇華していく道の途中。Happy Days のような、鬱々とした危険な空気がある。ドラムもハイハットがうるさいくらいで、リズム自体は単調だが退屈にならない絶妙なタイミングで撃ち込まれ、フューネラル・ドゥームの要素を入れている。「Last Moment」は、喚き散らす声と、我関せずといった体の神聖なメロディーとの対比が面白い。「Vivify」は Sadness のカバーで、原曲よりも疾走感はなく、キーボードの過剰な美しさを増幅させており、人の機敏を自然は関知しないと言っているようだ。

Soulless

Shine in Purity	インドネシア
自主制作	2020

雨が降り、美しいシンセが被さるオープニングに、大きく花開いた印象の3作目。ダウンロードのみだったが、2021年にCDやカセットが出ている。物憂げで浮遊感のあるトレモロと対比するバッキングは、さらに重厚になった。急激なテンポチェンジこそないがメリハリの利いたリズムは、心地好さを増した。「Shine in Purity」は、ブラストビートで躍動感をつけ、絶叫するヴォーカルが歌い上げるメロディーの切なさに、涙腺を緩ませる力がある。「Swastamita (A Silent Twilight)」は、凛としたアンビエントと暴虐的なブラックメタルを繰り返し、華やかで壮大な合唱を呼び込むコーラスが際立つ。

Calvaire

Nodus Tollens	シンガポール
自主制作	2019

ラテン語で「ゴルゴダ」を意味する Calvaria に由来しているとおぼしき、シンガポールの5人組。しゃがれた邪悪なヴォーカルと線の細いトレモロで、悲嘆を撒き散らすデプレッシヴ・ブラックをベースにしており、Shining のような暗さがある。耳を引くドラムは、整合性を無視し、前のめりで衝動的だ。「Aokigahara」は、タイトルから想像する通り、鬱屈したギターのリヴァーブ、ディストーションをかけた陰鬱なリフと、血反吐を吐き続ける。「Open Grave Dialogue」は、高音域のトレモロがスパークする儚いブラックゲイズで、絶望を吐き出すヴォーカルと対比され、心地好い疾走と相俟って美しい曲だ。

Mi'raj Aswad

////...	シンガポール
自主制作	2017

シンガポールで活動していたバンド。デプレッシヴ・ブラックの陰鬱さを軸に、溶けていきそうなトレモロや、ゴリッとしたベースラインをブレンドしたブラックゲイズを演奏していた。デモ音源に近いラフな音質だが、曲の骨格をしっかり構築しており、繊細なリフワークやドラムのタップを殺さない工夫が見て取れる。「I」は、単音のリフレインを執拗に弾くベースラインに、儚いトレモロや明るいディストーションギターを合わせ、ジャジーなリズムセクションも顔を出す Mogwai を彷彿させるインストゥルメンタルだ。「III」は、陰に籠る絶叫ヴォーカルや速い BPM で疾走するドラムに、我関せず叙情的なギターが郷愁を表現している。

Elcrost

Benighted & Unrequited ベトナム

自主制作 2020

ベトナムのハノイで活動する3人組。正規のクレジットは3人で、ライヴでは3人が加わる6人編成となる。本作は、Burzum に近い暗く密室的なブラックメタルをベースに、ジャズに寄せたブレイクパートを挟むことで、独自性を出す。ヴォーカルに顕著だが、全体的に陰鬱で、もの寂しい空気が終始まとわりつく。「Ox Blood」は、寒々しいトレモロと必要以上にリヴァーブをかけたヴォーカルが、小気味良い疾走とジャジーな静寂のコントラストに負けじと主張する。「The Mountain of Eternal Winter」は、邪悪ながなり声を中核に据え、妖しいリフや単調なベースのフレーズ、しっとりした叙情を織り込む曲。

Asthenia（虚症）

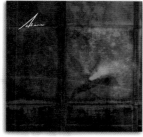

Still Lifes 中国

Lifeless Memories Records 2014

中国は北京を拠点に活動する5人組のデビューアルバム。トレモロリフによる儚いメロディーや、どっしりと腰の据わったリズムで、壮大なブラックゲイズを演奏する。本作は、「ストレリチア」「スズラン」「ユーフォルビア」の植物の名をつけられ、コンセプチュアルな要素があるようだ。「Strelitzia」は、陰鬱で美しいフレーズを、緩急あるリズムや透明感のあるトレモロ、ざらついたディストーションでダイナミックに表現するブラックゲイズ。「Euphorbia」は、鬱屈を重苦しく横たわるリフで表現し、透き通ったメロディーをゆったりと響かせ、Swallow the Sun のようなメロディック・ドゥームを聴かせる。

Asthenia（虚症）

Nucleation 中国

自主制作 2017

前作にあったドゥームの要素は大きく減退して透明感のある儚いトーンのギターが全面に出ており、ブラックゲイズとして完成度を高めている2作目。獰猛なヴォーカルが凶暴さを増したことにより、触れれば壊れそうな繊細なメロディーと、美醜の対比になっている。内面を切々と吐露する、抽象的で内省的な歌詞の世界観に、音が追随した印象だ。「Neoteny」は、透き通ったトレモロに、邪悪にしゃがれるヴォーカルと美しい女性コーラスを乗せ、雪のように冷たいメロディーを強調している。「Yuki-Hime」は、雪女をテーマにしているようで、凍てついた世界を表現するアンビエントを下地に、澄んだギターが美しいインストゥルメンタル。

Asthenia（虚症）

Aisa 中国

Pest Production 2020

繊細さをさらに磨き、ピアノやチェロを導入して、クラシカルな優美さを増強した3作目。ブラックゲイズの儚さは保持しているが、ブラックメタルとしての荒々しさは前作より大きく減退し、Katatonia に近いゴシックメタルの味わいが出てきた。大半の曲で、線の細いクリーンヴォーカルを披露している。「Aplastic」は、ピアノの残響と物憂げな歌による切々とした空間を、悲壮的なトレモロが埋め尽くすブラックゲイズに仕上げている。「Malebolge/Eviternita」は、ハーモニクスの美しさにブラストビートを緩やかに走らせ、切れ味のいいリフとグリムヴォーカルの暴虐性が、静かな本作のハイライトとなっている。

Deep Mountains （深山）

忘忧湖 (Lake of Solace)
Pest Production 　　　　　　　　　　　　　　　　　　中国
2014

中国の泰安を拠点にするバンドで、壮大な大河のようなアトモスフェリック・ブラックに、デプレッシヴ・ブラックに由来する陰鬱なリフや哀しみに暮れるヴォーカルを合わせる。丁寧に弾かれるアコースティックギターは、東洋らしい神秘的な筆致だ。「九黎之舞 / Wind and Stellar」は、牧歌的なタッチで爪弾くアコースティックギターとクリーンヴォーカルを素朴に聴かせる前半と、慟哭に咽ぶ絶叫やディストーションギターによる血の滲むような後半の対比が効いている。「漆河謡 / Ballad of Nai River」は、残響の響き方まで計算したような美しいギターと、透き通る女性ヴォーカルによる弾き語り。

Deep Mountains （深山）

平衡世界的意志 1
自主制作 　　　　　　　　　　　　　　　　　　　　中国
2019

2 部作となるアルバムの 1 部である本作は、多様化を図っている。ブラックメタルのみならず、ハードロックの要素を吸い上げ、オルタナティヴ・ロック的な味わいを深めている。プロダクションが大幅に向上したことにより、芳醇なギターやドラムの輪郭をさらに明瞭にしていることも、特筆すべき点だ。「昨日重重 (Yesterday Story)」は、Carpenters の「Yesterday Once More」を用いたフレーズに、溌剌としたスネアで疾走するカントリー調のインストゥルメンタル。「朋克万万岁 (Long Live Punk)」は、ざらついたギターと朴訥とした歌声のハーモニーが心地好いポップロックだ。

Deep Mountains （深山）

平衡世界的意志 2
自主制作 　　　　　　　　　　　　　　　　　　　　中国
2019

『平衡世界的意志 1』と対になる本作は、光を感じさせた『1』と異なり、従来のブラックメタルを濃くした闇を表現した作風に仕上がっている。トレモロの揺らぎを利用したブラックゲイズ的な側面も強く、細部まで聴き取れるプロダクションの良好さも手伝い、ダイナミックな作品だ。「酒狂 (Methomania)」は、悠然としたテンポに雄大なメロディーを乗せ、酒に焼けたようなしゃがれた絶叫が耳に残る、ブラックゲイズとフォーク・メタルを足した聴き心地だ。「秋水长天 (Autumn Stream and Vast Sky)」は、叙情的なアルペジオや物憂げなトレモロをリズミカルに聴かせ、がなり声が壮大なコーラスを牽引する。

Dopamine

Dying Away in the Deep Fall
Pest Productions 　　　　　　　　　　　　　　　　中国
2019

中国の南昌を拠点にする 3 人組。メンバーの Deng は Pest Productions の社長。セルフタイトルの EP に収録していた曲もヴォーカルを新たに入れて録り直している。淡さだけではないざらついたトレモロが特徴的で、繊細な中にプリミティヴな攻撃性が滲んだブラックゲイズだ。「Incised by Water ／水棱」は、穏やかなフレーズと甲高く刻んだトレモロの対比や、壮大なメロディーを描くディストーションに噛みつくヴォーカルの迫力が緊迫感を出している。「Melting ／溶解」は、美麗なアルペジオを丁寧に弾き、溶けてなくなりそうな現実感に乏しい叙情やリズミカルな躍動感を添えて、絶叫が壮絶さを表現する。

Voyage in Solitude

Through the Mist with Courage and Sorrow
自主制作

中国
2020

香港の新界で活動する Derrick Lin による独りバンド。作詞作曲、アレンジやアートワークまで全てを彼がこなす。プロジェクトのコンセプトに「香港市民のフラストレーションや孤独感の表現」を掲げている。やるせない冷たいトレモロを軸に、ブラックメタル由来のハーシュヴォーカルとシューゲイザーの囁くような歌声が交錯するスタイルだ。「Incoming Transmission」は、電子信号のパルス音に強いパッセージのトレモロを重ね、軽やかな疾走と静寂を繰り返すインストゥルメンタル。「Despair」は、ゆっくりとした立ち上がりのリフに重なる絶叫や物憂げなコーラスが、聖歌のように響くブラックゲイズだ。

Rustylake （锈湖）

肖 Shaw
Pest Productions

中国
2021

西安で活動する L.S. と T.Z. による 2 人組の唯一作。Pest Productions からリリース。マスタリングは Nekkomix。明日の叙景、Heaven in Her Arms、Alcest、Deafheaven からの影響を公言している。儚さを感じる叙情を湛えたトレモロ、陰に籠もった絶叫、浮遊感のあるプロダクションが特徴的なブラックゲイズを表現する。「水洼 Puddle」は、力強く牽引するビートの躍動感を掻き消す哀しみに暮れる怒号、丁寧に弾かれるメランコリックな旋律が胸を衝く。「甘死如怡 Komm, süßer Tod」は、艶やかなギターを前に押し出し、静寂とのコントラストを際立たせる曲。

Reverie Noire

Winter Requiem
Pest Productions、自主制作

中国
2019

北京在住の Reverie Noire による独りバンド。ポスト・ブラックメタルでは珍しく、コープスペイントを施している。オーストラリア留学時に訪れたタスマニア島に感銘を受けて制作した。Pest Productions から発表。アトモスフェリック・ブラックメタルからの影響も匂わせ、土着的で湿った叙情を放射する。「Wither」は、線の細い録音でデプレッシヴ・ブラックに近い陰鬱さを体得しているが、戯曲的なメロディーやコーラスで耽美なシンフォニック・ブラックに通じる聴き心地だ。「White Funeral」は、繊細なトレモロやスポークンワードと、奈落に突き落とすダウンパートの重量感の落差が激しい曲。

Madmans Esprit

무의식의 의식화 (Conscientization of Unconsciousness)
Gan-Shin Records

韓国
2018

韓国のソウルで活動するバンドの 2 作目。叫號こと Kyuho Lee によるソロプロジェクトで、ライヴは 5 人編成となるようだ。日本のヴィジュアル系とデプレッシヴ・ブラックを組み合わせた印象で、陰鬱で退廃的だ。DIR EN GREY のバラードに連なる耽美さもあり、ブラックメタル由来の冷たく暗いトレモロとの相性も抜群。「너를 심었다 (I Planted You)」はピアノと、か細い歌声による暗く透き通った静寂に、重苦しいブレイクダウンや激しい疾走、グロウルが暴虐性を彩りとして添える。「A Day in Black」は、軽快なドラムやトレモロの暗い美しさに、伸びやかなオペラや絶叫が禍々しさを付与する。

日本発アンダーグラウンドで存在感を放つブルータル・オーケストラ

Vampillia

◉ VMO、Nadja、Ruins、高円寺百景
🕓 2015 ～
👤 吉田達也、真部脩一、竜巻太郎、possession mongoloid
🌐 日本

2005 年頃、関西で結成。メンバーは日本のアンダーグラウンドにおける伝説的なバンド Ruins や高円寺百景のドラマー吉田達也を擁する総勢十数人の「ブルータル・オーケストラ」。元相対性理論の真部脩一も在籍している。Alcest や戸川純、Dakota Suite など、国内外ジャンルを問わないアーティストを招聘する「いいにおいのする」を冠するライヴイベントの主催者としても知られる。結成当初からブラックメタルやグラインドコアとクラシカルなオーケストラ、「デス・ゲス・オペラ」と評される 3 人のヴォーカルを合わせた独特のスタイルを確立していた。ポスト・ブラックメタルという言葉が生まれる以前から、ブラックメタルと異なるジャンルを組み合わせる独特の音楽性を磨いてきた。2009 年に、田代まさしが PV 参加した「heyoah」を収録した EP 『Sppears』で音源デビュー。日本のノイズ・ミュージックの重鎮 Merzbow や US オルタナティヴの暗黒の歌姫と評される Jarboe とのコラボ作品『Alchemic Heart』 (2011)、『Rule the World / Deathtiny Land』(2011)、戸川純やツジコノリコらが参加した『the divine move』(2014) といった作品を経て、『my beautiful twisted nightmares in aurora rainbow darkness』(2014) でアルバムデビュー。変則的なリリースペースだが、様々なコラボ作品やライヴ活動で国内外にその名を知らしめる。2019 年にはバンドの黎明期からのメンバーでもあり、派生バンド VMO にも在籍していたオペラ・ヴォーカルの Velladon が脱退。流動的でマイペースな活動だが歩みを止めることなく、2020 年には Season of Mist と契約したことを発表した。

Vampillia

Sppears
iscollagecollective
日本
2009

初代源となるミニアルバム。彼らの音の骨格はこの時点で完全にできており、悲愴感の強い不協和音、デスヴォイス、ゲスヴォイス、オペラヴォーカルの狂騒が強烈。ミニアルバムだが、バンドの分裂症的な二面性がしっかりパッケージされている。「heyoah」は、田代まさし出演のクリップも話題になったが、クラシカルで優美なメロディーを軸に、3種のヴォーカルが狂ったハーモニーを聴かせる1分6秒の狂気のアンサンブルで、彼らのブルータルな側面を封じ込めている。「mersum」は、ツジコノリコがヴォーカルを取り、ギターアルペジオの素朴な美しさと相俟って、ソフティスケイトされたもう1つの顔を見せる。

Vampillia

Alchemic Heart
Important Records
日本
2011

Swans での活動で知られるアメリカのオルタナティヴの女帝 Jarboe や、日本のノイズミュージックにおける第一人者、Merzbow を招聘して制作されたアルバムだが、1st アルバムではない。長尺な2曲のみの収録だが、優美さと暴虐を同時に鳴らす試みがなされている。「Sea」は、密やかなアンビエントと囁くようなヴォーカルで漂う中を、絶望的なノイズの壁、恐怖感を煽るオペラヴォーカルが攪拌し続けるフューネラル・ドゥームの拷問のようだ。「Land」は、精神を蝕みそうなストリングスとノイズの不協和音に、Merzbow が調理する黒々としたハーシュノイズが荒れ狂い、カオティックなハードコアに収斂していく。

Vampillia

Rule the World / Deathtiny Land
Code666 Records
日本
2011

前作と対照的な、平均して30秒に満たないショート・ナンバーが並ぶ。彼らならではの美しくクラシカルな曲も多いが、グラインドコアのようにあっという間に過ぎ去る、ノイジーで暴虐的、カオスという3点が揃っている。『Sppears』を細分化し、解体したような印象だ。「Alice in Murderland」は、ピアノの馴染みやすいフレーズと、ブラストビート、オペラヴォーカルが渾然一体となった、グラインドコア・ブラックメタルだ。「Slash Mountain」は、ノイズまみれのクランチリフに、オペラヴォーカルとゲスヴォイスのデュエットを乗せ、けたたましく疾走する、気が狂ったスラッシュメタルを聴かせる。

Vampillia

the divine move
Virgin Babylon Records
日本
2014

戸川純、アイドルグループの BiS、Krallice の Mick Barr らが客演。一部の曲で、作詞・歌伴を、元相対性理論の真部脩一が手掛けている。既発曲のコンピレーションとしての側面もあるが、緊張と緩和、美と暴といった、彼らを語る上では切り離せない、二面性の融和が特徴的な作品だ。「mirror mirror」は、アイドルポップスの愛らしいヴォーカルのハーモニーが、狂ったようなブラックメタルへと変貌する。「endless summer」は、子供の囁き、優美なヴァイオリンやピアノが合わさる牧歌的な子守唄に、物悲しいトレモロとブラストビートが差し込まれ、清廉で初々しさの残るブラックメタルを聴かせる。

Vampillia

my beautiful twisted nightmares in aurora rainbow darkness
Virgin Babylon Records

日本
2014

1st アルバムとして、Bjork や Sigur Rós らが使用したことで知られる、アイスランドの Greenhouse Studio でレコーディングされた。ミックスは、world's end girlfriend によるもの。本作は、静けさに不穏さを滲ませ、轟音がところ狭しと荒れ狂う、ブルータル・オーケストラだ。「Ice Fist」は、ヴァイオリンの震えや聖歌隊によるコーラスといった静と、音の塊となった渾然一体のアンサンブルが吹き荒れる動との、コントラストが鮮烈だ。「Von」は、マーチングのリズムでゆっくり進行し、ストリングスの優美な調べや美しいコーラスで、アイスランドの大自然を表現しているようだ。

Vampillia

my heart will go on
Virgin Babylon Records

日本
2016

「世界で一番美しい怒りの音楽」というキャッチコピーの EP。バンド曰くメタルでもノイズでもない、最も衝動的で、ストレートに怒りの感情をぶつける。本作は、8 分と短いが、徹底的にハードだ。「fuck you」は、ヒステリックなノイズと金切り声を轟かし、メランコリックな残響を滲ませた、ブルータルなファスト・ブラックのよう。「another」は、地下道に絶叫が響くようなプロダクションの、プリミティヴな荒々しい憤怒。「come on feel the noise」は、悪意を塗り固めたようなノイズの嵐に、断末魔が響き渡る、Mamaleek にも似たエクスペリメンタルで、親交のある Merzbow のようでもある。

VMO

Catastrophic Anonymous
Virgin Babylon Records

日本
2016

日本、フランス、アメリカからなる多国籍バンド。Vampillia のメンバーを中心に結成した。バンド名は「Violent Magic Orchestra」の略。ステージネームに Darkthrone や Mayhem、Venom といった大御所のバンド名を起用している。Vampillia に共通する要素もあるが、美しさよりも悪辣さを強調したノイジーなインダストリアル風のブラックメタルを展開する。「The Beginning of Fortune」は、不安を煽る無機質なアンビエントにゆったりしたトレモロリフを重ね、悲痛な絶叫ヴォーカルが淡々と喚く、牧歌的な雰囲気の曲だ。「Brick Wall」は、不定形に広がるような感触のシンセサイザーやチープな打ち込みが黒々と疾走する。

「いいにおいのする〇〇」

　Vampillia が主催するライヴイベント。2005 年頃にはすでに行われていた。Vampillia 単独ではなく、国籍やジャンルも問わないラインナップで徐々に話題を集めていった。元々は Vampillia のリーダーが観たいアクトをどうにか招聘できないかと考えられたものだったという。出演者は、Alcest、Enslaved、戸川純、あぶらだこ、BRAHMAN、大友良英、赤い公園など。「いいにおいのする〇〇」というイベント名で、「〇〇」にはその時々の出演者にちなんだ単語が入る。2017 年にはメンバーも出演し、音楽も携わる映画『いいにおいのする映画 (Be A Light To The World)』を公開し、ライヴ以外の広がりを見せている。

Al-Kamar

亡失した狂気の三日月から生誕した月影の少女 (The Style of Forgotten Vampires) 日本
自主制作
2012

東京の独りバンドで、「あるかまる」と読む。Alcest や Amesoeurs の因子を強く感じるブラックゲイズや、デプレッシヴ・ブラックメタルを中心に、アニメやボーカロイドといった要素を盛り込んでいる。荒い録音と裏腹に、美しいメロディーの静けさが特色の音楽性だ。本作は、ライトノベルの『吸血鬼のおしごと』をモチーフにしたコンセプトアルバム。「上弦の月」は、線の細いトレモロで悲愴感を演出し、速いテンポの上で、かすれた弱々しい女性ヴォーカルの囁きや悲鳴を聴かせる。「日常への回帰」は、繊細で冷たいメロディーを放射するギターで、音の壁を築き、密やかなスポークンワードで、アニメのような世界観を魅せる。

Arzert

Malkioto 日本
自主制作
2018

日本の独りバンドで、雅楽を想像するオリエンタルな響きのアンビエントをブラックメタルに組み込んだ音楽性。デスコアの獰猛さや、ヴィジュアル系に近い耽美な世界観を加味したシンフォニック・ブラックの要素も感じられ、Imperial Circus Dead Decadence を彷彿とさせる。「Malkioto 4」は、グルーヴィーなリフワークと歯切れのいいリズムに、しゃがれた邪悪なヴォーカルが吠える、デスコアのような聴き心地だ。「Malkioto 10」は、荘厳な響きのハイハットとギターのディストーションで築いた壮大な演奏に、艶かしいクリーンヴォーカルとコーラスを響かせ、シャーマニックな世界観を作る。

Cohol

空洞 日本
Satire Records
2010

東京で活動する 3 人組のデビューアルバム。シンガポールの人気ブラックメタル Impiety に在籍していたこともある Itaru Sayashi を擁する。バンド名は響きを重視しているが、「Call（呼ぶ）」にもかかっているようだ。ブラックメタルをベースに、ブラッケンド・ハードコア、スラッジに類する重厚感を強調した要素を盛り込み、Celeste やプログレッシヴなハードコア Burst らと共振するスタイル。本作のテーマに「自我の悩み」があり、鬱々とした感情を放射しているのも特徴的だ。「灰下に色付く記憶」は、Alcest に通じる儚いトレモロやばたついたドラムを主軸に、重苦しさと軽快さが同居するブラックメタル。

Cohol

裏現 日本
Osmose Productions
2015

名門 Osmose Productions から発表した 2 作目。No One Knows What the Dead Think のナカノキョウスケがドラムで加入（現在は脱退）。表題は「表現の対」になる造語。前作と地続きだが、引き締まったドラムや繊細なトレモロ、凶暴なリフなどは磨き抜かれ、よりメタリックな方向にシフト。「暗君 /Chaos Ruler」は、邪悪で荘厳なメロディーを弾くギターと乾いたドラムで、Dark Funeral に通じるアグレッションを叩きつける。「急性期の終わり /The End of Acute Phase」は、蛇がとぐろを巻くような鈍く重いグルーヴに乗せ、不穏な詩を諳んじる曲。

Deathbed

Chaos Theory
自主制作

日本
2020

あまり情報はないが、メタルコアや叙情派ニュースクール・ハードコアといったジャンルにも明るい日本の独りバンド。本作は、シューゲイザーのギターノイズを主役に、アンビエントの美しさを際立たせたスタイル。デプレッシヴ・ブラックに近い感触の陰鬱さに、ハードコアの青さを加味して、暗さだけでない甘酸っぱさがある。「Daydream」は、北欧エレクトロニカに似た肌触りの牧歌的で澄んだトレモロに、急加速と停止を織り混ぜ、フックが生まれている。「Butterfly」は、現実感に乏しく儚いトレモロを揺らめかせ、破壊的なアグレッションや複雑なリズムを組み込み、アンビエントタッチの壮麗なブラックゲイズを聴かせる。

Deathbed

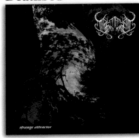

Strange attractor
自主制作

日本
2020

前作よりも耽美で悲愴的な雰囲気が増し、どろりとした重たさを加えている。ショックを与えるようなトレモロや金物の冷たい金属音に、ブラックメタルとしての邪悪さが窺える。本作は、肉体性を少し強調し、メタルコアのブレイクダウンのような落差を設け、Ära Krâ のような雰囲気がある。「Regret」は、力強いドラムトラック、北欧ブラックの邪悪な雷撃に近いトレモロを牽引する爆走パートや、刻むリフのグルーヴィーな反復を挟むことで、壮大なブラックメタルに仕立てている。「Manoeuver」は、気だるさや切迫感をない交ぜにしたリフワークをしっとりしたテンポで聴かせる、美しさを煮詰めたヘヴィなブラックゲイズだ。

Desire of the Moth

1st EP
自主制作

日本
2018

東京を拠点にするバンドの唯一作。激情ハードコアにトレモロリフによる儚く郷愁を誘うメロディーを組み合わせ、Svalbard や Déluge とAlcest がセッションしているような雰囲気を持つ。EP サイズだが、4曲で 30 分程度と大曲志向で、フルサイズに近いボリューム。「SearchOne's Memory」は、美しく乱反射する壮大なメロディーに、衝動的だが複雑なドラム、声の限り叫ぶヴォーカルを織り込む、ネオクラストに近い聴き心地のブラックゲイズだ。「Remote Region」は、クラシカルな響きのシンセサイザーと余韻を持たせたアルペジオに、衝動的なヴォーカルとトレモロリフの美しさを溶け込ませる。

Heaven in Her Arms

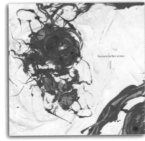

白暈
Daymare Recordings

日本
2017

東京で活動する 5 人組による 3 作目。2019 年に Celeste を招聘して来日公演を成功させるなど、プロモーターとしての顔もある。ダークで衝動的なハードコアが基軸だが、本作はブラックメタルの寒々しいトレモロや、シューゲイザーの甘美なメロディー、ポストロックの音響を体得した作品だ。日本語の歌詞には、文学的な言葉の美しさも相俟って、山尾悠子作品を彷彿させる。「月虹と深潭」は、分厚いトレモロで切ないメロディーを弾き、ジャジーな静寂パートと激情ヴォーカルがダイナミックな対比を生む。「円環を綯う」は、くっきりした輪郭のリフ、うねるベースライン、絶望に沈むようなヴォーカルの悲嘆が渾然一体となったハードコア。

Malikliya

謀：condolence
日本
2019

東京を拠点にする、Imperial Circus Dead Decadence や Go-Zen で知られるドラマー Shuhei によるプロジェクト。アイドルユニット NECRONOMIDOL の元メンバー柿崎李咲をヴォーカルにフィーチャーしている。ブラックメタルやデスメタルに、アイドルソングやヴィジュアル系を混ぜ合わせ、耽美な叙情性を全面に押し出した神秘的なアルバムだ。「葬：Burial」は、暴虐的なブラストビートやピアノの繊細なタッチの透明な雰囲気の中、清涼感のあるヴォーカルが美しく映える。「Inverse」は、澱みのないピアノにトレモロの儚さと繊細な歌声が乗り、口ずさめるコーラスの盛大さが、切なさを喚起する。

Pale

EP
Pest Productions
日本
2018

「Blackgaze Melancholia」を標榜する東京の4人組によるEP。フィジカルは CD のみで、Pest Prodcuctions からリリース。激情ハードコアにブラックメタルとシューゲイザーを盛り込み、Deafheaven や Heaven in Her Arms、明日の叙景に通じるキャッチーで勢いのあるブラックゲイズのスタイルだ。「Turquoise」は、強靭なドラムやトレモロの轟音で凶暴さに拍車をかけ、荘厳なメロディーでドラマチックに聴かせる展開の多い曲。「Hortus Sanitatis」は、ギターの悲壮感や絶叫ヴォーカルで慟哭を表現し、息を呑む静寂の美しさを巧みに織り交ぜた8分の大作。

Onryō

Starlight and the Path to Belonging
自主制作
日本
2015

イギリスのバーミンガムから日本の秋田県に移住した Tom Innocenti による独りバンド。Lantlôs に在籍していたこともある。「怨霊」というおどろおどろしい名前に反して、幻想的で儚いメロディーを鳴らすトレモロを主役にした Alcest に近いスタイル。本作はデモ EP という位置づけだが、音質も悪くなく、程好い荒々しさも相俟ってブラックメタルとしての強度もしっかりある。「My Searing Guilt Pours from the Acrid Stone」は、感情の機微をなぞるようなトレモロの繊細さやキーボードの美しさに、激しいドラムと悲壮感のある絶叫が入り交じる幽玄の美を感じられる壮大な曲。

Sawagi 〜騒乱〜

Lycoris radiate
自主制作
日本
2020

名古屋で活動する2人組。ほぼ全ての曲を Yuuki Tanagami が手掛け、1曲を Red が作曲している。デプレッシヴ・ブラックゲイズと銘打つだけあり、悲観的なメロディーを淡いトレモロの轟音で表現し、苦悶に満ちた絶叫が空間を埋め尽くす。渓流のせせらぎをサンプリングしたり、花の名を冠した曲を配置したりと、ロマンティシズムを随所に感じる作品だ。「Lycoris Radiate」は、物寂しいフレーズに華やかなトレモロを重ね、ぎこちなく疾走するノイズギターや絶叫が、虚しく響く。「My Purest Heart for You」は、浮遊感のあるトレモロと刺のあるリフのコントラストが、悲哀を表現する。

Shadowgazer

Blackgaze Cinema
Pest Productions
日本
2021

元 Myproof、現 Alphoenix のギタリスト Shimpei Biljee による独りバンドの初音源となる EP。Pest Productions からリリース。彼が現在メインに在籍している Alphoenix や過去の Myproof で魅せてきたメロディック・デスメタルと全く異なる表現として、ブラックゲイズを追求したプロジェクトだ。基盤となる儚さを強調したトレモロを下支えする時折ジャジーなリズムアプローチは、表題通りのシネマティックな世界観に説得力を持たせている。「Blackgaze Cinema」は、寂寥感のあるストロークとトレモロが美しい冒頭からメロブラにも負けない爆走を織り混ぜるドラマチックな曲。

明日の叙景

わたしと私だったもの / Awakening
自主制作、Pest Productions
日本
2018

東京の 4 人組によるデビューアルバム。目を引くカバーアートは、丁子紅子によるもの。儚さを強調したトレモロを軸にしたアンサンブルに、か細いクリーンや断末魔の絶叫、獣の唸り声のようなグロウルといった多種多様なヴォーカルを乗せるスタイル。ハードコアの衝動的な荒々しさで敷居を低くしている印象を受ける。「火車」は、複雑に入り組んだリズムアプローチを取るドラム、高低スクリームの躁鬱激しいヴォーカルが厭世感の滲んだメロディーに映える忙しない曲。「月の恥じらい」は、執拗なトレモロリフに病んだ絶叫を乗せ、緊迫感のある刻みや軋む静寂をインプロヴィゼーションのように織り込むアヴァンギャルドな感性が光る。

明日の叙景

すべてか弱い願い / Wishes
自主制作
日本
2020

At the Gates の『Slaughter of the Soul』や Carcass の『Swansong』を手掛けた Noel Summerville をマスタリングに迎えた EP。生々しいカバーアートは新進気鋭のイラストレーター佐藤 T によるもの。前作と大きな変化はないが、アグレッションを強めて輪郭の明瞭なリフの美しさが映える作品になっている。歌詞は女子高生がデモをするという着想を下敷きに書かれている。ヴォーカルの音量を少し抑え、社会的な歌詞の内容に反して幻想的な雰囲気が増した。「修羅」は、絞り上げる絶叫や徐々に体感速度を増すようなドラムが、物憂げなメロディーを下支えするキャッチーな曲。

親指〆器

始祖は唄う
自主制作
日本
2017

日本の 3 人組によるデビューアルバム。「鬱くしき世界」というコンセプトを掲げる。アートワークは、19 世紀のアメリカの画家トーマス・コールによる『快活の人（イタリアの夕暮れ）』。本作は、プリミティヴな音質だが、Candlemass のような重たいリフや、クラシックから吸い上げたメロディーの美しさがある作品だ。頼りない線の細いクリーンヴォーカルは、日本のサイケデリック・ロックバンド Ghost を彷彿させるアシッド感がある。「天球に手を -Orion-」は、重苦しいベースラインに乗る軽やかなトレモロ、重厚なリフが調子の外れたアシッドなヴォーカルと共に疾走するサイケデリックなブラックメタル。

雲雀

雲雀　　　　　　　　　　　　　　　　　　　　　　　　日本
自主制作　　　　　　　　　　　　　　　　　　　　　　　　2018

京都で活動するバンドによるEP。写真のようなタッチのカバーアート
は、イラストレーター HIROPON によるもの。本作は彼らの名刺的な印
象で、繊細なトレモロや激しくかき鳴らされるリフ、気を吐くような絶叫
ヴォーカルが際立つ。プリミティヴな荒々しさと裏腹に、錫杖を打ち付け
るようなハイハットや細やかなリフが前面に出ているため、静かな雰囲気
の作品に仕上がっている。「Antidote」は、もの寂しく爪弾くギターにト
レモロを重ね、丸みのあるドラムや絶叫、圧の強いギターが荒々しさを表
現する。「Dulcet」は、軽快なビートで流れるようなリフ、絶叫やキャッ
チーなクリーンヴォーカルが入り乱れ、ポップな印象を与える。

夢中夢

イリヤ - ilya -　　　　　　　　　　　　　　　　　　　日本
ギューン・カセット　　　　　　　　　　　　　　　　　　　2008

大阪を拠点に活動していた、ブラックメタルを下地にポストロックやポス
トクラシカルの要素を盛り込み、Vampillia と類似性を見出だせるバンド
だ。ハチスノイトによるヴォーカルは、アニメ主題歌のような素朴な聴き
心地を与えることから、「ブラックメタル meets 久石譲」とも言われる。
彼女のヴォーカルを主軸に、ハーシュヴォーカルが悪魔のように現れては
消える。「眼は神」は、瑞々しいピアノの連弾や朗々と響く歌声、トレモ
ロリフの刻みやスクリームをスイッチさせ、起伏が激しい。「祈り」は、
澄んだヴォーカル、厳かなピアノソナタ、荒々しいドラムへと肉付けされ
ていき、壮大な塊となって、アルバムの幕を下ろす。

Abstract Void

Back to Reality　　　　　　　　　　　　　　　　　　地球
Naturmacht Productions　　　　　　　　　　　　　　　　2018

出身地を地球としか書かない、謎めいた独りバンドで、80s ディスコポッ
プにブラックゲイズを注入した、一風変わった音楽性。「As I Watch
the Sunset Fade」は、キラキラと目映いシンセウェイヴを下敷きに、
壮大なトレモロと絶叫で軽やかに駆け抜ける。シンセサイザーがブラック
メタルの攻撃性を中和して、清涼感をもたらす「Disconnected」には、
8bit 化した Deafheaven という趣もあって面白い。ゆったりと、高音域
のトレモロが寄せては返す「A Reflection of Dying Past」の仰々しさ
には、確かに地域性を限定させない説得力がある。

Abstract Void

Wishdream　　　　　　　　　　　　　　　　　　　　地球
Flowing Downward　　　　　　　　　　　　　　　　　　2021

Skyforest も手掛けた Nekkomix がミキシングとマスタリングを担当し
た3作目。きらびやかなシンセサイザーで AOR やエレポップとブラッ
クメタルを折衷したスタイルに変化はない。爽やかなメロディーも健在、
ブラックメタルを感じる要素は、もはや絶叫ヴォーカルと時折炸裂するブ
ラストビート程度だ。「Storms」は、80 年代を想像させるシンセサイザー
の音色に牽引されて軽い質感のマシンドラムや圧の強い叫び声が憂鬱な気
持ちを抱かせる曲。「New Vision」は、鋭いリズムと薄いトレモロで疾
走感を作り、ロマンチックなキーボードの質感が、ブラックメタルを演奏
する Duran Duran といった雰囲気だ。

Archivist

Archivist	オーストリア / イギリス / ドイツ
自主制作	2015

Light Bearer に在籍していた Alex CF を中心に結成された、イギリス、オーストリア、ドイツからなる多国籍バンド。中心人物 Alex CF が描く物語をモチーフに、光を感じるトレモロの美しさに主眼を置いたブラックゲイズやポストメタルをミックスした音楽性だ。「Ascension」は、執拗なリフの反復や、ハイハットのさざめきで悲壮感を演出し、崩壊する地球から宇宙へ飛び立つ飛行士の旅立ちを描く。「Eureka」は、緩やかなギターの残響から一気に引き込むドラムの激しさを浮き立たせ、解放感のあるメロディーを主軸に、エモく爽やかなクリーンヴォーカルも交え、ポストメタルに寄せた壮大な世界観を聴かせる。

Archivist

Construct	オーストリア / イギリス / ドイツ
自主制作	2017

スラッジやポストメタル色の強かった前作に比べてブラックメタルらしいスピード感が出てきた、4500 年後の世界を描く 2 作目。骨格となる音楽性に変化はなく、暗くないが哀愁あるトレモロは、本作でもその美しさを保持している。「Lamenting Configuration」は、1 分 40 秒の静かなアンビエントに、ハイピッチの絶叫ヴォーカルと重たいリフを叩きつけ、加速していくドラムで軽やかな攻撃性をつけ、眠りから目覚めた者の視点を描く。「The Reconstruction」は、爽やかなギターのディレイに載せた、線の細いクリーンヴォーカルで機械の孤独を歌い、Deafheaven のような激情に雪崩れ込む。

Bizarrekult

Vi overlevde	ロシア / ノルウェー
Petrichor	2021

ロシアのバルナウル出身で現在はノルウェーのオスロを拠点に移しているバンドのデビューアルバム。結成は 2005 年だが、紆余曲折を経て現在は 4 人組。Gaerea などを手掛けた Miguel Tereso がプロデュース。「プログレッシヴ・ポスト・ブラックメタル」を標榜しているだけあり、突如ジャズ由来のリズムセクションで雰囲気たっぷりに聴かせたり、ドゥームに連なる重圧感を轟かせたりと凝った展開が多い作品だ。「For 1000 år siden」は、程好い疾走感を生むドラムと邪悪にしゃがれたヴォーカルが気を殺ぐトレモロと合わさり、気の遠くなるような雄大なコーラスに雪崩れ込むメロディアスなブラックメタル。

De Arma

Lost, Alien & Forlorn	スウェーデン / イギリス
Trollmusic	2013

スウェーデンのブラックメタル Armagedda の A. Petterson が中心人物のバンド。Fen の The Watcher がヴォーカルで参加していた。The Cure の『Disintegration』をブラックメタルで再現したような音楽性だ。ハーシュヴォーカルもあるが、基本はクリーンヴォーカルで歌い上げる。キラキラしたギターに少しディストーションをかけ疾走する「Fires of Hope」は、Robert Smith が憑依したようなギターポップだ。邪悪なしゃがれ声と耽美なトレモロを噛ませた「Behind These Filthy Panes」は、イーヴル・スラッシュの激しさで、意表を突く。

De Arma

Strayed in Shadows	スウェーデン / イギリス
Trollmusic	2021

8年越しの2作目。Fen の The Watcher は離脱し、現在は A. Petterson と J. Marklund の2人組。Funeral Mist 等に在籍していた Tore Stjerna がミキシングとマスタリングを担当。コミック調のアートワークは Ariel ZB によるもの。ポストパンク / ニューウェイヴの要素をさらに濃くした作品だ。The Cure への憧憬を投影したような雰囲気だが、Alcest を彷彿するトレモロや、プリミティヴなリフを差し込む独自性がある。ヴォーカルは完全にクリーンのみ。「Funeral in My Brain」は、ゆったりしたリズムと厭世的なリフが溶け込む淡いブラックゲイズ。

Gråtfärdig

Saturnine Nights	スウェーデン、アメリカ、ロシア
Pest Productions	2021

「泣く用意ができた」というような意味の、スウェーデン、アメリカ、ロシアからなる多国籍バンド。Second to Sun、Intig、Lebensgefahr 等のメンバーが名を連ねる。デプレッシヴ・ブラックを基調に、ジャズやポストパンクを盛り込むスタイル。クリアな音質で洒脱なアレンジが耳に残る、全体的にメランコリーを重視した仕上がりだ。「Goodbye Innocence」は、暗い叙情を発露するトレモロやジャジーなドラムが、泣き出しそうな歌を下支えする切ない曲。「This Isn't Living」は、抜けのいいドラムやディストーションが淡々と曲を盛り上げる、ポストロックに通じる表現が聴ける。

In Luna

Forgotten Lives	スペイン / チリ
Nostalgia Productions	2015

Silence of the Old Man の Aukka を中心に、スペインとチリからなる多国籍バンド。デプレッシヴ・ブラックの殺伐とした音像を主軸に、淡いトレモロのリフワークや苦悶に満ちたヴォーカルを淡々と聴かせる。ノイジーなギターにダークなアンビエントの側面があり、激しく疾走するドラムとの対比になっている。「Insomnia Parasite」は、断末魔のようなヴォーカルや、軽い音質だが爆走するドラムトラックをベースにして、気力を根こそぎ奪う陰鬱なブラックメタルを演奏している。「L.I.F.E.」は、吹雪のようなトレモロリフのブラックメタルらしさに、美しい静寂を演出するギターが顔を出す。

Lice

Woe Betide You	スウェーデン / スペイン
Season of Mist	2019

Shining の Niklas Kvarforth、Teitanblood の J によるスウェーデンとスペインの混成バンドの唯一作。Lice とは虱の意味で、ロゴにも虱があしらわれている。Season of Mist からリリースした。本作が一過性かパーマネントかは不明だが、Shining の陰鬱さや Teitanblood の不気味で残忍な雰囲気とも異なる淡く美しい叙情的な作品だ。ブラックゲイズのみならず、ネオアコを組み込んだ一風変わったスタイル。「Layers of Dirt」は、爽やかなトレモロと苦悶に満ちたヴォーカルによる美醜の対比や、疾走と停滞を繰り返すドラムが壮大なブラックメタルを構築する。

Montes Insania

Absurdum ロシア / ウクライナ
Symbol of Domination Prod. 2015

ロシアとウクライナの混成バンドだったが、現在はロシアのウリヤノフスクを拠点にする独りバンド。本作は、まだ2人組だった時期に発表された2作目。アトモスフェリック・ブラックの意匠を施した雰囲気に、軽めのブラストビートを執拗に取り入れ、壮大な叙情と苦悶に満ちたヴォーカルを聴かせるスタイルだ。「Absurdum」は、線の細いトレモロリフで古ぼけた感触を与え、プリミティヴな荒々しさとシンフォニックで壮麗な演出がない交ぜになった曲だ。ストリングスが憂いを帯びた主旋律を弾く「Of Memory」は、決して走らないリズムによるメランコリックな静寂パートと、哀愁を漂わせる疾走がコントラストになっている。

Old Silver Key

Tales of Wanderings ウクライナ / フランス
Season of Mist Underground Activists 2011

ウクライナの重鎮 Drudkh のメンバーを中心に結成され、Alcest の Neige がヴォーカルを取っているバンドによる、唯一のフルアルバム。土着的で哀感を強調したエモーショナルなギターメロディーに、哀しみを中和する癒し系のクリーンヴォーカルが優しく歌い上げる音楽性。両者の長所が巧く噛み合った印象を受ける、幻想的な作品だ。「November Nights Insomnia」は、抜けのいいスネアで心地好いドライヴ感を作り、胸をかきむしる物悲しいトレモロと、穏やかで美しい歌声が耳に寄り添う。「Burnt Letters」は、儚いトレモロにほんのり牧歌的な味わいが混じり、希望を感じるブラックゲイズ。

Ser

Elope and Forgotten 不明
自主制作 2018

バンドの情報が全くなく、3曲70分を超える収録分数に加え、起伏の乏しいアンビエントが大半で、とにかく人を選ぶ。前半20分超の微睡む電子の海に、激しく波打つトレモロを被せる一瞬がなければ、1曲目「Scars」はメタルとすら認識されない。続く「Imperfect」で、悲痛な絶叫と激しいドラムの前で、オーロラのようなアンビエントパートが揺らめき、美しさを演出する。特に声の使い方が絶妙で、恐怖を煽り、苦痛をもたらし、悲哀を和らげ、歓喜の産声に咽ぶ、という変化を遂げていくため、酩酊する演奏のフックとして機能している。フューネラル・ドゥームやデプレッシヴ・ブラックに近い質感は、最期の一音まで生きている。

Silver Knife

Unyielding / Unseeing ベルギー / フランス / オランダ
Amor Fati Productions 2020

ベルギー、フランス、オランダからなる多国籍バンド。Laster の N.、Déhà こと D. が在籍する。プロデュースやミキシングを Déhà が、マスタリングを Mare Cognitum こと Jacob Buczarski が手掛ける。低音をカットし、メランコリックなメロディーを際立たせたブラックメタルを演奏する。吹き荒れるトレモロの轟音にかき消されるような絶叫ヴォーカルが、シューゲイザーに近い聴き心地を与える作品だ。「Unyielding」は、Burzum の『Belus』『Fallen』期を彷彿させるトレモロリフの執拗な反復をブラストビートに乗せ、徐々に神聖さを帯びて華やかな雰囲気に染まる感覚が味わえる。

Súl ad Astral

Súl ad Astral
自主制作

多国籍
2012

ニュージーランドとアメリカからなる２人組で、Skyforest や Desiderium で知られる Michael Rumple が在籍する。Fen を彷彿させる幽玄なサウンドスケープに、目映いトレモロを放射する音楽性だ。ブラックメタルらしい冷たさはしっかりあり、明るくなりすぎないよう制御する役割を与えられている印象だ。「To Cherish」は、自然音を交えた清らかなトレモロでゆっくり広がるメロディーの美しさと、荒ぶるドラムや絶叫のように聴こえるギターの対比が、アルバムの期待感を煽る。「Mind's Wanderings」は、疾走を織り込む柔らかなタッチのドラムで乱反射するトレモロが清廉なブラックゲイズだ。

Súl ad Astral

Afterglow
自主制作

多国籍
2014

肉感的な進化を遂げた２作目。プロダクションが飛躍的に向上した結果、メタル的なアグレッションを強めた。高音域のトレモロによる開放的なメロディーを支える、重たいリフの地に足をつけた演奏との対比が、本作の特徴だ。パワーメタルに近い勇壮さを加え、クリーンヴォーカルの説得力が増した。「Dominion of Summer」は、16分を超える大曲だが、テンションの高いヴォーカルや神秘的なコーラス、重たく刻むリフや美しいトレモロ、ピアノが繊細な叙情を表現し、構築力の高さで魅せる。「Immanence」は、気を急くドラムと厳つい怒号や怪鳥のようなスクリームが渾然一体となった、ブルータルなブラックメタルだ。

Súl ad Astral

Oasis
Flowing Downward

多国籍
2018

「変化と喪失」をテーマにした３作目。適度なアグレッションと美しいメロディーを軸にした、１作目と２作目の中間にあるような作品。渇ききったトレモロの質感が異質で、個性的な表現を体得している。良好なプロダクションによるヴォーカルラインの潑剌さは健在だ。神秘的な響きのハイハットが、本作のエキゾチックな側面を引き立てている。「Float」は、繊細に揺らぐトレモロや妖艶なコーラスで、疾走と停滞を繰り返してトランス状態を引き起こす曲だ。「Oasis」は、スラッジのような重たいリフを唸らせ、伸びやかなクリーンヴォーカルが美しい、メロディアス・ハードロックとメロディック・デスメタルを折衷した聴き心地を与える。

T.O.M.B.

Thin the Veil
Dark Essence Records

アメリカ / イギリス / ノルウェー
2020

覆面の謎めいたノイズユニットに、Mayhem の Hellhammer や、彼がドラムを務めるプログレメタルバンド Winds のキーボード Andy Winter らが参加し、バンド体制として制作した。ノイジーで機械的な音作りをしており、Hellhammer の超人的なドラムが馴染んでいる。そのため、悪辣なノイズと殺伐としたトレモロが吹き荒れる「No Return」の無機質なブラックメタルは、Mayhem の『Grand Declaration of War』を凶悪にしたかのようだ。原始的なリズムとブラストが交互に襲う「Thin the Veil」は、昔の前衛的なインダストリアルを蘇らせた印象で、強烈だ。

索引

あとがき

　ポスト・ブラックメタルは現在進行形で拡張しているジャンルである。Alcest や Deafheaven といったバンドがベテランの域に差し掛かっているが、今も新しいバンドが生まれ続けている。故に、この話を編集の濱崎さんから頂いた時、大いに迷った。2020 年 11 月 29 日のことである。

　無論、パブリブさんのことは知っていた。『世界過激音楽』シリーズも何冊か読んでいたこともある。最初は、なぜ自分が？と思った。私はブログをずっと書いてはいるが、バンドをやっているでもなし、イベントを主催しているわけでもない。完全なリスナーだからだ。同時に、自分の聴いてきたものをアウトプットできるチャンスだとも思った。そして、自身の音楽観に多大な影響を与えた Vampillia を取り上げることを最初に決めた。彼らの運営していた CD ショップに足繁く通っていた時期に、リーダーに薦められるがままポストロックやエレクトロニカを聴き漁った結果、今の自分がある。それに、彼らは日本で最初のポスト・ブラックメタルと考えていたからもある。思えば、奇妙な縁だ。ちなみに、今その店は存在していない。10 年以上前に閉店してしまい、とても空虚な気持ちになった。2022 年に入ってから、音楽とは全く関係のない怪談のイベントで、元メンバーの方とお話する機会があった。そもそもメンバーであったことも知らなかったので、大変驚いた。これも、不思議な縁を感じた。Vampillia の貴重な話をたくさん聞けて楽しい時間だった。

　ともあれ、やると決めてから、執筆は順調に進んだ。元々アウトプットは全く苦ではない性分である。当初提示された予定枚数は 500 枚。本書には 800 枚近く収録される。順調に進んだ割には 2020 年 11 月からだいぶ時間が空いていると思われるだろう。大きな理由はもちろんコロナ禍であること。コロナ禍の影響で、様々な刊行スケジュールが狂っていったと聞かされた。当初の予定枚数分は 2021 年の夏前には書き上げていた。だが、スケジュールが動くのを待っている間もリリースは続くのだ。調子に乗ってあれもこれもと書いている間にここまで枚数が膨れ上がった。

　ただ、レビューに関しては、自分のスタイルを貫いて大丈夫なのだろうかという一抹の不安はあった。基本的にアルバムの情報も含めて、曲の描写も感覚的に書き連ねるのが自分のレビューの書き方だったからだ。とある人から「文学的」と言われたこともあるのだが、これはどうあっても矯正できるものでもなかったから開き直ることにした。最初の頃は模索していたが、書き方が固定されてくると、とにかく楽しい作業だった。

　実は、連絡を頂いた時からあとがきを書いている現在まで、私は濱崎さんと一度も直接お会いしていない。完全にリモートで制作しているわけである。他のガイドブックの作者さんのあとがきには、濱崎さんにお会いした際のエピソードも多々見受けるので、個人的にそれが書けないのは少し寂しい。ただ、この状況は、ポスト・ブラックメタルのようだと少し感慨深いものがある。ポスト・ブラックメタルも、リモートでやっているバンドや一人でやっているバンドが非常に多いからだ。リモートで音源の素材を送りあうレコーディングもこういう感覚なのかなと、レビューの執筆で困ったことは一切なかった。

　さて、個人的に不安だったのはインタビューである。ブログでは音源の感想だけを徹底していたので、インタビューはあまりしたことがなかった。だが、躊躇している時間がもったいなく感じたので、様々なバンドの Twitter や Facebook、Bandcamp のメールなど片っ端からアタックしていった。インタビューのやり方にあたっては、『デスメタルコリア』の水科 哲哉さんからのアドバイスは非常に参考にさせて頂いた。心から深く謝意を述べたい。最初に反応してくれたのは、確か Unreqvited だったと思う。次に An Autumn for Crippled Children、そして Fen。Lantlôs や Sylvaine、Liturgy、Jack Shirley からアクションがあった時は返答を想像もしなかったので、非常にテンションがおかしくなった。もちろん、返事のないバンドも多く、返答があっても遅々として進まなかったり、インタビュー自体を煙に巻かれたりなんてこともあった。コンタクトを取れたのにインタビューを回収できなかった某ベテランもいる。また、インタビューを受けてくれたメンバーが回答途中で脱退してしまい、世界情勢の変化でうやむやになってしまったものもある。そういった出来事も、バンドの理解を深めるいい経験だと思えた。時々腹も立ったが、とても楽しい経験だった。個人的には、Sylvaine や Agrypnie のインタビューを日本で初めて公開できるのはとても喜ばしい。残念ながらインタビュー後に解散してしまった Numenorean の回答は貴重なのではないかと自負している。掲載できるか、していいものか悩んだが、快諾してくれた Numenorean には心から感謝を述べたい。

　ポスト・ブラックメタルはサブスクリプションなどデジタルでアクセスしやすいジャンルの一つでもあるので、レビューと照らし合わせて楽しんでいただければ、とても嬉しい。

　最後に。数多くの素晴らしい作品を世に出してくれたアーティスト、インタビューを受けてくれたバンド、約 1 年 9 か月近くの間、親身になってくれた濱崎さん、S.A.Music の浅井さん、家族、恋人、友人、何より本書を読んで下さった皆様に心から謝意を捧げたい。

近藤知孝
Tomotaka Kondo

大阪府在住。大阪市内の広告代理店勤務。怪談好き。音源
感想ブログ『むじかほ新館。 ～音楽彼是雑記～』を運
営。ブログをはじめた理由は備忘録を残したかったのと、
自分の感じた描写をジャンル関係なくアウトプットした
かったから。自発的に音楽を聴くようになったきっかけは、
黒夢の「Mind Breaker」をラジオで聴いて。海外の音楽
ではじめて買った CD は Ricky Martin。メタルの入口は
Emperor。以前はメタルを聴いていなかったが、Vampillia
のメンバーが運営していた CD ショップで、メンバーの薦
められるままにポストロックやエレクトロニカを聴き漁っ
た結果、色々拗らせて今に至る。現在は関西屈指のメタル
ショップ S.A Music に通う日々。

むじかほ新館。 ～音楽彼是雑記～
https://bluecelosia.hateblo.jp/
@yukinoyado333

世界過激音楽 Vol.7
デプレッシヴ・スイサイダル・
ブラックメタル・ガイドブック
DSBM= 鬱・自殺系ブラックメタル
長谷部裕介著
多数のサブジャンルに分派したブラックメタル。そ
の中でも DSBM と呼ばれる一派は反キリスト教や
悪魔崇拝といった他者に対する攻撃を放棄し、その
矛先を己自身に向けた。その結果、生み出された音
楽は余りにも内省的・自虐的・厭世的だった。
A5 判並製 336 ページ　2,400 円＋税

世界過激音楽 Vol.16

ポストブラックメタル・ガイドブック
耽美・叙情・幻想・前衛

2022 年 9 月 1 日　初版第 1 刷発行
著者：近藤知孝
装幀＆デザイン：合同会社パブリブ
発行人：濱崎誉史朗
発行所：合同会社パブリブ
〒 103-0004
東京都中央区東日本橋 2 丁目 28 番 4 号
日本橋 CET ビル 2 階
03-6383-1810
office@publibjp.com
印刷＆製本：シナノ印刷株式会社